LAURENTINO GOMES

ESCRAVIDÃO

VOLUME I

Do primeiro leilão de cativos em Portugal
até a morte de Zumbi dos Palmares

Revisão e anotações:
Alberto da Costa e Silva

GLOBOLIVROS

Copyright © 2019 by Editora Globo S.A. para a presente edição
Copyright © 2019 by Laurentino Gomes

Todos os direitos reservados. Nenhuma parte desta edição pode ser utilizada ou reproduzida — em qualquer meio ou forma, seja mecânico ou eletrônico, fotocópia, gravação etc. — nem apropriada ou estocada em sistema de banco de dados sem a expressa autorização da editora.

Texto fixado conforme as regras do Acordo Ortográfico da Língua Portuguesa (Decreto Legislativo nº 54, de 1995).

Editora responsável: Amanda Orlando
Assistente editorial: Samuel Lima
Checagem: Simone Costa
Indexação: Wendy Campos
Revisão: Rebeca Michelotti, Isis Pinto e Daiane Cardoso
Tratamento de imagens: Roberto de Souza Bezerra
Diagramação: Equatorium Design
Mapas: Feu
Capa: Alexandre Ferreira
Ilustração de capa: Rogério Maroja

1ª edição, 2019
13ª reimpressão, 2025

CIP-BRASIL. CATALOGAÇÃO NA PUBLICAÇÃO
SINDICATO NACIONAL DOS EDITORES DE LIVROS, RJ

G615e

> Gomes, Laurentino, 1956 -
> Escravidão : do primeiro leilão de cativos em Portugal até a morte de Zumbi dos Palmares, volume 1 / Laurentino Gomes. - 1. ed. - Rio de Janeiro : Globo Livros, 2019. (Uma história da escravidão no Brasil ; 1)
>
> Inclui bibliografia e índice
> ISBN 978-65-806-3401-9
>
> 1. Escravidão - Brasil - História. I. Título. II. Série.

19-56914

CDD: 326.09181
CDU: 326(091)(81)

Meri Gleice Rodrigues de Souza - Bibliotecária CRB-7/6439

Direitos exclusivos de edição em língua portuguesa para o Brasil adquiridos por Editora Globo S.A.
Rua Marquês de Pombal, 25 — 20230-240 — Rio de Janeiro — RJ
www.globolivros.com.br

Para meus pais, João e Maria.

*"O Brasil tem seu corpo na América
e sua alma na África."*

PADRE ANTÔNIO VIEIRA,
missionário jesuíta na Bahia, 1691

SUMÁRIO

Linha do tempo 11

Introdução 15

1 A GRANDE AGONIA 43

2 O LEILÃO 51

3 AS ORIGENS 63

4 EM NOME DE ALÁ 77

5 O PATRONO 85

6 MAR INFINITO 97

7 TERRA DOS PAPAGAIOS 111

8 O MASSACRE 117

9 A ÁFRICA 135

10 A CICATRIZ 153

11 RECONCILIAÇÃO 171

12 O LABORATÓRIO 177

13 RUÍNAS DE UM SONHO 193

14 ANGOLA 207

15 O NEGÓCIO 223

16 OS LUCROS DO TRÁFICO 239

17 OS NÚMEROS 253

18 O NAVIO NEGREIRO 277

19 A CHEGADA. 295

20 O BRASIL 313

21 VISÃO DO INFERNO 331

22 A CRUZ E O CHICOTE 335

23 O ATLÂNTICO HOLANDÊS. 351

24 A GUERRA PELOS CATIVOS 365

25 O PADRE ETERNO 373

26 O DESTINO DE CATARINA. 383

27 O DESTINO DE JINGA 393

28 PALMARES 403

29 ZUMBI. 421

30 OURO! OURO! OURO!. 433

Agradecimentos 437

Notas. 443

Bibliografia. 465

Índice onomástico 475

LINHA DO TEMPO

Alguns acontecimentos que marcaram a história do Brasil e do mundo entre o início da escravidão africana no Atlântico e o fim do século XVII.

1444 Registro do primeiro leilão de africanos escravizados em Portugal, diante do infante dom Henrique na vila de Lagos, Algarve.

1453 Tomada de Constantinopla pelos turco-otomanos.

1454 Publicação da *Bíblia de Gutemberg*, primeiro livro impresso na Europa.

1455 Pela bula *Romanus Pontifex*, o papa Nicolau V autoriza os portugueses a escravizar os infiéis entre o Marrocos e a Índia.

1456 Os portugueses chegam ao Arquipélago de Cabo Verde, até então desabitado.

1484 Início da colonização da Ilha de São Tomé.

1485 O rei do Congo se converte ao cristianismo.

1488 O português Bartolomeu Dias cruza o Cabo da Boa Esperança.

1492 Chegada de Cristóvão Colombo à América.

Construção do Castelo de São Jorge da Mina, ou Elmina, primeiro grande entreposto de tráfico de escravos na costa da África.

1494 No Tratado de Tordesilhas, Portugal e Espanha dividem o mundo entre si.

1496 Judeus de Portugal são obrigados a se converter ao cristianismo.

1498 A esquadra de Vasco da Gama chega à Índia.

1500 Em 22 de abril, Pedro Álvares Cabral chega à Bahia.

O total de escravos comprados ou capturados na África pelos portugueses chega a 150 mil.

No Império Africano de Bornu, um cavalo árabe vale entre quinze e vinte escravos.

1501 Leonardo da Vinci pinta a *Monalisa*.

1503 Início oficial do tráfico de africanos para os domínios espanhóis na América.

1511 A nau *Bretoa* chega a Portugal levando papagaios, peles de onça--pintada, toras de pau-brasil e 35 índios brasileiros cativos.

1513 Maquiavel escreve *O príncipe*.

1515 Leilão de 85 índios brasileiros escravizados em Valência, na Espanha.

1517 Início da Reforma Protestante.

1519 O espanhol Hernán Cortés conquista o México.

1530 Martim Afonso de Sousa dá início à colonização do Brasil.

1534 O Brasil é dividido em Capitanias Hereditárias.

Criação da Companhia de Jesus por Inácio de Loyola.

Michelangelo pinta o *Juízo Final* no teto da Capela Sistina.

1535 Engenhos de açúcar começam a funcionar em Pernambuco.

Notícias da chegada dos primeiros escravos africanos ao Brasil.

1545 São Vicente, a capitania de Martim Afonso de Sousa, tem cerca de 3 mil índios escravizados.

1549 Chegada dos primeiros jesuítas ao Brasil.

1554 Fundação da cidade de São Paulo.

1555 Os franceses ocupam a Baía de Guanabara até 1567.

1565 Fundação da cidade do Rio de Janeiro.

1575 Paulo Dias de Novais dá início à ocupação portuguesa em Angola.

1577 O corsário Francis Drake inicia, na Inglaterra, a sua volta ao mundo.

1580 Começa a União Ibérica; o trono de Portugal passa para a Espanha.

1585 A população do Brasil é de 60 mil habitantes, sem contar os índios arredios.

1600 A população indígena da América é estimada em 10 milhões, apenas um quinto do número existente na época da chegada dos europeus.

No Brasil, epidemias de varíola dizimam dezenas de milhares de índios.

1605 Miguel de Cervantes publica *Dom Quixote*.

1608 Invenção do telescópio, na Holanda.

Nasce em Lisboa o futuro padre Antônio Vieira.

1612 Os franceses invadem São Luís do Maranhão e permanecem até 1615.

1618 Começa na Europa a Guerra dos Trinta Anos, em que morreriam cerca de 8 milhões de pessoas.

1621 Criada na Holanda a Companhia das Índias Ocidentais.

1627 Frei Vicente do Salvador publica a primeira *História do Brasil*.

1630 Após um ataque frustrado à Bahia, os holandeses ocupam Pernambuco.

Jinga, a rainha africana, enfrenta as tropas portuguesas em Angola.

1632 O bandeirante Raposo Tavares escraviza entre 40 mil e 60 mil índios.

1637 São Luís do Maranhão tem 250 habitantes. Belém, no Pará, apenas oitenta.

1640 Fim da União Ibérica.

O duque de Bragança sobe ao trono em Portugal como rei dom João IV.

O preço de venda total do açúcar produzido no Brasil equivale a dezoito toneladas de ouro.

1641 Os holandeses ocupam Luanda, Benguela e São Tomé.

1648 Tropas brasileiras de Salvador de Sá e Benevides expulsam os holandeses de Angola.

1654 Os holandeses são expulsos do Recife.

1660 Criada em Londres a Royal African Company (RAC), que teria o monopólio do tráfico de escravos na Inglaterra.

1662 A portuguesa Catarina de Bragança se casa com o rei Charles II e dá início ao consumo de chá na Inglaterra.

1665 Tropas brasileiras e portuguesas destroem o Reino do Congo na Batalha de Ambuíla.

1666 Londres é devastada por um incêndio.

1672 A cidade do Rio de Janeiro abriga 4 mil habitantes brancos e 20 mil negros africanos.

1675 O bandeirante Domingos Jorge Velho abre o caminho que liga São Paulo e Minas Gerais.

1683 No ataque a Viena, os turco-otomanos escravizam 8 mil cristãos, todos brancos.

1687 São Paulo tem 1,5 mil moradores brancos e 10 mil escravos indígenas.

Isaac Newton publica *Principia*, que revoluciona o conhecimento sobre o universo.

1694 Estima-se em 2 milhões o total de eslavos escravizados pelos tártaros na Crimeia nos duzentos anos anteriores.

No mesmo período, outros 2,5 milhões de escravos brancos foram comercializados pelos turco-otomanos no Mediterrâneo.

1695 Depois de quase um século de resistência, o Quilombo dos Palmares é destruído em Alagoas.

A cabeça degolada de Zumbi dos Palmares é exibida num poste no Recife.

1697 Chegam a Salvador as primeiras notícias de que há ouro em Minas Gerais.

1700 A população total do Brasil é estimada em 300 mil habitantes.

INTRODUÇÃO

MARCELIN NORBERTO DE SOUZA veste-se à moda africana: camisa colorida em tom rosa-choque, mangas curtas e fraldas soltas sobre as calças de tecido leve da mesma cor. Está sentado em um sofá modesto, de três lugares e estampas quadriculadas, de costas para a parede de uma pequena sala de teto baixo e janelas fechadas, sem ventiladores ou ar-condicionado. A penumbra do ambiente contrasta com a intensa luminosidade lá fora. É um homem sorridente, de olhar meigo, cabelos e bigodes brancos que realçam a pele negra. A voz é grave e rouca. Na aparência e no jeito sossegado de falar, lembra um pouco o compositor baiano Dorival Caymmi.

Em Ajudá,* litoral da República do Benim, a quarenta quilômetros da fronteira com o Togo, região quente e úmida da

---

* Ajudá é a grafia que aparece na maioria dos documentos portugueses. Há quem prefira Uidá, Ajuda, Fida, Whydah. Os franceses grafam Ouidah. Ajudá fica na República do Benim. Não se deve confundir com o Benim ou Reino do Benim, o famoso Benim das grandes esculturas em bronze, que existe até hoje e faz parte da Nigéria. Em 1975, a colônia francesa do Daomé mudou de nome para Benim, e instalou-se a confusão. Neste livro, sempre que nos referirmos ao antigo Daomé francês, utilizaremos a designação República do Benim. [Todas as notas marcadas por asterisco neste volume são de autoria do historiador Alberto da Costa e Silva.]

África, perpendicular à Linha do Equador, tudo remete à Bahia. Na praça central, de terra batida, um grupo de moradores protege-se do sol forte do meio-dia à sombra de uma antiga e frondosa gameleira, árvore sagrada do candomblé, de cujos ramos balançam ao vento dezenas de fitas coloridas. Foram colocadas ali em memória dos mortos da comunidade e em homenagem às muitas divindades locais, aparentadas dos orixás, que em Ajudá são chamadas de *voduns* — mesma denominação que recebem nos terreiros de tradição jeje de Salvador e do Recôncavo Baiano. A faixa mais longa e mais colorida, uma peça inteira de tecido que recobre todo o tronco da árvore, das raízes aos galhos mais altos, é dedicada à serpente Dan, a deusa do arco-íris, princípio de tudo, a rainha entre todos os *voduns*.

Aos 92 anos, Marcelin Norberto é o patriarca da nona geração da família De Souza, dinastia fundada no Reino do Daomé, hoje parte da República do Benim,* no final do século XVIII pelo baiano Francisco Félix de Souza, um dos personagens mais extraordinários da história do Brasil. Mulato claro nascido em Salvador, Francisco Félix ainda jovem mudou-se para a África, onde passou a dedicar-se ao mais lucrativo negócio da época: o tráfico de escravos. Em pouco tempo, tornou-se o mais rico, famoso e influente mercador de gente na costa africana, com numerosa clientela no Brasil. Teria embarcado mais de meio milhão de cativos para o Recôncavo Baiano. Ao morrer, em 1848, aos 94 anos, deixou 53 mulheres viúvas, mais de oitenta filhos e 2 mil escravos. Teria acumulado uma fortuna hoje equivalente a 120 milhões de dólares.[1] Francisco Félix foi tão importante no comércio de escravos que ganhou do rei Guezo, do Daomé, seu amigo e sócio no tráfico negreiro, o título de chachá — honraria

---

* O antigo Reino do Daomé ainda existe na forma de uma grande chefia tradicional e tem sua corte em Abomei.

INTRODUÇÃO

hereditária que desde então vem passando de geração em geração dentro da família De Souza. Quando cheguei à República do Benim, em novembro de 2017, acabara de morrer o oitavo chachá, Honoré Feliciano Julião Francisco de Souza. Caberia ao patriarca Marcelin Norberto anunciar e organizar a entronização do novo detentor do título, cujo nome, àquela altura, era ainda desconhecido fora de um círculo familiar mais restrito.

Os descendentes de Francisco Félix estão hoje espalhados por quatro países africanos — República do Benim, Nigéria, Togo e Costa do Marfim —, onde ocupam posições de grande importância na hierarquia social, muitas vezes à frente de grupos ou forças políticas rivais. Um deles, o general Paul-Émile de Souza, foi presidente da junta que, entre 1969 e 1970, governou o Benim quando o país ainda se chamava Daomé e vivia sob uma ditadura militar. Outro, o arcebispo Isidore de Souza, presidiu o Alto Conselho da República, responsável pela redemocratização ao fim do mesmo regime, em 1990. A lista inclui ainda *vodunsis* (sacerdotisas de *vodun*), políticos, advogados, agricultores, bancários, carpinteiros, motoristas, comerciantes, construtores, costureiras, enfermeiros, escritores, fotógrafos, funcionários públicos, jornalistas, mecânicos, médicos, músicos, parteiras, professores e pedreiros, entre outras pessoas das mais diversas atividades e profissões.

Brasileiros, embora relativamente raros nesta parte da África, são sempre bem-vindos em Ajudá. Por esse motivo, a primeira providência de Marcelin Norberto ao receber um novo visitante é sempre lhe pedir os contatos — telefone, e-mail, endereço de correspondência. É o que faz comigo antes ainda que eu me sente ao seu lado no sofá de estampas quadriculadas. "Para futuras comunicações de nosso interesse comum", explica. Em seguida, informa que uma de suas missões é manter vivas as tradições da família, os traços da cultura brasileira presentes no Benim e os laços que unem esta região ao Brasil. "A que devo a honra da visita?", ele me pergunta, em francês, o idioma oficial do país. Respondo que esta é minha quarta viagem à África, de um total de cinco, parte do trabalho de pesquisas para uma série de três livros-reportagem sobre a história da escravidão no Brasil. "Há muita coisa para ver aqui", adianta ele.

E, de fato, as marcas da escravidão e seus estreitos vínculos com o Brasil podem ser observados por todo lado neste ponto do litoral africano.

A algumas centenas de metros da casa de Marcelin Norberto, ergue-se a antiga Fortaleza de São João de Ajudá, o mais importante entreposto de tráfico negreiro português e brasileiro no Golfo do Benim até a metade do século XIX. Na praça em frente, emoldurada pela frondosa gameleira sagrada do candomblé, pessoas capturadas no interior do continente eram arrematadas em concorridos leilões. Também ali começa a Rota dos Escravos, uma estrada de terra de três quilômetros que termina na praia, última parte da jornada que os cativos faziam em solo africano antes de embarcarem nos navios negreiros para a travessia do Atlântico. No local da partida, junto à areia batida por ondas agitadas, ergue-se hoje a Porta do Não Retorno, memorial da Unesco (a Organização das Nações Unidas para a Educação, a Ciência e a Cultura) em homenagem às legiões de seres humanos que dali partiram sem esperança de voltar a ver a terra em que haviam nascido.

O monumento de Ajudá é uma entre muitas Portas do Não Retorno que se pode conhecer na África atualmente. Existem dezenas delas, em vários países, marcando os antigos pontos de embarque de escravos. O banco de dados Slave Voyages, que cataloga cerca de 36 mil viagens dos navios negreiros ao longo de três séculos e meio, registra um total de 188 portos de partida de cativos no continente africano, sendo que 20 deles responderam por 93% do total do tráfico no Atlântico.[2] A mais famosa e mais fotografada dessas "portas" fica na Ilha de Goreia, situada na Baía de Dacar, a capital do Senegal. Foi visitada por diversas celebridades internacionais, incluindo o papa João Paulo II e os presidentes Barack Obama, dos Estados Unidos, e Nelson Mandela, da África do Sul. O brasileiro Luiz Inácio Lula da Silva, que lá esteve em 2005, aproveitou a viagem para pedir "perdão pelo que fizemos aos negros", atitude que o português Marcelo Rebelo de Sousa preferiu evitar ao também passar pelo local, doze anos mais tarde. "A dor da escravidão é como a dor de um cálculo renal; não adianta contar, só sentindo", ponderou Lula.

Embora menos conhecida, a Porta do Não Retorno de Ajudá se destaca entre todas as demais pelo número de cativos que por ali passaram: mais de 1 milhão de homens, mulheres e crianças embarcados à força nos navios do tráfico para uma jornada sem volta que os levaria aos engenhos de açúcar, às lavouras de café, arroz, algodão e tabaco, às minas de prata, ouro e diamantes e para a execução de inúmeras outras atividades no outro lado do oceano.

Para a imensa maioria dos escravos vendidos aos traficantes em Ajudá ou em qualquer outro local da África, a Porta do Não Retorno foi uma realidade concreta e inexorável. Quase a totalidade dos 12,5 milhões de embarcados nos navios negreiros jamais teve a oportunidade de voltar às suas origens africanas. Os índices de mortalidade eram altíssimos. Pelo menos 1,8 milhão morreu ainda na travessia do Atlântico. Entre os que chegavam ao Novo Mundo, as expectativas de vida eram mínimas. Poucos sobreviveram aos primeiros anos de trabalho cativo. Uma minoria, no entanto, teve destino diferente. São os *retornados*, ex-escravos, africanos ou brasileiros, que tiveram a chance de cruzar novamente o Atlântico, no sentido contrário ao das rotas convencionais do tráfico, e cujos descendentes hoje habitam a República do Benim e países vizinhos.

Essas linhagens familiares nascidas de ex-cativos brasileiros são conhecidas como agudás e carregam sobrenomes como Souza (ou Sousa), Silva, Santana, Chagas, Santos, Almeida e Medeiros. Alguns de seus fundadores chegaram à África expulsos da Bahia depois da chamada Revolta do Malês, importante insurreição africana ocorrida no Brasil em 1835 e comandada por cativos muçulmanos.[3] Outros retornaram por vontade própria depois de obter a alforria ainda durante o período do cativeiro ou após a assinatura da Lei Áurea, que aboliu formalmente a escravidão, em 13 de maio de 1888.

Entre os atuais descendentes dos *retornados*, poucos ainda falam português ou têm algum contato direto com o Brasil. A maioria se comunica em francês, inglês ou em um dos muitos idiomas locais. Ainda assim, festejam o Carnaval e o dia de Nosso Senhor do Bonfim, se reúnem para comer feijoada, dançam a "burrinha", uma forma arcaica do bumba meu boi, e torcem pela seleção brasileira de futebol. A herança do Brasil também é visível na arquitetura. Em Porto Novo, a capital constitucional do Benim, próxima à fronteira com a Nigéria, existe até uma mesquita com estilo arquitetônico de igreja católica brasileira erguida por pedreiros, marceneiros e mestres de obras agudás no século XIX. Em Lagos, na Nigéria, a antiga Mesquita Central, construída segundo os planos do mestre de obras agudá João Baptista da Costa, foi demolida há alguns anos para dar lugar a um templo modernoso, financiado pela Arábia Saudita. Tinha feições de igreja jesuíta brasileira. A Mesquita Shitta, também em Lagos, foi erguida no estilo brasileiro e ainda está de pé.

Alvo de antigos e arraigados preconceitos, a África permanece um desafio para a civilização tecnológica e industrial do século XXI. No imaginário popular, alimentado quase diariamente por notícias ruins ou sensacionalistas, o continente africano hoje

INTRODUÇÃO

oscila entre a visão do paraíso primevo e idílico das savanas coalhadas de animais selvagens e o espectro de um lugar assolado por tragédias humanitárias, guerras civis, epidemias de fome, de doenças como o ebola e recorrentes imagens de imigrantes ilegais que arriscam suas vidas na travessia do Mediterrâneo em balsas precárias em busca de vida melhor na Europa. Nas minhas viagens de pesquisa, pude constatar que a África real, em muitos aspectos, assemelha-se ao Brasil. Tem, sim, pobreza, corrupção, mazelas e problemas. Ao mesmo tempo, tem países de economia dinâmica, gente trabalhadora e empreendedora, legiões de estudantes que, em número cada vez maior, frequentam universidades e centros de pesquisas. Há, sim, bolsões de violência, causados por guerras civis e religiosas, em lugares como a região norte da Nigéria, a República Democrática do Congo, o Sudão e a Somália. Em compensação, é possível andar na rua sem medo de roubos, assaltos ou agressões físicas, a qualquer hora do dia ou da noite, em capitais como Dacar (Senegal), Acra (Gana), Cotonou (sede do governo do Benim), Praia (Cabo Verde) e Maputo (Moçambique) — coisa que raros brasileiros se arriscariam a fazer em metrópoles como Rio de Janeiro, São Paulo, Salvador e Recife.

Essa África de história milenar, berço da humanidade, de cultura riquíssima, complexa e diversa permanece como um desafio também para nós brasileiros, especialmente os de ascendência branca e europeia, que mantemos com nossa raiz africana uma relação contraditória, marcada por duas atitudes extremas: de um lado, o mais cru preconceito racial; de outro, a celebração ufanista e irreal das heranças africanas, como nos festejos de Carnaval, sem reconhecer, entretanto, que os responsáveis por elas — os negros e seus descendentes — nunca tiveram o mesmo tratamento e as mesmas oportunidades usufruídas por brasileiros de outras origens.

A relação contraditória do Brasil com a África tem profundas raízes históricas e pode ser observada ainda nos dias atuais no próprio continente africano. Os primeiros soberanos a reconhecer a independência brasileira, em 1822, foram dois reis africanos: o obá Osenwede, do Daomé (atual Benim), e o ologum Ajan, de Lagos (hoje cidade da Nigéria).* Eram ambos grandes exportadores de escravos. Na direção oposta, em 11 de novembro de 1975, o Brasil tornou-se o primeiro país a reconhecer Angola como um país independente, decisão que causou surpresa, levando-se em conta que o novo país nascia sob a bandeira marxista do Movimento Popular de Libertação de Angola (MPLA), enquanto os brasileiros viviam sob uma ditadura militar inaugurada em 1964 com o pretexto de combater o comunismo. Nos dias atuais, esse relacionamento tem se pautado mais por discursos e protocolos de intenções do que por ações e decisões práticas. O último surto de aproximação ocorreu durante os catorze anos de administração petista, em que o governo brasileiro derramou farto dinheiro destinado a obras de infraestrutura em diversos países africanos, usando como duto empreiteiras que, mais tarde, seriam denunciadas na Operação Lava-Jato, de combate à corrupção.

Na época de minhas viagens à África, já depois do processo que levou ao impeachment da presidente Dilma Rousseff, o clima era de visível má vontade de parte a parte. As marcas brasi-

---

* O obá Osenwede era o soberano do antigo Reino do Benim, que existe até hoje na Nigéria como uma chefia tradicional de enorme prestígio e poder. O ologum Ajan, ou Osilokun, era o rei de Onim, ou Lagos, na Nigéria. O atual ologum detém um considerável poder na capital nigeriana, onde está o seu palácio. Foram eles os primeiros reis (soberanos) a reconhecer o Brasil, mas não os primeiros chefes de Estado. O embaixador africano do Benim foi recebido por dom Pedro I em 20 de julho de 1824. O reconhecimento pelos Estados Unidos deu-se em 26 de maio daquele ano, ou seja, quase um mês antes. Pesquisas recentes indicam que as Províncias Unidas do Rio da Prata (isto é, a Argentina) teriam sido o primeiro país a reconhecer a independência brasileira. Ver Rodrigo Wiese Randig, "Argentina, primeiro país a reconhecer a independência do Brasil", Cadernos do CHDD, nº 31, segundo semestre de 2017, p. 518-9.

INTRODUÇÃO

leiras iam, uma vez mais, desaparecendo da paisagem africana. Encontrei obras paradas, projetos interrompidos, representações diplomáticas, associações e entidades de intercâmbio cultural com dificuldades para pagar as contas, incluindo o aluguel, como resultado dos cortes ao orçamento brasileiro destinado a essas áreas e iniciativas. Entre os governos locais, até pouco tempo antes habituados a conviver com a generosidade do dinheiro farto do BNDES e com outras linhas de financiamento brasileiras, imperava um ambiente de franca revolta contra o governo do então presidente Michel Temer, no qual a torneira se fechou.

Em Acra, capital de Gana, visitei o bairro dos Tabons, outro grupo de *retornados* brasileiros. Ali existe uma rua do Brasil e um prédio igualmente identificado como *Brazil House* (Casa do Brasil). Reformado com dinheiro da empreiteira Camargo Corrêa, com o propósito de ser um museu e um memorial à presença brasileira em Gana, o edifício foi inaugurado em 2005 com uma grande festa na qual o então presidente Luiz Inácio Lula da Silva vestiu-se como rei africano e foi tratado como tal. Passada a festa, o governo brasileiro não se preocupou em negociar a desocupação do edifício com a família ganesa que até então reivindicava a posse ancestral do imóvel. Em 2017, seus representantes pediam uma indenização entre 2 milhões e 3 milhões de dólares, dinheiro que o governo brasileiro, por meio de sua embaixada em Gana, obviamente, se recusava a pagar. Diante do impasse, nenhum visitante era autorizado a entrar ou mesmo fotografar a *Brazil House*. Tive a oportunidade de observá-la apenas por fora e de longe, sob o olhar vigilante da família ganesa que, avisada com antecedência da minha chegada, havia estendido uma faixa na frente do prédio explicando quem eram exatamente os proprietários.

O vácuo deixado pela relutante presença brasileira é hoje ocupado na África pelos chineses, cujos projetos estão espalhados por todos os lugares. Encontrei-os em Cabo Verde, Angola e Moçambique — para citar apenas os três países de língua portuguesa que visitei no meu trabalho de reportagem. São obras gigantescas, identificadas com placas, também enormes, escritas em mandarim, o idioma predominante na China. No bairro de Talatona, em Luanda, a capital angolana, pude observar o canteiro de obras de um novo edifício público cercado por arame farpado. Lá dentro, labutava parte dos 100 mil trabalhadores chineses que, em condições difíceis de apurar, atualmente abrem estradas, constroem hospitais, escolas, usinas hidrelétricas, portos, dutos, refinarias de petróleo e uma infinidade de outras instalações em todo o país. A agressividade chinesa pode ser medida, entre outras providências, pela criação do Fórum de Macau, organismo de cooperação entre a China e as nações lusófonas da África, iniciativa que tem o óbvio propósito de se contrapor à CPLP, a Comunidade dos Países de Língua Portuguesa, que tem o Brasil entre seus membros fundadores.

Enquanto isso, a África continua dentro do Brasil. Forte e predominante, como sempre esteve.

O Brasil foi o maior território escravista do hemisfério ocidental por quase três séculos e meio. Recebeu, sozinho, quase 5 milhões de africanos cativos, 40% do total de 12,5 milhões embarcados para a América. Como resultado, é atualmente o segundo país de maior população negra ou de origem africana do mundo. Os afrodescendentes brasileiros, classificados nos censos do Instituto Brasileiro de Geografia e Estatística (IBGE) como pretos e pardos, somam hoje cerca de 115 milhões de pessoas, número inferior apenas à população da Nigéria, de 190 milhões de habitantes, e superior à da Etiópia, o segundo país africano mais populoso, com 105 milhões. O Brasil foi também a nação que mais tempo resistiu a acabar com o tráfico negreiro e o último a abolir oficialmente o cativeiro no continente americano, em 1888 — quinze anos depois de Porto Rico e dois depois de Cuba.

INTRODUÇÃO

O tráfico de africanos escravizados no Brasil começou por volta de 1535, algumas décadas depois da chegada da esquadra de Pedro Álvares Cabral à Bahia, em 1500. O objetivo inicial do comércio de gente era fornecer mão de obra para a indústria do açúcar no Nordeste, a primeira importante atividade econômica colonial, mas rapidamente se propagou por todos os segmentos da sociedade e da economia. Três séculos mais tarde, na época da Independência, praticamente todos os brasileiros livres eram donos de escravos, incluindo inúmeros ex-cativos que também tinham seus próprios cativos. A presença de africanos nas ruas e lavouras brasileiras surpreendia os viajantes que por aqui passavam. No interior do país, eram agricultores, tropeiros, marinheiros, pescadores, vaqueiros, mineradores de ouro e diamante, capangas e seguranças de fazendas. Nas cidades, trabalhavam como empregados domésticos, sapateiros, marceneiros, vendedores ambulantes, carregadores de gente e mercadoria, açougueiros, entre muitas outras funções.

A escravidão é um fenômeno tão antigo quanto a própria história da humanidade. No mundo inteiro, desde a mais remota Antiguidade, da Babilônia ao Império Romano, da China Imperial ao Egito dos Faraós, das conquistas do Islã na Idade Média aos povos pré-colombianos da América, milhões de seres humanos foram comprados e vendidos como escravos. Provinham de todas as regiões, raças e linhagens étnicas, incluindo eslavos (designação que originou a palavra "escravo") de olhos azuis das regiões do Mar Báltico. A descoberta e a ocupação de um novo continente pelos europeus na virada do século xv para o xvi, porém, adicionaria ingredientes inteiramente novos a essa história. Nada foi tão volumoso, organizado, sistemático e prolongado quanto o tráfico negreiro para o Novo Mundo: durou três séculos e meio, promoveu a imigração forçada de milhões de seres humanos, envolveu dois oceanos (Atlântico e Índico), quatro continentes (Europa, África, América e Ásia) e quase todos os países da Europa e reinos africanos, além de árabes e indianos que dele participaram indiretamente. Além disso, redesenhou a demografia e a cultura da América, cujos habitantes originais, os indígenas, foram dizimados e substituídos por negros escravizados. Até 1820, para cada branco europeu que aportava no continente americano, chegavam outros quatro africanos cativos.[4] Também, pela primeira vez, escravidão se tornou sinônimo da cor de pele negra, origem da segregação e do preconceito racial que ainda hoje assustam e perturbam a convivência entre as pessoas em muitos países, caso do Brasil e dos Estados Unidos.

Até meados do século XIX, com exceção dos próprios cativos, quase todos os demais seres humanos estiveram envolvidos, participaram ou lucraram com o tráfico negreiro, incluindo reis e chefes africanos, que forneciam escravos para seus parceiros europeus. Na Europa, o negócio do tráfico negreiro nunca foi restrito aos países mais ativos na colonização da América, caso de Portugal, da Espanha e Inglaterra. Entre os demais participantes, estavam os alemães, os italianos, os suecos e os dinamarqueses. A Inglaterra, baluarte do abolicionismo no século XIX, fora a maior traficante de escravos no século anterior. Por volta de 1780, os ingleses transportavam em média 35 mil cativos por ano da África, numa frota de aproximadamente noventa navios negreiros. O primeiro grande traficante inglês, John Hawkins, tinha como sócia ninguém menos do que a rainha Elizabeth I, a mesma soberana que foi a mecenas do poeta William Shakespeare.[5] Fernando, rei da Espanha, chamado de "Atleta de Cristo" pelo papa Alexandre VI, assinou o primeiro *assiento*, alvará de licença para o transporte de escravos em larga escala para o Império Colonial Espanhol na América.[6]

Hoje, parece inconcebível que algo de tamanhas proporções tenha ocorrido. A história, porém, demonstra que, para os

INTRODUÇÃO

europeus, a ideia de que a escravidão seria inaceitável do ponto de vista moral desabrochou apenas no finalzinho do século XVIII, com o nascimento do abolicionismo britânico. "Antes disso, a compra e a venda de seres humanos eram tão comuns e naturais quanto o comércio de quaisquer outras mercadorias e produtos", observaram os historiadores David Eltis e David Richardson. "A participação no tráfico negreiro no Atlântico até o século XIX era definida pela oportunidade, e não pela moralidade."[7] Cabe acrescentar que a abolição do cativeiro na América não significou o fim da escravidão em outras partes do mundo. Até recentemente, diversos Estados ainda mantinham a instituição. Os últimos a aboli-la legalmente foram a Etiópia, em 1942; o Marrocos, em 1956; a Arábia Saudita, em 1962; e a Mauritânia, em 2007.[8] Em resumo, a escravidão ainda existia e era oficialmente tolerada até pouco mais de uma década atrás, neste mesmo século XXI, quando a imensa maioria dos seres humanos hoje vivos já tinha nascido.

Desde tempos imemoriais até muito recentemente, portanto, a captura, a venda e o cativeiro de gente foi parte da vida de quase todos os povos e sociedades. Essa triste realidade, infelizmente, ainda persiste nos dias de hoje sob outros disfarces. Legalmente, nenhum país admite mais a escravidão nos moldes antigos, em que seres humanos podiam ser comprados ou vendidos como mercadorias. Ainda assim, muitos a permitem na prática, incluindo o Brasil, onde é recorrente o noticiário sobre pessoas submetidas a condições de trabalho análogas ao cativeiro, exploradas mediante o pagamento de salários irrisórios (ou nem isso), privadas da liberdade de ir e vir, em ambientes sórdidos ou insalubres que, muitas vezes, se assemelham aos das senzalas e dos engenhos de cana-de-açúcar do século XVII.

Uma organização britânica, a Anti-Slavery International — mais antiga entidade de defesa dos direitos humanos, sucessora da British Anti-Slavery Society, fundada em 1823 para combater o tráfico negreiro —, estima que existam, hoje, mais escravos no mundo do que em qualquer período durante os 350 anos de escravidão africana na América. Seriam 40 milhões de pessoas vivendo nessas condições — ou seja, mais do que o triplo do total de cativos traficados no Atlântico até meados do século xix. Segundo os dados da mesma instituição, cerca de 800 mil pessoas são traficadas internacionalmente ou mantidas sob alguma forma de cativeiro, impossibilitadas de retornar livremente e por seus próprios meios aos locais de origem. Nada disso é surpreendente, considerando-se o alto índice de pobreza prevalente no planeta: calcula-se que, em todo o mundo, 3,4 bilhões de seres humanos (quase a metade do total da população) sobrevivam com uma renda igual ou inferior a 3,20 dólares por dia, o equivalente a pouco mais de 12 reais, valor insuficiente para assegurar as necessidades mínimas de alimentação, moradia e outros cuidados básicos.

Por essas e outras razões, ao contrário do que se imagina, a escravidão e seu legado (presente, por exemplo, no preconceito racial) não estão confinados aos museus, livros didáticos e de história, como se fossem assuntos encerrados, tombados ou congelados no passado. São, em vez disso, parte de uma agenda cada vez mais urgente e decisiva na realidade brasileira e mundial de hoje, a ponto de extrapolar os estudos acadêmicos e as salas de aula para se converter em bandeira política, forte o suficiente para incendiar controvérsias nas redes sociais, influenciar programas de partidos e governos e definir resultados de eleições.

Nada disso, porém, é novidade. Em 1937, ou seja, cinco décadas após a Lei Áurea, o antropólogo alagoano Arthur Ramos, um dos pioneiros no estudo do tema no Brasil, alertava para a persistência de diferentes formas de exploração do negro.[9] Uma delas seria justamente de natureza política. Nesse caso, haveria um esforço deliberado de adulteração ou reinterpretação de

INTRODUÇÃO

fatos, personagens e fenômenos históricos com propósitos políticos. Ecos desse fenômeno podem ser ouvidos ainda hoje no Brasil, e com intensidade cada vez maior, quando o debate das campanhas eleitorais incorpora tentativas de capitalizar tensões raciais subjacentes na sociedade em favor de partidos ou candidatos. "A escravidão se tornou um assunto politicamente sensível, contaminado por interesses e bandeiras ideológicas que, muitas vezes, dificultam seu estudo de forma objetiva", observou o historiador norte-americano Paul E. Lovejoy.[10]

O Brasil dos colonizadores europeus foi construído por negros, mas sempre sonhou ser um país branco. Essa atitude, ainda na interpretação de Arthur Ramos, estaria presente em textos, sermões, discursos e crônicas de viagem da época da colônia até o Segundo Império, que representavam os africanos e seus descendentes como seres "pitorescos", "interessantes", "exóticos", quando não "selvagens" ou "pagãos", a serem salvos da barbárie no seio da Igreja Católica e, portanto, muito diferentes do biotipo padrão dos observadores, todos eles invariavelmente brancos e de ascendência europeia. Essa visão apareceria também no romantismo e no lirismo piegas do movimento abolicionista do século XIX, em poemas como "O navio negreiro", de Castro Alves. Seria, nesse caso, reflexo de uma atitude paternalista e culposa de parte da elite intelectual brasileira, aí incluídos escritores e poetas, que enxergaria o negro como um ser ingênuo e incapaz, a ser protegido em nome dos altos valores morais da civilização ocidental, mas ao qual não se dava, de fato, direito de voz e participação nos destinos da sociedade.

No Brasil do século XIX, em paralelo ao movimento abolicionista, havia projetos de "branqueamento" da população, com o apoio disseminado entre os dirigentes e intelectuais tanto do império quanto do movimento republicano. Os programas de imigração europeia tinham exatamente esse objetivo: eram uma forma de contrabalançar o número e a influência dos africanos no Brasil, que, na visão das autoridades da época, seria excessivo e comprometeria o desenvolvimento futuro do país. "O Brasil não é, nem deve ser, o Haiti", alertava, em 1881, o crítico literário, promotor, juiz e deputado sergipano Silvio Romero. "A vitória na luta pela vida, entre nós, pertencerá, no porvir, ao branco", insistia em seu livro *A literatura brasileira e a crítica moderna*, de 1880. Para isso, defendia, seriam necessários, "de um lado, a extinção do tráfico africano e o desaparecimento constante dos índios, e, de outro, a imigração europeia".

Em 1877, o médico cearense Domingos José Nogueira Jaguaribe Filho, político e proprietário de terras em São Paulo, assustava-se com as estatísticas populacionais brasileiras, chamando atenção para o fato de que, num contingente de cerca de 10 milhões de pessoas, apenas 3,8 milhões pertenciam à raça branca, enquanto os mais de 6 milhões restantes distribuíam-se entre negros, índios e mestiços. Era preciso, dizia, urgentemente, equilibrar e "aperfeiçoar as raças" no Brasil, "em ordem a melhorar e não a retrogradar, pois o africano deve cruzar com o mulato, e este com o branco". Pelos seus cálculos, nesse processo de miscigenação, o Brasil se tornaria branco e, portanto, livre de seus traços africanos em cinco gerações.[11] Alguns anos mais tarde, o médico e escritor maranhense Raymundo Nina Rodrigues, outro pioneiro no estudo da África brasileira, afirmava em seu livro clássico *Os africanos no Brasil*:

> *A raça negra no Brasil, por maiores que tenham sido os seus incontestáveis serviços à nossa civilização [...], há de constituir sempre um dos fatores da nossa inferioridade como povo. [...] Consideramos a supremacia imediata ou mediata da raça negra nociva à nossa nacionalidade.*[12]

INTRODUÇÃO

Ainda segundo Nina Rodrigues, o Quilombo dos Palmares, no interior da então capitania de Pernambuco (hoje estado de Alagoas), teria sido, no século XVII, "a maior das ameaças à civilização do futuro povo brasileiro", uma vez que, se bem-sucedido, transformaria o Brasil em um "novo Haiti refratário ao progresso e inacessível à civilização".

Oficialmente, a escravidão acabou em 1888, mas o Brasil jamais se empenhou, de fato, em resolver "o problema do negro", segundo expressão usada pelo próprio Nina Rodrigues. Liberdade nunca significou, para os ex-escravos e seus descendentes, oportunidade de mobilidade social ou melhoria de vida. Nunca tiveram acesso a terras, bons empregos, moradias decentes, educação, assistência de saúde e outras oportunidades disponíveis para os brancos. Nunca foram tratados como cidadãos. Os resultados aparecem nas estatísticas a respeito da profunda e perigosa desigualdade social no país:

- Negros e pardos — classificação que inclui mulatos e uma ampla gama de mestiços — representam 54% da população brasileira, mas sua participação entre os 10% mais pobres é muito maior, de 78%. Na faixa dos 1% mais ricos da população, a proporção inverte-se. Nesse restrito e privilegiado grupo, situado no topo da pirâmide de renda, somente 17,8% são descendentes de africanos.

- Na educação, enquanto 22,2% da população branca têm 12 anos de estudo ou mais, a taxa é de 9,4% para a população negra. O índice de analfabetismo entre os negros em 2016 era de 9,9%, mais que o dobro do índice entre os brancos. A brutal diferença se repete na taxa de desemprego, de 13,6% e 9,5%, respectivamente. Os negros no

Brasil ganham em média R$ 1.570,00 por mês, enquanto a renda média entre os brancos é de R$ 2.814,00.[13]

- Nos cursos superiores, em 2010, os negros representavam apenas 29% dos estudantes de mestrado e doutorado, 0,03% do total de aproximadamente 200 mil doutores nas mais diversas áreas do conhecimento[14] e só 1,8% entre todos os professores da Universidade de São Paulo (USP).[15]

- Um homem negro tem oito vezes mais chances de ser vítima de homicídio no Brasil do que um homem branco. Afrodescendentes formam a maior parte da população carcerária e são mais expostos à criminalidade. São também a absoluta maioria entre os habitantes de bairros sem infraestrutura básica, como luz, saneamento, segurança, saúde e educação.[16]

- Entre os 1.626 deputados distritais, estaduais, federais e senadores brasileiros eleitos em 2018, apenas 65 — menos de 4% do total — são negros. Incluindo os pardos, o número chega a 27%, ainda assim, proporcionalmente a metade da população brasileira total que se encaixa nessas duas classificações (54%). No Senado, a mais alta câmara legislativa do país, a proporção é ainda menor. Só três dos 81 senadores (3,7%) se declaram negros. Entre os governadores dos estados e do Distrito Federal, não há nenhum.[17] E também nenhum entre os ministros do Supremo Tribunal Federal, desde que Joaquim Barbosa se aposentou, em 2014.

- Nas quinhentas maiores empresas que operam no Brasil, apenas 4,7% dos postos de direção e 6,3% dos cargos de gerência são ocupados por negros.

INTRODUÇÃO

- Os brancos são também a esmagadora maioria em profissões de alta qualificação, como engenheiros (90%), pilotos de aeronaves (88%), professores de medicina (89%), veterinários (83%) e advogados (79%).[18]

- Só 10% dos livros publicados no Brasil entre 1965 e 2014 são de autores negros. Entre os diretores de filmes nacionais produzidos de 2002 a 2012, apenas 2%.[19]

Essas cifras são o alto preço que o Brasil paga ainda hoje pelo abandono de sua população negra à própria sorte na época da Lei Áurea. Durante a campanha abolicionista que empolgou o país na segunda metade do século XIX, o pernambucano Joaquim Nabuco dizia que os brasileiros estariam condenados a permanecer no atraso enquanto não resolvessem de forma satisfatória a herança escravocrata. Para ele, não bastava libertar os escravos. Era preciso incorporá-los à sociedade como cidadãos de pleno direito. O regime de escravidão, dizia, corrompia tudo e impedia que a sociedade evoluísse. "A escravidão não consentiu que nos organizássemos, e sem povo as instituições não têm raízes, a opinião não tem apoio, a sociedade não tem alicerces", escreveu.[20] Às vésperas da Proclamação da República, em 1889, alertava que, sem corrigir esse enorme passivo histórico e social, seria difícil construir uma democracia sólida apenas com a mudança do regime monárquico para o republicano. "A grande questão da democracia brasileira não é a monarquia, é a escravidão", dizia. É um diagnóstico que continua a assombrar as gerações atuais.

Incapaz de resolver esses obstáculos na sua jornada rumo ao futuro, restou ao Brasil a construção de inúmeros mitos relacionados a sua história escravista. Durante muito tempo, sustentou-se a tese de que a escravidão brasileira teria sido mais branda, patriarcal e benévola quando comparada, por exemplo, ao regime de segregação explícita dos Estados Unidos. O resultado, ainda segundo essa visão, seria um país com menos preconceito e barreiras étnicas e culturais — a tão celebrada democracia racial brasileira. Muitos estudos têm contribuído para mudar de forma drástica essa interpretação. Como se verá ao longo destes três livros, os escravos brasileiros foram sempre explorados e tratados com violência como em qualquer outro território. "Não há escravidão suave ou cruel, ela dispensa adjetivos", observou a historiadora Hebe Maria Mattos de Castro, da Universidade Federal de Juiz de Fora.[21] O preconceito, por sua vez, é parte do dia a dia dos brasileiros, como se pode observar nos estádios de futebol, onde jogadores negros são alvos frequentes de agressões verbais.

A escravidão no Brasil foi uma tragédia humanitária de proporções gigantescas. Arrancados do continente e da cultura em que nasceram, os africanos e seus descendentes construíram o Brasil com seu trabalho árduo, sofreram humilhações e violências, foram explorados e discriminados. Essa foi a experiência mais determinante na história brasileira, com impacto profundo na cultura e no sistema político que deu origem ao país depois da Independência, em 1822. Nenhum outro assunto é tão importante e tão definidor para a construção da nossa identidade. Estudá-lo ajuda a explicar a jornada percorrida até aqui, o que somos neste início de século XXI e também o que seremos daqui para a frente. Em nossas raízes africanas, há uma história de domínio e opressão de um grupo de seres humanos pelo outro, de muita dor e injustiça. Mas há também beleza e encantamento. São da África a capacidade de resistência e adaptação, a resiliência, a criatividade, o vigor, o sorriso fácil, a hospitalidade, a alegria, a música, a dança, a culinária, as crenças religiosas e outros aspectos que transformaram o Brasil em uma socieda-

INTRODUÇÃO

de plural e multifacetada, marcada por cores e ritmos que hoje nos diferenciam no mundo.

Por essa razão, o tema tem sido alvo de uma vasta produção literária e acadêmica com enfoques diferenciados e, muitas vezes, conflitantes. Cada nova geração de escritores e historiadores procura iluminá-lo sob diferentes perspectivas, que incluem desde obras de grande densidade acadêmica, como teses de doutorado, dissertações de mestrado e outros trabalhos que todos os anos brotam nas universidades e em centros de pesquisa, até livros de interesse geral, destinados ao público leigo.

A série que se inicia com a publicação deste volume pretende ser parte desse grande esforço coletivo. Os três livros, a serem publicados, um por ano, até 2021 (portanto, até as vésperas da comemoração do bicentenário da Independência, no ano seguinte), compreendem ensaios e reportagens de campo e, sempre que possível, procuram seguir uma ordem cronológica. Este primeiro volume tem seu foco principal na África — pela óbvia razão de que, ao escrever sobre a escravidão no Brasil, é preciso começar por esse continente. Cobre um período de, aproximadamente, 250 anos, entre o início das incursões e capturas de escravos pelos portugueses na costa da África, em meados do século XV, até o final do século XVII. Traz também alguns trechos sobre a escravidão em outros períodos da história da humanidade, como na Grécia Antiga, no Egito dos faraós, no Império Romano, nos domínios do islã e na própria África antes da chegada dos portugueses.

O segundo livro concentra-se no século XVIII, auge do tráfico negreiro no Atlântico, motivado pela descoberta das minas de ouro e diamantes no Brasil e pela disseminação do cultivo de cana-de-açúcar, arroz, tabaco, algodão e lavouras e do uso intensivo de mão de obra cativa em outras regiões do continente. Num período de apenas cem anos, mais de 6 milhões de seres humanos foram traficados da África para a América, dos quais 2 milhões (um terço do total) vieram só para o Brasil. O terceiro e último livro se dedica ao movimento abolicionista, ao tráfico ilegal de cativos, ao fim (pelo menos do ponto de vista formal e legal) da escravidão no século XIX e ao seu legado nos dias atuais. São também abordados, nos dois próximos volumes da trilogia, temas como a família escrava, as alforrias, a escravidão urbana, as festas, irmandades e práticas religiosas, a assimilação, as fugas, rebeliões e os movimentos de resistência.

Pesquisar e escrever esta série de livros envolveu uma longa e fascinante jornada de seis anos que me levou ao encontro de paisagens, culturas, experiências e pessoas em doze países de três continentes — África, América e Europa. No primeiro semestre de 2017, depois de já familiarizado com a vasta bibliografia relacionada ao tema, estive em Cartagena, na Colômbia, o mais importante porto negreiro do Império Colonial Espanhol, e percorri o antigo sul escravista dos Estados Unidos, palco de uma guerra civil na qual morreram cerca de 750 mil pessoas e que ainda hoje é cenário de lutas pela liberdade e pela igualdade de direitos civis entre brancos e negros com grande repercussão no mundo todo. Repetia assim uma experiência que o pernambucano Gilberto Freyre teve no final da década de 1920. Freyre, então um jovem sociólogo, visitou essa região enquanto reunia os primeiros ensaios, rascunhos e ideias que, anos depois, se converteriam no clássico *Casa-grande & senzala,* marco da celebração da mestiçagem como virtude nacional. Como ele, tive o privilégio de conhecer bibliotecas, museus, centros de estudos e antigas fazendas produtoras de arroz, algodão, cana-de-açúcar e tabaco — as famosas *plantations* escravocratas americanas, algumas delas hoje transformadas em memoriais dedicados à história do cativeiro africano na América.

No mesmo ano, estive em Londres e Liverpool, outros dois importantes locais associados à história do tráfico negreiro e à

INTRODUÇÃO

campanha abolicionista que levaria ao fim da escravidão no século xix. Morei um semestre em Lisboa, base de apoio para minhas cinco viagens a oito países africanos (Cabo Verde, Senegal, Angola, Marrocos, Gana, Benim, Moçambique e África do Sul). Antes e depois dessas incursões internacionais, percorri diversos estados brasileiros, revivendo, com o encantamento de sempre, a experiência de muitos anos atrás, quando, na condição de jovem repórter, tive o privilégio de viver, morar e trabalhar em todas as regiões do país — com a diferença de que, desta vez, meu olhar tinha um foco mais preciso: a história da escravidão e seu legado no Brasil de hoje.[22]

O desfecho desta jornada de leituras, pesquisas e reportagens levou-me ao encontro de um veterano amigo e colaborador, o poeta, ensaísta e historiador Alberto da Costa e Silva, com quem eu já tivera o privilégio de trabalhar na edição de um dos meus livros anteriores, 1822, sobre a Independência do Brasil. Membro e ex-presidente da Academia Brasileira de Letras, Alberto da Costa e Silva é considerado atualmente o maior especialista brasileiro em história da África, autor das várias obras fundamentais para a compreensão do tráfico negreiro para a América. São de sua autoria as notas e observações que aparecem no rodapé de alguns capítulos deste livro, tarefa que o "Embaixador" (como o conhecem seus muitos amigos) teve a gentileza de realizar com a paciência, a generosidade e o cuidado que o tornaram um dos intelectuais mais admirados e respeitados no Brasil. "A história da África é importante para nós, brasileiros, porque ajuda a explicar-nos. É de onde proveio quase a metade dos nossos antepassados. O obá (chefe local) do Benim ou o angola de Quiluanje estão mais próximos de nós do que os antigos reis de França", escreveu Alberto da Costa e Silva.[23] "Hoje, todos somos descendentes de escravos ou de senhores e mercadores de escravos".[24]

3 7

Um antigo ditado africano recorda que, até o leão aprender a escrever, a história exaltará a versão do caçador. Em uma tese do Curso de Altos Estudos apresentada em 2007 ao Instituto Rio Branco, do Ministério das Relações Exteriores, a diplomata Irene Vida Gala — outra reconhecida africanista contemporânea brasileira com quem também tive o privilégio de contar entre os colaboradores nesta série de livros — procurou decodificar esse ditado na forma de diferentes "olhares" sobre a história das relações do Brasil com a África. Segundo ela, haveria "os olhares negros", que reconhecem o papel do africano e de seus descendentes, protagonistas de uma história tão antiga e pródiga quanto o continente de que são oriundos, e os "olhares brancos", que perpetuam os registros de uma história repetida desde os tempos do colonizador europeu, perfeitamente condizente com interesses e perspectivas eurocêntricas e caucasianas presentes nas narrativas tradicionais da historiografia brasileira. Haveria, porém, no entendimento da embaixadora Irene Gala, um terceiro grupo, o dos "olhares atentos", contemporâneos, que assimilam a complexidade dessas duas histórias e incorporam novos ingredientes ao seu relato e análise, dispondo-se a oferecer uma compreensão mais ampla e ao mesmo tempo mais sutil e refinada das relações Brasil-África. Estes últimos são olhares que, a meu ver, poderiam servir igualmente à história da escravidão — uma parte hedionda e dolorosa, mas também essencial para a compreensão dessas relações. Na perspectiva oferecida por esses "olhares atentos", seria possível identificar e destacar novas narrativas e reinterpretar heróis, acontecimentos e consequências que marcam quatro séculos de uma convivência ainda hoje pendente de reconciliação.

Ao iniciar esta série de livros sobre a escravidão, eu gostaria de me alistar ao grupo dos "olhares atentos". Ao mesmo

INTRODUÇÃO

tempo, preciso reconhecer (e desde já pedir a compreensão dos leitores) que minhas raízes e referências culturais de certa forma condicionam e limitam o meu olhar. Como repórter e pesquisador, posso e devo observar e ouvir os diferentes olhares e vozes, admitindo, porém, que seria indevido ou falso de minha parte tentar, por exemplo, expressar na sua totalidade a experiência de dor e sofrimento do "olhar negro", pela qual nunca passei. Pelo lado materno, dos Fagnani, sou descendente de imigrantes italianos que, fugindo da fome na Europa, chegaram ao Brasil no final do século XIX para substituir a mão de obra cativa nas lavouras de café de Mococa, Araraquara e Descalvado, no interior de São Paulo. Pelo lado paterno, do sobrenome Gomes, tenho entre meus ascendentes um líder abolicionista e republicano da atual cidade de Brasópolis, sul de Minas Gerais. Desse modo, posso dizer que a escravidão também é assunto meu. Sua história e seu legado são temas do meu interesse, como deveriam ser para todos os demais 210 milhões de brasileiros. Cabe-me, portanto, trabalhar com uma atitude atenta, de responsabilidade e respeito pelos agentes envolvidos nessa história, entre os quais eu me inscrevo, deixando que os leitores julguem se, nesse esforço, fui honesto e sincero nos meus propósitos — ainda que, talvez, não inteiramente bem-sucedido.

O "olhar atento" com o qual me propus a escrever esta trilogia inclui também o reconhecimento de que existem aspectos de natureza semântica relacionados ao tema que hoje são alvos de intenso debate acadêmico. O correto seria dizer "escravo" ou "escravizado"? Expressões como "senhor de escravo" ou "dono de escravo" pertenceriam ao domínio dos "olhares brancos" ou seriam também aceitáveis no universo dos "olhares negros" ou dos "olhares atentos"? Palavras, obviamente, escondem significados profundos que à primeira vista escapam à percepção

3 9

de quem as lê ou escreve. "Escravo", substantivo ou adjetivo, remete à definição de um ser humano cuja condição seria natural e essencialmente a de cativo, alguém que assim teria nascido e assim permaneceria devido à sua própria natureza. O olhar preconceituoso, por exemplo, poderia supor que a escravidão seria uma vocação natural ou inata dos negros africanos. "Escravizado", particípio do verbo "escravizar", também usado como adjetivo, por sua vez, denotaria uma condição circunstancial ou temporária, produzida pela violência que tornou a pessoa cativa. Homens e mulheres escravizados seriam, portanto, pessoas que sofreram escravização, foram subjugadas e reduzidas à condição de cativas, sem que essa fosse sua identidade ou vocação original.

Essas sutilezas linguísticas são importantes e devem ser levadas em conta. Ao mesmo tempo, é preciso reconhecer que determinados vocábulos já se incorporaram aos usos e costumes da língua portuguesa e podem ser livremente utilizados em favor de uma mais fácil compreensão dos leitores. "Escravo" é uma palavra de uso consagrado nos dois mais importantes dicionários brasileiros, o *Aurélio* e o *Houaiss*, onde aparece como "aquele que, privado da liberdade, está submetido à vontade de um senhor, a quem pertence como propriedade". Desse modo, autorizado pelos dicionários, mas também atento às novas exigências e tendências da linguagem, optei por grafar indistintamente "escravo" e "escravizado" ao longo desta obra como sinônimos de "cativo", alternando seu uso sempre que necessário para evitar cacofonias ou repetições enfadonhas. Da mesma forma, os leitores encontrarão no meu texto expressões como "dono de escravo" ou "senhor de escravo", ambas igualmente consagradas por respeitados escritores, historiadores, sociólogos e outros estudiosos que me precederam e que delas se valeram no passado sem qualquer constrangimento vernacular.

INTRODUÇÃO

Apesar do fôlego aparente, em três volumes, esta série não pretende nem poderia ser um estudo exaustivo ou definitivo da escravidão. Seria impossível, além de arrogante e pretensiosa, qualquer tentativa de esgotar um assunto tão vasto, importante e premente, ainda que numa obra que, no conjunto, terá cerca de 1.500 páginas. Por essa mesma razão, ao definir o escopo deste projeto, optei pelo uso do artigo indefinido: *"uma* história da escravidão no Brasil", em lugar de *"a* história da escravidão no Brasil". Ou seja, é uma entre muitas possíveis narrativas, visões e interpretações num campo marcado por numerosa, diversificada e complexa bibliografia. Meu propósito é destacar e explicar alguns aspectos que julgo importantes na análise do assunto seguindo a fórmula já utilizada nos livros anteriores, mediante o uso de linguagem jornalística, simples e fácil de entender (como suponho ter feito na série *1808, 1822* e *1889*). Eu me sentiria absolutamente recompensado se, ao final desta trilogia, conseguisse despertar o interesse de um público mais amplo, não habituado a estudar o tema, incluindo os jovens e estudantes.

É preciso também fazer uma nota final sobre a metodologia. As estatísticas sempre foram um grande desafio no estudo da escravidão no Brasil. Os mapas e números utilizados neste volume tomam como referência as pesquisas de dois autores norte-americanos, David Eltis e David Richardson, compiladas no livro *Atlas of the Transatlanic Slave Trade* ["Atlas do comércio transatlântico de escravos", em tradução livre]. Esse estudo serviu de referência para a construção de um notável banco de dados, disponível para consulta na internet em <www.slavevoyages.org>. É resultado de um gigantesco esforço internacional envolvendo pesquisadores de diversos países, incluindo os brasileiros Manolo Garcia Florentino, da Universidade Federal do Rio de Janeiro, e Roquinaldo Ferreira, da Universidade Brown, em Providence, Rhode Island, nos Estados Unidos, dois de seus mais importantes colaboradores. Como esse é um banco de dados dinâmico, em constante processo de renovação e atualização, é possível que, ao longo do tempo, os leitores encontrem diferenças significativas entre os números citados nesta obra e os disponíveis na internet. O que significa também que esta série de livros, embora tente resumir a história até hoje conhecida da escravidão no Brasil e, em parte, na América, carrega também um caráter efêmero, como se fosse uma fotografia instantânea de uma paisagem ou cena em rápida mutação.

Laurentino Gomes
Itu, São Paulo, julho de 2019

1. A GRANDE AGONIA

> *"O horror! O horror!"*
>
> Últimas palavras de Kurtz, personagem de Joseph
> Conrad no romance *Coração das trevas* (1902), sobre a
> loucura e a barbárie no antigo Congo Belga

Por volta de 1750, o horror dominava as serras e os vales próximos à Feira de Cassanje, interior de Angola, assim descrito pelo historiador norte-americano Joseph Miller:

> *Ali as pessoas matavam e eram mortas como se a vida nada valesse. Não usavam roupas e consumiam carne humana e insetos vivos. Os cadáveres eram jogados nas estradas e devorados pelos famintos que por elas trafegavam. Quando estranhos se aproximavam, os fugitivos se escondiam na copa das árvores e atacavam todos os forasteiros que julgassem capazes de dominar. As guerras, agravadas por secas arrasadoras, produziram uma devastação tão absoluta que os homens mais jovens sobreviviam apenas da captura, do consumo e da venda de outros. Cerca de 90% da população*

envolvida nos conflitos acabou dizimada. O território ficou quase completamente desabitado.[1]

Nos dois séculos anteriores, o perímetro da escravidão tinha avançado continente adentro por cerca de oitocentos quilômetros, como um tsunami colossal que, partindo do litoral atlântico, tivesse devastado o interior africano. As razias tinham começado nas zonas mais próximas do litoral entre 1520 e 1570 e progrediram rapidamente — cerca de trinta quilômetros cada década —, à medida que aumentava a demanda por cativos do outro lado do oceano. Assim, a busca desenfreada por escravos chegou à região de Cassanje. E assim continuaria ainda por mais cem anos. Na metade do século XIX, às vésperas da abolição do tráfico negreiro no Brasil, já atingira o miolo do continente, a quase 2 mil quilômetros do litoral e a meio caminho entre Luanda, no Atlântico, e a Ilha de Moçambique, no Oceano Índico, de onde outra onda de devastação partira com igual força.

A fronteira de captura, sequestros, compra e venda de escravos tinha penetrado até o coração do continente, mas nem por isso haveria paz nas zonas pioneiras de fornecimento de mão de obra cativa. Ao contrário, por volta de 1830, cerca de 80% de todos os escravos que chegavam ao Brasil ainda tinham como origem regiões costeiras de Angola — prova de que a drenagem sistemática de moradores desses territórios se manteve inalterada ao longo de todo o período do tráfico negreiro.[2] "A destruição constante de Angola se apresenta como a contrapartida da construção contínua do Brasil", observou o historiador Luiz Felipe de Alencastro.[3]

Na esteira da grande onda escravagista ficava um cenário de morte e ruína. No século XVIII, uma vasta região, de aproximadamente 2,5 milhões de quilômetros quadrados, o equivalente a quase um terço da área territorial brasileira, onde hoje se situam

A GRANDE AGONIA

Angola e os dois Congos (a República do Congo e a República Democrática do Congo), estava dominada pela guerra e pelo medo. Era um lugar altamente instável e perigoso devido ao regime de terror implantado pela ferocidade dos guerreiros e dos captores de escravos. Milhares de habitantes procuravam abrigo nas densas florestas e nas montanhas, todos fugindo dos conflitos e sequestros que alimentavam o tráfico atlântico.[4]

Jan Vansina, historiador e antropólogo belga, reproduziu uma interessante descrição da chegada dos portugueses a Angola, a guerra contra o angola de Quiluanje (título do rei ou soberano local) e o início do tráfico de escravos. A narrativa faz parte da tradição oral do povo pende, que, no século XVI, vivia próximo do litoral e, pressionado pelo tráfico negreiro, se transferiu para o interior do continente. A história se refere a navios alados — aos olhos dos africanos, as velas das naus portuguesas lembravam asas:

> *Um dia, os homens brancos chegaram em navios com asas que brilhavam como facas ao sol. Travaram duras batalhas com o angola e cuspiram-lhe fogo. Conquistaram as suas salinas e o angola fugiu para o interior [...]. Alguns dos seus súditos mais corajosos ficaram junto ao mar e, quando os homens brancos vieram, trocaram ovos e galinhas por tecidos e contas. Os homens brancos voltaram outra vez ainda. Trouxeram-nos milho e mandioca, facas e enxadas, amendoim e tabaco. Desde então e até os nossos dias, os brancos nada nos trouxeram senão guerras e misérias.*[5]

Joseph Miller faz um cálculo assustador a respeito da mortalidade no tráfico de cativos no Atlântico. Ainda na África, entre 40% e 45% dos negros escravizados morriam no trajeto entre as zonas de captura e o litoral. Dos restantes, entre 10% e 15%

ESCRAVIDÃO VOL. I

pereciam durante o mês que, em média, ficavam à espera do embarque nos portos africanos. Em Benguela, um dos principais portos negreiros de Angola, até o final do século XVIII, os traficantes simplesmente se livravam dos cadáveres jogando-os nas praias e nos rios. Muitos eram depositados nos esgotos a céu aberto da cidade. Dos sobreviventes que embarcavam nos navios negreiros, outros 10%, em média, morreriam na travessia do oceano. Na etapa seguinte, a do desembarque na América, mais 5% perdiam a vida durante o processo de venda e transporte para os locais de trabalho — muitas vezes situados em minas ou lavouras no interior distante, o que exigia longas caminhadas a pé por trilhas perigosas e traiçoeiras. Por fim, mais 15% faleceriam nos três primeiros anos de cativeiro em terras do Novo Mundo.[6]

As estimativas de Miller sugerem que, de cada grupo de cem escravos capturados no interior da África, apenas quarenta sobreviveriam ao final dessa extensa jornada entre os locais de captura e o destino final da viagem, do outro lado do Atlântico. Em torno de 60% do total perderiam a vida pelo caminho. Traduzindo em números absolutos, ao longo de mais 350 anos, entre 23 milhões e 24 milhões de seres humanos teriam sido arrancados de suas famílias e comunidades em todo o continente africano e lançados nas engrenagens do tráfico negreiro. Quase a metade, entre 11 milhões e 12 milhões de pessoas, teria morrido antes mesmo de sair da África. Hoje estima-se com relativa segurança que aproximadamente 12,5 milhões de cativos foram despachados nos porões dos navios, mas só 10,7 milhões chegaram aos portos do continente americano. O total de mortos na travessia do oceano seria de 1,8 milhão de pessoas (portanto, superior aos 10% citados por Miller para o caso de Angola). Dado o alto índice de mortalidade após o desembarque, apenas 9 milhões de africanos teriam sobrevivido aos tormentos dos três primeiros anos de escravidão no novo ambiente de trabalho.

A GRANDE AGONIA

A história da escravidão africana no Brasil é repleta de dor e sofrimento. Centenas de livros já foram escritos sobre o tema, mas, provavelmente, nenhum deles conseguirá jamais expressar as aflições de um único cativo dos milhões capturados na África, embarcados à força em um navio, arrematados como mercadoria qualquer num leilão do outro lado do oceano, numa terra que lhes era completamente estranha e hostil, onde trabalhariam pelo resto de suas vidas sob o chicote e o tacão de seu senhor. Um detalhe, porém, talvez ajude os leitores de hoje a ter uma ideia, ainda que remota, do tamanho dessa tragédia: diz respeito ao comportamento dos tubarões que seguiam as rotas dos navios negreiros.

Durante mais de três séculos e meio, o Atlântico foi um grande cemitério de escravos. Era no mar, durante a travessia, que as cifras de mortalidade ficavam mais evidentes: como escravos representavam um "investimento", uma mercadoria valiosa do ponto de vista dos traficantes, cada óbito tinha de ser registrado nos chamados *Livros dos mortos* pelos capitães dos navios, ao lado de diversos outros itens que apareciam nas colunas de crédito e débito dos relatórios de contabilidade. Por isso, os números de mortos durante esse tipo de viagem são mais precisos do que os das demais travessias náuticas da época, geralmente baseados em estimativas. Isso permite fazer hoje um cálculo assustador. Se, entre o início e o final do tráfico negreiro, pelo menos 1,8 milhão de cativos morreram durante a travessia, isso significa que, sistematicamente, ao longo de 350 anos, em média, catorze cadáveres foram atirados ao mar todos os dias. Por essa razão, os navios que faziam a rota África-Brasil eram chamados de "tumbeiros", ou seja, tumbas flutuantes.

Alguns exemplos ajudam a dar uma noção mais precisa desses números. Em 1805, um brigue sob o comando do capitão Félix da Costa Ribeiro partiu da região de Biafra com 340 escra-

ESCRAVIDÃO VOL. I

vos, dos quais 230 morreram nos quarenta dias de travessia até Salvador. Portanto, esse navio, sozinho, teria lançado ao mar entre cinco e seis cadáveres por dia, média semelhante à do *Protector*, que teve 151 mortos na viagem de cinquenta dias entre Luanda e o Rio de Janeiro. No caso do brigue *Flor da Bahia*, que perdeu 192 dos 557 cativos embarcados de Moçambique para Salvador, uma viagem de cerca de setenta dias, a média de corpos atirados da amurada do navio teria sido de quase três por dia.[7]

Morria-se de doenças como disenteria, febre amarela, varíola e escorbuto. Morria-se de suicídio — escravos que, tomados pelo desespero, aproveitavam-se de um descuido dos tripulantes, subiam à amurada das embarcações e jogavam-se ao mar. Por essa razão, os navios negreiros geralmente eram equipados com redes estendidas ao redor do deque superior, para prevenir esses atos. Morria-se, ainda, de banzo, nome dado pelos africanos para o surto de depressão muito frequente entre os cativos. Alguém acometido por banzo parava de comer, perdia o brilho no olhar e assumia uma postura inerte enquanto suas forças vitais se esvaíam no prazo de poucos dias. "O banzo é um ressentimento entranhado por qualquer princípio, como a saudade dos seus ou de sua pátria", descreveu, no final do século XVIII, Luís Antônio de Oliveira Mendes, advogado português nascido na Bahia. "É uma paixão da alma a que se entregam que só é extinta com a morte."*

---

* O baiano Luís Antônio de Oliveira Mendes é o autor de um dos mais vivos testemunhos sobre a brutalidade do tráfico negreiro: o seu trabalho foi apresentado à Academia das Ciências de Lisboa em 12 de maio de 1793, inserido no tomo IV das *Memórias econômicas da Academia Real das Ciências*, de 1812, e reproduzido, a partir de novembro do ano seguinte, em diferentes números do *Investigador Português na Inglaterra*. Esse texto foi republicado, em nossos dias, primeiro, como anexo à obra *As companhias pombalinas de navegação, comércio e tráfico de escravos da costa africana para o Nordeste brasileiro*, de Antônio Carreira, e, depois, em forma de livro, com o título *Memória a respeito dos escravos e tráfico da escravatura entre a costa d'África e o Brasil*, com um ensaio introdutório de José Capela. Luís Antônio de Oliveira Mendes nasceu

A GRANDE AGONIA

Os cadáveres eram então atirados por sobre as ondas, sem qualquer cerimônia, às vezes sem ao menos a proteção de um pano ou lençol, para serem imediatamente devorados por tubarões e outros predadores marinhos. Segundo inúmeras testemunhas da época, mortes tão frequentes e em cifras tão grandes fizeram com que esses grandes peixes mudassem suas rotas migratórias, passando a acompanhar os navios negreiros na travessia do oceano, à espera dos corpos que seriam lançados sobre as ondas e lhes serviriam de alimento. Esses rituais eram parte da rotina a bordo.

"Os tubarões começavam a seguir os navios negreiros assim que as embarcações alcançavam a costa da Guiné", escreveu o historiador Marcus Rediker. "Eram observados pelos marinheiros da Senegâmbia ao Congo e Angola, passando pela Costa do Ouro e dos Escravos (atuais Gana, Togo, República do Benim e Nigéria), sempre que os navios estavam ancorados ou se moviam lentamente." Um corpo ou um homem vivo que caísse nas águas por acidente seria imediatamente destroçado. Alexander Falconbridge, médico britânico que participou de quatro viagens negreiras entre 1780 e 1787, testemunhou diversas cenas como essa enquanto observava o embarque de cativos na costa

---

em Salvador, na Bahia, em 1748, e faleceu após 1817. Formou-se em Leis, em 1777, na Universidade de Coimbra, onde também cursou Filosofia, Medicina, História e Química. Foi, durante alguns anos, advogado da Casa de Suplicação, em Lisboa, da Nunciatura Apostólica e da Câmara Eclesiástica. Inventou várias máquinas, como bombas d'água, uma semeadora e uma escada que se expandia e contraía, para socorro nos incêndios, e descreveu-as em duas obras que conhecemos impressas, *Memória analítico-demonstrativa da máquina de dilatação e contração* e *tentativas, ou ensaios, em que tem entrado o autor da máquina de dilatação e de contração, e da memória analítico-descritiva dela* (ambas de 1792). Além disso, descobriu uma mina de ferro nas margens do Mondego e outra, de ocra, nas vizinhanças da vila de Góes. Poeta, historiador, jurista e homem de ciência, foi sócio da Academia Real das Ciências de Lisboa, onde apresentou muitos de seus trabalhos, sobre os temas mais variados, como era a norma entre os homens de erudição de seu tempo. Tendo passado a maior parte da vida em Portugal, regressou ao Brasil em data que se ignora.

de Bonny (atual Nigéria). Segundo ele, os tubarões cercavam os navios "em número inacreditável, devorando rapidamente os negros que eram arremessados da amurada". Relato semelhante é o de John Atkins, também médico da Marinha Britânica na primeira metade do século XVIII: "Diversas vezes eu vi os tubarões se apoderarem de um cadáver, assim que era jogado ao mar, despedaçando-o e devorando-o com tal voracidade que não dava tempo sequer para que começasse a afundar nas águas".

Do embarque na costa da África, cardumes de tubarões seguiam as embarcações por milhares de quilômetros na travessia do oceano, segundo os registros no diário do capitão Hugh Crow, que fez dez viagens nesse percurso. "Eles estão sempre ao redor do navio, à espera de que algum corpo seja jogado nas águas", descreveu Crow. Comprovando suas observações, em 1785 diversos jornais de Kingston, capital da Jamaica, noticiaram que a chegada de novas cargas de escravos tinha trazido consigo uma tal quantidade de tubarões que "banhar-se nas águas do rio local se tornou algo extremamente perigoso".[8]

A história da devastação do continente africano e da transformação do Oceano Atlântico num imenso cemitério começou muitos séculos antes, no ancoradouro de um vilarejo de casinhas brancas debruçadas sobre o mar na região sul de Portugal.

2. O LEILÃO

AO AMANHECER DE OITO DE AGOSTO DE 1444, os moradores de Lagos, então um pequeno vilarejo murado na região do Algarve, sul de Portugal, foram despertados pela notícia de um acontecimento extraordinário. Recém-chegadas do mar, meia dúzia de caravelas estavam ancoradas no cais ao pé da ladeira de casinhas brancas sob a proteção dos canhões da antiga fortaleza que guarnecia a entrada da barra. Dos seus porões começou a sair uma carga inusitada: 235 homens, mulheres e crianças, todos escravos que ali seriam arrematados em leilão.

Ao pisar em terra, quatro cativos foram separados dos demais e doados para igrejas e monastérios. Um deles acabaria vendido naquela mesma manhã, porque o padre precisava comprar ornamentos novos para o altar. Outro, um menino, foi entregue ao Convento de São Vicente do Cabo, da Ordem Mendicante de São Francisco, onde se tornaria monge. Os 231 restantes foram divididos em cinco grupos, para serem examinados pelos potenciais compradores. O primeiro lote, de 46 escravos, ficou reservado para o homem de chapéu de abas largas e botas de cano comprido até os joelhos que, montado a cavalo, supervisionava toda a operação.

Era o infante dom Henrique, quinto filho do rei dom João I, já falecido, e irmão do regente do trono, dom Pedro.

A cena marca o início de um período trágico na história humana e foi registrada porque havia no local uma testemunha com a missão de descrevê-la para a posteridade. Gomes Eanes de Azurara, filho de padre, cronista real, cavaleiro da Ordem de Cristo, guarda-mor dos arquivos da Torre do Tombo e biógrafo de dom Henrique, é o autor do manuscrito *Crônica do descobrimento e conquista da Guiné*. Redigido em 1448, esse relato das primeiras navegações portuguesas na costa da África ficou perdido durante quase quatro séculos, até 1837, quando seu original foi encontrado na Biblioteca Real de Paris e finalmente publicado em formato de livro quatro anos mais tarde.[1] Nele se encontra o primeiro registro oficial de um leilão de escravos africanos pelos portugueses, uma prática que se repetiria milhares e milhares de vezes ao longo dos quatro séculos seguintes, envolvendo a compra e a venda de cerca de 12,5 milhões de cativos capturados ou adquiridos na África e transportados em cerca de 35 mil navios negreiros que cruzaram o Oceano Atlântico em direção à Europa e a vários pontos da América.

Azurara, às vezes também chamado apenas de Zurara, descreve em detalhes o que ocorreu na praça situada em frente ao cais de Lagos enquanto o sol se erguia no horizonte naquela longínqua manhã do século XV.[2] Os escravos, segundo ele, eram "uma coisa maravilhosa de se ver, porque entre eles havia alguns de razoada brancura, formosos [...]; outros menos brancos, como os pardos; outros tão negros como os etíopes, disformes nas feições, tanto nos rostos como nos corpos, como a representar imagens do hemisfério inferior". Os compradores eram muitos. "O campo estava cheio de gente, tanto do lugar como das aldeias e comarcas dos arredores, a qual deixava naquele dia folgar suas mãos, em que estava a força de seu ganho, somente para ver aquela novidade", anotou Azurara. O infante, por sua vez, estava

O LEILÃO

"ali em cima de um poderoso cavalo, acompanhado de suas gentes, repartindo suas mercês, como homem que de sua parte queria fazer pequeno tesouro".

Ao relatar o início do leilão, Azurara mostra-se comovido com as reações dos cativos diante da perspectiva de serem comprados por senhores diferentes, o que significaria a separação definitiva entre pais e filhos, esposas e maridos, irmãos, amigos e companheiros de longa data:

> *Qual seria o coração, por duro que pudesse ser, que não fosse pungido de piedoso sentimento vendo assim aquela campanha? Porque uns tinham as caras baixas e os rostos lavados de lágrimas; [...] outros estavam gemendo muito dolorosamente, olhando para os céus [...], bradando altamente como se pedissem socorro ao Pai da Natureza; outros feriam o rosto com as suas palmas, lançando-se estendidos no chão; outros faziam suas lamentações em cantos, segundo o costume de sua terra. [...] Pelo que convinha a necessidade de se apartarem os filhos dos pais; as mulheres, dos maridos; e os irmãos, uns dos outros. A amigos nem parentes não se guardava nenhuma lei, somente cada um caía onde a sorte o levava. As mães apertavam seus filhos nos braços e lançavam-se com eles de bruços, recebendo feridas com pouca piedade de suas carnes.*

Perante tanta dor e sofrimento, o piedoso coração de Azurara encontrava pelo menos um motivo de consolo. O cativeiro daqueles africanos, acreditava ele, era a oportunidade de salvar-lhes as almas, retirando-os da escuridão da barbárie e do paganismo em que até então se encontravam para introduzi-los na luz da religião cristã e da civilização portuguesa. E assim também pensava o poderoso infante, cuja vontade e grande prazer, na interpretação do cronista, estavam "na salvação daquelas almas que antes eram perdidas".

Os escravos vendidos em Lagos haviam sido capturados na costa da África pelos capitães Gil Eanes e Lançarote, escudeiros e sócios de dom Henrique. Eram azenegues, uma das etnias de povos berberes, de pele morena, habitantes da parte ocidental do deserto do Saara hoje ocupada pela Mauritânia. Tinham adotado a religião muçulmana no século XI. Por isso, enquadravam-se na genérica categoria de "infiéis", que os portugueses atribuíam a todos os seres humanos que não se abrigassem à sombra da religião cristã e católica. O grupo, segundo a descrição de Azurara, também incluía negros e mulatos, provenientes de outras regiões, ao sul do deserto do Saara, e, talvez, cativos dos azenegues, uma vez que o comércio de escravos já era uma tradição antiga nessa parte da África.

As regras do leilão estavam definidas nas leis portuguesas e previam que dom Henrique teria a prerrogativa de escolher em primeira mão 46 cativos que julgasse mais fortes e saudáveis. Era sua cota pessoal, o chamado "Quinto Real", equivalente a 20% sobre o total das cargas dos navios que lhe cabiam na condição de financiador e organizador da expedição africana. Foi um negócio tão bem-sucedido que, dois anos mais tarde, outra frota de nove caravelas seguiu para a costa da África com o objetivo de capturar ou comprar escravos. Levavam a bordo um tabelião de confiança de dom Henrique, cuja missão era garantir que todos os tributos fossem devidamente recolhidos em conformidade com a legislação portuguesa. Um desses navios pertencia ao bispo do Algarve, dom Rodrigo Dias, que, animado com as doações recebidas pela Igreja no primeiro leilão, decidira se tornar sócio no comércio negreiro. A caravela do bispo, no entanto, teve má sorte. Naufragou depois de encalhar num banco de areia perto de Cabo Verde. Cinco tripulantes morreram.[3]

O LEILÃO

Atualmente, cinco séculos e meio após o leilão descrito por Azurara, a cidade portuguesa de Lagos é um dos destinos turísticos mais importantes da Europa. Com cerca de 18 mil habitantes, tem dias ensolarados o ano inteiro, praias belíssimas e uma paisagem urbana ainda marcada por casinhas brancas encarapitadas à beira-mar. É também um lugar que luta para manter sua identidade lusitana. As ruas, cuidadosamente limpas e enfeitadas com floreiras naturais, estão sempre repletas de veranistas de pele muito alva e tostada pela exposição ao sol. Nas vitrines das lojas, nos restaurantes, nas recepções dos hotéis, tudo está escrito em inglês. É nesse idioma que vendedores, garçons e funcionários de outros estabelecimentos comerciais atendem a clientela. Um desavisado acreditaria estar na Inglaterra, não em solo português.

Os britânicos formam a imensa maioria dos visitantes, mais de 300 mil por mês durante o verão, responsáveis por um terço da ocupação dos hotéis e outras acomodações, taxa superior à dos próprios portugueses que frequentam a região. A eles pertencem também os melhores e mais caros imóveis dessa faixa litorânea do território português. Muitos são aposentados que, fugindo do clima frio e cinzento da Inglaterra e da Escócia, escolheram as temperaturas amenas e o céu ensolarado do Algarve para passar os últimos anos de suas vidas. A prosperidade de Lagos e dos municípios vizinhos depende deles, o que explica a reação de quase pânico que tomou conta dos moradores locais em 2016, ano em que os eleitores do Reino Unido decidiram, em plebiscito, sair da União Europeia, no chamado Brexit. O rompimento poderia prejudicar os negócios e afastar os britânicos da região.

Uma das atrações culturais mais visitadas pelos turistas é um edifício de dois pavimentos com arcadas redondas sustentadas por colunas de pedras, paredes brancas e linhas arquitetônicas simétricas, situado em uma das esquinas da praça que se debruça sobre o ancoradouro feito com rochas. Uma das peças do acervo é uma reprodução fac-similar do hoje famoso relato de Azurara. Em frente ao museu, uma estátua do infante dom Henrique coberta de excrementos de pombos observa o cais onde ocorreu o primeiro leilão de escravos.

No ano posterior ao leilão de Lagos, os portugueses construíram na costa da atual Mauritânia a Feitoria de Arguim, cujo objetivo principal era o comércio de cativos. Funcionaria como o protótipo de uma cadeia de outras fortificações semelhantes que, nas décadas seguintes, seriam erguidas ao longo de toda a costa africana, e também da Ásia, até a Índia. Em 1448, mil escravos africanos já haviam sido transportados por via marítima para Portugal. Parte deles era destinada às lavouras de açúcar nas ilhas Canárias e na Ilha da Madeira. O restante era levado para o continente europeu e revendido para a Espanha, Itália e outras regiões do Mediterrâneo. No total, cerca de 150 mil cativos africanos foram capturados ou comprados na costa da África pelos portugueses entre 1450 e 1500.[4]

Portugal foi o primeiro país europeu moderno a ter uma significativa população de origem africana. Por volta de 1550, já contava com cerca de 32 mil escravos, entre mouros e negros, que representavam pouco mais de 3% do total de 1 milhão de habitantes. Os muçulmanos capturados no Mediterrâneo e em regiões vizinhas, ao norte do deserto do Saara, eram chamados de "escravos brancos". Vem daí a expressão "trabalhar como um mouro", já usada entre os portugueses no século XV. Quem recusasse o batismo cristão era obrigado a usar sobre o ombro esquerdo o crescente vermelho, símbolo do islã — da mesma forma como, cinco séculos mais tarde, os judeus seriam obrigados a portar sobre a roupa a estrela de Davi na Polônia ocupada pelos nazistas.[5]

Igualmente já conhecida na época era a expressão "mercado negro", usada para designar as feiras de compra e venda de africanos existentes em Lisboa, Évora, Lagos e Porto, cidades em que 10% dos moradores eram cativos. A maior dessas feiras funcionava no centro de Lisboa, a algumas centenas de metros da margem do rio Tejo, onde hoje está situada a Praça do Município. Era a Casa dos Escravos, repartição da Coroa ligada à Casa da Mina e aos Tratos da Guiné, fundada em 1486. "Com exceção dos mendigos, todo mundo tinha escravos em Portugal, do rei ao mais simples trabalhador, incluindo as prostitutas", escreveu o historiador A. C. Saunders. "Mesmo as pessoas mais pobres podiam comprar cativos, arrematados por preços muito baixos em liquidações promovidas pela Casa dos Escravos para se livrar dos estoques de africanos doentes ou com defeitos físicos." Nas cidades, trabalhavam em serviços domésticos, incluindo a limpeza das casas, lavagem das roupas, preparação de alimentos e a retirada de dejetos e esgotos. No interior, atuavam em atividades agrícolas.[6]

Um episódio ocorrido em 1466, durante passagem da comitiva do viajante alemão Leon de Rosmital pela cidade de Braga, comprova o quanto a presença de escravos africanos tinha se tornado corriqueira e até banal na paisagem portuguesa. Recebido pelo rei Afonso v, e sendo de praxe a troca de presentes, o chefe da comitiva pediu que lhe dessem dois negros. Queria levá-los como curiosidade para a Alemanha. Os nobres portugueses ficaram surpresos com o pedido. "Isso que pedes, amigo, não vale nada", respondeu o irmão do rei, dom Fernando, duque de Viseu. "Pede coisa mais importante e decente que dois negros."[7]

Três décadas mais tarde, em 1494, ao visitar o rei dom João ii em Évora, o médico alemão Jerônimo Münzer ficou surpreso com a quantidade de escravos existentes na corte: "O rei possui africanos de várias cores, acobreados, pretos e anegrados, de línguas diferentes, conhecendo, porém, todos a língua portuguesa".

Em seguida, ao passar por Lisboa, registrou:

É verdadeiramente extraordinária a quantidade de escravos africanos que nesta cidade existem. Aqueles das cercanias dos trópicos do Câncer e do Capricórnio são acobreados, e aqueles das regiões equatoriais são negros retintos.

Segundo Münzer, o monarca português tinha o peculiar hábito de presentear seus visitantes com escravos, que em ocasiões especiais também eram entregues a instituições, como a Igreja, ou a particulares, sendo até mesmo enviados ao próprio papa.

Em sua *Crônica da Guiné*, Azurara descreve passo a passo como o progresso das navegações portuguesas na costa da África ao longo do século xv era acompanhado e financiado pelo comércio de escravos. Em 1441, três anos antes do leilão em Lagos, os capitães e escudeiros Antão Gonçalves e Nuno Tristão partiram, em expedições separadas, para o cabo Branco, na atual fronteira entre a Mauritânia e o Saara Ocidental, lugar em que algumas colinas despontavam na monotonia da paisagem africana. O objetivo era capturar escravos a mando do infante dom Henrique.

Segundo Azurara, ao desembarcar, os homens de Antão Gonçalves avistaram uma trilha com muitas pegadas de gente — quarenta ou cinquenta pessoas, segundo seus cálculos — e decidiram ficar ali de tocaia. Logo apareceu um homem que seguia atrás de um camelo, nu e armado com duas azagaias (um tipo de lança curta, com cabo de madeira, usada para caça e pesca). Atacado pelos portugueses, ele ainda tentou se defender, mas foi atingido pelo disparo de um dardo e se rendeu. Em seguida, foi capturada também uma mulher. Ambos foram imediatamente trancafiados no navio.[8] Navegando mais ao sul, encontraram um vilarejo e um mercado muçulmanos, escala das caravanas de camelos que chegavam do interior. As pes-

O LEILÃO

soas tinham a pele escura, mas estavam vestidas ao estilo do islã, com turbantes e túnicas brancas.

De surpresa, Antão Gonçalves saqueou o vilarejo e capturou diversos escravos, incluindo dois chefes tribais que mais tarde seriam libertados mediante o pagamento de resgate. Em seguida, zarpou de volta para Portugal levando ovos de avestruz, alguns gramas de ouro em pó e doze negros, que em Lagos foram apresentados como troféu ao infante dom Henrique. Essas são as primeiras capturas de cativos africanos registradas em toda a história da escravidão no Atlântico. No ano seguinte, Antão Gonçalves rumou novamente para o cabo Branco. Dessa vez, trouxe uma pequena quantidade de ouro em pó, sal marinho, mais alguns ovos de avestruz e, a mercadoria mais importante de todas, dez escravos negros.[9] Como recompensa, foi promovido a governador da cidade de Tomar e cavaleiro da Ordem de Cristo.[10]

Inicialmente, a técnica de capturar escravos era a mais simples, crua e direta possível. Os marinheiros desembarcavam de suas caravelas em grupos armados com espadas e arcabuzes e, aos gritos de "Por São Jorge e Portugal", atacavam os moradores dos vilarejos e os levavam, imobilizados, a bordo. Alvise Cadamosto, navegador e aventureiro veneziano que acompanhou algumas dessas expedições, assim descreveu as razias portuguesas: "As caravelas, às vezes quatro, outras vezes mais, chegavam ao Golfo de Arguim muito bem armadas, atracavam à noite e surpreendiam os vilarejos de pescadores".[11]

Esse método logo se revelou perigoso e improdutivo, porque os africanos aprenderam a se defender e a contra-atacar. Suas armas, embora primitivas, podiam ser devastadoras, mesmo diante dos canhões e arcabuzes europeus. Em algumas regiões, usavam arcos e flechas com pontas de ferro preparadas com uma erva chamada *Strophanthus hispidus*, um veneno altamente letal, capaz de matar uma pessoa entre dez e trinta minutos depois de alvejada.[12] Em 1446, uma expedição novamente sob o comando de Nuno Tristão terminou em desastre depois que seus 21 tripulantes e cinco meninos aprendizes se arriscaram a subir um rio em busca de escravos. Eles foram emboscados por uma dúzia de canoas, de onde guerreiros nativos dispararam uma chuva de flechas e lanças contra os portugueses. Quatro homens morreram na hora. Outros dezessete, incluindo o próprio Tristão, saíram feridos e morreram nos dias seguintes sob o efeito do veneno embebido nas pontas dos dardos. Com os tripulantes adultos todos mortos, o navio ficou abandonado à deriva, nas mãos dos cinco aprendizes, e só foi resgatado nove semanas mais tarde.[13]

Revezes dessa natureza fizeram com que, a partir de 1448, os portugueses, sempre sob a orientação do infante dom Henrique, mudassem a estratégia. Em vez de caçar e capturar pessoas, correndo o risco de retaliação, iriam comprá-las dos mercadores de escravos já estabelecidos na costa da África.* Em 1456, o rei Afonso v enviou o navegador Diogo Gomes como uma espécie de embaixador da paz à região. Em duas incursões consecutivas, Gomes estabeleceu relações com alguns dos chefes mais poderosos da Guiné. Depois da segunda viagem, setecentos cativos por ano passariam a ser comprados desses fornecedores e enviados a Portugal.

As negociações, de início, eram difíceis e cercadas de muitas desconfianças de parte a parte. Em Serra Leoa, por exemplo, todo navio português, ao ancorar, era obrigado a enviar à terra alguns tripulantes como reféns, que permaneciam em poder dos chefes locais enquanto as tratativas para a compra de cativos se

---

* No século xv, os muçulmanos comercializavam escravos nas margens do Saara. Os portugueses adquiriam escravos dos reis e chefes locais. Já se anunciava a disputa entre o Saara e o Atlântico, entre o camelo e a caravela, pelo comércio do ouro e de outros produtos da chamada África Negra. Entre os quais, o escravo.

O LEILÃO

desenrolavam. Os prisioneiros europeus só eram liberados depois do fechamento do negócio. Estabelecia-se, ao mesmo tempo, um novo equilíbrio de poder, agora em favor dos chefes e mercadores africanos, situação que se manteria pelos quatro séculos seguintes, até o fim do tráfico negreiro, por volta de 1850. Em sua passagem por Évora e Lisboa, em 1494, o alemão Jerônimo Münzer (citado anteriormente) observou que o rei enviava com frequência presentes aos chefes africanos que controlavam o tráfico de escravos. Era uma forma de agradá-los para que os portugueses pudessem navegar e fazer negócios na costa da África sob a sua proteção.[14]

Desse modo, a partir do leilão de 1444 em Lagos, o comércio de escravos ajudaria a financiar as chamadas viagens dos descobrimentos.[15] O sangue, o suor e o sacrifício dos cativos permitiriam que os portugueses, no meio século seguinte, abrissem um novo caminho para as Índias, contornando por mar o continente africano, explorassem as costas da China e do Japão, estabelecessem entrepostos de comércio de especiarias nos atuais territórios da Indonésia e do Sri Lanka e, finalmente, chegassem ao Brasil, que logo se firmaria como a maior e mais lucrativa colônia do Império Português, e também a mais dependente de mão de obra escrava.

3. AS ORIGENS

"A humanidade se divide em duas:
os senhores e os escravos;
aqueles que têm o direito de mando,
e os que nasceram para obedecer."

ARISTÓTELES, filósofo grego

A ESCRAVIDÃO É UMA CHAGA ABERTA na história humana. Suas marcas físicas são ainda hoje bem visíveis na geografia do planeta. Podem ser observadas, bem de longe, por astronautas em órbita da Terra, nos 21.196 quilômetros de extensão da Grande Muralha da China, construída ao longo de quase mil anos com trabalho forçado de cerca de 1 milhão de cativos. Ou, bem de perto, nos 639 minúsculos diamantes da coroa de dom Pedro II, exposta no Museu Imperial de Petrópolis — garimpados por escravos em Minas Gerais e outras regiões do Brasil. Seus traços estão nas pirâmides do Egito; nas ruínas do Coliseu, em Roma; nos Jardins da Babilônia, no atual Iraque; nos Arcos da Lapa, no Rio de Janeiro. Estão em documentos antiquíssimos, como o livro do Gênesis, na Bíblia, que narra a venda de José, um dos filhos de Jacó, como escravo por iniciativa dos próprios irmãos. Estão nos batentes das inúmeras Portas do Não Retorno africanas, como a de Ajudá, no Benim, e a da Ilha de Goreia, no Senegal, de onde cativos africanos embarcavam nos navios negreiros para nunca mais voltar à terra em que haviam nascido. Estão nos campos de batalha da Guerra Civil Americana, uma das mais sangrentas de toda a história, em que cerca de 750 mil pessoas morreram para que a escravidão deixasse de existir nos Estados Unidos. Estão também na fisionomia de praticamente todos os mais de sete bilhões de seres humanos hoje vivos.

O uso de mão de obra cativa foi o alicerce de todas as antigas civilizações, incluindo a egípcia, a grega e a romana. Era um dos principais negócios dos vikings. Na Idade Média, deu sustentação ao desenvolvimento da Inglaterra, da França, da Espanha, da Rússia, da China e do Japão. Floresceu entre os povos pré-colombianos da América, como os incas, do Peru, e os astecas, do México. Assegurou a prosperidade de Veneza, Gênova e Florença no auge do Renascimento Italiano. A expansão do islã foi possível mediante a escravização de milhares e milhares de pessoas. O filósofo grego Aristóteles era senhor de escravos. Thomas Jefferson, autor da Declaração de Independência dos Estados Unidos, segundo a qual todos os seres humanos nasceriam livres e com direitos iguais, também. Joaquim José da Silva Xavier, o Tiradentes, herói da Inconfidência Mineira, foi dono de pelo menos seis cativos. O reverendo John Newton, autor de "Amazing Grace" ("Maravilhosa graça", em português), um dos mais belos hinos evangélicos de todos os tempos, foi capitão de navio negreiro. John Locke, pensador humanista responsável pelo conceito de liberdade na história moderna, era acionista da Royal African Company, criada com o único propósito de traficar escravos. John Brown, da família fundadora da Universidade Brown, na cidade de Providence, Rhode Island, hoje um grande

AS ORIGENS

centro norte-americano de estudos da escravidão, era traficante de cativos. No século XIX, até os índios cherokees, nos Estados Unidos, tinham plantações de algodão cultivadas por africanos.[1]

"A escravidão existiu desde o início da história da humanidade até o século XX, nas sociedades mais primitivas e também nas mais avançadas", escreveu o sociólogo e historiador jamaicano Orlando Patterson, um dos mais renomados especialistas no tema, professor da Universidade de Harvard, nos Estados Unidos. "Não há uma única região do planeta que em algum momento não tenha abrigado essa instituição. Provavelmente não existe hoje nenhum grupo de pessoas cujos ancestrais nunca tenham sido em algum momento escravos ou donos de escravos." Ainda segundo Patterson, a escravidão foi não apenas universal ao longo de toda a trajetória humana como floresceu em lugares e períodos que o senso comum menos esperaria. "Na verdade, ela aumentou justamente em épocas e culturas que a moderna civilização ocidental considera hoje como divisoras de águas na história do seu desenvolvimento."[2]

Estima-se que, por volta de 1800, ou seja, há apenas dois séculos, houvesse, aproximadamente, 45 milhões de escravos em todo o mundo, ou 5% do total de seres humanos então existentes do planeta. Na Índia e na China, que já naquela época detinham mais da metade da população mundial, cerca de 10% dos habitantes viviam em cativeiro.[3] Esse era o total de pessoas que poderiam ser compradas e vendidas na época como mercadorias. Se fossem aplicados, porém, os critérios internacionais usados atualmente para definir "trabalho análogo ao de escravidão" (que incluem, por exemplo, privação do direito de ir e vir, prestação de serviços em condições degradantes e sem remuneração adequada), a imensa maioria dos seres humanos poderia ser enquadrada nessa categoria até pelo menos o século XVIII.[4]

A escravidão nem sempre foi ligada a uma raça ou uma cor de pele. Os historiadores William G. Clarence-Smith e David Eltis calculam que, até trezentos anos atrás, o total de escravos brancos, amarelos e indianos na Europa, no Oriente Médio e na Ásia era provavelmente muito superior ao número de africanos cativos transportados para a América pelo tráfico Atlântico. Só no final do século XVII a população de escravos negros se tornou majoritária.[5] Até então, pessoas de todas as cores, religiões, culturas e classes sociais eram passíveis de serem escravizadas. Prova disso é a própria etimologia da palavra "escravo".

Escravo, em português; *esclave*, em francês; *schiavo*, em italiano; *sklave*, em alemão; ou *slave*, em inglês, são todas palavras derivadas do latim *slavus,* que, por sua vez, servia para designar os *eslavos,* nome genérico dos habitantes da região dos Bálcãs, Leste Europeu, sul da Rússia e margens do Mar Negro, grande fornecedora de mão de obra cativa para o Oriente Médio e o Mediterrâneo até o início do século XVIII. Ou seja, nesse caso, os escravos geralmente eram pessoas brancas, de cabelos loiros e olhos azuis. Entre 1468 e 1694, os tártaros da Crimeia capturaram cerca de 2 milhões de russos, ucranianos e poloneses. As importações de escravos brancos das regiões vizinhas ao Mar Negro pelos otomanos de Istambul foram de 2,5 milhões entre 1450 e 1700. No ataque a Viena, em 1683, os otomanos capturaram cerca de 8 mil escravos cristãos, todos igualmente brancos.

Entre 5% e 15% da população da Rússia era escrava até 1725, ano em que, por decisão imperial, todos os cativos foram convertidos em servos. A partir de então, legalmente não poderiam mais ser vendidos ou comprados como mercadorias, mas, na prática, continuaram a ser propriedade dos donos das terras em que viviam, obrigados a trabalhar até o fim de suas vidas sem qualquer remuneração além de comida e abrigo, como se fossem parte do imóvel, tanto quanto uma casa, um celeiro ou os

AS ORIGENS

animais, as plantações e outras benfeitorias que ali houvesse. Como remanescentes tardios da escravidão branca, entre 1580 e 1600, centenas de cativos gregos, eslavos, turcos, franceses e alemães ainda podiam ser vistos em Havana, capital de Cuba, Cartagena das Índias, na atual Colômbia, e na Ilha de Santo Domingo, hoje Haiti e República Dominicana, trabalhando em lavouras de açúcar ao lado de escravos africanos negros.

Se só de forma relativamente recente a cor da pele se tornou sinônimo de cativeiro graças ao tráfico negreiro no Atlântico, o que definiria a condição do escravo em outros períodos da história humana? Essa tem sido uma longa discussão entre os estudiosos do assunto, mas há sempre algumas peculiaridades em torno das quais todos estão de acordo. Segundo o historiador David Brion Davis, em geral um escravo podia ser comprado, vendido, herdado, trocado, emprestado, penhorado ou entregue como garantia de empréstimos, dado de presente, incluído em dotes de casamento, confiscado no caso de falência do seu senhor e mesmo libertado se seu dono assim o quisesse. Em resumo: o destino do escravo não lhe pertencia. Privado de qualquer possibilidade de escolha, estaria sempre à mercê da vontade e das necessidades do seu amo.[6]

Em algumas sociedades, o escravo também poderia ser oferecido como sacrifício em funerais, cerimônias religiosas e ocasiões especiais. Outra característica seria o caráter hereditário da escravidão, que passa dos pais para os filhos, embora nem todas as sociedades o praticassem. Entre alguns povos africanos, os filhos de uma mulher cativa poderiam ser incorporados à linhagem do senhor na condição de pessoa livre. Pela lei islâmica, uma escrava tomada como concubina não poderia mais ser vendida uma vez que desse à luz um filho do seu amo. Esse filho seria tecnicamente livre, tanto quanto a mãe também seria quando o seu dono falecesse.

ESCRAVIDÃO VOL. I

O historiador Paul E. Lovejoy resumiu todas essas características da escravidão numa lista com sete itens:[7]

1 — O escravo é uma propriedade.

2 — É objeto de compra e venda, como qualquer outra mercadoria.

3 — Mesmo que o reconheçam como ser humano, é um estrangeiro por natureza, arrancado do seu meio familiar e social.

4 — A relação entre senhor e escravo é baseada na violência.

5 — Seu trabalho está sempre à disposição do seu dono.

6 — Cabe também ao senhor o controle da procriação do cativo, cujos filhos não lhe pertencem. Sua própria sexualidade não lhe pertence.

7 — A escravidão é hereditária, passa de pai para filho.

Outra lista, esta com oito itens, foi produzida pelo sociólogo Orlando Patterson e diz respeito à maneira pela qual escravos sempre foram produzidos ao longo da história:[8]

1 — Captura na guerra.

2 — Sequestro.

3 — Pagamento de taxas ou tributos.

4 — Quitação de dívidas.

5 — Punição por crimes.

6 — Abandono ou venda de crianças.

7 — Autoescravidão (caso da peonagem africana, que se verá nos próximos capítulos).

8 — Nascimento em uma família cativa (a escravidão hereditária).

Patterson também definiu a escravidão como uma "morte social", na qual o cativo é arrancado do seu lugar de moradia, de sua língua, suas crenças, seus laços familiares e seus ancestrais,

AS ORIGENS

sua comunidade e seus costumes, uma espécie de desenraizamento, ou excomunhão da família e da sociedade originais. O resultado é a completa obliteração de sua identidade antiga para a construção de uma nova, dependente e condicionada pelo senhor. O escravo passa a não ter vontade própria. Sua nova existência dependeria por completo do poder de seu dono. O simbolismo dessa nova identidade estaria nos rituais que em geral acompanhavam os processos de escravização, como marcas feitas a ferro quente no corpo do cativo, o uso de colares e pulseiras metálicas que indicavam quem eram seus donos, o batismo em uma nova religião, o aprendizado de uma nova língua e de uma nova maneira de se vestir e se comportar e, por fim, a atribuição de um novo nome.

Um censo realizado em 1759 no território da atual Colômbia revelou que 40% de todos os escravos eram identificados com um único nome (como José, João ou Francisco). Outros 30% tinham "Crioulo" como sobrenome (como Antônio Crioulo). Os demais adotavam como sobrenomes as denominações de seus povos africanos de origem (como Benedito Nagô) ou a região da qual tinham vindo (Joaquim Angola, José Congo ou Antônio Mina, por exemplo). Negros alforriados tendiam a adotar os mesmos sobrenomes de seus antigos donos, como José Rodriguez ou Antônio Fernandez. No Brasil, embora nunca tenha havido uma pesquisa tão sistemática e detalhada, sabe-se que a realidade dos escravos era muito semelhante a essa identificada pelo censo colombiano.

A completa perda da identidade original do escravo e sua nova condição de submisso à vontade do senhor só seria possível mediante o uso continuado da força. "Não existe uma única sociedade escravista em que o chicote não tenha sido um instrumento indispensável", escreveu Patterson. Também por essa razão, as formas mais desenvolvidas de escravidão eram aquelas em que os cativos eram removidos a uma grande distância do seu local de nascimento, ou de moradia de seus familiares, de maneira a enfatizar a condição de forasteiros ou estranhos ao grupo social que os mantinha submissos pelo uso da violência.

Desse modo, "escravo" se converteu em sinônimo de "estrangeiro", ou de "o outro", aquele que não pertence ao grupo social que o domina. Entre os axantes africanos, etnia predominante no interior de Gana, a expressão *adonke*, utilizada para definir "escravo", era a mesma empregada para "estrangeiro". Em resumo, segundo as palavras de Paul E. Lovejoy, "a escravidão era fundamentalmente uma maneira de negar ao forasteiro, ou estrangeiro, o outro, os direitos e privilégios de uma sociedade em particular, de modo que pudesse ser explorado com objetivos econômicos, políticos ou sociais".[9] Ao mesmo tempo, muitas sociedades procuravam se proteger da ameaça de escravidão dentro do próprio grupo, o que poderia desestabilizar e ameaçar a ordem vigente. Leis islâmicas proibiam o cativeiro de fiéis muçulmanos, providência também adotada pelos europeus cristãos. O filósofo Platão defendia que as cidades gregas não deveriam possuir escravos de origem helênica, para evitar ódios internos que impedissem a união de todos os gregos nas lutas contra inimigos comuns.[10]

Desde tempos imemoriais, diferentes sociedades procuraram definir o lugar e a condição do escravo em suas leis, costumes e tratados filosóficos. O Código de Hamurabi, escrito na Mesopotâmia por volta de 1772 a.C. e considerado o primeiro conjunto de leis da história, dividia a sociedade em três grupos — o dos homens livres e proprietários de terra, o dos funcionários públicos e o dos escravos, que podiam ser comprados e vendidos pelos dois primeiros. O código prescrevia a pena de morte para quem ajudasse um cativo a fugir ou lhe desse abrigo. Quando recapturados, os fugitivos tinham o rosto marcado por ferro em brasa. "A humanidade se divide em duas: os senhores e os escravos; aqueles que têm o direito de mando e os que nasceram para obedecer", escreveu o filósofo grego Aristóteles no primeiro volume de seu tratado

AS ORIGENS

sobre a política. Segundo ele, haveria pouca diferença entre o uso de animais domésticos e a exploração do trabalho escravo, uma vez que "ambos nos emprestam os seus esforços físicos para satisfazer nossas necessidades".[11]

No auge da civilização grega, 70 mil dos 155 mil habitantes da cidade de Atenas seriam cativos, número ainda modesto se comparado ao da capital do Império Romano. Presume-se que haveria meio milhão de escravos em Roma por volta da época de Jesus. Em toda a Itália, seriam entre 2 milhões e 3 milhões de cativos, de 26% a 40% de toda a população, estimada em 7,5 milhões de pessoas. Eram obtidos principalmente em guerras. O imperador Sétimo Severo levou para Roma cerca de 100 mil cativos depois de vencer os partas na Batalha de Ctesifonte (atual Iraque), no final do século II. As campanhas de Júlio César na Gália, entre 58 e 51 a.C., teriam produzido 1 milhão de escravos.

Os cativos faziam todo o tipo de serviços — eram soldados, agricultores, pastores, marinheiros, garis, servidores domésticos, médicos, advogados, professores e ocupavam até mesmo funções às quais um nível cultural elevado era pré-requisito, como no caso de Tiro, secretário particular do orador e poeta Cícero. Lívia, a esposa do imperador Augusto, tinha cinquenta cativos no seu serviço doméstico, incluindo um médico, uma parteira, uma ama de leite, um pedagogo, um leitor (de livros e documentos), diversos mordomos, um pintor, um massagista, um carregador de água, um polidor de sapatos, um costureiro e outro responsável pelos vidros de perfumes.[12] Delos, o mais famoso mercado de escravos do Império Romano, chegou a desembarcar cerca de 10 mil cativos por dia e era capaz de fornecer escravos treinados de acordo com a demanda do freguês, como músicos, escribas, malabaristas, cozinheiros, carpinteiros, ferreiros e ourives.[13]

As leis romanas permitiam que escravos fossem exibidos nus em lutas contra animais selvagens em arenas, como o Coliseu de Roma. Também determinavam que um escravo que estuprasse uma mulher livre e virgem seria punido com o despejo de chumbo derretido na garganta. Se matasse o seu dono, todos os demais cativos da casa seriam interrogados e depois sumariamente executados. No ano 61 d.C., um escravo assassinou o prefeito de Roma, Pedanius Secundus, dentro de sua própria casa. Secundus era dono de outros quatrocentos cativos, que representavam um patrimônio valioso para seus herdeiros, questão que provocou um aceso debate entre os senadores romanos: deveriam ou não todos eles serem mortos, conforme a lei, embora isso causasse um enorme prejuízo ao patrimônio da família? No fim, prevaleceram as razões de segurança do império: os quatrocentos escravos foram crucificados para que servissem de exemplo a futuros assassinos e infratores da lei. Assim, os respeitáveis cidadãos romanos poderiam dormir tranquilos. Pelo menos por algum tempo.[14]

Outro exemplo de reação drástica tomada pelos romanos ocorreu no ano 74 a.C., quando o gladiador Spartacus, feito cativo na região da Trácia, liderou uma revolta histórica de escravos contra o império. Seus exércitos chegaram a incorporar mais de 70 mil cativos, que acabaram todos dizimados de maneira implacável pelas legiões romanas. Os últimos 6 mil sobreviventes foram crucificados às margens da estrada entre Roma e Cápua, um a um, lado a lado, ao longo de 190 quilômetros, quase a metade da distância entre São Paulo e Rio de Janeiro, para, também, servir de exemplo aos demais cativos que eventualmente planejassem se rebelar. "Todos os escravos são nossos inimigos", dizia um provérbio romano.

A história da escravidão na América se distingue das formas mais antigas de cativeiro por duas características principais. A primeira é o regime de trabalho. No passado, os escravos eram usados em serviços domésticos; nas oficinas como marceneiros e ferreiros; na agricultura; nos navios; marchavam como guer-

AS ORIGENS

reiros para defender as causas de seus senhores e, muitas vezes, chegavam a ocupar altos cargos administrativos, como os de eunuco escriba e tesoureiro real. Na América, também havia essa classe de ocupações, mas a escravidão se tornou sinônimo de trabalho intensivo em grandes plantações de cana-de-açúcar, algodão, arroz, tabaco e, mais tarde, café. Escravos eram usados também na mineração de ouro, prata e diamantes. Estavam, portanto, em condição equivalente à das máquinas agrícolas industriais de hoje, como os tratores, os arados, as colhedeiras e as plantadeiras nas modernas fazendas do interior do Brasil. Nos engenhos de açúcar, trabalhavam em jornadas exaustivas, em turnos e regime de trabalho organizados de forma muito semelhante às linhas de produção que, a partir do final do século XVIII, caracterizariam as fábricas da Revolução Industrial.

A segunda característica que diferencia a escravidão na América de todas as demais formas anteriores de cativeiro é o nascimento de uma ideologia racista, que passou a associar a cor da pele à condição de escravo. Segundo esse sistema de ideias, usado como justificativa para o comércio e a exploração do trabalho cativo africano, o negro seria naturalmente selvagem, bárbaro, preguiçoso, idólatra, de inteligência curta, canibal, promíscuo, "só podendo ascender à plena humanidade pelo aprendizado na servidão", explica o africanista brasileiro Alberto da Costa e Silva.[15] Sua vocação natural seria, portanto, o cativeiro, onde viveria sob a tutela dos brancos, podendo, dessa forma, alçar eventualmente um novo e mais avançado estágio civilizatório.

As raízes da ideologia racista, que até hoje persiste entre nós, eram muitas — de natureza teológica, filosófica e, diversas vezes, resultante de observações pretensamente científicas, que se referiam não apenas às diferenças relacionadas à cor da pele, mas também a alguns traços anatômicos peculiares dos negros, como o formato dos olhos, da cabeça e do nariz.

A mais antiga e recorrente justificativa teológica para a escravização dos negros africanos é a chamada "maldição de Cam", baseada em um trecho da Bíblia. Segundo o capítulo nove do livro de Gênesis, depois do Dilúvio, Noé se tornou agricultor e começou a produzir vinho. Certo dia, embriagou-se e dormiu sem roupa dentro da tenda em que morava. Cam, seu filho mais novo, viu a nudez do pai e, em vez de cobri-lo com o manto, correu para contar aos dois irmãos a respeito da situação vexatória em que o pai se encontrava. Ao acordar e ouvir a história, Noé lançou uma maldição contra a descendência de Cam, citando especificamente seu neto Canaã: "Maldito seja Canaã. Que se torne o último dos escravos de seus irmãos".[16] Segundo a tradição, os descendentes de Canaã teriam ido para a África, onde se tornariam escravos até o fim dos tempos.

Durante os três séculos e meio de escravidão na América, inúmeros teólogos, pregadores e chefes da Igreja usaram a maldição de Cam para defender o cativeiro dos africanos. Um exemplo é o jesuíta italiano Jorge Benci. Nascido na cidade de Rimini, Benci embarcou para o Brasil em 1681, com 31 anos, e exerceu diversas funções no colégio da Ordem na Bahia. Ao retornar a Lisboa, duas décadas mais tarde, escreveu *Economia cristã dos senhores no governo dos escravos,* obra que, publicada em Roma, em 1705, o transformaria num dos principais ideólogos da escravidão entre os jesuítas. Benci defendia que o cativeiro era parte e consequência da natureza decaída do ser humano, "um dos efeitos do pecado original de nossos primeiros pais, Adão e Eva, donde se originaram todos os nossos males". Segundo o jesuíta, "o pecado foi o que abriu as portas por onde entrou o cativeiro". Os escravos africanos seriam, portanto, herdeiros da maldição de Cam: "É a mesma geração dos pretos que nos servem; e, aprovando Deus essa maldição, foi condenada à escravidão e cativeiro".[17]

AS ORIGENS

Na Filosofia, diversos pensadores iluministas sustentaram a ideia de que o negro seria naturalmente inferior ao branco.[18] David Hume, um dos mais respeitáveis filósofos britânicos do século XVIII, escreveu em 1748:

> *Eu suspeito que os negros, como em geral todas as outras espécies de seres humanos, sejam naturalmente inferiores aos brancos. Nunca houve entre eles nação alguma tão civilizada quanto entre os brancos. Nenhum grande inventor entre eles, nenhuma Arte, nenhuma ciência [...]. Uma diferença tão constante e uniforme não poderia se repetir em tantos lugares e em épocas tão distintas se a natureza não tivesse também uma distinção original entre essas espécies de seres humanos.*

Alguns anos mais tarde, em 1756, Voltaire, um dos principais ideólogos da Revolução Francesa, afirmava a respeito dos negros: "Os olhos redondos, o nariz achatado, os lábios sempre grossos, o formato diferente das orelhas, o cabelo encrespado na cabeça, e mesmo a sua capacidade mental estabelecem uma prodigiosa diferença entre eles e as outras espécies de seres humanos".

O alemão Immanuel Kant escreveu em 1764:

> *Os negros africanos não receberam da natureza qualquer inteligência que os coloque acima da tolice. Portanto, a diferença entre as duas raças (negra e branca) é muito substancial. A distância no que diz respeito às faculdades mentais parece ser tão grande quanto a da cor (da pele).*

Georg W. Friedrich Hegel, também alemão e talvez o mais citado entre todos os filósofos formadores da ideologia racista no século XIX, afirmava que a África não merecia atenção dos povos ocidentais por ser um continente, na sua visão, sem qualquer contribuição significativa à história do mundo. "A falta de controle distingue o caráter dos negros", afirmou no livro *A Filosofia da História*, de 1837. "Essa condição incapacita o desenvolvimento e a cultura." Por essa razão, segundo Hegel, "a única essencial ligação que existiu e permaneceu entre negros e europeus é aquela da escravidão".[19]

O historiador David Brion Davis destaca outras motivações, mais profundas e de natureza estética e psicológica, para o racismo contra os negros africanos durante o regime escravagista. É a conotação negativa sempre atribuída à cor preta em diversas culturas, usada como indicativo de infortúnio, tristeza, maldade e impureza. Na tradição judaico-cristã, a cor branca estaria sempre associada à inocência, à pureza e à santidade, enquanto a cor escura (tecnicamente, a ausência de cor) era sinônimo de pecado, perversão e morte. Os textos bíblicos se referem repetidas vezes a uma permanente luta entre os "filhos da luz" e os "filhos da escuridão". Nas obras de arte medievais, demônios de pele negra e traços fisionômicos semelhantes aos dos africanos emergem das sombras para molestar os seres humanos, enquanto os santos são invariavelmente representados com a pele clara dos europeus. Num ensaio publicado em 1837, o pintor francês Jacques-Nicolas Paillot de Montabert lembrava seus colegas artistas que o branco "é o símbolo da Divindade ou de Deus", ao passo que o preto "é o símbolo da escuridão, e a escuridão expressa todos os males". Segundo ele, a cor escura significava o caos, a feiura, o vício, a culpa, o pecado e a má-fortuna.

"A escravidão não nasceu do racismo; mas o racismo foi a consequência da escravidão", resumiu o historiador Eric Williams.[20]

4. EM NOME DE ALÁ

PRATICADA POR TODAS AS CIVILIZAÇÕES desde os primórdios da história humana, o uso de mão de obra cativa ganhou fôlego renovado a partir do século VII, com a expansão do islã. Iniciou-se ali um choque de culturas e religiões — que ainda hoje se observa em várias regiões do planeta — cujo resultado seria a escravização de milhões e milhões de pessoas ao longo do milênio seguinte. Por volta de 740 d.C. (cerca de cem anos após a morte do profeta Maomé, em 632 d.C.), uma série espetacular de conquistas muçulmanas criou um extenso domínio intercontinental, que se estendia, na geografia de hoje, do Paquistão até o Marrocos, incluindo o sul da França, da Espanha e de Portugal, todo o norte da África e o Oriente Médio. Legiões de cativos foram usados como servidores domésticos, trabalhadores na agricultura, soldados, funcionários burocráticos, eunucos guardiões de haréns ou ocuparam outras funções. A escravidão foi a base da expansão do islã. Ainda em 1960, ou seja, nove anos antes da chegada do homem à Lua, um relatório apresentado pelo lord Shackleton no Parlamento Britânico, em Londres, dizia que peregrinos muçulmanos da África vendiam escravos para pagar suas despesas de viagens ao chegar a Meca, na Arábia Saudita.[1]

Os números do tráfico de escravos em território muçulmano na África são impressionantes. Cerca de 12 milhões de negros africanos foram capturados e exportados através do Saara, do Mar Vermelho e do Oceano Índico entre os séculos VII e XIX. Ou seja, o mesmo número de cativos embarcados para a América ao longo de 350 anos. Só no século XIX, o número de cativos transportados por essas rotas chegaria a 3,8 milhões.[2] O Império Otomano sozinho comprava entre 16 mil e 18 mil homens e mulheres todos os anos até o final do século XIX.[3] A partir do século XVI, mercadores muçulmanos também venderam para a América outro milhão de cativos, capturados e embarcados nas regiões da Senegâmbia e da Alta Guiné. "A escravidão já era fundamental para a ordem social, econômica e política em toda a região norte da África, na Etiópia e na costa do Oceano Índico por muitos séculos antes da chegada dos europeus", afirmou o historiador Paul E. Lovejoy. "O cativeiro era uma atividade organizada, sancionada pela lei e pelos costumes."[4]

Nas cidades de Argel, Cairo e Bagdá, distribuíam-se manuais para o perfeito mercador muçulmano de escravos. Entre outras providências, recomendava-se que, ao chegar aos locais de venda, os cativos fossem alimentados, tratados de eventuais doenças ou feridas e untados com óleo para ficarem lustrosos e com boa aparência. Assim, estariam prontos para serem comercializados. Os compradores deveriam examinar-lhes a boca, para verificar se tinham boa dentição. Depois, era preciso fazê-los mexer os braços, curvar-se, correr e saltar. Esse detalhado ritual de compra e venda de escravos, herdado dos muçulmanos, seria adotado quase na íntegra pelos capitães que fariam o tráfico negreiro entre a África e a América nos séculos seguintes.

Existem diversos relatos a respeito do tráfico muçulmano de escravos na África, antes e depois da chegada dos europeus. Um deles, publicado em 1507 por Valentim Fernandes, tipógrafo alemão residente em Lisboa, descreve a existência de sete minas de ouro abastecidas com mão de obra cativa pelos mercadores muçulmanos no chamado Sudão Ocidental, onde hoje estão os países de Gana, Mali, Costa do Marfim, Gâmbia e Senegal. Essas jazidas eram exploradas e administradas por sete diferentes soberanos. Cada um tinha a sua, a grande profundidade, onde trabalhavam milhares de escravos. Os reis providenciavam mulheres para que os escravos, todos eles homens, pudessem se reproduzir. As crianças ali nascidas eram rapidamente treinadas para o trabalho de mineração, que executariam durante o resto de suas vidas.

O cronista muçulmano Ibn Battuta cruzou o Saara na metade do século XIV com uma caravana que transportava seiscentos escravos na direção contrária, rumo ao Mediterrâneo. Segundo ele, a maioria dos cativos que seguia por essas rotas através do deserto era composta de eunucos e mulheres. Muitas delas seriam usadas como concubinas nos haréns. As demais, empregadas em serviços domésticos e agrícolas. Os eunucos, por sua vez, seriam designados para funções administrativas, vigiar os haréns e servir como soldados e escrivães.

Cerca de quatrocentos anos mais tarde, o explorador escocês Mungo Park, que andou pela África na segunda metade do século XVIII à procura das nascentes do rio Níger, relatou outra viagem que fez em companhia de mercadores de escravos pelo vale do rio Gâmbia, da região desértica de Bambara (atual Mali) até a costa, no Atlântico. Seu texto descreve em detalhes a forma como os 35 cativos dessa caravana eram transportados e vigiados ao longo da viagem:

> *Eles seguem amarrados, a perna esquerda de um presa à perna direita do outro pelo mesmo par de argolas; essas argolas são ligadas em fileiras entre si por cordas, de modo que eles*

podem andar, embora muito lentamente. Além das argolas nos pés, cada grupo de quatro escravos é também atado por uma longa corda presa ao pescoço. À noite, mais um par de argolas é amarrado aos seus pulsos e, às vezes, também uma pequena corrente de ferro é passada pelo pescoço.[5]

Essas fileiras de escravos eram comuns em toda a costa ocidental da África. Na região de Angola e do Congo, era chamada de libambo. Nas rotas transaarianas, os escravos faziam longas viagens a pé, de 1.500 quilômetros ou até mais. Os itinerários eram traçados de acordo com a existência de fontes de água e a disponibilidade de camelos, animais altamente adaptados ao ambiente do deserto, capazes de ficar sem consumir líquidos por até quinze dias e ainda assim marchar entre 30 e 45 quilômetros diariamente, levando uma carga de 120 a 150 quilos. Nos séculos IX e X, um escravo custava, nos mercados do Magrebe, entre 30 e 60 dinares, quantia equivalente a 141 e 283 gramas de ouro, respectivamente. No Egito, uma jovem negra valia cerca de 40 dinares, e um eunuco, mais de 65.[6]

Os relatos de todos esses viajantes retratam duas facetas do tráfico muçulmano que até hoje causam curiosidade entre os leitores e estudiosos do assunto: as escravas destinadas ao harém e os eunucos, seus guardiões. Tema de inúmeros romances, filmes, peças de teatro e pinturas, o harém era o local onde ficavam, resguardadas da curiosidade pública, as concubinas dos califas, sultões, marajás, xeiques e outros soberanos e nobres do mundo islâmico. Na imaginação popular, seriam repartições de palácios repletos de mulheres lindíssimas e ansiosas para oferecer prazeres sexuais aos seus senhores. Na realidade, não era bem assim. Os historiadores Clarence-Smith e David Eltis desfazem o mito a respeito da vida sexual desses locais. Ao contrário do que supõe a fantasia ocidental, os haréns, segundo eles,

EM NOME DE ALÁ

não eram sinônimo de orgia. Na verdade, funcionavam como um estoque de escravas para o serviço doméstico, sem direito a vida familiar ou sexual própria. Poucas mulheres chegavam a compartilhar a cama dos chefes muçulmanos.[7]

Os eunucos, por sua vez, eram homens privados da virilidade mediante a castração dos órgãos genitais ainda na adolescência. Devido à suposta falta de apetite sexual, geralmente eram designados para fazer a guarda dos haréns, embora também ocupassem funções-chave na estrutura dos impérios, como tesoureiros, ministros, conselheiros políticos e até comandantes militares. Representavam uma forma extrema de escravidão, antiquíssima, praticada na China, na Índia, na Pérsia, nos territórios muçulmanos e citada repetidas vezes na Bíblia e em outros textos antigos. No livro de Jeremias, do Antigo Testamento, o etíope Ebede-Meleque, eunuco na corte do rei Zedequias, salva a vida do profeta, cujos inimigos haviam lançado numa cisterna para que definhasse até a morte.[8] Mais adiante, no livro dos Atos dos Apóstolos, o apóstolo Felipe converte e batiza um eunuco alto funcionário etíope, que retornava de uma peregrinação a Jerusalém.[9]

Na China da dinastia Ming, o número de eunucos era calculado em mais de 100 mil, 70% dos quais serviam no palácio imperial. Entre 1501 e 1623, sete grão-vizires do Império Turco eram eunucos. Al-Muqtadir, califa de Bagdá entre os anos 908 e 932 d.C., teria em seu palácio 11 mil eunucos, dos quais 7 mil seriam negros e os demais, brancos.[10] Abul-Misk Kafur, um eunuco negro, foi regente do Egito no século x d.C.[11] Segundo Orlando Patterson, confiavam-se aos eunucos altas funções do Estado devido a sua impossibilidade de se reproduzir. Como nunca teriam herdeiros que pudessem reivindicar patrimônio ou status, eram uma forma conveniente de manter a ordem social em vigor. A presença e os atributos de cada indivíduo se esgotavam no curso de sua própria vida, sem continuidade na forma de filhos, netos ou viúvas. Assim, estavam impedidos de criar um novo grupo social pela formação de laços de parentesco de qualquer espécie.

Havia duas maneiras de castrar um homem para transformá-lo em eunuco: a amputação total do pênis, rente ao abdômen; ou a extirpação apenas dos testículos. Várias regiões do Mediterrâneo e do Oriente Médio tinham "centros de produção" especializados nesse tipo de cirurgia. No Egito e na Etiópia, a castração de adolescentes era uma das atividades dos mosteiros cristãos coptas. No mercado de escravos, eunucos eram muito mais valiosos do que os cativos comuns, entre outras razões porque o índice de mortalidade durante e após o procedimento cirúrgico era altíssimo. Cerca de 90% dos adolescentes castrados morriam imediatamente ou alguns dias depois da operação. Por essa razão, em 1715, um édito do Império Otomano proibiu a castração de jovens no Egito. A prática era definida como "desumana" pelas condições precárias dos locais em que se faziam as cirurgias — "verdadeiros açougues", segundo o texto. A decisão foi inútil: testemunhos do começo do século XIX relatam que a segurança da Kaaba, monumento sagrado do islã em Meca, era feita por quarenta eunucos vindos do Sudão.

Entre a Idade Média e o início da expansão portuguesa no século XIV, o cativeiro e o tráfico de cativos afetavam indistintamente muçulmanos e cristãos. No século IX, o califa de Córdoba, na atual Espanha, tinha um exército de aproximadamente 60 mil escravos capturados entre cristãos europeus. Escravos muçulmanos foram empregados na reconstrução da Catedral de Santiago de Compostela, também na Espanha, por volta de 1150, enquanto, na mesma época, cativos cristãos ajudavam a erguer a mesquita Cutubia, em Marrakech, no atual Marrocos.

EM NOME DE ALÁ

Uma história exemplar desse período é a do advogado, viajante e cronista muçulmano Al-Hasan ibn Mohammed al--Wazzan al-Zaaiyati, conhecido como Leão, o Africano. Nascido em Granada, região da Andaluzia, quando o sul da Espanha ainda estava sob domínio dos mouros, mudou-se para Fez, no Marrocos, depois que a cidade foi reconquistada pelos cristãos, em 1492. Ali estudou Direito e tornou-se embaixador do sultão marroquino. Como diplomata, viajou pelo Oriente Médio e pelas regiões da África situadas ao sul do deserto do Saara. Em 1519, no regresso de uma peregrinação a Meca, foi capturado como escravo por corsários cristãos no Mediterrâneo e enviado de presente ao papa Leão x. Em Roma, converteu-se ao cristianismo, adotou o nome Leão, o Africano, e começou a escrever as memórias de viagens. Morreu em Túnis, atual capital da Tunísia, reconvertido ao islã. Sua narrativa, redigida ainda no cativeiro, é um dos relatos mais detalhados que se tem da África nessa época. Segundo ele, o preço de um cavalo árabe no Império de Bornu, no início do século xvi, seria equivalente ao valor que se pagaria por quinze a vinte escravos.[12]

5. O PATRONO

CERCA DE 34 QUILÔMETROS a oeste de Lagos, o local do primeiro leilão de escravos africanos registrado em Portugal, há um enigma histórico. É a Fortaleza de Sagres. Situada sobre um promontório que avança sobre o mar, batido por rajadas de ventos e ondas violentas, ela teria abrigado a mítica Escola de Sagres, uma grande academia de ciências náuticas fundada no século xv pelo infante dom Henrique, reunindo matemáticos, geógrafos, cartógrafos, astrônomos e outros especialistas. Pelo menos era o que se acreditava até o final do século xix, quando os historiadores começaram a questionar a existência da tal escola. Nunca se teve notícia alguma de documento, relato ou qualquer registro da época de dom Henrique que se referisse ao funcionamento da suposta academia nesse local.

Em 1919, porém, uma pitada de mistério veio juntar-se ao enigma. Nesse ano, escavações arqueológicas revelaram a existência, no meio da fortaleza, de uma gigantesca forma geométrica constituída por um círculo e 48 linhas retas traçadas com montículos de pedras que convergem para o ponto central da circunferência. Até hoje, ninguém conseguiu decifrar o significado desse desenho. Alguns estudiosos interpretaram-no como sendo uma rosa dos ventos ou um relógio solar primitivo. Outros, de imaginação mais fértil, aventaram a hipótese de que as 48 linhas apontam para a direção do Brasil, dos Açores, da Índia e demais territórios que os navegadores portugueses "achariam" nos séculos xv e xvi. Seria a prova de que ali, de fato, funcionou a Escola de Sagres? Na falta de evidências mais concretas, a pergunta permanece sem resposta.

O infante dom Henrique é hoje uma figura nebulosa na história do Brasil e de Portugal, tanto quanto a misteriosa Fortaleza de Sagres. Durante muito tempo atribuiu-se a ele o papel de artífice, incentivador e mecenas das grandes navegações que transformaram radicalmente o conhecimento que até então se tinha do mundo. Era considerado um amante da literatura e das ciências, capaz de reunir ao redor de si um notável grupo de estudiosos responsáveis pelas inovações do período, que imprimiram uma marca duradoura e profunda na história de Portugal. Por isso, passou a ser reconhecido segundo a história oficial como "Henrique, o Navegador". Hoje, porém, sabe-se que ele estava longe de ser um audaz navegante. Ao contrário, o mais provável é que nunca nem mesmo tenha se aventurado em qualquer expedição oceânica de longo curso. Toda a sua experiência marítima se resumiria a duas curtas travessias do Mediterrâneo, entre a costa portuguesa e o litoral da África.

Igualmente controversos são seu suposto amor pelos livros e seus conhecimentos de astronomia e matemática, dos quais não há provas nem testemunhos. "Henrique não era versado em geografia nem em matemática, não tinha qualquer conhecimento de náutica, e a suposta existência de um grupo de cientistas ao redor dele nunca se comprovou", escreveu o historiador Malyn Newitt, autor de um importante livro sobre o tema. Segundo Newitt, o mérito da expansão portuguesa nesse período

O PATRONO

seria mais de Pedro, regente do trono, irmão de Henrique e a verdadeira força motora por trás das grandes navegações.[1] Ao contrário do discreto irmão Pedro, no entanto, Henrique seria um bem-sucedido propagandista de si mesmo, como demonstram as famosas *Crônicas*, de Gomes Eanes de Azurara, já citado em capítulo anterior e por ele financiado, cuja vida foi toda dedicada a louvar os supostos feitos do infante.

Caso ainda restem dúvidas a respeito da condição de dom Henrique como navegador e amante das ciências, há certezas absolutas sobre outro aspecto, menos conhecido e celebrado, de sua biografia: ele foi um grande traficante de escravos, "o pioneiro e o patrono do negócio de cativos africanos", na definição do historiador Stephen Bown, autor do livro *1494*, obra sobre o Tratado de Tordesilhas.[2]

Quinto filho do rei dom João I, fundador da dinastia de Avis, e de Felipa de Lencastre, princesa da Inglaterra, dom Henrique nasceu na cidade do Porto em 4 de março de 1394. Morreu aos 66 anos, em 13 de novembro de 1460, solteiro, sem nunca ter tido esposa ou filhos devido a um voto de castidade e celibato feito ainda na juventude. Em agosto de 1415, com apenas 21 anos, comandou, sob orientação do pai e ao lado dos irmãos, o ataque à cidadela muçulmana de Ceuta, na costa da África, para a qual os portugueses mobilizaram 242 navios e cerca de 50 mil homens. Nomeado governador da cidade conquistada, passou em seguida a coordenar as navegações portuguesas como grão-mestre da Ordem de Cristo.

Dom Henrique acumulou uma lista notável de privilégios e honrarias, muitas delas concedidas pelo irmão Pedro, o regente do trono entre 1439 e 1448. Incluíam uma licença para povoar o recém-descoberto Arquipélago dos Açores, a exclusividade das navegações na costa do continente africano, o monopólio da pesca no canal do rio Tejo e do fabrico de açúcar e de sabão, o direito de escravizar os nativos de todos os territórios recém-descobertos e, a partir de 1455 (já sob o reinado de seu sobrinho Afonso v), a propriedade efetiva de todas as terras conquistadas ou ainda por conquistar. Ainda assim, ele passou a vida em dificuldades financeiras. Morreu falido e endividado, o que levou um de seus biógrafos, o historiador Peter Edward Russell, a levantar a hipótese de que o infante, embora tivesse gosto pela aventura e pela conquista, fosse um mau administrador dos seus próprios negócios.[3]

No ano de sua morte, os portugueses já conheciam relativamente bem cerca de 3,5 mil quilômetros da costa africana, até a altura de Serra Leoa. Três décadas antes, por volta de 1430, tinham explorado as ilhas Canárias e os Açores. Em 1440, estavam colonizando a Madeira, achada em 1419. Em 1448, haviam construído o Forte de Arguim, ao sul do cabo Branco, na atual Mauritânia, o primeiro entreposto importante do comércio de escravos na África. O maior de todos os feitos fora a ultrapassagem do cabo Bojador, um lugar mítico na imaginação dos marinheiros até o início do século xv, hoje situado na costa do Saara Ocidental em área controlada pelo Marrocos. Batido por ondas fortíssimas e cercado de baixios traiçoeiros, o Bojador se projeta mar adentro por quarenta quilômetros. Os fortes ventos e correntes marítimas permitiam que os navegadores viajassem em direção ao sul, rente à costa africana, mas jamais no sentido oposto.

Antes do século xv, o Bojador era uma espécie de barreira psicológica aos europeus. Lendas medievais diziam que, além desse ponto, haveria monstros, águas ferventes e o próprio Satanás à espera dos marinheiros mais incautos. Os mistérios que envolviam o local também explicariam o trágico destino dos irmãos genoveses Ugolino e Vadino Vivaldi, que, em 1291, cruzaram o Bojador em uma primeira tentativa de encontrar um caminho marítimo para a Índia — e de quem nunca mais se teve notícias.

O PATRONO

A famosa barreira foi, finalmente, vencida em 1434 pelo português Gil Eanes, primeiro navegador a ultrapassar o Bojador e voltar para casa são e salvo. O segredo, percebeu ele, consistia em não resistir às fortes correntes que arrastavam os navios para o sul, junto à costa africana, impedindo-os de navegar na direção contrária. Em vez disso, era preciso se afastar do continente, até encontrar, em alto mar, ventos e correntes marinhas que fluíam no sentido oposto, rumo ao norte. Desse modo, era possível retornar a Portugal percorrendo um semicírculo no Atlântico.

E foi também assim, navegando mar adentro, deixando-se levar pelas forças invisíveis da natureza, que entre 1456 e 1460 os portugueses encontraram as dez ilhas do Arquipélago de Cabo Verde, situadas a cerca de quinhentos quilômetros da costa do hoje Senegal e até então completamente desabitadas. Nos vinte anos seguintes, exploraram a costa de Serra Leoa e o Golfo da Guiné, chegaram às ilhas de São Tomé e Príncipe e, por fim, cruzaram pela primeira vez a Linha do Equador. O navegador Diogo Cão foi mais longe: esteve no Congo, em Angola e, em 1485, plantou um padrão de pedra com os símbolos de Portugal ao sul da atual Namíbia.

Finalmente, em 1488, Bartolomeu Dias circundou o Cabo da Boa Esperança, abrindo o caminho marítimo da Índia para as viagens de Vasco da Gama, em 1498, e a de Pedro Álvares Cabral, em 1500. Algumas décadas mais tarde, em meados do século XVI, Portugal já havia estabelecido o mais vasto império mercantil e colonial até então conhecido na história da humanidade, que se estendia da costa brasileira aos confins da Ásia, passando por toda a costa africana, o Golfo Pérsico, a Índia e o Sri Lanka, a China, a Indonésia e o Japão. As ambições desse novo império podiam ser medidas pelo novo título com o qual o rei dom Manuel se autodenominava na carta que enviou ao papa Alexandre VI, em agosto de 1499, anunciando o retorno de Vasco da Gama:

ESCRAVIDÃO VOL. I

"rei de Portugal e dos Algarves, d'aquém e de d'além-mar em África, senhor da Guiné e da conquista da navegação e comércio da Etiópia, Arábia, Pérsia e Índia".[4] Ou seja, dom Manuel era o novo dono do mundo.

Até alguns anos atrás, a história oficial reproduzida nos livros didáticos difundia a visão romântica segundo a qual as grandes navegações e descobrimentos entre os séculos XIV e XVI teriam como motor o simples gosto pela aventura, sob a heroica liderança do infante dom Henrique, em Portugal, e dos reis católicos Fernando e Isabela, na Espanha. Ainda por essa perspectiva, um segundo objetivo seria combater os mouros e expandir a fé cristã na costa da África. Havia, sim, um espírito de aventura e um forte zelo missionário nas expedições portuguesas e espanholas — como se verá com detalhes mais adiante, no capítulo 22, "A cruz e o chicote". Mas só isso não explica o que aconteceu. A motivação principal, como sempre, era a conquista de novos territórios e a espoliação pura e simples de seus recursos, incluindo, quando possível, a escravização de seus habitantes.

O Reino de Portugal no século XV era considerado tardio, criado no curso de uma cruzada contra os mouros na Península Ibérica apenas trezentos anos antes, e seu fervor religioso ainda estava bem vivo. Em 1418, uma bula papal deu aval às navegações portuguesas, conferindo-lhes o status de novas cruzadas, dessa vez contra os mouros e os infiéis na África. Os marinheiros que se aventuravam pelas incertezas do mar infinito acreditavam, por exemplo, numa lenda segundo a qual haveria em algum lugar desconhecido, nas regiões vagamente chamadas de "Etiópias", um antigo reino cristão, separado de suas raízes originais e cercado de mouros por todos os lados. O soberano desse reino seria o mítico preste João. "Preste" era uma palavra derivada de presbítero (ou padre) no português arcaico. Caberia a Portugal ir em seu socorro.

Havia, de fato, um antigo reino cristão na Abissínia, atual Etiópia, a leste do continente africano. Suas origens remontariam a um episódio descrito no livro dos Atos dos Apóstolos (e já citado em capítulo anterior), no qual, algum tempo após a morte e a ressurreição de Jesus, Felipe, um de seus discípulos, decifra o significado de uma passagem do profeta Isaías para um eunuco, administrador do tesouro de Candace, rainha de Meroé, na Núbia, que retornava de uma peregrinação a Jerusalém. Batizado por Felipe, esse alto funcionário africano teria sido o primeiro evangelizador dessa região da África.* No século xv, porém, o Reino da Abissínia estaria longe de ser ameaçado ou extinto pelos muçulmanos. Ao contrário, os cristãos etíopes mantinham boas relações com seus vizinhos e com eles comercializavam inclusive escravos e, especialmente, os famosos eunucos, que ainda nessa época eram muito requisitados e tinham alto valor no mundo islâmico.

A cruzada contra os mouros e a busca pelo preste João consumiram o imaginário português e deram um verniz missionário a empreendimentos cuja verdadeira motivação era militar, mercantil e econômica. Os marinheiros portugueses eram homens rudes, disciplinados e ferozes nas ações de pilhagens. Por qualquer motivo, bombardeavam cidades, incendiavam casas, saqueavam os armazéns e matavam os habitantes que tentassem resistir. Imbuídos de um fervor religioso que hoje seria comparável ao dos mais radicais jihadistas islâmicos, degolavam tripulações inteiras

---

* Abissínia e Etiópia são palavras que se equivalem. Tanto posso dizer "Mussolini invadiu a Abissínia" como "Mussolini invadiu a Etiópia". É frequente, em textos antigos (e até mesmo do século xix), o emprego de etíope como sinônimo de africano, e Etiópia ou Etiópias, de África. Os axumitas converteram-se ao cristianismo possivelmente em meados do século iv, mas há sinais de que bem antes já havia cristãos na Etiópia.

de barcos "infiéis" que ousassem se colocar em seu caminho. Nem mesmo mulheres e crianças eram poupadas.

Um exemplo dessa imbatível truculência ocorreu nas primeiras viagens à Índia. Ao chegar a Calicute, em maio de 1498, Vasco da Gama foi recebido com desprezo pelo samorim (chefe local) da cidade. Motivo: o monarca indiano considerou desprezíveis os presentes que o navegador lhe trazia de Portugal. A lista, de fato bem modesta, incluía doze peças de algodão listrado, quatro toucas vermelhas, seis chapéus, quatro fios de coral, uma caixa com seis tigelas de lavar as mãos, uma caixa de açúcar, duas caixas de azeite e duas caixas de mel. Irritado, o samorim só recebeu Vasco da Gama quatro horas depois do horário marcado para a audiência entre eles. Nesse encontro, os portugueses provaram pela primeira vez duas iguarias desconhecidas na Europa: a banana e a jaca. Na viagem seguinte, sob o comando de Pedro Álvares Cabral — que havia acabado de passar pelo Brasil —, os portugueses levaram um presente bem diverso: balas de canhão. Sem paciência com firulas diplomáticas, Cabral atacou Calicute de forma impiedosa. Naquele tempo, a cidade indiana tinha 200 mil habitantes, o equivalente à soma das populações de Lisboa, Londres, Roma, Viena e Bruxelas nessa mesma época. Sob o fogo dos navios de Cabral, seria a primeira aglomeração urbana litorânea da história a ser bombardeada por canhões embarcados.[5]

É também um erro acreditar que portugueses e espanhóis lançaram-se ao oceano de forma abrupta e resoluta, para desbravar e conquistar o mundo num curto período de tempo, no qual teriam desenvolvido rapidamente novas tecnologias que revolucionaram o conhecimento náutico. As navegações ocorreram de forma relativamente vagarosa, passo a passo, progredindo durante um longo período na costa da África, até permitir que Vasco da Gama alcançasse a Índia e Pedro Álvares Cabral, o Brasil. Entre a chegada dos portugueses às ilhas Canárias, em

1341, e essas duas viagens, passou-se mais um século e meio. Cada novo avanço financiou o passo seguinte, na forma da captura e venda de escravos e do comércio de mercadorias, ouro e outros metais preciosos. "Nesse cenário, é mais correto ver as inovações tecnológicas como consequências do que como causa das novas descobertas", afirmou o historiador norte-americano John Thornton. "As pessoas desenvolviam a tecnologia de que precisavam somente quando tinham a certeza de que teriam lucros garantidos a partir dessas melhorias."[6]

Essas inovações eram, em geral, resultado de aperfeiçoamento de instrumentos e tecnologias já de uso corrente entre os árabes, caso do quadrante e do astrolábio, que permitiam saber a posição exata de um navio no meio do oceano mediante a observação dos astros celestes. Na arquitetura naval, a grande novidade foi a caravela, embarcação de velas triangulares (ou latinas) mais leve e veloz, capaz de navegar com vento contrário, e de pequeno calado, o que permitia manobrar bem próximo da linha da costa sem correr o risco de encalhar em bancos de areia e outros obstáculos. Era o meio de transporte preferido nas viagens exploratórias por terras e mares ainda desconhecidos, repletos de baixios, arrecifes e outras armadilhas submersas. Bem diferente era a nau, navio de velas quadradas ou redondas, mais lentas e de calado maior, porém com grande capacidade de carga, usado em rotas comerciais já conhecidas.

As caravelas e naus portuguesas singravam os mares ostentando em suas velas a cruz da Ordem de Cristo, comandada até 1460 pelo infante dom Henrique e herdeira de outra instituição da época das cruzadas, a Ordem dos Cavaleiros Templários. Por trás dela havia uma história bastante misteriosa, em que se misturavam a capacidade de atrair capitais e o conhecimento a respeito do sigilo e da organização e execução de projetos de forma hierárquica e centralizada. Essa estrutura serviria de modelo para a organização das instituições do Estado português na época, como demonstra o jornalista e historiador Jorge Caldeira no livro *História da riqueza no Brasil*.[7]

Nas cruzadas contra os muçulmanos, os Cavaleiros do Templo, também conhecidos como templários, tinham a função de proteger os lugares sagrados em Jerusalém e em regiões vizinhas e também dar segurança aos peregrinos que viajavam da Europa para a Terra Santa. Seus membros eram monges guerreiros, recrutados entre a nobreza europeia e com bom treinamento militar. Obedeciam a regras rígidas, secretas e só conhecidas na totalidade pelo seu grão-mestre ou pelo próprio papa. Tinham grande autonomia e não eram obrigados a prestar contas aos reis. Os novatos passavam por rituais de iniciação e tinham acesso a apenas parte desses segredos, que iam sendo revelados aos poucos, à medida que subiam na hierarquia. Parte desse conhecimento em áreas como astronomia, cartografia e matemática havia sido assimilada no contato com os árabes.

Os templários foram também os primeiros banqueiros europeus da Alta Idade Média, o que, por sua vez, lhes deu grande poder e influência sobre os reis, que frequentemente dependiam de seus empréstimos. Suas fortalezas e castelos tinham caixas-fortes, onde eram depositados dinheiro, objetos de ouro e cravejados de pedras preciosas pertencentes aos peregrinos que partiam para a Terra Santa. Em troca, esses viajantes levavam um recibo — as futuras letras de câmbio — que poderia ser trocado em qualquer sede da Ordem e lhes permitia ir pagando as despesas da jornada sem correr o risco de roubos e assaltos. Essa poderosa estrutura começou a ruir depois da queda de Jerusalém, em 1244, e da expulsão dos cruzados da Terra Santa.

Em 13 de outubro de 1307, o rei da França, Filipe, o Belo, mandou invadir as sedes dos templários em toda a França. Mais de quinhentos monges foram presos em Paris. O grão-mestre,

Jacques de Molay, seria queimado na fogueira em 1314, dois anos após a extinção formal da Ordem pelo papa Clemente v, aliado de Filipe e também francês. Todos os bens dos templários foram confiscados, mas, para a surpresa das autoridades francesas, o lendário tesouro jamais foi localizado. A soma apurada do seu patrimônio era muito inferior ao que se calculava. Um boato na época dizia que, antevendo as perseguições, os cavaleiros teriam transferido seus tesouros para outro país. Um dos destinos seria Portugal. Outro, a Escócia. Como que a confirmar esses rumores, em 1317, o rei português dom Dinis deu acolhida oficial a todos os templários perseguidos na Europa, alegando que não tinham cometido qualquer crime em território português.

Rebatizada com o nome de Ordem de Cristo, recebeu como sede o Castelo-Convento de Tomar, tendo o próprio rei na função de grão-mestre. Seria essa versão aportuguesada dos templários que estaria na vanguarda das grandes navegações dos séculos xv e xvi. Em um século, onze diferentes bulas papais concederam privilégios à Ordem de Cristo, incluindo monopólio nas navegações, posse de terras, isenção de taxas e impostos e autorização para capturar e vender escravos. Dom Henrique sagrou-se cavaleiro da Ordem na Batalha de Ceuta, em 1415. Em seguida, tornou-se seu grão-mestre, dividindo seu tempo entre o Convento de Tomar e um castelo na vila de Lagos (o local do primeiro leilão de escravos), onde havia estabelecido sua residência. A antiga cultura de disciplina rígida e segredo se manteria inalterada. "Em Tomar e em Lagos, os navegadores progrediam na hierarquia apenas depois que sua lealdade era comprovada, se possível em batalha", escreveu Jorge Caldeira. "Só então tinham acesso aos relatórios reservados de pilotos que já haviam explorado regiões desconhecidas e a preciosidades como as tábuas de declinação magnética."

Que outros segredos continham esses relatórios navais? É o que se verá no próximo capítulo.

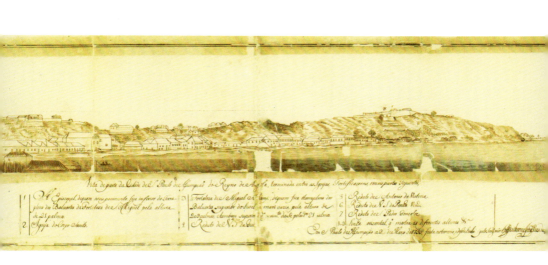

Luanda, capital de Angola, em 1755: o maior porto de tráfico de africanos escravizados para a América

Vista de parte da Cidade de S. Paulo de Assumpção do Reino de Angola, terminada entre as Igrejas, Fortificações e mais partes seguintes.
Planta de autoria do sargento-mor Guilherme Joaquim Paes de Menezes.
Data: 20 de março, de 1755. Arquivo Histórico Ultramarino / Domínio Público.

Fisionomias de africanos cativos no Brasil do século XIX

Escravos de Benguela, Angola, do Congo e de Monjolo. Litografia do livro *Viagem pitoresca através do Brasil* (*Voyage Pittoresque dans le Brésil*, edição bilíngue francês-alemão, publicada em 1827/1835), de Johann Moritz Rugendas (1802-1858). Alamy/Fotoarena.

Escravos crioulos (nascidos no Brasil). Litografia do livro *Viagem pitoresca através do Brasil* (*Voyage Pittoresque dans le Brésil*, edição bilíngue francês-alemão, publicada em 1827/1835), de Johann Moritz Rugendas (1802-1858). Alamy/Fotoarena.

Escravos de Cabinda, Quiloa, Rebola e Mina. Litografia do livro *Viagem pitoresca através do Brasil* (*Voyage Pittoresque dans le Brésil*, edição bilíngue francês-alemão, publicada em 1827/1835), de Johann Moritz Rugendas (1802-1858). Alamy/Fotoarena.

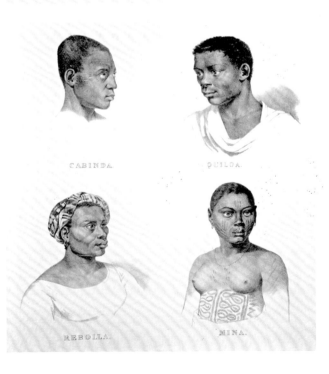

Escravos de diferentes origens identificados por marcas e cicatrizes na cabeça

Diferentes nações negras. Litografia do livro *Viagem pitoresca e histórica ao Brasil* (*Voyage Pittoresque et Historique au Brésil*, publicado em três volumes entre 1834 e 1839), de Jean-Baptiste Debret (1768–1848). Alamy/Fotoarena.

Traços físicos e vestimentas de mulheres africanas escravizadas no Brasil

Escravas negras de diferentes nações. Litografia do livro *Viagem pitoresca e histórica ao Brasil* (*Voyage Pittoresque et Historique au Brésil*, publicado em três volumes entre 1834 e 1839), de Jean-Baptiste Debret (176–1848). Bridgeman Images/Keystone Brasil.

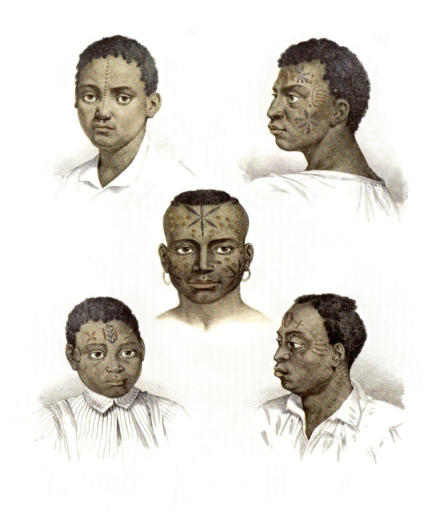

Negros de Moçambique: a rota mais longa do tráfico

Escravos de Moçambique. Litografia do livro *Viagem pitoresca através do Brasil* (*Voyage Pittoresque dans le Brésil*, edição bilíngue francês-alemão, publicada em 1827/1835), de Johann Moritz Rugendas (1802–1858). Fine Art Images/AGB Photo Library.

Dom Henrique, o Navegador: patrono dos negreiros

Henrique, o Navegador (1394–1460). Detalhes do painel políptico do príncipe São Vicente de Fora, cerca de 1460, de Nuno Gonçalves (1420–1490). Óleo e têmpera. Lisboa, Museu Nacional de Arte Antiga (Museu de Arte). DeAgostini / Getty Images.

O libambo: comitiva de escravizados no interior da África

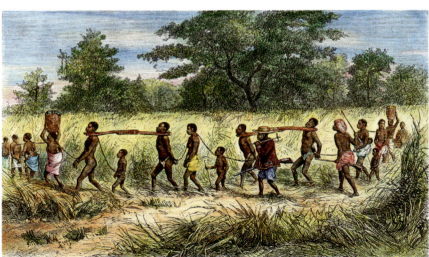

Comércio escravo, século XIX. Cativos africanos, unidos em pares, forçados a marchar por comerciantes de escravos do interior para os mercados costeiros. Gravura em madeira, século XIX. Granger, NYC. Alamy / Fotoarena.

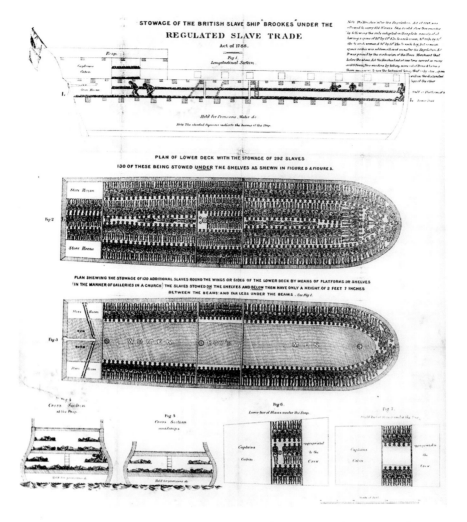

Planta de navio negreiro: "a navegação mais dolorosa que existe no mundo", segundo as palavras do frade italiano Dionigi Carli

Estiva do navio de escravos britânico Brookes sob a lei regulamentada de comércio de escravos, de 1788. Ilustração mostrando planos de convés e seções transversais do navio de escravos britânico Brookes. Alamy / Fotoarena.

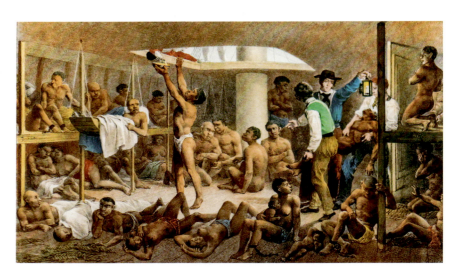

Porão de um navio negreiro, pelo pintor francês Rugendas: dor e desespero

Negros no porão de um barco de escravos. Litografia do livro *Viagem pitoresca através do Brasil* (*Voyage Pittoresque dans le Brésil*, edição bilíngue francês-alemão, publicada em 1827/1835), de Johann Moritz Rugendas (1802–1858). Alamy / Fotoarena.

6. MAR INFINITO

Visto do alto, por uma foto de satélite ou de uma janela de avião, o oceano aparenta ser apenas uma massa uniforme de água, monótona e quase estática, agitada somente pelas ondas. Na verdade, os oceanos são sistemas complexos pautados por ventos e correntes que agem tanto na superfície como nas profundidades e, muitas vezes, em sentidos opostos, afetados por mudança das estações, fenômenos geológicos e as fases da Lua, que alteram o sentido e o ímpeto das marés. São como rios invisíveis, que obrigam um navio a seguir numa determinada direção, mesmo contra a vontade e os planos da tripulação. Desse modo, as viagens marítimas na época das navegações a vela dependiam de forças que estavam além do controle dos marinheiros. Só com experiência, sorte e disciplina, combinadas com novas tecnologias, seria possível dominá-las.[1]

Este era, no final do século XV, o maior de todos os segredos portugueses: o conhecimento do complexo sistema de ventos e correntes que dominavam o mar infinito, vital para que os navegadores lusitanos chegassem à África, à Índia e ao Brasil. Ao decifrar os enigmas escondidos nas águas, conseguiram encontrar e escolher rotas marítimas — como se fossem estradas líquidas — que os levavam mais rapidamente de um lado a outro no Atlântico, ou, ao contrário, impediam a navegação em determinadas direções.

Sabe-se hoje que o Atlântico é dominado por dois grandes sistemas de correntes e ventos. Funcionam como se fossem duas engrenagens de uma máquina colossal rodando em direções opostas. Ao sul do Equador, a meio caminho entre a África e o Brasil, está a primeira dessas engrenagens. Gira em sentido anti-horário. Por essa razão, um velejador que sai do Rio de Janeiro consegue chegar a Angola e retornar ao Brasil sem grande esforço, seguindo apenas a chamada Corrente de Benguela. A segunda engrenagem está situada ao norte do Equador, a meia distância entre a Europa e o Caribe. Gira em sentido oposto. Além disso, o Atlântico, na costa da África, entre o Marrocos e a Guiné-Bissau, é também dominado pela Corrente das Canárias, que flui constantemente na direção norte-sul. Assim, um navio que partisse de Portugal ou da Espanha, navegando próximo ao continente africano, poderia chegar facilmente até o Senegal, por exemplo, impulsionado pela corrente líquida invisível, porém jamais conseguiria voltar no sentido contrário.

Além das correntes marítimas, os marinheiros tinham de ficar atentos às estações do ano, cada qual com seu sistema de ventos. Era necessário observar um calendário marítimo, com "janelas" que se abriam ou fechavam de acordo com o regime atmosférico de cada estação. Desse modo, seria preciso zarpar de Lisboa entre os dias 15 e 25 de outubro para chegar ao Recife cerca de dois meses mais tarde. Na viagem de volta, era necessário levantar velas em Pernambuco ou na Bahia até o fim de abril para chegar a Portugal em julho. Esses eram os períodos ideais para viagens mais rápidas e sem sustos. Em outros meses do ano, o tempo de travessia dobrava, o que significava maior risco para tripulantes e passageiros, expostos às tempestades, doenças e calmarias nas regiões equatoriais.

O domínio desse conhecimento teve três grandes consequências imediatas na história das navegações no Atlântico. A primeira foi a constatação de que, para chegar à Índia, seria inútil tentar contornar a África navegando junto à linha litorânea do continente, onde as correntes marítimas contrárias tornariam a viagem muito demorada, senão impossível. O segredo era navegar no sentido sudoeste, em direção ao Brasil, e, na altura do Cabo de Santo Agostinho, em Pernambuco, dirigir-se para o sudeste, rumo à África do Sul. Essa era a chamada "volta grande", que só os portugueses conheciam até o começo do século XVI e que permitiu a Vasco da Gama abrir o caminho das Índias e a Pedro Álvares Cabral chegar à Bahia.

A segunda consequência, diretamente ligada à primeira, tinha a ver com o tráfico negreiro. As duas "engrenagens" opostas de correntes e ventos marítimos seriam responsáveis pela criação de dois sistemas diferentes de comércio de escravos no Atlântico. O primeiro, dominado pelos portugueses, saía das regiões próximas ou mais ao sul da Linha do Equador e levaria diretamente ao litoral brasileiro. Navios carregados de escravos que partissem dos atuais territórios da República do Benim, da Nigéria, dos dois Congos e de Angola chegariam a Pernambuco, à Bahia ou ao Rio de Janeiro sem grandes dificuldades. O retorno à África se daria com a mesma eficiência, uma vez que as correntes que partem do litoral brasileiro levam diretamente para as regiões centro-sul africanas. O segundo sistema, dominado principalmente por britânicos, franceses e holandeses, saía das regiões mais acima da Linha do Equador, entre Gana e Senegal, e levaria às ilhas do Caribe. No retorno, as correntes conduziriam primeiro à Europa, onde esses navios eram abastecidos de mercadorias, e então seguiriam novamente para

ESCRAVIDÃO VOL. I

a África, no que se denominou o mercado triangular de escravos e produtos, como o açúcar.

A terceira e última consequência seria a divisão de fato do Brasil em duas regiões administrativas e políticas distantes e com pouca comunicação entre si: o estado do Maranhão, que englobava o litoral do Nordeste acima do Rio Grande do Norte, o Pará e a bacia do Amazonas, e o Estado do Brasil, encarregado de administrar o restante do território para o sul, com sua capital em Salvador, Bahia, e, depois de 1763, no Rio de Janeiro. A fronteira entre esses dois Brasis coloniais ficava na altura do Cabo de São Roque, no Rio Grande do Norte, exatamente o ponto em que as correntes marítimas se divergem, uma levando para o sul, e a outra, para o oeste.

Dominados esses segredos, no começo do século XVI, sob o signo da Ordem de Cristo, os navios portugueses retornavam à Europa abarrotados de escravos, porcelanas, sedas e alguns tesouros exóticos, de valor inestimável naquele tempo: cravo, canela, pimenta, noz-moscada, gengibre, sândalo, almíscar e outros produtos do Oriente. Eram as famosas especiarias, cultivadas na Índia, no Ceilão e, especialmente, nas ilhas Ternate e Tidore, parte do Arquipélago das Molucas, na atual Indonésia. Numa época em que não havia freezers e geladeiras, eram elas que garantiam o sabor e a conservação dos alimentos na Europa.

O comércio das especiarias gerava lucros astronômicos. Em 1499, ao retornar a Lisboa de sua pioneira expedição à Índia, Vasco da Gama transportava em seus navios carga suficiente para cobrir sessenta vezes o custo da expedição. A famosa viagem do corsário inglês Francis Drake ao redor do mundo, entre 1577 e 1580, gerou um lucro de 4.700% aos seus investidores graças às escalas realizadas nas assim chamadas "ilhas das especiarias", onde ele saqueou os depósitos dos produtores. Em 1603, quando a primeira colônia inglesa foi criada na ilha de Run, a menor de todo o Arquipélago de Banda (também parte das Molucas), 4,5 quilos de noz-moscada podiam ser comprados dos nativos por meio centavo de libra esterlina e revendidos na Europa com um inacreditável lucro de 32.000%.[2]

Na época da viagem pioneira de Vasco da Gama, as especiarias já eram bem conhecidas na Europa. Porém, a fatia mais gorda dos lucros ficava com os mercadores muçulmanos que dominavam as rotas de comércio entre a Ásia e o Mar Vermelho. A pimenta, por exemplo, custava, na Índia, três cruzados o quintal (cerca de cinquenta quilos), e chegava ao Egito valendo oitenta cruzados, ou seja, quase trinta vezes mais do que o preço original. Após a abertura do novo caminho marítimo por Vasco da Gama, contornando o sul da África, a mesma pimenta podia ser encontrada em Portugal por trinta cruzados, cerca de dez vezes o que os portugueses pagavam na Índia, mas, ainda assim, quase um terço do valor cobrado antes pelos fornecedores do Oriente Médio. Isso fez com que os mercadores venezianos, antes obrigados a comprar dos muçulmanos no Egito e no Oriente Médio, dessem preferência aos portugueses, transformando Lisboa na nova meca do comércio com o Oriente. De todas as especiarias, a pimenta era a grande estrela. Entre 1510 e 1518, de um total de 50.656 cruzados movimentados na Feitoria de Coxim, na Índia, só a pimenta respondia por 42.880, ou seja, mais de 80%.[3]

Muito antes das especiarias, a atividade econômica mais importante da expansão portuguesa no mundo foi outra: o comércio de gente. O historiador John Thornton observa que, de início, ninguém sonhava chegar à Índia, descobrir ilhas ou terras ainda desconhecidas no Atlântico, caso do Brasil. O plano de atingir a Ásia pelo oceano, contornando o sul da África, só ganhou corpo depois de 1453, ano em que os turco-otomanos ocuparam Constantinopla, pondo fim ao Império Romano do

Oriente e assumindo o monopólio do comércio de especiarias, que até então chegavam à Europa nas caravanas dos mercadores venezianos. Antes disso, as ambições eram bem mais modestas e imediatas. "A verdadeira razão por trás das grandes navegações, em seus estágios iniciais, nada mais era do que explorar a oportunidade imediata de lucros mediante a captura ou a compra de escravos na costa da África", escreveu Thornton.[4]

Em 1486, o português João Afonso de Aveiro tornou-se o primeiro navegador europeu a subir o rio Benim, rebatizado sintomaticamente de "Rio dos Escravos", chegando até a cidade de Ughoton, na atual Nigéria, cerca de 65 quilômetros acima da foz. Fazia já uma década que os portugueses frequentavam essa região litorânea com suas caravelas e, numa só viagem, em 1479, transportaram dali para a atual costa de Gana quatrocentos cativos, trocados por ouro com os mercadores da etnia acã, que controlavam as áreas de mineração. Ao retornar a Portugal, Aveiro levou um embaixador do obá Ozolua, do Benim, encarregado de negociar a compra de armas de fogo, itens que eram de grande interesse para o rei africano, àquela altura envolvido numa série de campanhas militares contra os vizinhos.[5] Aveiro e o embaixador africano voltaram logo ao Benim, dessa vez levando material para a construção de uma feitoria de comércio de escravos na região.

Começava ali um peculiaríssimo tráfico negreiro restrito à própria costa africana. Por algum tempo, esse era o melhor negócio que os portugueses podiam fazer no continente: comprar escravos no Golfo do Benim e vendê-los aos próprios africanos na vizinha Costa do Ouro, em troca do metal precioso tão cobiçado na Europa. Com esse propósito, ergueram, em 1482, o Castelo de São Jorge da Mina, ou Elmina, onde eram estocados os escravos que seriam revendidos para os chefes africanos responsáveis pela exploração de ouro nas minas de Bambuque, no alto rio Senegal, e Buré, no alto rio Níger. A localização dessas minas era um segredo

MAR INFINITO

bem guardado pelos africanos, mas que logo os europeus conseguiram descobrir.

Segundo o historiador Herbert Klein, um terço de todos os escravos capturados ou comprados na África pelos portugueses no final do século xv era repassado para os próprios africanos em troca de ouro.[6] Um escravo vendido na Costa do Ouro rendia o dobro do lucro que se obteria pelo mesmo cativo em Lisboa. Como resultado, entre 1500 e 1535, os portugueses levaram do Benim para São Jorge da Mina entre 10 mil e 12 mil escravos. Em troca, transportaram para Lisboa mais de uma tonelada de ouro num período de apenas vinte anos.

Na compra dos escravos no Golfo do Benim, o pagamento era feito com tecidos e manilhas — um bracelete de metal, geralmente de cobre ou latão, cuja circunferência não se fecha totalmente, dando-lhe o formato da letra "C". O objeto era utilizado como moeda e também como adorno nos braços e tornozelos. Com o aumento da demanda, cresceu também o preço dos escravos. Em meados do século xv, um cativo jovem, forte e saudável custava entre 12 e 15 manilhas de cobre no Golfo do Benim. Em 1517, o custo tinha mais do que triplicado, passou a ser 57 manilhas. Preocupada com a inflação no tráfico negreiro, a Coroa portuguesa tentou tabelar o preço em 40 manilhas. Foi inútil. Em 1522, o valor médio continuava por volta de 50 manilhas.[7]

Desse modo, a aventura dos descobrimentos e a história da escravidão se misturam de forma indissolúvel. Bartolomeu Marchionni, mercador florentino, banqueiro em Lisboa e dono de fazendas de cana-de-açúcar no Arquipélago da Madeira, traficava escravos e financiou as principais expedições portuguesas da época. Um de seus navios, a nau *Santiago*, fez parte da esquadra de Vasco da Gama na viagem à Índia. A nau *Anunciada,* também de sua propriedade, acompanhava Pedro Álvares Cabral na sua chegada ao litoral da Bahia, em 1500. Esse mesmo navio seria usado mais tarde no tráfico de escravos entre a costa da África e a cidade de Valência, na Espanha.

Partiu de Bartolomeu Marchionni a sugestão para que o rei de Portugal, dom Manuel I, contratasse um de seus compatriotas, o cartógrafo e explorador italiano Américo Vespúcio, para mapear, no ano seguinte à chegada de Cabral ao Brasil, parte da costa do novo continente, a América, batizado em sua homenagem. Àquela altura, Marchionni detinha o monopólio do tráfico de escravos na costa do Benim, transportando cativos para Portugal, Madeira e São Jorge da Mina.[8] Dos 3.600 cativos registrados na Casa dos Escravos em Lisboa entre os anos 1493 e 1495, quase a metade (1.648, mais exatamente) tinha viajado em embarcações pertencentes a Marchionni. Segundo o historiador David Brion Davis, ainda na Idade Média, a família Marchionni já estava envolvida no tráfico de escravos brancos da região do Mar Negro para o Mediterrâneo, portanto bem antes do início das grandes navegações portuguesas na costa da África.[9]

A ligação de mercadores e banqueiros italianos com os descobrimentos e o tráfico de escravos era íntima e profunda. Tommaso Portinari, financiador das expedições do rei dom João II à costa da África, representava em Lisboa o banqueiro e mecenas florentino Lourenço de Médici, que patrocinou alguns dos grandes artistas da Renascença Italiana, como Michelangelo, Ghirlandaio e Botticelli. Também ligada aos Médici, a família Cambini comprava açúcar na Ilha da Madeira e fornecia mercadorias aos navios negreiros que iam para a África comprar escravos. O genovês Antoniotto Usodimare adquiria cativos na foz do rio Gâmbia para o infante dom Henrique.

A primeira carga de escravos a cruzar o Atlântico não era de negros africanos em naus que navegavam de leste para oeste, mas de índios taino, que viajavam no sentido inverso depois de

MAR INFINITO

serem capturados, em 1493, na Ilha de Santo Domingo por Cristóvão Colombo e despachados para o florentino Juanoto Berardi, representante de Bartolomeu Marchionni na cidade espanhola de Sevilha. No ano seguinte, uma segunda carga cruzou o oceano, dessa vez com quatrocentos escravos indígenas, metade dos quais morreu antes de tocar o litoral da Espanha, porque "não estavam habituados ao frio [europeu]", segundo o relato de um dos marinheiros a bordo, o genovês Michele Cuneo. Os sobreviventes foram recebidos por Américo Vespúcio, que também estava envolvido no tráfico de escravos como representante da família Médici de Florença. Acredita-se que, no total, Colombo tenha enviado 4 mil indígenas cativos para a Espanha na última década do século XIV, vendidos por 20 milhões de maravedis, a moeda de ouro da época.[10]

Foi também pelas mãos de Marchionni que o Brasil entrou oficialmente na rota dos escravos, mas, também, neste caso, o primeiro carregamento se deu na direção oposta. Em 1511, a nau *Bretoa*, de propriedade de Marchionni e Fernando de Noronha, atracou em Portugal com uma carga de papagaios, peles de onça pintada, toras de pau-brasil e 35 índios cativos. Noronha, que hoje dá nome ao famoso arquipélago transformado em reserva ambiental, situado na costa nordestina, era um cristão-novo, ou seja, um judeu recém-convertido ao cristianismo. Oitenta e cinco escravos indígenas brasileiros foram vendidos na cidade espanhola de Valência entre 1515 e 1516 pelo traficante Juan Miguel Dabues.

São escassas as informações sobre o tráfico de escravos na direção oposta, da África para a América, nesse período inicial dos descobrimentos. Há notícias de negros e mulatos na frota de Colombo que chegou à Hispaniola em 1492, mas não se sabe se eram cativos ou libertos. Um deles era o próprio piloto do navio *Niña*, uma das três naus que fizeram a viagem. Colombo tinha grande familiaridade com o tráfico de escravos. Em sua terceira viagem à América, em 1498, fez escala na Ilha de Santiago, em Cabo Verde, que na época já funcionava como um grande entreposto do comércio negreiro. Numa carta aos reis católicos da Espanha, relatou que cada cativo ali era vendido por 8 mil maravedis. Em 1482, dez anos antes de sua expedição à América, tinha visitado o Castelo de São Jorge da Mina, viagem que só poderia fazer sentido pela ligação do local com o tráfico negreiro e o comércio de ouro, uma vez que essa era a única razão da existência dessa fortificação portuguesa.

O início oficial do tráfico negreiro para a América é marcado por um decreto de 22 de janeiro de 1510, proclamado pelo rei Fernando da Espanha, na cidade de Valladolid. Segundo esse documento, os navegadores espanhóis estavam autorizados a transportar cinquenta escravos para a Ilha de Hispaniola "em benefício das minas", ou seja, na busca por ouro e pedras preciosas. Teriam de ser "os melhores e mais fortes disponíveis", segundo as instruções do rei. Três semanas mais tarde, em 14 de fevereiro, o rei determinou à *Casa de Contratación*, repartição em Sevilha que administrava as viagens marítimas, que fossem despachados outros duzentos cativos para o Caribe o mais rapidamente possível. Os decretos reais não especificavam se os cativos deveriam ser negros ou mouros capturados no Mediterrâneo, mas as poucas estatísticas disponíveis na época indicam que fossem africanos de pele escura: em 1530, já havia em Porto Rico cerca de 3 mil escravos negros, aproximadamente 90% da população total, que contava com apenas 327 brancos espanhóis.

Tão importante quanto a participação dos banqueiros e mercadores italianos na aventura dos descobrimentos foi a dos cristãos-novos — caso de Fernando de Noronha, já citado. Até fins do século xv, os judeus tinham praticamente o monopólio das operações bancárias e do financiamento dos negócios em

Portugal, incluindo a cobrança de impostos e de taxas alfandegárias. Em 1496, porém, o rei dom Manuel I ordenou a expulsão de todos eles do reino, seguindo uma onda antissemita iniciada pelos reis católicos da Espanha. Os judeus que ficaram foram obrigados a se converter ao cristianismo e passaram a ser chamados de cristãos-novos.

Embora continuassem a ser alvos frequentes de perseguições e preconceito, os cristãos-novos possuíam em geral um nível de instrução mais elevado e eram mais bem relacionados do que a média da população. E também eram muito ricos. Um deles, Fernão Gomes, arrematou o primeiro contrato do tráfico de escravos da Guiné leiloado pela Coroa portuguesa, em 1469. Da mesma forma, o primeiro contrato de exploração do pau-brasil, em 1501, foi concedido a um consórcio de cristãos-novos liderado por Fernando de Noronha.[11]

Os cristãos-novos foram sempre um paradoxo na história portuguesa e brasileira. Em determinados momentos, eram perseguidos, extorquidos e espoliados em seu patrimônio. Isso ocorreu especialmente a partir de 1536, ano do estabelecimento da Inquisição em Portugal, que deu início à perseguição sistemática da Igreja Católica aos cristãos-novos, suspeitos de manter em segredo as práticas religiosas do judaísmo. Os processos da Inquisição muitas vezes serviam apenas de fachada para o real propósito de sequestrar os bens dos denunciados ou de afastar concorrentes nos negócios e nas disputas políticas.

Em outras ocasiões, porém, quando os cofres públicos estavam especialmente necessitados de ajuda, os cristãos-novos obtinham anistia ou alguns privilégios nos negócios, sempre em troca de contribuições financeiras. O alvará de 1587, por exemplo, proibia todos os judeus convertidos ao cristianismo de sair do reino, onde passariam a viver em guetos, como cidadãos de segunda classe. Apenas quatro anos mais tarde a lei foi revogada mediante o pagamento de um "donativo" da comunidade judaica ao tesouro real. Três anos depois, a Coroa promulgou uma anistia geral em troca de um donativo dez vezes maior. Em 1610, a proibição entrou em vigor novamente, para ser anulada logo em seguida.[12]

Em 1536, Portugal tinha uma frota de mais de trezentos navios oceânicos, incluindo caravelas e naus. Onde achar tripulantes para tantas embarcações? A única resposta a essa pergunta considerada plausível na época era o tráfico de escravos. As grandes carracas portuguesas, gigantescas embarcações mercantes com peso entre mil e 2 mil toneladas, navegavam entre Goa, na Índia; Macau, na China; e Nagasaki, no Japão, tripuladas por escravos asiáticos ou negros africanos. Apenas os oficiais e uma pequena guarda composta por quinze a vinte soldados eram portugueses.[13]

A escassez de gente nos mares se refletia também em terra. Durante o século XVI, saíam de Portugal rumo às novas conquistas cerca de 2.400 pessoas por ano. Em geral, eram homens fortes e jovens, mais dispostos e aptos a participar da grande aventura dos descobrimentos. Poucos retornavam. A mortalidade nas jornadas oceânicas era altíssima. Na primeira viagem de Vasco da Gama à Índia, dois terços da tripulação morreram, a maioria de escorbuto. Dos 5.228 marinheiros que partiram de Lisboa rumo à Índia entre 1629 e 1634, só 2.495 — menos da metade, portanto — chegaram ao destino. Os demais pereceram durante a viagem, vítimas de doenças como a disenteria, o tifo e o escorbuto.[14]

Isso representaria, ao longo de todo o século, uma sangria demográfica superior a 200 mil pessoas, entre um sexto e um quinto do total da população portuguesa, estimada, na época, em cerca de 1 milhão de habitantes. Como resultado, grandes regiões do interior de Portugal estavam ficando despovoadas.

MAR INFINITO

Muitas terras férteis para a agricultura deixaram de ser cultivadas. A solução era importar um número cada vez maior de escravos para trabalhar nessas ocupações. Nas estimativas do historiador A. C. Saunders, Portugal precisava de pelo menos mil escravos por ano para atender essa demanda demográfica, cifra que foi aumentando rapidamente de acordo com a expansão do vasto Império Colonial Português.[15]

A mesma lógica demográfica valeria na ocupação das terras do Novo Mundo. A descoberta de um novo continente impunha um desafio novo aos portugueses e espanhóis. Havia abundância de terras e outros recursos naturais, mas uma falta crônica de pessoas e de mão de obra para ocupar e explorar todo esse território. A população indígena, dona dessas áreas antes da chegada de Colombo e Cabral, foi logo dizimada por doenças e guerras. Os nativos que sobreviveram resistiram ao árduo trabalho escravo imposto pelos europeus. Onde encontrar gente para ocupar as novas fronteiras, organizar povoamentos, erguer casas e abrigos, construir fortalezas, derrubar as matas, cultivar lavouras e explorar eventuais minas de ouro e pedras preciosas?

A solução, mais uma vez, estava na África.

7. TERRA DOS PAPAGAIOS

NA ÚLTIMA DÉCADA DO SÉCULO XV, Lisboa era uma cidade infestada de espiões, todos agentes de governantes estrangeiros interessados em desvendar os segredos por trás das navegações portuguesas. O rei dom Manuel I proibia, sob ameaça de pena de morte, a divulgação de relatos de viagem, cartas náuticas, documentos ou mapas que revelassem a localização das novas terras encontradas pelos navegadores portugueses.

Um exemplo do manto de silêncio com que se tentava proteger as navegações portuguesas é a própria certidão de nascimento do Brasil, a carta que o escrivão Pero Vaz de Caminha enviou ao rei dom Manuel I, a 1º de maio de 1500, comunicando a chegada, dias antes, da esquadra de Pedro Álvares Cabral à Bahia. Apesar das notícias espetaculares que trazia, a correspondência, depois de lida pelo rei, foi confinada aos arquivos da Torre do Tombo, em Lisboa, por mais de três séculos, sem que o público dela tomasse conhecimento.

É na secretíssima carta de Caminha que se encontra a primeira associação direta entre Brasil e África. Ao descrever os habitantes da região onde hoje se situam os municípios de Porto

Seguro e Santa Cruz de Cabrália, Caminha usa, significativamente, um vocábulo de origem africana: "Eles não lavram, nem criam, nem há aqui boi, nem vaca, nem cabra, nem ovelha, nem galinha nem outra nenhuma alimária que acostumada seja ao viver dos homens; nem comem senão deste *inhame* que aqui há muito".

Esse trecho demonstra o quão grande era a presença africana em Portugal no início do século XVI. Grande ao ponto de já ter contribuído com pelo menos uma palavra nova no vocabulário da língua portuguesa: "inhame". Na sua carta, Caminha referia-se ao cultivo da mandioca ou, talvez, do cará, disseminado entre os índios do Brasil. A palavra, no entanto, tinha origem em *nyame*, raiz comum na formação do verbo "comer" nas línguas bantas africanas.[1] Era também o nome de um tubérculo africano, da mesma família do cará dos indígenas brasileiros, largamente consumido pelos negros do outro lado do Atlântico e que seria parte da ração básica dos navios negreiros que zarpariam rumo às costas americanas nos séculos seguintes.[*]

Graças à política de sigilo da Coroa portuguesa, a população em geral só teve conhecimento da carta de Caminha em 1817, quando dela se publicou a primeira versão impressa. Apesar de todos os esforços, porém, seria impossível manter em segredo informações dessa magnitude. Já em 1501, ou seja, um ano após a chegada de Cabral à Bahia, começou a circular na Itália uma carta de Matteo Cretico, endereçada ao doge de Ve-

---

[*] Tenho dúvida sobre "inhame". O que Caminha chama "inhame" seria, talvez, não o cará, mas, sim, a mandioca, a base da alimentação do índio brasileiro. Os portugueses podem ter recolhido a palavra *iyambe* entre os mandingas da Alta Guiné, ou entre os congos ou outros povos litorâneos de línguas bantas (*nyame*). Há quem proponha origem iorubá (*iyã*), mas, na época de Caminha, os portugueses ainda não tinham tido convívio com esse povo. Os portugueses devem ter começado a comer inhames mal chegaram à foz do rio Senegal. E Caminha aplicou à planta mais cultivada pelos índios, a mandioca, o nome do tubérculo, o inhame, que os portugueses haviam conhecido na África.

TERRA DOS PAPAGAIOS

neza, Agostino Barbarigo. Cretico era um desses muitos espiões em Lisboa, onde atuava sob a fachada de representante comercial italiano.

Seu relato:[2]

> *Acima do Cabo da Boa Esperança, para oeste, descobriram uma terra nova, a que chamam dos Papagaios, porque encontraram ali alguns papagaios com um braço e meio de cumprimento, de várias cores, dos quais vimos dois; julgaram que essa é terra firme porque viram mais de 2 mil milhas da costa e não lhe encontraram fim. Habitam-na homens nus e formosos.*

Essa carta é considerada o primeiro documento oficial a respeito do descobrimento do Brasil a ter ampla divulgação na Europa.

Descrição semelhante à de Cretico, porém mais detalhada, foi endereçada ao banqueiro florentino Lourenço de Médici dois anos mais tarde, em 1503. Era uma carta de Américo Vespúcio, navegador, cartógrafo e dono de meia dúzia de escravos em Sevilha, onde também trabalhava como representante comercial italiano. A família Médici estava envolvida no financiamento das navegações portuguesas e do tráfico de escravos. Em 1501, Américo Vespúcio fora convocado por dom Manuel I para explorar e mapear as costas daquela terra até então desconhecida, à qual Pedro Álvares Cabral chegara no dia 22 de abril de 1500. Sua carta ao banqueiro Lourenço dava detalhes dessa descoberta. Algum tempo depois, o texto foi impresso na Itália em forma de livro, para contrariedade do rei de Portugal, que, obviamente, preferia guardar segredo. *Mundus Novus* virou um best-seller: teve 22 edições entre 1503 e 1506. Em 1510, já estava traduzido para o italiano, o francês, o holandês e o alemão. A repercussão

113

foi tanta que um continente inteiro seria batizado com o nome do autor: América.

Segue sua descrição:

Nos dias passados, muito amplamente te escrevi sobre meu retorno daquelas novas regiões que — por mando desse sereníssimo rei de Portugal, à sua custa e com a sua frota — procuramos e encontramos, às quais é lícito chamar de Novo Mundo, porque nenhuma delas era conhecida dos nossos maiores [...] Aos 14 do mês de maio de 1501, por ordem do mencionado rei, partimos de Lisboa com boa navegação, com três navios, para explorar novas regiões no austro. Navegamos durante 2 meses contínuos para o meridiano. [...] Dos 67 dias que navegamos, tivemos 44 [dias] contínuos com chuva, trovões e relâmpagos, de tal modo escuros que nunca vimos nem o sol de dia nem o céu sereno à noite, pelo que nos sobreveio tanto temor que quase renunciamos a toda esperança de vida.

No dia sete de agosto de 1501, baixamos âncoras [...], dando graças ao nosso Deus, com solene súplica e uma missa celebrada com canto. Ali soubemos que a mesma terra não era ilha, mas continente, porque se estende por longuíssimos litorais que não a cercam e porque está repleta de infinitos habitantes. Encontramos [...] tanta multidão de gente quanto ninguém poderá enumerar, [...] mansa e tratável. Todos, de ambos os sexos, andam nus, sem cobrir nenhuma parte do corpo; como saem do ventre materno, assim vão até a morte. Com efeito, têm os corpos grandes, quadrados, bem-dispostos e proporcionais, com cor tendendo para o vermelho, o que lhes acontece, julgo, porque, andando nus, são bronzeados pelo sol. Têm o cabelo amplo e negro: são ágeis no andar e nos jogos, de rosto afável e bonito.

TERRA DOS PAPAGAIOS

Ali o ar é muito temperado e bom, e — pelo que pude conhecer da relação com eles — nunca houve peste ou outra doença oriunda da corrupção do ar. [...] A terra daquelas regiões é muito fértil e amena, com muitas colinas, montes, infinitos vales, abundante em grandíssimos rios, banhada de saudáveis fontes, com selvas amplíssimas e densas, pouco penetráveis, copiosas e cheias de todo o gênero de feras. [...] As árvores crescem sem cultivador, muitas das quais dão frutos deleitáveis no sabor e úteis aos corpos humanos; outras não dão nada. E nenhuns frutos são semelhantes aos nossos. Ali são produzidos inúmeros gêneros de ervas e raízes das quais fabricam pão e ótimas iguarias. Há muitas sementes totalmente diferentes dessas nossas.

Todas as árvores são odoríferas e cada uma emite de si goma, óleo ou algum líquido cujas propriedades, se fossem por nós conhecidas, não duvido que seriam saudáveis aos corpos humanos. Certamente, se o paraíso terrestre estiver em alguma parte da terra, creio não estar longe daquelas regiões, cuja localização, como disse, é para o meridiano, em tão temperado ar que ali nunca há invernos gelados nem verões férvidos. O céu e o ar, na maior parte do ano, são serenos e isentos de vapores espessos. As chuvas caem aos poucos e duram três ou quatro horas e desfazem-se como nuvens. O céu é ornado de sinais e figuras, especiosíssimos, no qual anotei cerca de vinte estrelas de tanta claridade quanto algumas vezes vimos.

8. O MASSACRE

"A feição deles é serem pardos, [...] avermelhados,
de bons rostos, bons narizes, bem-feitos."

Descrição dos índios brasileiros na carta de
PERO VAZ DE CAMINHA

A CHEGADA DOS EUROPEUS à América resultou numa das maiores catástrofes demográficas da história da humanidade. Os números são assustadores, mesmo para os padrões atuais de um mundo habituado a guerras, massacres e genocídios que geram milhões e milhões de vítimas. Nos primeiros cem anos após o desembarque de Cristóvão Colombo na Ilha de Hispaniola, morreram proporcionalmente mais pessoas no continente americano do que em todos os conflitos do século XX, apontado como o período mais mortífero da história moderna e contemporânea.[1]

Estima-se que, em 1420, no início das navegações portuguesas na costa da África, houvesse 450 milhões de pessoas em todo o planeta. Desse total, 50 milhões, ou 11%, estariam na América. Quatro séculos mais tarde, em 1804, quando a população mundial havia dobrado para 900 milhões de habitantes, no

ESCRAVIDÃO VOL. I

continente americano — a essa altura já alimentado pela maciça importação de escravos africanos —, havia apenas 25 milhões de pessoas, ou seja, a metade do número anterior à presença europeia. Em escala proporcional, a queda havia sido ainda mais drástica, de 11% para minguados 2,8% do total. O grande massacre ocorrera no intervalo de apenas cem anos. Em 1600, a população nativa americana reduzia-se a somente 10 milhões. Quarenta milhões de seres humanos tinham desaparecido do continente desde que a esquadra de Colombo chegara ao Caribe, em 1492. Nas áreas pré-colombianas mais densamente habitadas, caso dos territórios astecas do México e incas do Peru, quase a totalidade da população fora varrida do mapa.[2]

No Brasil, a catástrofe foi tão grande quanto no restante do continente. Estima-se que, na época da chegada de Cabral, houvesse entre 3 milhões e 4 milhões de indígenas no Brasil, distribuídos em centenas de tribos. Falavam mais de mil línguas e representavam uma das maiores diversidades culturais e linguísticas do mundo. Três séculos depois, em 1808, ano da chegada da corte portuguesa de dom João ao Rio de Janeiro, a população brasileira era ainda de cerca de 3 milhões de habitantes, número semelhante ao de 1500, mas a composição havia se alterado drasticamente. A essa altura, a maioria dos brasileiros — mais de três quartos do total — era constituída de brancos de ascendência europeia ou de africanos e seus descendentes. Os indígenas, por sua vez, tinham sido vítimas de uma calamidade demográfica: estavam reduzidos a cerca de 700 mil, aproximadamente 20% do seu contingente original.

Em média, durante o período colonial, o Brasil exterminou 1 milhão de índios a cada cem anos. Desde então, houve uma lenta recuperação da população nativa, mas os resultados da mortandade inicial podem ser observados ainda hoje nas estatísticas nacionais. Atualmente, nossos 900 mil índios represen-

O MASSACRE

tam menos de meio por cento da população brasileira, de aproximadamente 210 milhões de habitantes. Estão distribuídos em 305 povos diferentes que falam 274 línguas, porém apenas a metade ainda vive em aldeias ou reservas. O restante mora em cidades ou comunidades distantes de suas terras ancestrais.[3] Nas regiões Norte e Centro-Oeste, as reservas indígenas estão sob a constante pressão do avanço da fronteira agrícola e de outras atividades, como a mineração e o garimpo ilegal.

Vários fatores contribuíram para o aniquilamento dos índios brasileiros, incluindo guerras promovidas pelos colonos portugueses, a captura para uso como mão de obra escrava em trabalhos pesados aos quais não estavam acostumados e a perda dos territórios que ocupavam antes de 1500. O principal motivo, porém, foi o que o historiador Luiz Felipe de Alencastro chamou de "choque epidemiológico resultante da união microbiana do mundo completada pelos Descobrimentos".[4] Com os europeus e os escravos africanos, chegaram à América moléstias até então desconhecidas entre os indígenas de todo o continente, como gripe, varíola, sarampo, rubéola, escarlatina, tuberculose, lepra, sarna, febre amarela e malária. A introdução de animais domésticos, como bois, cavalos, cabras, porcos, galinhas, patos e cachorros ajudou a transmissão dos germes e vírus. Entre as doenças venéreas, as mais devastadoras foram a gonorreia e a sífilis. Esta última teria se disseminado a partir da América Central, de uma mutação genética da bactéria *Treponema pallidum*.

Entre 1559 e 1562, uma epidemia de varíola varreu a costa brasileira. Na Bahia, matou mais de 70% de todos os índios aldeados nas fazendas dos jesuítas. No Espírito Santo, seiscentos indígenas pereceram em um período tão curto que foi necessário enterrar dois corpos por cova. Um número provavelmente maior foi dizimado entre os índios livres. Em 1562 já chegavam a 30 mil mortos. Um terço de todos os índios nas aldeias jesuíticas perdeu a vida. No ano seguinte, uma nova epidemia, dessa vez de sarampo, atacou com igual furor. Outras 30 mil pessoas teriam morrido. Um novo surto ocorreu no Maranhão entre 1621 e 1623. E um terceiro, em 1660, atingiu o Grão-Pará e mais uma vez o Maranhão, "com tanto estrago dos índios que acabou a maior parte deles", segundo o relato de um missionário.[5]

Quando os portugueses chegaram à Bahia, todas as regiões brasileiras já eram habitadas. A ocupação do território acontecera entre 12 mil e 16 mil anos antes, segundo apontam, hoje, vestígios em sítios arqueológicos localizados em Lagoa Santa, Minas Gerais; Rio Claro, interior de São Paulo; e Ibicuí, Rio Grande do Sul.[6] Os sambaquis — depósitos de conchas marinhas que chegam a atingir 50 metros de altura — indicam que, entre 5 mil e 2 mil anos atrás, havia uma grande concentração de seres humanos na faixa litorânea que vai do Rio de Janeiro até o Rio Grande do Sul. Em 1500, os tupis, grupamento que incluía os tupinambás, ocupavam a costa brasileira entre o estuário do Amazonas e a região de Cananeia, ao sul do estado de São Paulo. Eram marinheiros e nadadores experientes e fabricavam canoas com mais de trinta metros de comprimento que transportavam mais de sessenta pessoas de uma só vez. Algumas aldeias tinham 5 mil moradores.

De Cananeia para o sul, incluindo a bacia dos rios Paraná e Paraguai, dominavam os guaranis. Suas aldeias, chamadas de tabas, tinham, em geral, entre quatrocentos e seiscentos habitantes. Eram constituídas por ocas, gigantescas habitações circulares construídas em madeira e cobertas com palha que abrigavam de trinta a sessenta famílias cada uma. Praticavam a caça, a pesca, a coleta de frutos e plantas silvestres e a agricultura. Plantavam feijão, milho, abóbora e, principalmente, mandioca, cuja farinha se tornaria a base da alimentação também entre os portugueses e africanos nos primeiros séculos da colonização. O cultivo da terra

O MASSACRE

era feito por queimadas, chamadas de coivaras. As lavouras tinham uma vida útil bastante curta. Depois de duas ou três safras, a fertilidade do solo se esgotava e uma nova área tinha de ser aberta pela derrubada e a queimada da floresta nativa.*

Além dos tupis e dos guaranis, o território litorâneo era pontilhado por outros agrupamentos indígenas, como os goitacazes, na foz do rio Paraíba; os aimorés, no sul da Bahia e norte do Espírito Santo, e os tremembés, entre o Ceará e o Maranhão. Eram os tapuias, denominação usada pelos tupis para identificar quem falava outra língua. Havia, entretanto, muitas semelhanças entre eles. Os tupinambás e os aimorés escravizavam adversários capturados em guerras. Também comiam carne humana, em geral de inimigos mortos, em cerimônias rituais. Os aimorés, em particular, tornaram-se ferozes inimigos dos portugueses. Por isso, quando a Coroa publicou a primeira lei que proibia a escravização indígena, em 1570, esses índios foram excluídos do benefício, o que significava que, mesmo depois da promulgação da norma, poderiam ser capturados e explorados como cativos.

As primeiras descrições dos indígenas brasileiros aparecem, obviamente, na famosa carta de Pero Vaz de Caminha:

A feição deles é serem pardos, maneira de avermelhados, de bons rostos, bons narizes, bem-feitos. Andam nus, sem cobertura alguma. Não fazem o menor caso de encobrir ou de mostrar suas vergonhas; [...] traziam os beiços de baixo furados e metidos neles seus ossos brancos e verdadeiros, do

---

* Às vezes, eu me pergunto o que comiam os europeus antes de chegarem à América. Foi dos ameríndios que aprenderam o milho, as batatas, a mandioca, o tomate, o cacau, o abacate, o abacaxi, o caju — e vai por aí. Desse modo, seria errado atribuir a eles "formas rudimentares de agricultura", como às vezes se lê. Nos séculos XVI e XVII, não eram muito distintas as práticas agrícolas do pequeno agricultor europeu. Exceto pelo uso do arado.

comprimento duma mão travessa, da grossura dum fuso de algodão, agudos na ponta como furador. Metem-nos pela parte de dentro do beiço. [...] Os cabelos seus são corredios. E andavam tosquiados, de tosquia alta, [...] de boa grandura e rapados até por cima das orelhas. [...] As casas [...] eram tão compridas, cada uma, como esta nau capitânia, [...] de madeira, e das ilhargas de tábuas, e cobertas de palhas, de razoada altura; todas duma só peça, sem nenhum repartimento, tinham dentro muitos esteios; e, de esteio a esteio, uma rede atada pelos cabos, alta, em que dormiam. Debaixo, para se aquentarem, faziam seus fogos. E tinha cada casa duas portas pequenas, uma num cabo, e outra no outro. [...] Parece-me gente de tal inocência que, se homem os entendesse e eles a nós, seriam logo cristãos, porque eles, segundo parece, não têm nem entendem nenhuma crença.

Um segundo relato, mais dramático e menos idílico que o de Caminha, é o do artilheiro e náufrago alemão Hans Staden, que permaneceu como prisioneiro dos índios tupinambás enquanto era preparado para ser comido em cerimônia canibal de uma aldeia situada perto de Niterói, no Rio de Janeiro. Resgatado por uma nau francesa depois de pagar um resgate pela própria liberdade, Staden conseguiu retornar à sua terra natal em 1555. Em seguida, publicou um livro intitulado *Duas viagens ao Brasil*, que de imediato incendiou a imaginação dos leitores europeus.

Seu testemunho:

Os tupinambás habitam defronte da [...] grande serra, bem junto ao mar; mas também além da montanha se estende o seu território por cerca de sessenta milhas [cem quilômetros]. No rio Paraíba, que nasce nessa serra e corre paralelo à costa, desembocando então no mar, têm eles também terra, que ha-

bitam, beirando uma região de 28 milhas de cumprimento [45 quilômetros]. São acossados de contrários por todos os lados. Ao norte é sua vizinha uma tribo de gentios chamados guaitacás. São-lhes adversos. Seus inimigos ao sul chamam-se tupiniquins; os que habitam mais ao interior são chamados carajás; próximos deles, na serra, vivem os guainás, e entre ambos há ainda uma outra tribo, os maracajás, pelos quais são muito perseguidos. Todas essas tribos se guerreiam entre si, e, quando alguém apanha um inimigo, come-o.[7]

A escravização dos índios começou imediatamente após a chegada dos portugueses. Como já se viu no capítulo seis, em 1511, a nau *Bretoa*, de propriedade do florentino Bartolomeu Marchionni e do cristão-novo Fernando de Noronha, chegou a Portugal com uma carga de papagaios, peles de onças-pintadas, toras de pau-brasil e 35 indígenas cativos. Quatro anos mais tarde, 85 índios brasileiros foram vendidos como escravos em Valência, na Espanha.[8] Em 1545, a capitania de São Vicente, no litoral paulista, comandada por Martim Afonso de Sousa, tinha cerca de 3 mil nativos escravos, que trabalhavam em seis engenhos de açúcar e nas lavouras.[9]

Capturavam-se índios de norte a sul do Brasil. A compra e a venda de cativos indígenas foram a primeira grande atividade de Campos de Piratininga, região da futura cidade de São Paulo, fundada em 1554 pelos jesuítas do padre e hoje santo José de Anchieta. No século XVI, o vilarejo era, segundo o historiador Luiz Felipe de Alencastro, uma "feira de trato", onde João Ramalho e sua gente forneciam escravos do Planalto Paulista para a Baixada Santista — uma "escala para muitas nações dos índios", na descrição do padre Luís de Grã.[10]

O início da importação em massa de cativos africanos se deu em meados do século XVI, entre 1535 e 1570. Mas a escravização de índios continuou ainda por mais de cem anos. Há registro da chegada de quinhentos a seiscentos deles ao Recôncavo Baiano em 1571. Na mesma época, operações militares no sertão de Orobó, no Agreste pernambucano, capturaram outros 12 mil, imediatamente colocados a serviço dos senhores de engenho. Ao descrever a capitania de Pernambuco em 1576, Pero de Magalhães Gandavo, português natural da cidade de Braga e autor da *História da Província de Santa Cruz*, deixava claro que os índios passíveis de cativeiro eram a maior riqueza da terra até aquele momento, maior ainda que a produção de açúcar, que dava os seus passos iniciais no Nordeste brasileiro:

> *Esta [a capitania] se acha numa das ricas terras do Brasil, tem muitos escravos índios, que é a principal fazenda da terra. Daqui os levam e compram para todas as outras capitanias, porque há nesta muitos, e mais baratos que em toda a costa. [...] Há também muitos escravos da Guiné.*[11]

Gandavo enxergava, porém, diversas vantagens na escravidão africana sobre a indígena. Uma delas, a dificuldade de locomoção, uma vez que os cativos recém-chegados da África, caso tentassem fugir, simplesmente não teriam como cruzar o oceano de volta para casa e menos ainda encontrariam quem os acolhesse em terras brasileiras. "Estes [os africanos] são mais seguros que os índios da terra porque nunca fogem nem têm para onde", escreveu.

Uma década mais tarde, em 1587, Gabriel Soares de Sousa, dono de engenho e autor do *Tratado descritivo do Brasil*, afirmava que os escravos eram fundamentais para a defesa do litoral brasileiro, levando-se em conta que os portugueses não tinham força militar para resistir a um eventual assalto de corsários e piratas:

Esta vila de Olinda terá seiscentos vizinhos, pouco mais ou menos, mas tem muitos mais do seu termo, porque em cada um destes engenhos vivem vinte ou trinta vizinhos, fora os que vivem nas roças, afastados deles, que é muita gente; de maneira que, quando for necessário, [...] esta gente pode trazer de suas fazendas quatro ou cinco mil escravos da Guiné e muitos gentios da terra.

Em caso de ataque, no entanto, Gabriel Soares via vantagens no uso de indígenas, que, segundo ele, seriam mais confiáveis que os africanos: "O único remédio deste estado é haver muito gentio de paz posto em aldeias ao redor dos engenhos e fazendas, porque com isso haverá quem sirva e quem resista aos inimigos, [...] e quem ponha freio aos negros da Guiné, que são muitos".

Os índios, de fato, acabariam se tornando importantes aliados dos portugueses no combate aos quilombos (redutos de escravos africanos fugitivos), na defesa do território contra invasores europeus ou mesmo no confronto contra outros povos inimigos dos colonos. Em meados do século XVI, por exemplo, os tupiniquins de São Paulo aliaram-se aos portugueses na guerra contra a chamada Confederação dos Tamoios, que reunia diversas tribos situadas entre o Rio de Janeiro e o litoral norte paulista.

À frente das expedições de captura e escravização dos índios, estavam alguns dos personagens mais importantes — e hoje também muito polêmicos — da história do Brasil. Na Bahia, um dos pioneiros do negócio foi o português Garcia D'Ávila, que chegou a Salvador em 1549 na companhia do primeiro governador-geral, Tomé de Sousa, de quem era protegido e, muito provavelmente, filho bastardo. Em 1557, já se tornara o homem mais rico da região, dono de um latifúndio que se estendia do litoral baiano até os sertões do Piauí.

Na história tradicional, Garcia D'Ávila é celebrado como o homem que trouxe a pecuária ao Brasil, ocupou e pacificou, ainda no século XVI, algumas das regiões mais ermas da colônia. Sua principal atividade, no entanto, era capturar índios em operações comandadas a partir de uma fortificação à beira-mar por ele erguida em 1551, a Casa da Torre, cujas ruínas existem ainda hoje na Praia do Forte, oitenta quilômetros ao norte de Salvador. Foi um dos organizadores e financiadores da "guerra justa", que resultou na conquista do território de Sergipe Del Rey, entre 1575 e 1590, na qual cerca de 4 mil indígenas foram escravizados.[12] Ali nasceria, em julho de 1820, a província, e posteriormente o estado, do Sergipe, cujo nome de sua capital, Aracaju, deriva do termo *ará-acayú*, "cajueiro dos papagaios" na língua tupi.

Igualmente controvertido, e ainda mais significativo e decisivo do que o de Garcia D'Ávila, foi o papel dos bandeirantes paulistas no massacre dos índios brasileiros. Dependendo do ponto de vista de quem os estuda, os bandeirantes podem ser vistos hoje como heróis ou vilões da história brasileira. Segundo uma visão romântica por muito tempo alimentada pela historiografia ufanista, seriam eles os responsáveis pela conquista e pela consolidação do território nacional. Ao se embrenharem pelos sertões em busca de ouro e pedras preciosas, teriam expandido as fronteiras brasileiras para muito além dos limites impostos pelo Tratado de Tordesilhas. Por essa razão, ainda hoje são festejados e homenageados com nomes de cidades, bairros, monumentos e diversas rodovias — como a Raposo Tavares, a Anhanguera, a Fernão Dias e a própria Bandeirantes, todas no interior paulista. Narrativas celebratórias, porém, nem sempre correspondem à realidade.

Embora fossem, de fato, homens destemidos e corajosos, que asseguraram as dimensões continentais que o Brasil tem hoje, os bandeirantes tinham como primeiro e principal objetivo a captura de índios — atividade que exerceram com escala e vio-

O MASSACRE

lência incomparáveis. As bandeiras eram empreendimentos privados, que em nada dependiam do tesouro real e cujos gastos e lucros eram resultado unicamente da pilhagem, do roubo e da escravização dos indígenas.

Uma das maiores bandeiras, a de Raposo Tavares, partiu de São Paulo em 1628. O empreendimento, apoiado pela Câmara, recrutou quase todos os homens da cidade, que nessa época tinha pouco mais de 2 mil habitantes. O grosso das tropas era composto por mamelucos e indígenas capturados ou recrutados em toda a região do planalto paulista. Somados, totalizavam 2,9 mil, contra apenas 69 brancos. Avançando em três colunas sertão adentro, a bandeira aprisionou, de 1628 a 1630, entre 40 mil e 60 mil índios guaranis aldeados na província jesuíta do Guairá, no atual estado do Paraná. Apavorados com a investida dos homens de Raposo Tavares, indígenas e jesuítas fugiram, descendo o curso dos rios Paranapanema e Paraná até a altura da foz do rio Uruguai, no atual estado do Rio Grande do Sul. As missões jesuíticas de Itatim, no atual estado do Mato Grosso do Sul, foram saqueadas entre 1632 e 1633.

Como resultado da política de terra arrasada dos bandeirantes, os índios praticamente desapareceram de uma extensa área que ia de Cananeia, no litoral paulista, à Lagoa dos Patos, no Rio Grande do Sul, e às margens do rio Paraná. Os guaranis se retiraram para o atual Paraguai, onde hoje compõem a maioria da população e ainda conseguem manter sua língua e seus costumes. Na língua guarani paraguaia, a palavra *banderante* é sinônimo de bandido ou bandoleiro.

Nunca se saberá ao certo o número de índios capturados pelos bandeirantes, mas as estimativas indicam que, pelo menos no período entre 1625 e 1650, durante as invasões holandesas no Nordeste e na costa da África, foi muito superior ao dos negros africanos introduzidos no Brasil. O historiador Luiz Felipe de Alencastro calcula em cerca de 100 mil o total de cativos capturados nas entradas dos bandeirantes entre 1627 e 1640, segundo ele, "uma das operações escravistas mais predatórias da história moderna".[13]

Ainda conforme Alencastro, nos pousos e nas roças paulistas dessa época, a média era de 37 escravos indígenas por proprietário. Cabia a eles produzir e transportar os produtos e alimentos que abasteciam o restante da colônia: cal, farinha de mandioca, milho, feijão, carnes secas e salgadas, toucinho, linguiça, marmelada, tecidos rústicos e gibões de algodão à prova de flechadas. Transportavam os equipamentos de pescadores e remadores, no interior e no litoral. Caçavam e pescavam para assegurar a ração das tropas. Criavam gado. Cortavam e preparavam a madeira. Fabricavam objetos de olaria, marcenaria e alvenaria. Abriam e conservavam estradas e trilhas. Construíam e consertavam barcos. O número de índios escravizados em São Paulo era tão elevado que, em algumas localidades, como Santana do Parnaíba, alugavam-se cativos para o transporte de carga e gente serra acima e serra abaixo.

Foram escravos indígenas alugados pelos jesuítas que iniciaram as obras da Fonte da Carioca e dos "Arcos Velhos", aqueduto que trazia água da floresta da Tijuca para o centro do Rio de Janeiro e que originou os atuais Arcos da Lapa. Iniciadas em 1671, essas obras se arrastaram por meio século devido à escassez de índios para o serviço e às exigências dos jesuítas, que cobravam caro pelo aluguel da mão de obra cativa. Irritado com os atrasos, o governador Silveira e Albuquerque decidiu comprar africanos e alugar negros de proprietários locais e, desse modo, concluir as obras.

Índios escravizados puderam ser observados no Brasil até o começo do século XVIII. A partir daí, foram sendo rapidamente substituídos pelos negros africanos. Os registros de um grande engenho na Bahia, o Sergipe do Conde, situado no Re-

O MASSACRE

côncavo e pertencente à Companhia de Jesus (cuja rotina de produção foi estudada pelo jesuíta André João Antonil), servem para dar uma ideia da transição do trabalho escravo indígena para o africano. Em 1574, os cativos chegados da África representavam apenas 7% da força de trabalho escravo no engenho, contra 93% de índios. Em 1591, eram 37%. Por volta de 1638, já compunham a totalidade, incluindo os cativos recém--chegados da África e os crioulos, ou seja, escravos descendentes de negros nascidos no Brasil.[14]

Há diversas explicações para o malogro da escravidão indígena. A primeira foram as doenças, que rapidamente dizimaram a população nativa. A segunda, as guerras de conquista dos portugueses, que reduziram significativamente o número de índios nas regiões próximas aos engenhos. Os indígenas, além disso, estavam pouco adaptados ao trabalho exaustivo nas lavouras de cana, rebelavam-se e fugiam com frequência. A causa preponderante da preferência por escravos africanos, no entanto, estava na inexistência de um mercado organizado de escravos na América na época da chegada dos europeus. Havia, sim, escravidão em pequena escala entre os índios, resultado das guerras entre tribos rivais. Mas nada se comparava à África, onde já funcionavam, desde muitos séculos antes da chegada dos portugueses, centros fornecedores e rotas de transporte de cativos que cruzavam o deserto do Saara nas caravanas dos muçulmanos ou embarcavam escravos no Oceano Índico.

Segundo Luiz Felipe de Alencastro, ao contrário da África, onde o mercado de escravos era bem estabelecido, no Brasil, "não surgiram redes internas de tráfico, drenando a eventual oferta de cativos para os enclaves coloniais. [...] Nenhuma comunidade indígena se firmou no horizonte da América Portuguesa como fornecedora de cativos", ao menos em quantidades suficientes para satisfazer as necessidades dos moradores.[15]

Diferentemente dos índios, os cativos negros que chegavam ao Brasil, além de serem abundantes e relativamente baratos na África, estavam bem adaptados às doenças que dizimavam os nativos. O ambiente epidemiológico do continente africano era mais semelhante ao da Europa e da Ásia do que ao da América. Além disso, muitos cativos africanos vinham de regiões que já praticavam agricultura em larga escala mediante o uso de enxadas e outras ferramentas. Fisicamente, os negros estavam mais adaptados ao trabalho pesado nas lavouras de cana e nos engenhos do que os índios. Alguns tinham experiência na criação de gado. Outros — muito valorizados em Minas Gerais a partir do início do século XVIII — eram hábeis mineradores de ouro e pedras preciosas.

Houve, por fim, razões religiosas e culturais para o abandono da escravidão indígena, tema de intenso debate entre filósofos, teólogos e autoridades portuguesas e espanholas desde o início da colonização europeia na América. A discussão começou muito cedo, em 1511, com os sermões do frade dominicano espanhol Antônio de Montesinos, que denunciava a captura e o uso da população nativa como mão de obra escrava e continuaria pelos quarenta anos seguintes, envolvendo altos membros da hierarquia católica dos dois lados do Atlântico, sendo o mais proeminente entre eles o também frade dominicano espanhol Bartolomeu de las Casas.

A grande questão era definir se os índios eram seres humanos dotados de alma e passíveis de redenção pela graça divina, como se julgavam ser os europeus. E, ainda, se deveriam ser tratados como súditos de sua majestade, o rei da Espanha, com os mesmos direitos e deveres de seus semelhantes metropolitanos. Foi essa a visão que prevaleceu e acabou influenciando também a opinião dos jesuítas no Brasil. Quanto aos africanos, pouco se discutiu. Eram simplesmente passíveis de

O MASSACRE

cativeiro. E ponto. O próprio Bartolomeu de las Casas, em uma carta ao rei Carlos v, escrita em 1535, dizia que a única solução para resolver o problema crônico da falta de mão de obra nas terras do Novo Mundo era "mandar para cada um dos colonos destas ilhas quinhentos ou seiscentos negros, ou qualquer que seja o número conveniente".[16]

Na América Espanhola, o debate a respeito dos índios encerrou-se mais cedo do que nos domínios portugueses. As *Leyes Nuevas*, de 1542, declaravam que todos os indígenas nasciam livres e assim deveriam permanecer. Esse conceito, longamente debatido também em Portugal, se estendeu ao Brasil algum tempo mais tarde. Em meados do século xvi, o padre Manuel da Nóbrega, superior provincial dos jesuítas, escreveu uma série de tratados filosóficos e teológicos na qual defendia a "inocência" dos indígenas brasileiros. Esse material se tornaria a base para a decisão da Coroa portuguesa que, em 1570, declarou todos os nativos como súditos do rei de Portugal, de forma que não poderiam mais estar sujeitos à escravização. O principal artigo da lei determinava: "Mando que daqui em diante não se use nas ditas partes do Brasil o modo que se usou até agora em fazer cativos os ditos gentios, nem se possa cativar de modo e de maneira alguma".[17]

A orientação foi confirmada durante a União Ibérica por alvará do rei Filipe ii (Filipe iii de Espanha) que, em 1609, declarava "todos os gentios daquelas partes do Brasil por livres, conforme o direito e seu nascimento natural". Proclamada na Bahia, a decisão provocou uma revolta dos moradores contra as autoridades. Sem índios, alegavam eles, seria impossível produzir açúcar e garantir a continuidade de inúmeras outras atividades essenciais à economia colonial. Como resultado, a Coroa voltou atrás na decisão e autorizou a escravização de indígenas mediante determinadas condições.

Segundo uma dessas ressalvas, poderiam ser escravizados os índios "tomados em guerra justa". Porém, o que seria uma guerra justa? A explicação estava no próprio texto do alvará real: "guerra justa" seria aquela que "os portugueses fizerem ao dito gentio com autoridade ou licença minha ou do governador das ditas partes". Ou seja, a escravização dos índios continuaria sujeita às necessidades e conveniências de cada momento. Seria essa a desculpa usada em inúmeras expedições deflagradas pelos portugueses contra os índios, como a conquista de Sergipe Del Rey no final do século XVI. Seria também com base no recurso da "guerra justa" que o príncipe regente dom João, já depois da transferência da corte portuguesa para o Rio de Janeiro, em 1808, ordenaria a investida contra os índios botocudos, no Espírito Santo, e contra os guaranis dos Campos de Guarapuava, no Paraná.

Além da guerra justa, os colonos estavam autorizados a capturar índios mediante o chamado *resgate*, que consistia na troca de mercadorias por indígenas que já se encontrassem prisioneiros de outras tribos, ou seja, os que estivessem "à corda", segundo expressão da época: já previamente capturados e amarrados para serem mortos. Esses índios podiam, assim, ser "resgatados" por colonos que, por sua vez, passavam a ter o direito de escravizá-los por dez anos. Com o tempo, *resgate* se tornou um sinônimo de compra de escravos também na África.[18]

Na prática, mesmo que não se enquadrassem nas categorias de guerra justa ou de resgate, os indígenas nunca estariam automaticamente livres, com direitos e deveres iguais aos dos colonos portugueses residentes no Brasil. Antes de usufruir dessa liberdade, teriam de ser tutelados, durante um período de transição entre a barbárie e a vida civilizada. Esse papel caberia aos jesuítas, autorizados a manter os índios em aldeamentos, as

O MASSACRE

chamadas "missões", nas quais seriam educados para o trabalho e na fé católica.

O sistema de aldeamento previa a transferência e a mistura de diferentes povos que passaram a ser controlados pelos jesuítas nas missões. Ali, os nativos seriam instruídos na fé católica, aprenderiam práticas comerciais e artes mecânicas, mas, principalmente, serviriam de mão de obra barata para os negócios da Companhia de Jesus, então detentora de vastas porções de terra em todo o Brasil, doadas pela Coroa portuguesa. Suas fazendas, espalhadas por todo o Brasil, estariam entre as mais rentáveis nos séculos seguintes, sempre tocadas por escravos — primeiro, pelos índios aldeados, depois, por cativos africanos. Dois exemplos dessas propriedades são os atuais bairros de Engenho de Dentro e Santa Cruz, no Rio de Janeiro, grandes fazendas jesuíticas no período colonial.

Os enfrentamentos entre jesuítas e colonos, motivados pela escravidão indígena, eram frequentes e, muitas vezes, violentos. Provincial da Companhia de Jesus no Maranhão entre 1653 e 1661, padre Antônio Vieira acabou aprisionado e expulso pelos moradores por defender a liberdade dos índios. Algum tempo antes, em 8 de dezembro de 1655, queixava-se da pressão que sofria em carta ao rei dom João IV: "Temos contra nós o povo, as religiões, os donatários das capitanias-mores e, igualmente, todos os que neste reino e neste estado (do Maranhão) são interessados no sangue e no suor dos índios".[19]

A solução defendida pelo mesmo Vieira era substituir a mão de obra indígena por escravos africanos. Em 1679, foi criada a Companhia do Estanco do Maranhão, por ele idealizada, com o objetivo de trazer 10 mil escravos negros para os colonos locais. O fracasso do projeto deflagrou mais uma revolta, em 1684, liderada por Manuel Beckman, o "Bequimão", cujo programa tinha como principal item a promessa de "entregar muitos escravos" aos maranhenses.[20] A rebelião foi rapidamente sufocada, mas o projeto se realizaria plenamente nos dois séculos seguintes, transformando o Maranhão num dos principais destinos de cativos africanos no Brasil.

9. A ÁFRICA

"Um grande e contínuo formigueiro negro."

MISSIONÁRIOS CAPUCHINHOS, ao descrever
o Reino de Aladá, em 1662

CERCA DE DUZENTOS ANOS antes das viagens de Vasco da Gama e Pedro Álvares Cabral, *mansa* Mohamed, rei do Mali, maior produtor mundial de ouro até a descoberta de pedras e metais preciosos em Minas Gerais, no século XVIII, teve um presságio. Ao contemplar o Atlântico a partir de seus domínios na costa da África, Mohamed intuiu que seria possível chegar à outra margem do oceano, ou seja, ao lugar que muito mais tarde seria chamado de Brasil. Para isso, organizou uma expedição de duzentas embarcações que se lançaram ao alto-mar. Apenas uma voltou, com a notícia de que todas as demais haviam perecido. Inconformado, Mohamed preparou uma segunda flotilha, com 2 mil canoas, água e provisões para muitas semanas de viagem. Em uma delas, seguia o próprio soberano. E novamente partiram todas em direção poente. Dessa vez, porém, nunca mais se teve notícia de nenhum dos viajantes.[1] Essa fabulosa epopeia foi contada anos mais tarde na cidade do Cairo, capital do Egito, por *mansa* Musa, filho e sucessor do rei desaparecido no mar, e foi registrada pelo cronista árabe Al Umari.*

Mansa Musa foi, ele próprio, personagem de outra aventura épica. Em 1324, fez uma peregrinação a Meca, a cidade santa do islã situada na atual Arábia Saudita, à frente de uma comitiva composta por milhares de pessoas, incluindo nobres, soldados e escravos, além de cem camelos cobertos de ouro. Os cativos, entre 9 mil e 14 mil no total, funcionavam como os modernos cheques de viagem, que iam sendo resgatados ao longo do caminho de acordo com as necessidades da caravana. Só no Cairo, *mansa* Musa teria vendido 4 mil escravos. Antes de entrar em Meca, enviou de presente ao sultão Al-Malik al-Nasir 50 mil dinares em moedas de ouro, cada uma delas pesando cerca de quatro gramas. Depois, entrou a cavalo na cidade seguido de quinhentos escravos, cada um deles carregando um bastão de ouro. Ao longo de toda a viagem, que teve meses de duração, *mansa* Musa teria esbanjado mais de uma tonelada de ouro. Tanto metal precioso despejado de uma só vez no mercado fez com que, durante anos, o seu preço se desvalorizasse em relação à prata em toda a região do Oriente Médio.[2]

Essas duas histórias, que bem caberiam nas páginas de *As mil e uma noites*, obra clássica da literatura islâmica, são um exemplo do quão complexa, diversa, culturalmente sofisticada e até mesmo rica, em algumas regiões, era a África antes do início do tráfico de escravos para a América. É, no entanto, uma perspectiva que se perdeu no tempo. Infelizmente, a visão que se tem ainda hoje do continente reflete o preconceito e a ignorância dos próprios europeus que, na época, viam todos os afri-

---

* Em seu relato, Al Umari não dá o nome do soberano que tentou chegar à outra margem do oceano. Pensou-se que talvez fosse Mohamed, mas agora os historiadores e os guardiões das tradições mandingas sustentam que teria sido um segundo *mansa*, Abu Bacre ou Abubacari.

A ÁFRICA

canos como bárbaros, selvagens e infiéis, estranhos à fé católica e distantes da supostamente avançada civilização europeia. O desconhecimento a respeito da história, dos costumes e da geografia da África aparece nas denominações que os navegadores portugueses atribuíam aos lugares e povos que iam encontrando à medida que avançavam pela costa do continente.

Expressões genéricas como *Etiópias* (no plural), *Guiné* ou *Negrolândia* eram usadas na cartografia da época para identificar regiões desconhecidas ou nunca exploradas. Em 1730, um mapa desenhado sob orientação do geógrafo real da França, Guillaume Delisle, mostrava uma dessas regiões inventadas, a *Nigrita* (*Nigritie*, em francês). Situada entre a *Barbária* e a *Guiné*, a *Nigrita* dos franceses ocuparia uma vasta região abaixo do deserto do Saara, entre a Núbia, vizinha do Egito, até as nascentes do rio Níger — que, por sinal, alguns cartógrafos europeus julgavam ser um braço do Nilo, embora os dois cursos d'água estejam a 5 mil quilômetros de distância um do outro.[3]

Segundo acreditavam os capitães dos navios negreiros, viriam da *Nigrita* os escravos vendidos no Golfo da Guiné, mais ao sul. A expressão *Guiné* — que hoje dá nome a três países africanos, a Guiné-Bissau, a República da Guiné (também chamada de Guiné-Conacri) e a Guiné Equatorial — foi uma construção imaginária dos cartógrafos europeus, tanto quanto as *Etiópias*, a *Nigrita* ou a *Barbária*. Ao longo de vários séculos foi usada para denominar diferentes partes do continente. No mapa de 1730, de autoria do francês Delisle, *Guiné* servia para identificar todo o trecho da costa africana entre os rios Senegal e Gabão, enquanto, em outro mapa do ano anterior, também desenhado na França, a *Guiné* começava no rio Serra Leoa e terminava no rio Camarões. Entre o primeiro e o segundo, haveria uma diferença de quase 2 mil quilômetros. Ao norte da *Guiné*, entre os atuais Senegal, Gâmbia e Mauritânia, ficava a *Senegâmbia*, mais uma invenção

137

cartográfica europeia e a primeira das grandes fontes de escravos na história do tráfico no Atlântico.*

Ao avançar pela costa da África com suas caravelas, os portugueses foram batizando as regiões e os acidentes geográficos que encontravam pela frente de acordo com os seus interesses. Pontos de referência para a navegação ganharam nomes como Cabo Branco, hoje localizado na Mauritânia, Cabo Verde, na costa do Senegal, ou Cabo das Três Pontas, atual Gana. Regiões produtoras de alimentos ficaram conhecidas como a Costa do Arroz, entre as atuais Serra Leoa e Libéria, vizinha da Ilha da Banana e da Costa da Malagueta, pimenta que os italianos chamavam de *grani del paradiso* (grãos do paraíso), devido aos seus supostos poderes afrodisíacos.[4] O atual país Camarões recebeu esse nome devido à grande oferta do crustáceo em suas vilas de pescadores. Já o comércio de presas de elefantes deu nome à Costa do Marfim. Denominação mais sombria ficou reservada a uma faixa litorânea situada entre o rio Volta e o desaguadouro do rio Benim, no delta do Níger, compreendendo a faixa litorânea dos atuais Togo, República do Benim e Nigéria: Costa dos Escravos. Ali se encontravam um dos maiores suprimentos de mão de obra cativa para os navios negreiros que zarpavam para a América. Ainda hoje, uma das maiores refinarias de petróleo da Nigéria chama-se "Escravos Oil Plant", marca herdada da época da presença portuguesa.

O Cabo das Três Pontas foi assim denominado por Martim Fernandes e Álvaro Esteves, depois de cruzarem, no começo do ano de 1471, um promontório cercado de luxuriante floresta tropical. Do outro lado, encontraram alguns moradores que se dedicavam à pesca e à extração de sal nas lagunas que se formavam

---

* Não creio que Senegâmbia seja uma palavra de uso arcaico e figure nos mapas antigos. Penso que é uma criação dos historiadores, geógrafos e políticos do século xx. Utilíssima, por sinal.

A ÁFRICA

junto à praia. Um detalhe, porém, chamou-lhes especialmente a atenção: os adornos pessoais incluíam objetos feitos de ouro, que naquela região eram vendidos a preços acessíveis. Foi o que bastou para que batizassem aquele trecho do litoral como Costa do Ouro, ou Costa da Mina, acreditando que ali nas vizinhanças estaria a lendária fonte dos minerais preciosos africanos, cuja busca havia sido uma verdadeira obsessão dos portugueses ao longo de todo o século xv.

O ouro, como já se viu em capítulo anterior, vinha de uma região mais a noroeste, no território dos acãs, povo minerador que dominava as florestas atualmente situadas na fronteira entre Gana e Costa do Marfim, além das minas de Bambuque e Buré, hoje na divisa entre Senegal e Mali. Ainda assim, nesse local próximo ao Cabo das Três Pontas, os portugueses ergueriam, em 1482, o Castelo de São Jorge da Mina, usando pedras locais e tijolos vermelhos trazidos diretamente de Portugal.[5] Seria o primeiro grande entreposto de comércio de escravos e de ouro na costa da África.

A forma distorcida com que os europeus viam os africanos também aparecia nos relatos de viajantes da época, nos quais povos de tradições culturais antigas e complexas eram com frequência caracterizados como "tribos" — vocabulário que seria igualmente aplicado aos indígenas do Brasil e do restante da América. Essas denominações, obviamente, muitas vezes estavam longe de representar a realidade da África diversificada, complexa e culturalmente rica que os europeus não conseguiam ver — e persistem ainda hoje em muitos livros sobre a história da África e da escravidão. Em casos como o Mali dos *mansa* Mohamed e Musa, o mais correto seria chamar sua organização de Estados, reinos ou impérios, atributos que os europeus reservavam para sua própria geografia. "O preconceito teima em chamar de tribos as nações africanas", observou Alberto da Costa e Silva. "Na realidade, não poderiam ser chamados de tribos agrupamentos humanos com mais de 60 milhões de pessoas, como os hauçás, cujo território e população seriam hoje comparáveis aos de alguns países como Bélgica, Chile, Suécia, Argentina e Espanha. O conceito de nação podia ser, aliás, ainda mais profundo na África [...]. No Daomé, a ideia de Estado-nação transcendia até mesmo a geografia do seu território e o número de habitantes: era uma realidade espiritual, mediante a soma de todos os mortos desde a criação do mundo com os vivos e os ainda por nascer."[6]

Entre os europeus, a África rapidamente ganhou a reputação de um ambiente perigoso e mortífero, no qual os brancos não sobreviviam por muito tempo. Por isso, durante todos os cerca de quatrocentos anos do tráfico negreiro (incluindo o meio século anterior à descoberta da América), poucos europeus se aventuravam pelo interior do continente. Quando o faziam, eram destroçados pelas doenças tropicais endêmicas, como tifo, malária e febre amarela.

Colônia portuguesa até 1975, Angola só foi de fato ocupada e dominada pelos europeus na segunda metade do século XIX, mas a um enorme custo de vidas e sofrimento, como se verá mais adiante neste livro. Até o final do século anterior, o controle efetivo se reduzia, no litoral, à área entre a foz do rio Lifune e a boca do Cuanza, e entre o rio Quiteve e a cidade de Benguela, além do entreposto fortificado de Cabinda. Para o interior, os limites da influência portuguesa mal chegavam a trezentos quilômetros da costa e podiam ser marcados, na região dependente de Luanda, pelos presídios de José de Encoge e Pungo Andongo, e, na parte de Benguela, pelos presídios de Caconda e Quilengues. Esses presídios ou vilas fortificadas eram ilhas portuguesas em territórios controlados por africanos, e a seus reis ou chefes pagavam muitas vezes tributos. O mesmo sucedia nos territórios do Índico. O governador português de Moçambique pagava um tributo anual ao *monomotapa*, o poderoso rei dos xonas carangas.*

Em todas as demais regiões, os europeus limitaram-se a ocupar a borda do continente, estabelecendo feitorias, castelos e postos de compra e venda de escravos que os próprios africanos capturavam e conduziam até o litoral para que fossem vendidos. A principal razão dessa ocupação restrita, além da resistência dos chefes locais em ceder território para os estrangeiros, era o pavor das doenças. Num período de apenas dezesseis anos, entre 1575 e 1591, cerca de 1,7 mil europeus perderam a vida em Angola, mas só 400 (menos de um quarto do total) em combates contra os reinos locais. Os demais foram vítimas de moléstias tropicais.

Ainda em meados do século xv, em 1445, o veneziano Alvise Cadamosto tentou subir o curso do rio Gâmbia, adentrando no território do rei do Mali. Foi obrigado a recuar porque muitos de seus tripulantes "começaram a adoecer de febre quente, aguda e contínua", segundo seu relato. Um século mais tarde, treze dos quinze missionários enviados a Cacheu, atual Guiné-Bissau, morreram de moléstias tropicais. Numa segunda missão, composta por doze religiosos, sete expiraram enquanto o navio que os transportava ainda estava no porto. Era, na definição de um missionário, "a terra mais enferma que há de todas as que navegam os portugueses". O jesuíta Claudio Acquaviva, superior-geral

---

* Tanto na Ilha de Moçambique quanto em Sofala, Quelimane e outras feitorias do litoral, os portugueses tinham de se entender com os xeques das cidades-Estado vizinhas e não esquecer da presença do sultão omíada de Zanzibar. Às margens do rio Zambeze, duas cidades, Sena e Tete, hasteavam a bandeira portuguesa, mas estavam cercados por reinos africanos. Não só os portugueses, porém, se esforçaram para ampliar, antes da segunda metade do século xix, sua presença na África. Os franceses, a partir de Saint Louis, instalaram, a duras custas, feitorias ao longo do rio Senegal. E holandeses, franceses e britânicos saíram da Cidade do Cabo para o interior do que hoje é a África do Sul.

da Companhia de Jesus, advertiu Roma a não permitir que a Guiné virasse o "açougue de seus padres e irmãos".[7]

Berço da humanidade, de onde os nossos ancestrais *Homo sapiens* saíram entre 200 mil e 300 mil anos atrás para ocupar o restante do planeta, a África teria aproximadamente 200 milhões de habitantes na época da chegada dos portugueses, quase a mesma população atual do Brasil. Em algumas regiões, a densidade demográfica era até superior à brasileira de hoje, de 23 habitantes por quilômetro quadrado. O historiador John Thornton calculou que, na chamada Baixa Guiné — área compreendida por Gana, Togo, República do Benim e Nigéria —, haveria mais de trinta habitantes por quilômetro quadrado em meados do século XVII, bem mais do que a densidade demográfica da Europa na época. "Um grande e contínuo formigueiro negro", foi a imagem usada por um grupo de missionários capuchinhos para descrever o Reino de Aladá, situado nessa área e visitado por eles em 1662.[8]

O Mali, sozinho, teria entre 40 milhões e 50 milhões de habitantes, população equivalente à de todo o continente americano antes da chegada dos europeus. Mahmud Kati, viajante árabe que lá esteve, estimou que haveria cerca de quatrocentas cidades em todo o reino. A capital Niani teria 100 mil habitantes. A área urbana de Gao, sede do Império Songai, vizinho do Mali e que seria destruído em seguida por invasores marroquinos, tinha entre 38 mil e 76 mil moradores que habitavam 7.626 casas, "sem contar as malocas situadas no subúrbio", segundo o cálculo de um observador.[9] Outras duas cidades — Jenné e Tombuctu, situadas nas proximidades da grande curva do rio Níger — estavam entre as maiores da África.

A grande fronteira continental africana era demarcada pelo deserto do Saara, que ainda hoje funciona como um divisor não apenas geográfico, mas também cultural, linguístico, religioso e político. Ao norte e em partes do próprio deserto, viviam os ber-

A ÁFRICA

beres, mouros e árabes, muçulmanos de pele clara, mais identificados com os povos do Oriente Médio e da Europa Mediterrânea. Ocupavam um território enorme e de paisagem predominantemente árida onde hoje se situam Mauritânia, Marrocos, Argélia, Tunísia, Líbia e Egito. Ali tinham florescido na Antiguidade algumas das civilizações mais importantes da história humana, como os egípcios dos faraós e os cartagineses, ferozes inimigos dos romanos. Era, portanto, a única porção da África relativamente bem conhecida pelos europeus até o início da expansão portuguesa.

Ao sul do Saara estavam os negros, divididos em dois grandes troncos etnolinguísticos, segundo uma classificação que os próprios europeus adotariam a partir do século XVIII. O primeiro grupo, o dos sudaneses, ocupava toda a parte inferior à franja do deserto e as savanas até o Golfo do Benim, incluindo os atuais Togo, Gana e Benim, e também parte da Nigéria, do Sudão e da Tanzânia. O segundo grupo, o dos bantos, habitava parte da savana, mas principalmente as áreas mais úmidas, cobertas pela densa floresta equatorial e tropical que se estendia do sul da Nigéria às regiões onde hoje estão situados Gabão, Camarões, Congo, Angola, Moçambique e África do Sul, entre outros países.[*]

Esses povos da região subsaariana se identificavam na cor da pele, negra, mas se distinguiam em outros traços físicos.

---

[*] A divisão dos negros em dois grupos etnolinguísticos merece um esclarecimento. Corriqueira no início do século XX, embora contestada atualmente — a questão é muito mais complexa. Ela ainda pode ser usada para facilitar a compreensão das diferenças entre os povos de idiomas do grupo banto e os povos de idiomas pertencentes à família kwa (como os fons, os guns e os iorubás, da África Ocidental, que foram trazidos para o Brasil), mas deixa de lado os hauçás, os nupes, os baribas, os mandingas e vai por aí. Essa divisão também não leva em conta os cuxitas, os nilóticos, os falantes das várias línguas semíticas da Etiópia etc. Os não bantos da África Atlântica não eram em sua maioria islamitas, embora estes fossem numerosos e até predominantes em certas regiões. Os coissãs (ou khoisan) compreendem dois povos distintos: os bosquímanos (ou sãs), caçadores-coletores, e os hotentotes (ou cóis), criadores de gado.

143

Os sudaneses eram altos, esguios e longilíneos, como os atuais jogadores da NBA, a liga de basquete dos Estados Unidos, e parte da população afrodescendente da Bahia. A maioria deles era muçulmana. Os bantos, por sua vez, tinham estrutura anatômica marcada por curvas e volumes generosos, característica física que hoje se pode observar, por exemplo, nas ruas das cidades de Minas Gerais ou nos desfiles de carnaval do Rio de Janeiro, ambas regiões em que o tráfico de cativos foi majoritariamente de origem banta. Em geral, praticavam as religiões tradicionais da África, sem grande influência islâmica. Além desses dois troncos, havia outros grupos, mais esparsos e reduzidos, como os pigmeus, habitantes das florestas tropicais do Congo e áreas isoladas do centro africano, e os bosquímanos (também chamados de khoisan), conhecidos pelo modo peculiar de pronunciar as palavras com um estalo da língua, que hoje se concentram em partes da Namíbia, de Botsuana e da África do Sul.

As diferenças entre esses povos e culturas eram tão marcantes quanto a própria geografia. No auge do seu poder, no século XIV, o Mali teria sido a mais rica sociedade do planeta.[10] Tombuctu, um dos centros difusores do conhecimento no mundo islâmico, abrigava uma universidade e uma grande biblioteca, frequentadas por teólogos, filósofos, poetas e escritores. Era um lugar cosmopolita para os padrões da época. Nos seus mercados, via-se gente de todas as origens, incluindo iraquianos e egípcios.[11] Na atual Nigéria, hábeis metalúrgicos igbos fabricavam barras e pulseiras de cobre e pequenas peças de ferro em formato de enxadas em miniatura chamadas *anyu*, que eram usadas em trocas comerciais nas feiras de toda a região. Em meados do século XVII, os fulani, criadores de gado na região de Futa Jallon, na Senegâmbia, exportavam cerca de 150 mil peças de couro por ano.

A ÁFRICA

Praticamente todas as sociedades da África Ocidental dominavam muito bem as técnicas de produção de tecidos.* Em alguns locais eram feitos de forma artesanal, a partir de cascas e fibras de árvores. Em outros, havia indústria têxtil relativamente avançada, com o uso de fusos e rocas. O cultivo de algodão e a fabricação de vestuário já eram conhecidos no Togo e na Costa do Marfim desde o século XI. Nos países islâmicos, meninos e meninas tinham desde cedo aulas de tecelagem e costura.[12]

Em contraste com esses centros mais desenvolvidos e integrados às rotas tradicionais de comércio, em outras regiões, como o Golfo de Biafra, o interior da savana e partes do Congo e de Angola, havia povos que viviam em estágio primitivo, muitas vezes em situação de penúria, com seus territórios constantemente devastados por guerras, epidemias, secas prolongadas e outros desastres naturais. Alguns eram nômades e sobreviviam da pesca, da caça e da coleta de frutos silvestres. Outros praticavam uma agricultura rudimentar, ainda que já usassem enxadas de ferro.** Havia, ainda, comunidades de pastores de cabras e criadores de gado. Poucos dominavam a escrita. As aglomerações urbanas eram constituídas por habitações muito simples, de pau a pique, cobertas por folhas de palmeiras e protegidas por fossos, cercas de espinhos e estrepes de madeira.***

---

* Ainda não conheciam a roca, mas possuíam vários tipos de teares. O cultivo do algodão era muito antigo em boa parte da África, bem como o fabrico de vestimentas, até mesmo bordadas. E não era só nas regiões islamizadas que as crianças aprendiam a fiar e a tecer.

** Alguns povos exerciam uma agricultura rudimentar. Outros, a coivara, prática baseada em queimadas. Havia, ainda, aqueles que conheciam a utilização rotativa da terra, a adubagem, o regadio, a construção de socalcos para o cultivo nas encostas das montanhas, além de outras técnicas.

*** Quando se usa a expressão "estágio primitivo" em relação aos povos africanos é sempre bom lembrar o pasmo dos europeus ao chegarem à capital do Benim, e a admiração que ainda hoje temos diante das belíssimas obras em bronze da cidade de Igbo Ukwu e do restante da região.

Uma novidade para os navegadores europeus em toda a costa atlântica da África eram as enormes canoas, escavadas num só tronco de árvore, que os nativos conduziam com grande habilidade pelo curso dos rios e lagos. Com até 25 metros de comprimento e capacidade para transportar entre sessenta e cem pessoas, raramente se aventuravam pelo mar. O português Duarte Pacheco Pereira descreveu-as da seguinte forma ao visitar as comunidades africanas do delta do rio Níger, ao sul da atual Nigéria, entre 1505 e 1508:

> *Na boca do rio Real (um dos braços do delta) há uma grande vila, com cerca de 2 mil habitantes, onde se produz sal. As grandes canoas aqui, fabricadas de um só tronco, são as maiores de todas as Etiópias da Guiné; algumas são grandes o suficiente para carregar oito homens, e eles chegam de seiscentos ou mais quilômetros rio acima, trazendo inhames em grandes quantidades, os quais, nesta localidade, são muito bons e nutritivos.*[13]

Outro detalhe que despertava a atenção dos viajantes era a ausência de rodas, roldanas ou engrenagens — tecnologias que, a partir do século IX, tinham produzido uma grande revolução na vida econômica europeia, mas que, por volta de 1500, eram ainda desconhecidas na África Subsaariana. Por essa razão, nenhum tipo de carro, como carruagens, carroças ou charretes, rodava nessa região. Animais que na Europa eram usados para puxar esses meios de transporte, como asnos e bois, já estavam disponíveis na maior parte do continente africano, mas, ainda assim, as cargas eram levadas, nos rios, em canoas, ou, quando em terra firme, na cabeça de homens e mulheres. Também eram desconhecidos na África ao sul do Saara equipamentos corriqueiros entre os europeus, como o serrote, a plaina, o torno e o parafuso.[14]

A ÁFRICA

O Reino do Benim, também visitado por Pacheco Pereira nessa mesma viagem, teria, segundo seus cálculos, cerca de quatrocentos quilômetros de comprimento, no sentido leste-oeste, por duzentos de largura. Dois viajantes holandeses, Dierick Ruiters e Olfert Dapper, que estiveram na região mais tarde, descreveram a capital, igualmente chamada de Benim, como uma cidade enorme, dominada por uma avenida central muito reta e larga, com inúmeras ruas transversais, ao longo das quais se alinhavam casas de barro cobertas de palha. O palácio do obá, denominação dada ao soberano local, era composto por diversos prédios com colunas de madeira e galerias revestidas por placas de cobre. O Benim era então um grande corredor de comércio entre a savana e as regiões áridas vizinhas ao deserto do Saara, ao norte e ao leste, e as florestas situadas ao sul e oeste, próximas do litoral. Essas trocas envolviam peixe seco e sal, que saíam da costa atlântica para o interior. No sentido contrário, transportavam-se feijões, inhame, dendê, animais de corte, contas para a fabricação de pulseiras e colares, tecidos e manilhas de cobre.[15]

O coração político e econômico do continente africano pulsava nas cabeceiras dos três mais importantes rios da região situada logo abaixo do deserto do Saara: o Níger, o Gâmbia e o Senegal. Eles eram as artérias vitais do comércio e de todo o intercâmbio entre os povos de um vasto território, que dominavam o acesso às regiões costeiras ao sul e a leste, ao interior profundo do continente, em direção ao Sudão e ao Egito, e também às famosas rotas transaarianas, que cruzavam o deserto em direção ao Mediterrâneo. Lá estavam localizados os grandes estados medievais e modernos africanos, como o antigo Império de Gana (entre os séculos VIII e XIII), Mali (séculos XIII a XVII), Songai (séculos XV e XVI) e Bornu (séculos XIV a XIX). Tinham como vizinhos os diversos reinos hauçás,* Nupe, Igala, Benim e as cidades-Estado iorubanas.[16]

Os principais eventos econômicos, sociais, políticos e militares tiveram como cenário a curva onde o rio Níger entra na atual Nigéria. Ali estava, na definição do historiador Joseph Inikori, "o centro de gravidade das economias e das sociedades da África Ocidental antes da chegada dos portugueses". As atuais pesquisas arqueológicas comprovam a existência de centros urbanos nessa região já no ano 250 a.C., ou seja, antes ainda que o Império Romano se consolidasse como a grande potência europeia.[17]

Uma intrincada rede de caravanas percorria a região, fazendo o intercâmbio de produtos entre as florestas e savanas do sul e do oeste com as paisagens mais áridas do Saara e do Nilo. Da floresta equatorial, habitada pelos povos acã, saíam dois produtos muito valorizados: o ouro e a noz-de-cola — uma castanha com alto teor de cafeína que, trezentos anos mais tarde, o norte-americano John Pemberton usaria para inventar a bebida hoje mais consumida no mundo, a Coca-Cola. O deserto, embora inviável para a agricultura e a pecuária, fornecia também dois produtos vitais aos vizinhos: sal e cobre. Ibn Battuta, viajante do século XIV, contou que o cobre era fundido em barras, trocadas no sul por ouro. Quatrocentas barras valiam 4,25 gramas de ouro. Peças de ferro também serviam como moeda de troca em toda a região. Do Mediterrâneo e do Norte da África chegavam tecidos europeus e conchas provenientes do Sudeste da Ásia, as cauris, igualmente

---

* Os hauçás, que no século XIX tornaram-se emirados subordinados ao sultão de Socoto, formavam várias cidades-Estado, como Kano, Katsina, Gobir, Daura, Kaduna, Zária, cada qual com seu *sarqui*, ou rei. Os nupes dividiam-se em diversos pequenos estados, alguns dos quais pagavam tributo aos igalas, dos quais o principal reino era o de Idah. É difícil, em cada momento da história, definir a extensão territorial de cada um desses reinos, tanto daqueles que chamamos de impérios quanto daqueles que temos por microestados.

A ÁFRICA

usadas como moeda. A base da alimentação consistia de milhete, arroz, peixe, carne de caça e de animais domésticos.

Embora fossem identificados como impérios, esses grandes Estados africanos eram relativamente pequenos em comparação a seus congêneres na Europa, na Ásia ou mesmo na América. A China Imperial ocupou entre 3 milhões e 4 milhões de quilômetros quadrados (entre um terço e metade do território brasileiro atual), tamanho semelhante ao do Império Otomano no seu auge. Em contraste, na África, os maiores impérios, como o Songai, abrangiam áreas bem menores, entre 500 mil e 1 milhão de quilômetros quadrados. O Império de Oió, na Nigéria, de onde sairiam muitos dos escravos que aportariam na Bahia, teria tamanho equivalente hoje ao da Inglaterra ou do estado do Ceará. Seus vizinhos, Hauçá, Benim, Nupe e Igala, dominariam cada um a metade disso, territórios com extensões similares às do estado da Paraíba e às de Portugal. Com cerca de 5 mil quilômetros quadrados, Aladá, na costa do Benim atual, que também se tornaria um dos maiores fornecedores de escravos para o Brasil no século XVIII, seria do tamanho do Distrito Federal.

Na verdade, mesmo os impérios e reinos maiores, como o Mali, eram constituídos por uma constelação de outros menores, formada por meio de alianças e conquistas, nas quais os seus governantes mantinham certo nível de autoridade local, mas seguiam orientações, prestavam contas e pagavam tributos aos Estados dominantes. Por volta do ano de 1600, o Império do Grande Fulo, também conhecido por Reino de Denanke (ou Denianke), que se estendia por todo o vale do rio Senegal, era constituído por cerca de outros 1,6 mil microestados vassalos. Ao descrever o Reino de Jalofo (Uolofo ou Jolofo), que dominou parte do Senegal entre 1350 e 1549, o navegador e aventureiro veneziano Alvise Cadamosto, já citado anteriormente neste livro, relatou que o rei era assistido por três ou quatro nobres poderosos, que, por sua vez, reinavam em suas respectivas regiões, recolhiam impostos para o governo central e também participavam da eleição do novo soberano.

O historiador John Thornton estima que mais da metade da África Ocidental era governada por microestados, com populações entre 3 mil e 5 mil habitantes (menos da metade da capacidade do Maracanãzinho, no Rio de Janeiro, ou do Ginásio do Ibirapuera, em São Paulo) e territórios entre 500 e mil quilômetros quadrados (área equivalente à da cidade de Campinas, no interior paulista). "A fragmentação política era a norma na África Atlântica", concluiu Thornton.[18]

A ÁFRICA

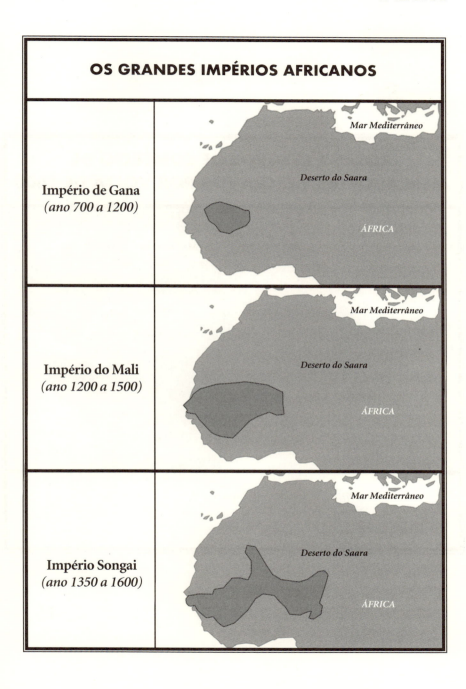

ESCRAVIDÃO VOL. I

10. A CICATRIZ

A PARTICIPAÇÃO DOS AFRICANOS NO TRÁFICO de escravos, citada nos capítulos anteriores, converteu-se em tema explosivo no Brasil e em Portugal nos últimos anos. Livros, mensagens nas redes sociais, artigos de jornais e revistas contestam o que chamam de versão "politicamente correta" da história, segundo a qual seriam os europeus os únicos e maiores culpados pela escravidão negra na América. Esses textos sustentam que os portugueses nunca "entravam na África", limitando-se a comprar cativos que lhes eram fornecidos pelos próprios africanos nos entrepostos situados no litoral. Enquanto este livro era escrito, 130 anos após a assinatura da Lei Áurea, algumas pessoas ainda insistem em questionar a chamada "dívida social" em relação aos afrodescendentes. Segundo essa corrente, a "dívida" estaria automaticamente anulada pelo fato de os africanos serem corresponsáveis pelo regime escravagista. Como consequência, não haveria por que indenizar ou beneficiar a atual população negra com políticas públicas compensatórias pelos prejuízos históricos decorrentes da escravidão. Um dos alvos favoritos dos ataques foi o controvertido sistema de cotas preferenciais em escolas e postos da administração pública adotado no Brasil sob inspiração de políticas semelhantes implantadas nos Estados Unidos.

Essas afirmativas são parcialmente verdadeiras, mas seus desdobramentos no debate político podem ser perigosos e precisam ser analisados com cuidado à luz da história. Havia, de fato, um grande mercado de escravos na África antes da chegada dos europeus nos séculos XV e XVI. Dele participavam reis, chefes e oligarquias locais poderosas, que continuaram a se beneficiar do tráfico de cativos para a América. Os europeus de fato muito raramente faziam incursões continente adentro, preferindo comprar cativos que lhes eram oferecidos por fornecedores locais em fortificações, feitorias e entrepostos no litoral. Uma grande e decisiva exceção nesse panorama foi Angola, tema do capítulo catorze deste livro, justamente o maior de todos os territórios escravagistas da África, onde os portugueses procuraram controlar todas as pontas do comércio negreiro, da captura ao embarque nos navios. E sempre em parceria com aliados africanos.

Seria, portanto, correto afirmar que africanos escravizaram os próprios africanos ou que negros escravizaram negros? Sim, tanto quanto dizer que chineses escravizaram chineses e brancos escravizaram brancos na Europa e na Ásia. Como já se viu em um dos capítulos anteriores, a escravidão foi uma prática disseminada em quase todas as sociedades e períodos da história humana. No passado, não fazia distinção de raça, cor da pele, origem étnica ou geográfica. Até o final do século XVII, a maioria dos cativos no mundo todo era branca — escravizada por brancos, caso dos eslavos de olhos azuis da Crimeia e de outras regiões do Mar Negro capturados pelos tártaros e vendidos aos muçulmanos no Oriente Médio e em outras regiões do Mar Mediterrâneo.

Além disso, há um enorme equívoco de natureza semântica e conceitual nesse tipo de argumento. Dizer hoje que africanos escravizavam africanos é incorrer num erro que os historia-

A CICATRIZ

dores chamam de "anacronismo". Segundo os dicionários, o anacronismo consiste num erro de cronologia ao atribuir a uma época ou a um personagem ideias e sentimentos que são de outra conjuntura, ou em representar, nas obras de arte, costumes e objetos de um período de tempo ao qual não pertencem. Ou, ainda, atitude ou fato que não está de acordo com a sua época.[1] Seria anacronismo, por exemplo, dizer que o imperador romano Júlio César era "de direita", uma vez que os conceitos de "esquerda" e "direita" na política só surgiram nas assembleias da Revolução Francesa, em 1789, quando os aliados do rei sentavam-se à direita, e seus opositores, à esquerda. Outra forma de anacronismo seria a avaliação ou o julgamento de personagens e acontecimentos do passado com base em valores e referências do presente. Num outro exemplo, seria anacrônico esperar que pessoas da Idade Média europeia, da América Pré-Colombiana ou da África antes da expansão portuguesa defendessem ou praticassem conceitos filosóficos como a proteção dos direitos humanos e das liberdades individuais, que só seriam incorporados às leis e costumes muitos séculos depois.

A chamada identidade pan-africana é um conceito relativamente recente e, em grande parte, fruto de guerras e movimentos nacionalistas contra o colonialismo do século XX. No passado, não era assim. Ninguém se reconhecia como africano. Do mesmo modo que, antes da chegada de Cabral à Bahia, um índio guarani do sul do Brasil jamais enxergaria um irmão americano num índio navajo, dos Estados Unidos, ou num asteca, do México. Nem sequer uma identidade relacionada à cor da pele seria possível. Nem todos os africanos eram negros. Alguns dos grandes traficantes de cativos eram berberes muçulmanos do norte do continente, de pele clara. Portanto, seria igualmente inadequado e anacrônico generalizar a afirmação de que "negros escravizavam negros" — embora isso, obviamente, também acontecesse.

A África, como também se viu no capítulo anterior, sempre foi um continente de grande diversidade e riqueza culturais, habitado por uma miríade de povos, etnias, nações, linhagens e reinos, frequentemente envolvidos em guerras e disputas territoriais. Na época da escravidão, todos esses povos se reconheciam pelas suas particularidades étnicas, linguísticas, religiosas e culturais, geralmente limitadas a uma determinada região. Muitos nem sequer saberiam que habitavam um mesmo continente chamado África. Os que estivessem fora de um determinado grupo social, ainda que no mesmo continente, seriam considerados estranhos, rivais ou inimigos, passíveis de escravização. Na África, como em qualquer outro sistema escravagista, o escravo era sempre "o outro", "o diferente", "o estrangeiro" ou "o alienígena" — para usar um termo atual, de fácil compreensão. O habitante do Império de Oió, na atual Nigéria, capturado e escravizado pelos seus rivais do Reino do Daomé, situado mais a oeste, era tão estrangeiro na África quanto o próprio escravo daometano seria ao chegar ao Brasil a bordo de um navio negreiro.

Por fim, seria igualmente incorreto, do ponto de vista histórico, atribuir exclusivamente aos africanos a culpa pelo tráfico de milhões e milhões de cativos negros para a América ao longo de três séculos e meio. Embora a escravidão já existisse na África antes da chegada dos portugueses, foi a altíssima demanda dos europeus por mão de obra cativa que possibilitou ao negócio negreiro no Atlântico atingir proporções tão significativas. Os europeus, como se verá mais adiante neste capítulo, estimularam a captura de escravos na África oferecendo mercadorias, armas, munições e outros benefícios para seus parceiros no tráfico.

Feitas essas ressalvas (e fugindo da tentação de mergulhar aqui no debate sobre a tal "dívida social"), resta o fato de que, indubitavelmente, os chefes africanos participaram ativamente do comércio de escravos, capturando cativos nas regiões vizinhas aos seus domínios, em guerras, razias ou processos judiciais, e vendendo-os aos europeus. Funcionaram — e enriqueceram — como braços nativos do tráfico negreiro por uma razão muito simples: a escravidão era uma prática corrente nas sociedades africanas havia séculos. O historiador inglês Charles Boxer sustenta que só a existência de um mercado de mão de obra cativa muito antigo e já bem estruturado, com fornecedores e compradores, rotas de transporte, feiras e preços definidos, explica a rapidez com que o tráfico de escravos africanos se consolidou no Oceano Atlântico.[2] "Escravos podiam ser encontrados em todas as partes da África, desempenhando todo tipo de atividade", escreveu John Thornton. "Quando os europeus chegaram à África e se ofereceram para comprá-los, a oferta foi imediatamente aceita. Os cativos não apenas eram numerosos como o mercado de escravos já estava muito bem organizado."[3]

Outro historiador, Paul E. Lovejoy, calculou que apenas 45% dos africanos escravizados, ou seja, menos da metade, foram vendidos ou embarcaram para outras regiões fora do continente. Os demais permaneceram como cativos na própria África. No total, seriam mais de 30 milhões de escravos, incluindo os que ficaram e os que partiram.[4] Diferentes formas de cativeiro estavam disseminadas por toda a região. Segundo Alberto da Costa e Silva, não faltavam sequer comunidades nas quais o escravo, ao morrer, continuava escravo. Ele cita um exemplo:

> *Os xerbros, no litoral de Serra Leoa, enterravam o cativo nu ou coberto por trapos, para demonstrar que nada possuía, e com as mãos e os pés atados por uma corda, cuja ponta comprida devia sair da cova e amarrar-se a um mourão fincado no solo. Antes de sepultá-lo, o dono lhe dava uma chibatada,*

para deixar claro que continuava a ter autoridade sobre o espírito do morto, que, no além, deveria ser escravo dos antepassados do seu senhor.[5]

A escravidão na África era anterior à chegada dos traficantes europeus e continuou bem depois da partida deles. Estima-se que, no século XVIII, auge do tráfico de cativos no Atlântico, houvesse tantos escravos na África quanto na América — entre 3 milhões e 5 milhões em cada continente. No século XIX, à medida que o tráfico internacional diminuía sob pressão do movimento abolicionista, a escravidão na África aumentava, devido à maior disponibilidade de cativos e à queda nos preços. Como consequência, segundo os cálculos do historiador Herbert Klein, por volta de 1850 (ano da Lei Eusébio de Queirós, que pôs fim ao tráfico para o Brasil), haveria, na África, mais escravos do que em toda a América, cerca de 10 milhões no total. "Desse modo, o fim do tráfico negreiro no Atlântico não significou o fim da escravidão africana", escreveu Klein.[6]

Segundo o norte-americano John Thornton, a escravidão africana, desde tempos imemoriais, teria função diferente daquela que assumiria mais tarde na América. Nas lavouras de cana-de-açúcar ou nas minas de ouro e diamante do Brasil, por exemplo, o escravo seria considerado basicamente uma máquina de trabalho — tanto quanto seria hoje um trator, um arado, uma colhedeira ou outro equipamento qualquer de produção agrícola ou industrial. Era, portanto, um ativo econômico descartável, a ser reposto o mais rapidamente possível assim que se esgotasse sua capacidade produtiva. Como bem demonstrou o sociólogo pernambucano Gilberto Freyre, houve miscigenação racial entre a casa-grande e a senzala, mas isso era a exceção, não a regra. Na África, ao contrário, a posse do escravo era, ela própria, uma fonte de riqueza e poder. Fazia parte de uma cultura que valorizava linhagens e grupos familiares estendidos, o que explicaria também a prevalência da poligamia entre os africanos: quanto maior o número de gente ao redor de um chefe — fossem mulheres, filhos, agregados ou escravos —, maior o seu prestígio e sua influência política.

Desse modo, a escravidão teria entre os africanos um papel equivalente ao da terra entre os nobres europeus. O poder dos senhores feudais e dos monarcas europeus media-se pela propriedade do solo. Quanto maior o seu território, maior também a sua autoridade. Na África, a fonte escassa de riqueza era o trabalho, não a terra. Tradicionalmente, o solo era um bem grupal, que poderia ser trabalhado por quem dispusesse de braços suficientes para cultivá-lo. A terra, portanto, não tinha valor econômico próprio, mas, sim, o trabalho que nela se realizasse. Ainda hoje é assim em muitas regiões. Ter muitos escravos na África era a melhor forma de enriquecer e adquirir poder.[7] "Se, na Europa, como primeiro passo para ser admitido na aristocracia, o burguês rico devia tornar-se proprietário de terras, na África, as portas das classes dominantes eram abertas pelo plantel de escravos", escreveu Alberto da Costa e Silva, acompanhando as análises de Thornton. "O percurso de ascensão social de um homem ambicioso passava pela aquisição da escravaria."[8]

Tarikh al-Fattash, um documento islâmico escrito por volta de 1665, descreve em detalhes as relações entre escravos e senhor nas plantações do Império Songai. Numa dessas lavouras, trabalhavam duzentas pessoas subordinadas a quatro feitores que, por sua vez, respondiam ao capataz-chefe. Todos escravos. Esse capataz-chefe, também ele cativo, tinha a obrigação de entregar ao seu senhor uma quantia fixa de arroz e milhete. Se a produção fosse maior, ficava com a diferença, podendo enriquecer e comprar seus próprios escravos. Na sua morte, porém, todos os seus bens eram imediatamente incorporados ao patrimônio do senhor.

Uma demonstração extrema de poder, prestígio e riqueza eram os sacrifícios humanos envolvendo escravos em ocasiões especiais. Poderia ser nos funerais do rei, em ritos para aplacar a ira dos deuses, cerimônias propiciatórias de chuvas e boas colheitas ou para levar mensagens aos antepassados. Em algumas regiões, escravos eram sacrificados e enterrados com o seu dono, como mostram diversas escavações arqueológicas. Entre os iorubás, da atual Nigéria, tinha-se o hábito de sacrificar um escravo por ano como oferenda ao orixá Ogum. Há inúmeros relatos de europeus assustadíssimos com cenas assim.

No século XVII, o holandês Pieter de Marees escreveu que, na ocasião da morte de um rei na Costa do Ouro (atual Gana), cada um dos nobres oferecia um escravo para acompanhá-lo ao túmulo. Essas pessoas eram decapitadas e tinham seus corpos salpicados de sangue, antes de descer ao túmulo com o soberano morto. As cabeças, separadas do corpo, ficavam expostas ao redor da cova. Outro holandês, Abram Raems, assistiu em 1736 na região do Benim a uma solenidade em homenagem ao pai do obá (chefe local) na qual duas dezenas de pessoas foram decapitadas e lançadas num poço fundo como oferendas ao espírito do falecido. Na mesma época, o capitão Francisco de Lemos, que vivia na região da atual Guiné-Bissau, contou que, depois da morte de um rei chamado Mahana, durante todo o ano em que duraram as cerimônias fúnebres, foram sacrificados 104 moças e rapazes. Andrew Battel, viajante inglês que visitou Angola na passagem do século XVI para o XVII, contou que, antes de uma batalha, o chefe dos imbangalas matava a machadadas um rapaz e dois homens adultos. Dois outros eram abatidos do lado de fora da cerca que protegia o acampamento militar.

Eram diversos os meios de produção de escravos na África. A primeira e mais frequente era a guerra, o sequestro ou a captura, pura e simples de pessoas. A segunda eram processos judiciais, em que os condenados por roubo, adultério, prática de feitiçaria e outros delitos se tornavam cativos pelo resto da vida. Em algumas sociedades, não apenas o criminoso era punido com o cativeiro, mas também seus parentes, que se tornavam propriedade da família da vítima do crime.

Um sistema peculiar de escravização na África era o de "peonagem". Essa expressão era usada na Europa durante a Idade Média para designar as tropas de infantaria, constituídas por "peões", em geral pessoas pobres e sem recursos que combatiam a pé sob ordens dos cavaleiros e senhores feudais. No Brasil, peão se tornaria sinônimo de trabalhador temporário em lavouras ou obras de construção civil. Em Portugal, significa pedestre, ou seja, alguém que anda a pé. No caso da peonagem africana, pessoas em dificuldades financeiras podiam se oferecer como peões, ou escravos temporários, em troca de ajuda, abrigo e apoio material. O capitão britânico William Snelgrave, que viajou diversas vezes para a África no começo do século XVIII, relatou que, em muitas ocasiões, em caso de "extrema necessidade ou fome", as famílias vendiam seus filhos ou parentes como escravos.[9] Uma alternativa à venda era entregá-los como peões, cuja liberdade seria resgatada mais tarde em troca do pagamento das obrigações. Se fosse mulher e tivesse filhos, ficavam com o credor, como se fossem juros sobre o empréstimo. Na impossibilidade do resgate da dívida, o peão poderia ser transformado em escravo pelo resto da vida, mas raramente sua propriedade era transferida para outra pessoa ou grupo. No sistema de peonagem africano, a escravidão não era hereditária, ou seja, os eventuais filhos do peão nasciam livres.[*]

---

[*] A instituição da penhora e da autopenhora era comum na África.

Havia, ainda, a escravidão resultante de disputas políticas, nas quais os perdedores se tornavam cativos dos vencedores, que tanto poderiam usufruir de seus serviços ou vendê-los para mercadores de escravos. "Em muitas sociedades africanas, cada vez que se findava um rei ou um chefe, abria-se a disputa pelo poder", explicou Alberto da Costa e Silva. "Os candidatos vencidos e suas mães, mulheres, filhos e principais partidários costumavam ser mortos, ou [...] ter seus membros amputados ou os olhos vazados. Com o aumento do tráfico [de escravos], ao derrotado passou-se a dar um outro tipo de sumiço — e mais lucrativo. Vendido como escravo, era exilado para sempre. A escravidão funcionava, assim, como desterro político."[10]

Todas essas formas de escravidão, que já existiam antes da chegada dos europeus, aumentaram em paralelo à demanda por cativos na América. "Em muitas sociedades africanas, o sistema judicial foi posto a serviço do tráfico negreiro", afirmou o historiador G. Ugo Nwokeji. "Por que matar um criminoso condenado em processo judicial se era possível fazer dinheiro vendendo-o como escravo?" Em meados do século XIX, o missionário e linguista alemão Sigmund Koelle calculou que 75% de todos os cativos africanos libertados por navios britânicos tinham sido escravizados por meio de guerras, sequestros e condenações criminais.[11]

Um caso exemplar é o de Olaudah Equiano, africano do povo igbo, da margem esquerda do rio Níger, sequestrado em 1756 e vendido para traficantes europeus que o levaram para o sul dos Estados Unidos. Mais tarde, teve a oportunidade de estudar, ganhou a liberdade, se tornou abolicionista e escreveu sua própria biografia — um caso raro de escravo que narrou sua história. No livro, ele conta que seu pai era dono de escravos e estava envolvido no comércio de pessoas condenadas em processos judiciais. Seu relato mostra que a escravidão era parte da rotina

A CICATRIZ

de sua comunidade, habituada a conviver com os mercadores de cativos que por lá circulavam:

> *Eles sempre passavam pelo nosso vilarejo carregando escravos [...]. Algumas vezes, nós mesmos vendíamos cativos a eles, mas apenas se fossem prisioneiros de guerra ou aqueles entre nós condenados por sequestro, adultério ou algum outro crime.*

Equiano também descreve a prática indiscriminada de sequestrar e escravizar pessoas em toda a região onde morava. Os traficantes, segundo ele, passavam por ali "levando consigo grandes sacos", usados para imobilizar os sequestrados, especialmente crianças e adolescentes. Ele próprio seria vítima de um desses sequestros num dia em que estava sozinho em casa, com os irmãos, enquanto seus pais trabalhavam fora.[12]

O que teria sido da África sem o tráfico de escravos para a América? Difícil dizer hoje, mas as estatísticas indicam que toda uma economia de trocas regionais em crescimento na época anterior à chegada dos portugueses foi abruptamente abortada e desmantelada para favorecer o comércio de cativos, que, embora já existisse no continente, nunca tinha chegado aos níveis observados nos quatro séculos seguintes. Os europeus estimularam a captura e a venda de escravos africanos para transformá-los em um negócio global, numa escala até então nunca vista, envolvendo quatro continentes — África, Europa, América e até parte da Ásia.

Nos dois primeiros séculos de contato com os europeus, os africanos ainda exportavam produtos agrícolas e parte de seus recursos naturais, como ouro, marfim, madeira, pimenta, couro e tecidos de algodão. Escravos eram uma pequena parcela nessa pauta de exportações. A partir de 1650, no entanto, a venda de seres humanos se tornou a principal atividade econômica na costa da África. No final do século XVIII, já respondia por 90% da pauta de exportações do continente, nos cálculos do historiador nigeriano Joseph Inikori. "As economias comerciais de toda a costa da África sofreram um duro impacto quando os europeus mudaram a demanda desses produtos para escravos, uma vez que a exploração em larga escala dos recursos do Novo Mundo demandava trabalho cativo", escreveu Inikori. "O crescimento do tráfico atlântico enfraqueceu o mercado de trocas regionais dentro da África. As economias do interior do continente, que até então forneciam produtos locais para os mercados litorâneos, tornaram-se fontes de cativos a serem vendidos para os europeus."[13]

À implosão dos antigos mercados regionais seguiu-se um ciclo interminável de conflitos, guerras endêmicas e desordens sociais, estimulados pela importação de armas de fogo, munições e bebidas alcoólicas, três produtos muito valorizados no comércio de escravos. Em meados do século XIX, as bebidas alcoólicas representavam 21% de todas as mercadorias fornecidas pelos negreiros no Golfo de Biafra. O historiador Paul E. Lovejoy calculou que, durante todo o período do tráfico no Atlântico, os ingleses exportaram para a costa ocidental da África cerca de 20 milhões de armas de fogo, um número impressionante ainda hoje.

Entre 1750 e 1807, a Inglaterra vendeu anualmente para os chefes africanos, em troca de escravos, 384 mil quilos de pólvora e 91 mil quilos de chumbo, em média. Essas armas alimentavam as guerras que, por sua vez, sustentavam a captura e a escravização de milhões de pessoas vendidas para os navios negreiros.[14] "A guerra era um eufemismo para o roubo e a captura organizada de seres humanos", observou o escritor e historiador norte-americano Marcus Rediker. "Em geral, começavam quando um navio negreiro aparecia no horizonte, o que levava os fornecedores locais a seguir imediatamente para o interior do continente em busca da carga humana, que o comprador pagaria com armas e munições."[15]

O comércio atlântico de escravos mudou a geografia da África. À medida que o tráfico se intensificava com a demanda crescente na América, a fronteira de guerra e captura de novos cativos ia avançando cada vez mais para o interior do continente africano. Novos Estados e reinos foram surgindo, enquanto outros — os menores e mais frágeis — sucumbiam às guerras e razias dos vizinhos mais fortes. Poderosos e centralizados, estabelecidos com o apoio das armas europeias, esses novos Estados passaram a deter o controle sobre uma determinada região. Assim, funcionavam como interlocutores ou intermediários nas negociações e no fornecimento de escravos para os europeus, caso dos Reinos Axante e Fanti, em Gana; Aladá, no Benim; Oió, na Nigéria; Daomé, entre o Benim e a Nigéria; Cassanje e Matamba, em Angola.[*]

O Golfo da Guiné é um exemplo de transformação radical da geografia e do equilíbrio de poder na África associada ao comércio de escravos. Em 1681, Acra, a atual capital de Gana, foi

---

[*] Excetuados alguns poucos momentos, os axantes, embora fossem os grandes escravizadores no interior da Costa do Ouro, não conseguiram, durante todo o século XVIII, romper o bloqueio que os senhores da faixa litorânea, os vários Reinos Fanti, opunham a que tivessem acesso aos europeus. Os axantes dependiam dos fantis para vender escravos aos europeus e para deles obter os bens, entre os quais as armas de fogo. O Reino Axante tirava sua força não apenas do ouro e dos escravos, mas também do importante comércio de noz-de-cola com a Hauçalândia, o Sael e o Saara. Aladá teve sempre a concorrência de Hueda (e seu porto, Ajudá) e esteve em quase que permanente conflito com outros vizinhos. Tanto Aladá quanto Hueda foram conquistadas pelo Reino do Daomé, que lhes ficava ao norte e acabou por estender sua presença até o mar. No seu apogeu, o Reino do Daomé abarcava a maior parte do que viria a ser a colônia francesa e a posterior república independente do mesmo nome, que depois de 1972 passou a chamar-se do Benim. Mesmo durante o apogeu político e militar do Reino do Daomé, este sofreu repetidas (quase anuais) invasões de Oió e enfrentou as continuadas incursões armadas dos aladás e huedas que haviam reconstruído seus reinos em regiões vizinhas. Oió não negociava diretamente com os europeus, mas por intermédio de chefias e microestados costeiros, como os guns.

conquistada pelo Reino de Acuamu, que assumiu o controle de uma faixa litorânea onde despontavam dezenas de fortificações usadas pelo tráfico negreiro na chamada Costa do Ouro.* Os cativos vinham do interior, fornecidos pelo rei dos axantes, cuja capital, Kumasi, é ainda hoje um dos principais entrepostos de comércio da região. Os Reinos de Hueda e Aladá, situados mais a leste, na atual fronteira da República do Benim com a Nigéria, eram, na metade do século XVII, os maiores fornecedores de cativos da região. A capital dos aladás, segundo descrição de alguns viajantes, tinha entre 19 e 25 quilômetros de circunferência e cerca de 30 mil habitantes. O rei, que vivia recluso num palácio de dois andares, com numerosos aposentos e um pátio interno, falava fluentemente a língua portuguesa, o idioma comercial predominante ao longo do litoral africano. Além dos portugueses, compravam escravos ali os franceses, os holandeses e os ingleses. Num espaço de apenas cinquenta anos, entre 1650 e 1700, o número de escravos embarcados nessa região aumentou seis vezes.[16]

Situado na margem esquerda do rio Níger, a cerca de trezentos quilômetros do litoral, o Império de Oió era famoso pelos seus guerreiros ferozes e praticamente imbatíveis porque usavam uma arma diferenciada — os cavalos, adquiridos em troca de escravos mais ao norte, de fornecedores muçulmanos. Seu grande rival era o Reino do Daomé (tema de um dos capítulos do segundo livro desta trilogia), que se consolidou como principal

---

* Os acuamus não assumiram por muito tempo o controle do Reino de Acra, pois foram vencidos por Akyem em 1740 e forçados a emigrar para a outra margem do rio Volta, onde fundaram novos reinos, entre os quais o de Popó Pequeno. Não creio que tenham tido um demorado diálogo com os fortes europeus próximos a Acra. A faixa litorânea da Costa do Ouro, onde se erguiam as três dezenas de fortalezas europeias (britânicas, holandesas, francesas, dinamarquesas) que disputavam o comércio de ouro e de escravos, estendia-se de Comenda (a oeste do rio Pra) aos arredores de Acra e era território predominantemente fanti. Encostando-se ao muro de cada estabelecimento europeu havia quase sempre um Reino ou Microrreino Fanti.

A CICATRIZ

fornecedor de escravos na virada do século XVII para o XVIII, depois de invadir e subjugar Aladá e Hueda.

Como resultado do tráfico de escravos no Atlântico, houve mudanças drásticas no equilíbrio demográfico africano. Dois terços dos escravos transportados para a América eram homens, considerados mais fortes e aptos ao trabalho pesado nas lavouras. Um censo realizado pelo governo português em Angola entre 1777 e 1778 constatou que havia duas mulheres para cada homem adulto, na faixa etária entre 15 e 60 anos. No Brasil, ocorria o oposto: havia muito mais homens do que mulheres, o que limitava as oportunidades reprodutivas dos escravos.[17] Ou seja, as mulheres que sobravam na África faltavam na América. "A África foi se ajustando às circunstâncias decorrentes do seu contato com os europeus e, para corresponder ao aumento da procura de mão de obra, tragicamente foi se especializando na guerra e na reprodução de pessoas", afirmou o historiador português João Pedro Marques.[18]

O impacto demográfico total da escravidão na África foi medido em estudo do historiador Patrick Manning, professor emérito da Universidade de Pittsburgh, nos Estados Unidos, que se verá com mais detalhes no capítulo "Os números", mais adiante neste livro. Segundo Manning, em 1600 a população nas regiões tropicais da África seria de 50 milhões de pessoas, o que representaria 30% da soma da população existente na época na América, na Europa e no Oriente Médio. Em 1800, essa proporção tinha caído para 20% e chegaria a apenas 10% em 1900. Ou seja, a África cresceu em ritmo menor devido à drástica perda populacional nos séculos anteriores e ao impacto do processo de escravidão como um todo, que retardou o desenvolvimento do continente, fazendo com que mantenha até hoje, por exemplo, altos índices de emigração e de mortalidade. Pelos cálculos de Manning, a África teria perdido um total de 22 milhões de habitantes ao longo de três séculos.[19] "Nenhum continente conheceu, durante um período tão longo, uma sangria tão contínua e tão sistemática como o africano", afirmou o historiador congolês Elikia M'Bokolo.[20]

Com uma drenagem demográfica tão drástica e prolongada, o impacto demográfico da escravidão na África poderia ser até maior, o que só não aconteceu por razões culturais relacionadas à organização da família e ao processo reprodutivo peculiar do continente. Ao estudar o caso de Angola, o historiador John Thornton observou que o desbalanceamento entre o número de homens e mulheres foi compensado pela tradição africana de poligamia, na qual um homem podia (e ainda pode até hoje, em algumas sociedades) ter várias mulheres. Desse modo, a taxa de natalidade se manteve elevada, mesmo durante os períodos mais intensos de tráfico negreiro, permitindo que o contingente populacional fosse reposto gradativamente. Hoje, com 1,3 bilhão de habitantes, o continente africano representa por volta de 17% do total da população mundial, estimada em cerca de 7,8 bilhões de pessoas, e mantém uma taxa de natalidade superior à dos demais continentes. O que significa que, se prosseguir nesse ritmo, dentro de algum tempo poderá recuperar a sua proporção demográfica de duzentos anos atrás.

A CICATRIZ

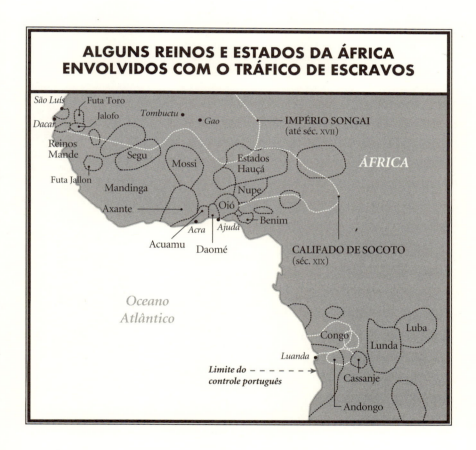

11. RECONCILIAÇÃO

Em 2013, um grupo de 150 afrodescendentes, de cinco estados brasileiros, foi convidado a fazer um teste genético. O objetivo era identificar de que regiões da África tinham vindo seus ancestrais na época da escravidão. Para isso, amostras de saliva colhidas com cotonetes foram enviadas a um laboratório em Washington, nos Estados Unidos, o African Ancestry, que mantém em seus bancos de dados registros do DNA de mais de 220 etnias africanas. Recebidos os resultados, cinco desses brasileiros foram convidados a visitar as suas regiões de origem no continente africano. Raimundo Garrone, jornalista maranhense, descobriu que seu DNA coincidia com o do povo balanta, da Guiné-Bissau. Juliana Luna, empresária do Rio de Janeiro, tinha parentesco iorubá e fulani, na Nigéria. Zulu Araújo, arquiteto de Salvador, que até então se julgava geneticamente iorubá, surpreendeu-se ao descobrir suas raízes numa pequena comunidade ticar no interior de Camarões.*

---

* O arquiteto Zulu Araújo bem poderia continuar a crer que tem também, entre outras, ascendência iorubá, porque com certeza os seus oito bisavós não eram todos de origem ticar. O African Ancestry parece privilegiar a linha menos comum, ou perseguir uma ou

O músico e educador pernambucano Levi Lima reencontrou seus elos perdidos entre os macuas, do norte de Moçambique. Já o mineiro, e também músico, Sérgio Pererê soube que era descendente do povo ambundu, de Angola.

O resultado de tudo isso foi um dos melhores e mais surpreendentes documentários já produzidos no Brasil. Com roteiro e direção de Mônica Monteiro, *Brasil: DNA África*, filme de setenta minutos produzido pela Cine Group, foi exibido em um canal de televisão por assinatura.* Hoje está disponível gratuitamente no YouTube, numa versão mais reduzida, de 52 minutos,[1] e ainda continua provocando reações emocionadas nos espectadores. Entre os trechos mais marcantes — e corajosos —, está o momento em que Zulu, de 63 anos, confronta um rei africano com um dos temas politicamente mais sensíveis da história da escravidão no Atlântico: a participação dos próprios africanos no tráfico negreiro. São duas cenas que merecem ser descritas em detalhes.

Na primeira delas, Araújo está sentado diante do trono de Gah Ibrahim, rei ticar, a etnia de seus antepassados na localidade de Bankim, Camarões, não muito longe do território dominado pelo grupo terrorista islâmico Boko Haram, originário da vizinha Nigéria. O soberano é um homem alto e forte, de 56 anos, casado com vinte mulheres e pai de mais de quarenta filhos. Usa óculos, fala francês fluente e veste-se como um mu-

---

duas linhas de origem, abandonando as demais. Assim, Zulu Araújo poderia ter, além de um ou dois ticares trazidos para o Brasil, antepassados congos, ambundos, libolos, fons, iorubás etc., pois aqui todos se misturaram, quando não chegaram já misturados. É bom, porém, saber ao menos uma de suas origens e nela se reencontrar.

* Eu fiz, por convite da Mônica Monteiro, o teste genético do African Ancestry. Resultado: ascendência europeia. A minha mãe era bisneta de francês e neta de portugueses do Minho, que ela ainda conheceu, mas, quanto a meu pai, e basta ver os seus retratos, vinha de uma família que vivia há duzentos anos no Piauí, um mestiço indefinido. Tinha a mão no arco e o pé na África.

çulmano do deserto: túnica branca com estampas coloridas ao redor do pescoço e usa um barrete na cabeça. O trono fica cerca de meio metro acima do piso em que se sentam todos os demais participantes da audiência, incluindo o brasileiro Araújo. A câmera focaliza o rosto do arquiteto que, de forma serena, sem qualquer traço de agressividade ou desafio, dispara a seguinte pergunta:

— Eu gostaria de saber como é que nós, que somos da etnia ticar, fomos parar no Brasil.

Silêncio total na sala de audiência. O tradutor confere duas vezes com Araújo se ele queria de fato fazer aquela pergunta. O brasileiro confirma. E só então o funcionário real cria coragem para repeti-la em voz alta. Tomado pela surpresa, o rei cochicha algo ao ouvido de um conselheiro. Em seguida, explica que o tema é por demais delicado e que gostaria de voltar ao assunto no dia seguinte. A cena interrompe-se aí.

No dia seguinte, como combinado, Araújo está lá novamente, sentado no chão, na mesma sala, rodeado pelas mesmas pessoas, diante do mesmo trono. Repete a questão nos mesmos termos:

— Ontem eu fiz uma pergunta e gostaria de ter essa curiosidade atendida: como nós fomos parar no Brasil?

Dessa vez, a resposta do rei vem rápida:

— Naquele tempo — ele explica —, o chefe do povo tinha autoridade sobre a vida de qualquer pessoa. Quando alguém cometia algum crime ou era considerado adúltero, podia ser vendido porque havia demonstrado que não era uma pessoa digna. Os homens brancos já estavam aqui. Como os portugueses, por exemplo, que vinham comprar essas pessoas. É por isso que eu peço que haja uma reconciliação entre nós. Pedimos perdão por tudo o que aconteceu, porque o que os nossos ancestrais fizeram, o fizeram por ignorância.

O arquiteto, igualmente pego de surpresa pela confissão seguida de um pedido de desculpas por parte do rei, responde de forma ainda mais conciliadora:

— Eu agradeço a proposta de reconciliação. E a minha presença aqui é, na verdade, esta reconciliação materializada.

Ao final da audiência, o rei anunciou que, a partir daquele momento, o adotava como filho, com direito a alguns privilégios na corte africana, incluindo a posse de um pequeno pedaço de terra. Araújo era o primeiro brasileiro em muitos séculos a pisar em território ticar. Na noite anterior, fora recebido com festa por cerca de 2 mil pessoas que o aguardavam no centro do vilarejo de ruas de terra batida emolduradas pelas casinhas simples. O fornecimento de energia elétrica havia sido cortado, situação corriqueira naquela região da África. Por isso, os anfitriões — todos de aparência humilde e pés descalços — tinham providenciado faróis de carros acessos, candeeiros e lamparinas para vê-lo com mais nitidez. A experiência, completada no dia seguinte pelo destemido e emocionante diálogo com o rei, o transformou profundamente, segundo confessaria mais tarde em inúmeras entrevistas realizadas no Brasil.

Ativista político e um dos intelectuais mais respeitados da Bahia, Araújo foi presidente da Fundação Palmares e hoje dirige a Fundação Pedro Calmon, duas das mais prestigiadas instituições culturais brasileiras. Suas origens, entretanto, são humildes. Ele nasceu na comunidade do Solar do Unhão, colônia de pescadores que, até o século XIX, era local de desembarques clandestinos de escravos em Salvador. Começou a trabalhar aos nove anos para ajudar nas despesas da casa. Como era bom aluno, passou no vestibular do curso de Arquitetura — para descobrir que, numa turma de seiscentos estudantes, só dois eram negros. Isso numa cidade em que 85% da população têm origem africana. "O tema da escravidão é um tabu no continente africano por-

RECONCILIAÇÃO

que é evidente que houve um conluio da elite africana com a europeia para que o processo durasse tanto tempo e alcançasse tanta gente", explicou ao site da BBC Brasil, que o entrevistou em 2016. "Houve um momento em que os africanos perderam o controle."[2]

Como cicatrizar uma ferida tão violenta e profunda? A resposta brota naturalmente das palavras de Araújo, ao recordar o dramático encontro com o rei ticar:

Sempre tive a consciência de que um dos maiores crimes contra a população negra não foi nem a tortura, nem a violência: foi retirar a possibilidade de que conhecêssemos nossas origens. Se qualquer pessoa me perguntar de onde sou, agora já sei responder. Só quem é negro pode entender a dimensão que isso possui. Só conhecendo nossas origens poderemos entender quem somos de verdade. Enquanto não superarmos a escravidão, não teremos paz — nem os escravizados, nem os escravizadores.

12. O LABORATÓRIO

"Nenhum indício de homem vimos ali."

Diogo Gomes, ao descrever sua chegada às
ilhas de Cabo Verde, até então desabitadas

Cidade Velha, no Arquipélago de Cabo Verde, batizada inicialmente pelos navegadores portugueses como Ribeira Grande, é um memorial à escravidão a céu aberto. Situada na Ilha de Santiago, foi a primeira aglomeração urbana construída pelos europeus nos trópicos, em 1462. Entre os séculos XVI e XVII, funcionou como um grande empório do tráfico negreiro no Atlântico, "um hipermercado de escravos", na expressão do historiador senegalês Charles Akibodé, morador de Cabo Verde.[1] Seu principal negócio era a compra e a venda de pessoas cativas capturadas na costa da África e enviadas para Portugal, Espanha ou para a América nos navios que ali faziam escala. Por mais de cem anos, foi um dos mais prósperos e movimentados destinos do Império Ultramarino Português, parada obrigatória nas grandes viagens oceânicas. Por ali passaram Vasco da Gama, a caminho da Índia em 1497, e Cristóvão Colombo, na sua terceira viagem à

ESCRAVIDÃO VOL. I

América, em 1498. No final do século XVI, era tão rica que foi atacada e saqueada duas vezes por sir Francis Drake, o mais famoso corsário britânico da época.

Tombada em 2009 como Patrimônio Mundial da Humanidade pela Unesco, Cidade Velha é também classificada como uma das Sete Maravilhas de Origem Portuguesa do Mundo. As marcas de sua história escravagista estão nas ruínas de uma rica arquitetura portuguesa que, no século XVI, chegou a reunir quinhentas casas e prédios feitos de cal e pedra. Na igrejinha de Nossa Senhora do Rosário, construída com mão de obra cativa e único edifício ainda hoje bem preservado, pregou o padre Antônio Vieira, hóspede do Colégio dos Jesuítas, na parte baixa da cidade. Na pequena praça junto ao mar, ergue-se o pelourinho, símbolo do poder dos colonos portugueses e onde os escravos eram açoitados publicamente.

No cimo de um altíssimo paredão rochoso, de onde se tem uma visão panorâmica de toda a região, despontam as muralhas semidestruídas da imponente Fortaleza de São Filipe, erguida para proteger o tráfico negreiro. Ao pé da fortificação restam os vestígios do antigo palácio episcopal e da Catedral da Sé, construídos no século XVI. Os escravos eram batizados ali antes de embarcar nos navios rumo à Europa e à América. Em Ribeira Grande, missionários ganhavam dinheiro transformando escravos "boçais", ou seja, que não eram cristãos nem falavam português, em "ladinos", batizando-os e ensinando-os alguns rudimentos do idioma. Desse modo, ao chegar ao destino, poderiam ser vendidos a preços altos nos leilões de cativos.[2]

Nos guias de viagem, Cabo Verde é descrito como "um prolongamento do deserto do Saara", embora esteja situado a quinhentos quilômetros da costa do Senegal. Essa é, de fato, a sensação de quem lá chega pela primeira vez, especialmente entre

O LABORATÓRIO

dezembro e fevereiro, os meses do ano em que sopra o harmatão, um vento forte e constante que varre as planícies desérticas do norte da África no sentido nordeste-sudeste e faz com que 182 milhões de toneladas de finíssimas partículas de areia, volume equivalente à carga de 690 mil caminhões de porte mediano, se elevem sobre o mar, muitos quilômetros acima da superfície terrestre. O resultado é um halo de poeira na alta atmosfera que se prolonga por mais de 5 mil quilômetros sobre o Oceano Atlântico, até as proximidades da foz do rio Amazonas. Essa aréola é tão forte e nítida que já foi fotografada por astronautas na órbita da Terra. Com base no estudo de imagens de satélites, cientistas da NASA, a agência espacial norte-americana, chegaram à surpreendente conclusão de que o harmatão deposita todos os anos sobre a Floresta Amazônica 28 milhões de toneladas de micropartículas carregadas de fósforo, nutriente relativamente raro nos trópicos, mas fundamental para a saúde das plantas. Outros 43 milhões de toneladas viajam muito além da Amazônia, até o Mar do Caribe, onde servem de alimentos para os plânctons, micro-organismos essenciais à manutenção da vida marinha.[3]

Em Cabo Verde, onde é chamado de *lestada*, o harmatão deixa o céu com uma cor amarelo-magenta, responsável por um deslumbrante pôr do sol, e deposita sobre o solo uma camada fina e ressequida de areia, que irrita os olhos e dificulta a respiração de quem não está habituado ao fenômeno. Devido à vizinhança do Saara, as chuvas no arquipélago são escassas. O clima semiárido assemelha-se ao da caatinga do Nordeste brasileiro. As fontes de água são tão raras quanto as terras férteis. Uma exceção é a fenda longa, úmida e profunda que atravessa a Ilha de Santiago ao meio e se abre numa aprazível angra de águas calmas. Ali encontra-se Cidade Velha, a antiga Ribeira Grande. Foi essa peculiaridade geográfica que a transformou no grande entreposto de comércio escravagista no final do século xv.

Em Ribeira Grande, os portugueses encontraram um local perfeito para a estocagem de escravos. A água e as terras úmidas no fundo do vale eram suficientes para atender às necessidades do tráfico negreiro. As altas escarpas à beira-mar protegiam contra os ventos e permitiam a construção de fortalezas para combater eventuais ataques de piratas. O clima seco impedia a proliferação das doenças tropicais que assombravam os europeus no continente africano. Por fim, era um lugar longe e isolado de tudo, o que impedia que os escravos se vissem tentados a fugir ou a se rebelar contra seus captores.

Os cativos eram apanhados ou comprados ao longo de uma extensão de mais de mil quilômetros na costa da África, onde hoje fazem fronteira seis países: Mauritânia, Senegal, Gâmbia, Guiné-Bissau, República da Guiné e Serra Leoa. Os principais pontos de embarque ficavam na foz do rio Senegal e na Angra de Bezeguiche (hoje Baía de Dacar), onde estava situada a Ilha da Palma, mais tarde rebatizada pelos holandeses como Ilha de Goreia — ou *Gorée*, em francês do Senegal.[4] Com seus porões carregados, os navios negreiros dirigiam-se então para Cabo Verde, onde se reabasteciam de água e comida antes de seguir viagem rumo à Europa ou à América. Parte dos cativos permanecia em Ribeira Grande, empregada no cultivo da cana-de-açúcar e de alimentos em geral, além de ser responsável pela coleta de água, de modo a garantir o abastecimento das embarcações.

As dez ilhas de Cabo Verde foram ocupadas e exploradas pelos portugueses entre 1456 e 1462. Estavam todas desabitadas. "Nenhum indício de homem vimos ali", relatou Diogo Gomes, descobridor oficial do arquipélago na historiografia portuguesa. O veneziano Alvise Cadamosto, que também lá esteve, ficou impressionado com a desolação do lugar. Ao descer à terra, seus marinheiros só encontraram uma grande quantidade de pom-

O LABORATÓRIO

bos, que se deixavam apanhar à mão por nunca antes terem visto um ser humano. Em 12 de junho de 1466, o rei Afonso v concedeu aos moradores locais privilégios de livre comércio na costa da Guiné. Em outras palavras, o soberano lhes deu autorização para traficar escravos. E também ouro, que descia em abundância pelo rio Gâmbia.[5] Era uma forma de atrair colonos para uma região longínqua e desértica, onde ninguém queria morar — "por ser tão alongada de nossos reinos, a gente não quer ir lá viver, senão com mui grandes liberdades e franquezas", é a justificativa da carta régia.

A prosperidade de Cabo Verde entrou em declínio no fim do século XVI devido à concorrência internacional na costa da África e à abertura de novas rotas de tráfico no Atlântico. A essa altura, porém, um segundo "hipermercado" de escravos entrava em operação: o Arquipélago de São Tomé (hoje um país independente, com o nome de São Tomé e Príncipe). Situada ao largo do Golfo da Guiné, quase sobre a Linha do Equador e a meio caminho entre Gana e Angola, São Tomé era também uma terra desabitada quando foi descoberta e ocupada pelos portugueses em 1484. Entre os primeiros colonos estavam criminosos degredados de Portugal, centenas de crianças judias separadas de suas famílias e deportadas por volta de 1490 e cativos negros do continente africano. A partir de então passou a funcionar, tanto quanto Cabo Verde, como escala obrigatória para os navios da Carreira das Índias, que ali paravam para reabastecer.

O solo e o clima de São Tomé logo mostraram-se muito favoráveis ao cultivo da cana. A produção de açúcar, que era de 5 mil arrobas (75 toneladas) anuais em 1530, saltou para 150 mil (2.250 toneladas) em 1550 — um crescimento de trinta vezes em apenas duas décadas, transformando a ilha numa espécie de incubadora do modelo de sociedade e exploração econômica que daria feição ao Brasil colonial. "A transplantação do cultivo de

181

açúcar e da escravaria negra para o Brasil, que começou nessa altura, foi uma consequência natural do exemplo fornecido por São Tomé", escreveu o historiador inglês Charles Boxer.[6] Em 1507, havia cerca de 2 mil escravos trabalhando em plantações de cana e nos engenhos da ilha, além de outros 5 mil ou 6 mil aguardando para serem transportados para a Europa ou a América.[7]

Em São Tomé, brancos, negros e mulatos, pessoas livres e cativas, plantas de diversos continentes, técnicas agrícolas, animais domésticos como galinhas, porcos, vacas e bois foram se misturando e se aclimatando aos trópicos. Nas lavouras, cultivava-se pela primeira vez, juntas, lado a lado, plantas originárias da África, Ásia e América, principalmente raízes e frutas. Da Índia, do Sudeste Asiático e do continente africano chegavam mudas e sementes de inhame, laranja, tamarindo, coco e banana. Da América, abacaxi, batata-doce, amendoim, mamão, milho e mandioca. Era, portanto, um encontro de mundos até então isolados e distantes entre si.

Entre os séculos XVI e XVII, São Tomé, Cabo Verde e as demais ilhas atlânticas ao largo da costa da África — incluindo os arquipélagos da Madeira e das Canárias, grandes produtores de açúcar e também entrepostos de comércio de escravos — funcionaram como um grande jardim botânico para a aclimatação de uma infinidade de plantas que, a bordo das embarcações europeias, deixavam suas terras de origem, cruzavam os oceanos e se adaptavam a outros climas e paisagens. Até hoje, os botânicos já catalogaram na América mais de 150 espécies vegetais comestíveis nativas da África Ocidental.

Transportadas pelos navios negreiros com suas cargas humanas, algumas se tornaram muito populares no Brasil, onde hoje são consumidas em larga escala, como o dendê (matéria-prima do azeite popular na Bahia), o quiabo, o inhame, o sorgo,

O LABORATÓRIO

a banana-da-terra, o feijão-fradinho, o milhete (também conhecido como milho-miúdo ou painço), o tamarindo, o hibisco (usado para fazer chá) e a pimenta-malagueta. Entre os animais domésticos que cruzaram o oceano para se incorporar à culinária brasileira, está a galinha-d'angola, também conhecida em algumas regiões do Brasil como galinha-da-guiné. Igualmente originária da África, a noz-de-cola, já citada no capítulo nove deste livro e que daria origem à Coca-Cola, era usada nos navios para melhorar o gosto da água, que, estocada em barricas de madeira, rapidamente se deteriorava graças ao sol dos trópicos.[8]

De todos esses produtos, nenhum se comparou em importância à mandioca, que, nos séculos seguintes, se tornaria a base da alimentação dos domínios portugueses nas duas margens do Atlântico. Transplantada para a África, seria apontada como a responsável pelo aumento da população, devido à oferta de alimento barato e rico em calorias. No Brasil, era o alimento fundamental em todas as regiões. "É o principal mantimento", declarava a Câmara Fluminense num edital de 1646 que obrigava todos os pequenos agricultores a cultivarem a mandioca. Um quarto do soldo das tropas do governo-geral da Bahia era pago em "farinha de terra", como era então conhecida. O colégio dos jesuítas da Bahia exportava farinha de mandioca para os missionários em Angola em troca de escravos. No começo do século XVII, a Baía de Guanabara exportava cerca de 680 toneladas anuais de farinha para Angola. Do outro lado do Atlântico, a farinha brasileira era vendida por preços quatro vezes maiores do que a comercializada no Rio de Janeiro.[9]

Em São Tomé se registrou uma das primeiras e maiores rebeliões de escravos contra os portugueses, muito semelhante às que se verificariam mais tarde em Palmares, interior do atual estado de Alagoas, e outras regiões do Brasil. Em 1595, um grupo de 2,5 mil escravos sob a liderança de Amador, um cativo natural da terra que se proclamou rei da ilha, iniciou uma guerra contra os colonos e mulatos. Casas de fazenda, canaviais e engenhos foram devastados nos grandes incêndios que tomaram conta de toda a região. A reação portuguesa foi imediata e violenta. Percebendo que a derrota seria inevitável, cinco lugares-tenentes de Amador se entregaram às autoridades coloniais. Foram todos enforcados e esquartejados.[10]

Desse modo, as ilhas do Atlântico funcionaram como um laboratório experimental para o grande empreendimento que os europeus levariam adiante nos séculos seguintes no Brasil e nos demais territórios na América. Eram lugares que combinavam as três principais características da sociedade escravagista nas terras do Novo Mundo em seus estágios iniciais: clima tropical, cultivo da cana-de-açúcar e uso de mão de obra cativa africana. Ali se estabeleceram alguns padrões do negócio negreiro, que se manteriam inalterados nos três séculos seguintes. Em São Tomé foram definidas pela primeira vez, por exemplo, as regras para triar, embarcar, alimentar, marcar com ferro quente e transportar os escravos que chegavam da África. A função de marcador seria mais tarde definida por um alvará. O funcionário responsável por carimbar os escravos com ferro em brasa no peito ou no braço em Luanda, capital de Angola, recebia um salário de quarenta réis por cabeça. Repetia a operação 10 mil vezes por ano, o que lhe garantia um rendimento anual de mil cruzados, uma fortuna para a época.[11]

Na condição de entreposto e laboratório do tráfico de escravos, as ilhas atlânticas se tornaram bases estratégicas na fase inicial do tráfico negreiro, em especial para as remessas de cativos rumo aos domínios espanhóis na América. Entre junho de 1541 e dezembro de 1546, partiram de Ribeira Grande 68 navios com destino às colônias espanholas, levando 7.442 escravos.[12] Essas viagens eram definidas pelo regime dos *assientos*, contratos

O LABORATÓRIO

exclusivos de fornecimento de escravos que eram vendidos ou leiloados pelos reis da Espanha e arrematados por armadores, banqueiros e grandes comerciantes portugueses, quase todos cristãos-novos, que a partir de então passavam a ter o monopólio do negócio em troca do pagamento de uma determinada quantia ao tesouro espanhol.

Os primeiros leilões de *assientos* ocorreram em 1518, ano em que esses contratos foram regulamentados pelo rei espanhol Carlos v. A partir daí, milhares de escravos começaram a cruzar o Atlântico em direção às minas e plantações espanholas na América. Foram mais de 360 contratos no período entre 1529 e 1537. Em 1552, as remessas de escravos já chegavam a 3 mil por ano. Pressionado pela alta demanda, o preço dos cativos disparou, tornando o tráfico cada vez mais lucrativo. Entre 1490 e 1590, o preço médio de um escravo em Portugal aumentou dez vezes, de 3 mil para 30 mil réis.[13]

Os navios envolvidos nos contratos de *assientos* desembarcavam sua carga nos portos de Cartagena, atual Colômbia, Vera Cruz, no México, e Buenos Aires, na Argentina. Dali, os cativos eram redistribuídos para trabalhar nas lavouras e minas de ouro e prata de todo o Império Espanhol. Francisco Pizarro recebeu autorização do rei para levar consigo cinquenta escravos africanos na conquista do Peru e suas fabulosas minas, que se tornariam a fonte da riqueza e da prosperidade espanholas. Havia outros 150 cativos negros na expedição de Diego de Almagro que chegou ao Chile em 1535. E mais cem acompanhavam Francisco de Montejo na conquista da Península de Yucatan, no México. Dada a escassez de mão de obra, cada escravo era comprado na Espanha ou na costa da África por cerca de cinquenta pesos e revendido na América pelo dobro do preço.[14] As minas espanholas produziram entre 25 mil e 30 mil toneladas de prata de 1560 a 1685, número que dobraria até 1810.[15] Em 1663, o porto de Cartagena, maior destino do tráfico de escravos na América Espanhola, chegou a ter catorze navios ancorados de uma só vez, cada um transportando entre oitocentos e novecentos cativos.[16]

O regime de *assientos* produziu também as primeiras grandes fortunas na história do tráfico de escravos no Atlântico. Um caso exemplar é o de Antônio Fernandes Elvas, cristão-novo e um dos homens mais ricos de Lisboa, casado com uma mulher também de origem judaica, Elena Rodrigues de Solís, cujo irmão havia sido preso numa masmorra em Cartagena pela Inquisição Espanhola. Antônio tinha sido tesoureiro de uma das filhas do rei Filipe II, a infanta Maria. Em 1616, Elvas concordou em pagar 120 mil ducados por ano à Coroa espanhola pelo direito de fornecer entre 3,5 mil e 5 mil cativos anualmente para o Império Colonial Espanhol. Ele também já tinha um contrato similar com a Coroa portuguesa para comercializar escravos entre Angola e o Brasil, pelo qual tinha pago 24 milhões de réis. Por fim, comprou de um primo, Duarte Pinto D'Elvas, uma terceira concessão, para o transporte de escravos de Cabo Verde para a América. Dessa maneira, Elvas se tornou virtualmente o monopolista do tráfico de escravos durante um determinado período. Estima-se que só ele tenha transportado para o Novo Mundo, num período de nove anos, entre 1616 e 1625, um total de 37 mil escravos, em 264 navios. O fim de sua vida, entretanto, não foi nada próspero: acusado de trapacear nos números de viagens e escravos transportados, e enganar o rei, acabou morrendo na prisão.[17]

Outros dois exemplos de milionários criados pelos *assientos* são Gonçalo Nunes de Sepúlveda e Simão Soares Peres. Traficante de escravos em Luanda durante vinte anos, filho de um negociante ligado ao comércio com a Índia, Sepúlveda ganhou tanto dinheiro que, por volta de 1630, transferiu-se para Madri, onde naturalizou-se e passou a operar como banqueiro da Coroa espa-

O LABORATÓRIO

nhola. Peres, por sua vez, era um típico traficante internacional: agenciava escravos e açúcar, circulando entre Lisboa, Luanda, Salvador, na Bahia, e Vera Cruz, no México. Por ser cristão-novo, foi denunciado à Inquisição por judaísmo — ou seja, por manter suas antigas convicções e práticas religiosas, embora publicamente se passasse por católico. Preso e torturado em Lisboa, acabou deportado para a Bahia. Graças ao patrimônio que acumulara e aos amigos influentes, mudou-se para Sevilha e também ele se tornou um dos banqueiros do rei Filipe IV, da Espanha.[18]

Durante a vigência dos *assientos*, também se definiu a partir das ilhas atlânticas um padrão no sistema de compra de escravos na costa da África. Essas negociações eram conduzidas pelos próprios capitães dos navios negreiros e aconteciam geralmente nos estuários dos muitos rios que deságuam na costa ocidental africana e que serviam para transportar os cativos do interior distante até o litoral. Para o sucesso da empreitada, os capitães contavam com a ajuda de alguns dos mais intrigantes personagens da expansão portuguesa no Atlântico: os *lançados* ou *tangomaus*, europeus ou seus descendentes que haviam se adaptado ao ambiente africano, passando a morar junto à população nativa. Integravam-se de tal forma à sociedade local que costumavam casar com mulheres africanas, incluíam-se nas linhas dos chefes locais e ganhavam prestígio e notoriedade.

O que levaria um português a viver entre os africanos no século XVI? Os motivos eram diversos. Alguns ficavam na África por dever, sob ordens dos capitães dos navios. Outros eram vítimas de naufrágios. Havia ainda aqueles que cumpriam penas de degredo por crimes cometidos em Portugal, incluindo punições por motivos religiosos, como a acusação de praticar ritos e costumes judaicos. *Lançado*, segundo o historiador Luiz Felipe de Alencastro, é uma palavra derivada do verbo *lançar*, sinônimo

de jogar fora, degredar, expatriar. Eram, portanto, pessoas indesejáveis na metrópole, como cristãos-novos, dissidentes políticos ou pessoas acusadas de heresias e comportamentos que con-
trariassem os hábitos estabelecidos, despachadas para as
terras de além-mar. Havia também aqueles que permaneciam
na África como punição por rebeldias a bordo de navios portugueses. E muitos chegavam por vontade própria, na esperança
de enriquecer rapidamente no comércio ou na descoberta de
ouro. Grande parte desses colonos, voluntários ou não, morria
de malária, de febre amarela ou em ataques da população nativa.
Os que sobreviviam se tornavam os intermediários preferenciais
de todos os negócios com traficantes de escravos.

Os *lançados* foram os primeiros portugueses a se adaptarem
nos trópicos. Brancos e mulatos, percorriam os rios da Alta Guiné
trocando tecidos e outros produtos por escravos. Vestiam-se como
nativos e entalhavam no rosto as marcas das etnias locais. "Andam
nus [...], riscam o corpo todo com um ferro [...] e andam por todo
aquele Guiné tratando e comprando escravos por qualquer título
que os podem haver", escreveu o cronista cabo-verdiano André
Álvares de Almada, em 1594.* Calcula-se que, em 1546, havia cerca
de duzentos cristãos-novos vivendo na condição de *lançados* na
região da Guiné e de Serra Leoa. Foram eles que fundaram, por
volta de 1590, a cidade de Cacheu (na atual Guiné-Bissau), um dos
principais portos de embarque de escravos do Golfo da Guiné
para o Brasil entre os séculos XVI e XVII.[19]

A maioria dos *lançados* era de origem portuguesa, o que
não significava fidelidade à Coroa lusitana. Ao contrário, eles
eram os facilitadores das incursões de franceses, ingleses e holandeses, que durante décadas persistiram na tentativa de arran-

---

* André Álvares de Almada era capitão de navio e comerciante, autor do *Tratado breve
dos rios de Guiné do Cabo Verde, desde o rio Sanagá até os baixios de Sant'Anna etc.*

O LABORATÓRIO

car um naco do lucrativo tráfico de escravos na costa da África. Para isso, pagavam preços melhores pelos cativos, faziam concessões e traziam mercadorias que os chefes africanos desejavam e que frequentemente lhes eram negadas pelos portugueses.

Os *lançados* compunham uma eficiente rede de tráfico de escravos e mercadorias. Em geral, não pagavam impostos nem davam satisfação de seus negócios a ninguém. Sua ação escapava ao controle da Coroa portuguesa, que, por muito tempo, tentou, inutilmente, enquadrá-los nas leis e regulamentos da metrópole. As Ordenações Manuelinas proibiam, sob pena de morte, que "se lance com os negros em nenhuma parte da Guiné nem se deixe lá ficar com os ditos negros". As punições aplicavam-se também aos capitães de navios que eventualmente não impedissem a permanência do *lançado* na costa da África.[20] Os *lançados* também adotaram costumes e crenças africanas, provocando a ira da Igreja.

Sobre eles, escreveu o padre jesuíta Manuel de Barros, em 1605:

> *Homens portugueses que andam metidos dentro da Guiné [...] comprando negros, passando vinte e trinta anos, mais e menos, sem se confessarem; e além de ser gente estragada, não têm confessor por aquelas partes. Estes se chamam tangomaus, gente bem nomeada pela vida que fazem, tão esquecida de sua salvação que muitos deles andam nus, riscando e lavrando a pele com um ferro, tirando sangue e depois, com o sumo de certa erva, deixando a pintura do lagarto ou da serpente (que é o comum) ou outras que eles mais querem, e isto por mais se naturalizarem com o gentio da terra em que tratam.*

Na mesma época, outro jesuíta, o padre Manuel Álvares, afirmava:

189

ESCRAVIDÃO VOL. I

São todo o mal, idólatras, perjuros, desobedientes do céu, homicidas sensuais, ladrões da fama, do crédito, do nome dos inocentes, da fazenda. Traidores que, nos apertos, se lançam com os piratas, levando as suas naus aonde costumam surgir e resgatar as nossas embarcações, gente sem direito nem avesso, sem respeito mais que o próprio apetite, semente do inferno.[21]

O primeiro *lançado* de que se tem notícia foi João Fernandes, escudeiro do infante dom Henrique, que, em 1445, resolveu, por vontade própria, desembarcar no Rio do Ouro, atual Saara Ocidental. Ficou ali a viver com os azenegues. Sete meses mais tarde, foi recolhido pela caravela de Antão Gonçalves, que o avaliou "bem pesado e gordo", sinal de que havia sido bem tratado pelos nativos durante a permanência na costa africana. Era, segundo o jornalista e historiador José Ramos Tinhorão, "um misto de espião, agente diplomático e negociador comercial".[22] Sabia falar a língua dos azenegues e conhecia bem os costumes dos muçulmanos do norte da África porque tinha vivido entre os mouros como prisioneiro durante algum tempo. Tão logo Antão Gonçalves voltou para buscá-lo, Fernandes já lhe apresentou um comerciante mouro, Ahude Meiman, que se dispunha a fornecer cativos aos portugueses.[23]

Por volta de 1570, o *lançado* alentejano João Ferreira, a quem os negros fulas chamavam de Gana-Goga, "o homem que fala muitas línguas", subiu trezentos quilômetros do curso do rio Gâmbia e se casou com uma princesa local. Sua parentela passou a dominar o tráfico de escravos em toda a região hoje compreendida pelo Senegal e pela Gâmbia.[24] Diogo Henriques de Sousa, que se estabeleceu no início do século XVII entre o povo beafada, próximo à foz do rio Grande, acumulou rapidamente poder e riqueza. Vivia com a família e os agregados num

190

conjunto de sobrados caiados, construídos ao estilo português, cobertos de palha e com alpendres frescos e sombreados. Protegia-se com uma plataforma de canhões operados por um artilheiro holandês. Era um grande traficante de escravos. Ao retornar a Portugal, anos mais tarde, deixou com um primo bastardo uma frota de 22 navios.[25]

Os *lançados* deram início a verdadeiras dinastias na costa da África e firmaram o português acrioulado como a língua franca ao longo de todo o litoral do continente, incluindo as vilas localizadas às margens dos rios principais. Seus filhos e descendentes ampliaram aldeias e entrepostos comerciais criados pelos patriarcas. As viúvas ficaram conhecidas como "donas", mulheres de grande prestígio e posição social nas comunidades em que viviam. Dona Maria Mar, proprietária de numerosos escravos e de um grande rebanho de bois, vivia nas margens do rio Gâmbia e, segundo o viajante François de Paris, que a conheceu em 1682, era a segunda pessoa mais importante no Reino da Barra, ficando atrás apenas do próprio rei. O viajante Jean Barbot ficou impressionado com uma delas, dona Catarina, que o recebeu para um jantar em Rio Fresco, em 1681. Barbot estranhou que todos os presentes comiam com as mãos, fazendo bolinhos com os alimentos antes de levá-los à boca, demonstração de que a família estava bem adaptada aos hábitos locais. Por sinal, muitos desses costumes não eram exclusivos da África, já que nessa época, por exemplo, também comia-se com as mãos em Portugal e no Brasil.

Desembarque de cativos no Mercado do Valongo, no Rio de Janeiro

Viagem pitoresca através do Brasil, 1827–1835, Johann Moritz Rugendas. Bridgeman Images/Keystone Brasil.

Venda de africanos recém-chegados ao Brasil

Viagem pitoresca através do Brasil, 1827–1835, Johann Moritz Rugendas. Bridgeman Images/Keystone Brasil.

Leilão de escravizados

Auguste Francois Biard, 1858–1859. DeAgostini / Getty Images.

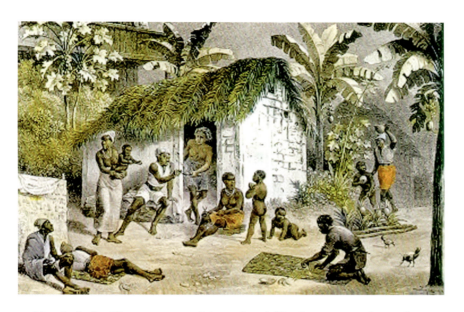

Habitação de família escrava: precária e sob a vigilância constante dos senhores

Viagem pitoresca através do Brasil, 1827–1835, Johann Moritz Rugendas. Alamy/Fotoarena.

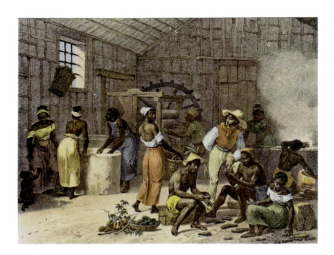

Uma fábrica de farinha de mandioca: alimento na rota do tráfico

Viagem pitoresca através do Brasil, 1827–1835, Johann Moritz Rugendas. Bridgeman Images/Keystone Brasil.

Engenho de açúcar: sinônimo de escravidão

Viagem pitoresca e histórica ao Brasil, 1827–1835, Jean-Baptiste Debret. Art Images/Getty Images.

Maurício de Nassau: figura emblemática na guerra pelos cativos no Atlântico

Pintura a óleo atribuída a Michiel Jansz van Mierevelt, 1637. Alamy/Fotoarena.

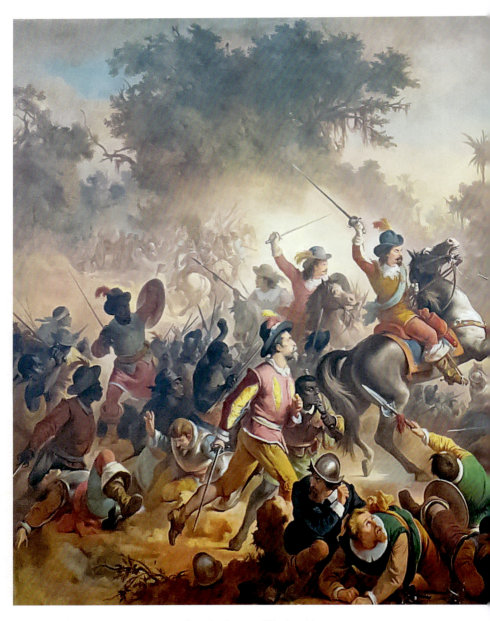

Batalha dos Guararapes: o crepúsculo do Brasil holandês

Batalha dos Guararapes. Pintura de Victor Meirelles. Óleo sobre tela, 1879. Alamy / Fotoarena.

Punição de negro escravizado com palmatória: rotina de violência

Viagem pitoresca e histórica ao Brasil, 1834–1839, Jean-Baptiste Debret. Alamy / Fotoarena.

Escravo sendo marcado a ferro quente

Nathaniel Currier, 1845. Alamy/Fotoarena.

Açoites e castigos: as marcas do poder absoluto dos senhores de escravos no Brasil colonial

Viagem pitoresca e histórica ao Brasil, 1834–1839, Jean-Baptiste Debret. Alamy / Fotoarena. Bridgeman Images/Keystone Brasil.

Catarina de Bragança: a rainha sem-teto em Lisboa

Peter Lely, óleo sobre tela, 1663–1665. Alamy/Fotoarena.

A rainha Jinga: símbolo da resistência contra o poder português em Angola

Litografia de Achille Devéria, cerca de 1830. Bridgeman Images/Keystone Brasil.

Domingos Jorge Velho: o algoz de Palmares

Benedito Calixto, óleo sobre tela, 1903. Alamy/Fotoarena.

Zumbi dos Palmares, por Antônio Parreiras: um herói brasileiro ainda em construção

Antônio Parreiras, óleo sobre tela, cerca de 1927. Alamy/Fotoarena.

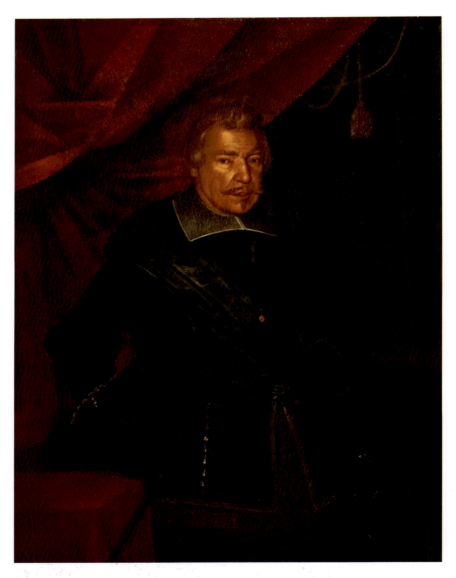

Salvador de Sá: o "libertador" de Angola

Feliciano de Almeida, óleo sobre tela, 1673–1675. Alamy/Fotoarena.

13. RUÍNAS DE UM SONHO

EM JUNHO DE 1992, o papa João Paulo II fez no interior de Angola uma das visitas mais simbólicas e emocionantes de todo o seu longo pontificado. Ele esteve numa igreja abandonada que havia séculos deixara de ser frequentada pelos seus fiéis católicos. Sobraram apenas as ruínas, hoje tomadas pelas ervas daninhas que crescem à sua volta e sobem pelas paredes de pedra ferruginosa. O teto desabou há muito tempo, deixando à vista somente as paredes externas e um pequeno frontispício, no qual se destaca a porta de entrada do templo, em forma de semicírculo. Os visitantes são raros e, quando chegam, usam o campo de pouso vizinho, construído pelos portugueses durante a Guerra da Independência de Angola.

Apesar da aparente desolação, nesse local estão os vestígios de um dos capítulos mais dramáticos de toda a história da Igreja e da escravidão africana.

As ruínas de Kulumbimbi, nome da Catedral de M'banza--Congo, declaradas Patrimônio Mundial da Humanidade pela Unesco em 2017, estão situadas a cerca de quinhentos quilômetros ao norte de Luanda, a capital de Angola, e a apenas vinte da fronteira com a República Democrática do Congo, hoje um país assolado por uma interminável guerra civil. Ali, os jesuítas ergueram, entre maio e julho de 1491, a primeira igreja católica de toda a África Subsaariana — ou seja, toda a extensão do continente localizada abaixo do deserto do Saara. A catedral foi concluída em 1596. Era parte de um projeto grandioso do Reino de Portugal para justificar de vez a grande aventura dos descobrimentos e das conquistas em que os lusitanos estavam envolvidos naquela época.

Entre os séculos XV e XVI, a Coroa portuguesa empenhou-se a fundo na concretização de duas tarefas que hoje pareceriam inconciliáveis. A primeira seria catequizar, à luz do evangelho do perdão e da misericórdia, e incorporar ao rebanho da Igreja Católica um grande reino africano até então entregue às práticas de culto que os europeus consideravam pagãs, selvagens, bárbaras e primitivas. A segunda missão, intimamente associada à primeira, seria extrair o maior número possível de escravos dessa mesma área e transportá-los para o outro lado do Atlântico, onde serviriam de mão de obra cativa nas lavouras de cana-de-açúcar e no desempenho de outras atividades. Por algum tempo, o projeto pareceu funcionar. O Reino do Congo converteu-se e adotou nomes, códigos, rituais e comportamentos tipicamente portugueses numa velocidade surpreendente. E também se tornou logo uma das principais fontes de cativos para o tráfico negreiro.

Infelizmente, o sonho desmoronou com a mesma rapidez com que havia sido erguido. Hoje, a história do Reino do Congo é considerada pelos estudiosos como um caso exemplar e trágico das consequências do tráfico de escravos. Foi, na definição do historiador britânico Charles Boxer, o símbolo máximo da "dicotomia que afligiu a aproximação portuguesa aos negros africanos durante tanto tempo: o desejo de salvar suas almas imortais associado ao anseio de escravizar seus corpos vis".[1] Ou, ainda na frase de outro historiador, o também britânico John Russell-Wood, "um exercício de desilusão mútua", em que as expectativas dos dois lados estavam equivocadas e jamais se confirmaram.[2]

O antigo Reino do Congo estendia-se por um território diferente dos dois países que atualmente usam essa denominação: a República Democrática do Congo e o Congo propriamente dito. Estava situado numa região de savanas, logo abaixo da floresta equatorial africana, e tinha sua capital na cidade de M'banza-Congo, rebatizada de São Salvador do Congo após a chegada dos portugueses. Era uma cidade enorme para os padrões da época, com população entre 60 mil e 70 mil habitantes. O palácio do rei tinha 2,4 mil metros de circunferência. Metade dos 200 mil moradores do reino era escrava. A economia baseava-se no cultivo de lavouras de feijão, sorgo e milhete, e na criação de gado bovino, porcos, ovelhas e galinhas. As roupas eram feitas com fibras de palmeira. Hábeis oleiros, os congoleses faziam utensílios de cerâmica e dominavam técnicas rudimentares de metalurgia, que incluíam como matérias-primas o ferro e o cobre, com os quais fabricavam ferramentas agrícolas, como enxadas e machados, e pontas de flechas usadas na caça e na guerra. Moravam em cabanas e aldeias protegidas por paliçadas.[3]

Em 1483, o navegador Diogo Cão ancorou sua caravela na margem sul da foz do rio Zaire.[4] Foi recebido pelo maní, ou senhor, do Sônio, província do Reino do Congo. Comunicando-se por mímica e algumas poucas palavras que ambos compreendiam, mandou mensageiros e presentes para M'banza-Congo, a capital do reino, onde vivia o seu soberano máximo, o manicongo (senhor do Congo) Nzinga-a-Nkuwa. Como os mensageiros demoraram a retornar, Diogo Cão tomou quatro reféns entre a população local e os levou para Portugal. Antes de partir, avisou que os traria de volta no prazo de quinze luas, cerca de catorze meses. E, cumprindo o que prometera, em 1485 estava de volta, com os reféns que levara da primeira viagem, todos vestidos à moda europeia e falando português fluente. Uma vez mais, mandou ao manicongo mensageiros e presentes, além de uma carta do rei de Portugal, dom João II, que oferecia sua amizade ao soberano africano. A resposta dessa vez foi rápida e positiva. Embora ainda não tenha sido nessa viagem que o navegador encontrou pessoalmente o rei do Congo, o soberano avisou que enviaria imediatamente uma embaixada a Portugal, no próprio navio de Diogo Cão.

A comitiva congolesa enviada a Lisboa incluía um dos reféns da primeira viagem, cujo nome tinha mudado de Chrachanfusus (ou Caçuta) para João da Silva. Levava como presentes para o rei português objetos de marfim e panos de ráfia, cujas qualidade e beleza provocaram alvoroço entre a nobreza em Lisboa. O manicongo pedia ao rei de Portugal que acolhesse e educasse alguns de seus jovens súditos de modo que esses, depois de formados, pudessem dividir o conhecimento com os seus conterrâneos. Solicitava também que enviasse ao Congo missionários católicos e mestres em ofícios, como pedreiros, carpinteiros e agricultores. Dom João II atendeu aos pedidos e despachou os padres e artífices em três navios, incluindo mais alguns presentes, como cavalos, arreios, sedas, damascos e veludos. As caravelas chegaram ao Congo depois de uma viagem trágica, marcada por calmarias, brigas entre os tripulantes e muitas mortes causadas por febres e outras doenças. Entre as vítimas estava o próprio comandante da expedição, Gonçalo de Sousa, e o tal ex-refém congolês convertido em embaixador, João da Silva.

A recepção dessa vez, porém, foi apoteótica e superou as melhores expectativas dos portugueses. Em meio a festas, músicas, danças e grandes homenagens, o manicongo em pessoa foi receber Rui de Souza, sobrinho do comandante morto na travessia, que agora liderava a expedição. A cena desse encontro inusitado poderia compor o quadro de uma ópera: de um lado, precedidos por uma bandeira e acompanhados pelo rufar dos tambores e o sopro das trombetas, os lusitanos apresentaram-se vestidos de gala, com suas armas — arcabuzes, bestas, lanças e alabardas. Do outro, os anfitriões africanos, nus da cintura para cima, pintados de branco, com cocares de penas e panos coloridos de ráfia amarrados à cintura, todos dançando ao toque de tambores, chocalhos e trompas de marfim. O senhor do Sônio trazia na cabeça uma carapuça bordada com uma serpente e ali mesmo pediu e recebeu o batismo, com o nome de Manuel, durante missa celebrada numa igreja especialmente construída para a ocasião. Em seguida, determinou que todos os fetiches e imagens ligados aos cultos tradicionais africanos fossem queimados.

A etapa seguinte, em M'banza-Congo, a capital do reino, foi ainda mais ruidosa e festiva. O manicongo recebeu os portugueses numa cadeira entalhada em madeira e marfim colocada no alto de um estrado. Estava com o peito nu e usava amarrada à cintura a peça de damasco que havia recebido anteriormente de presente do rei de Portugal. Portava os seus símbolos de poder: um barrete branco, um espanta-moscas de rabo de zebra ou de cavalo com empunhadura de prata, um bracelete de cobre no braço esquerdo e, sobre o ombro, um saquinho com as relíquias de seus antepassados. Também ele recebeu o batismo cristão, com o nome de João I, homônimo, portanto, do soberano português. Em seguida, partiu para a guerra contra um adversário vizinho, da qual saiu vitorioso, levando água benta pelo papa Inocêncio VIII, uma bandeira de cruzado enviada de Lisboa por dom João II, além de barcos e soldados portugueses.

Nascia ali uma peculiar forma de catolicismo, até hoje vigente nessa região da África, que mistura crenças e rituais de origem católica com outros de raiz local, ancestral e africana.

A rápida adoção de uma nova crença pelo rei do Congo e seus súditos seria por convicção ou por conveniência? Essa tem sido uma fonte inesgotável de discussões entre historiadores, antropólogos, sociólogos e outros estudiosos do tema. Mas, aparentemente, como em todas as histórias de conversão religiosa, os dois motivos se somavam. O manicongo, como outros soberanos da África na época, obviamente tinha interesse em manter relações amigáveis e fazer negócios com os portugueses. O batismo era o caminho mais curto para isso. Ao mesmo tempo, o sistema de crenças (a chamada cosmologia) desses mundos — o africano e o europeu — não era tão diferente como se imagina.

Na Europa, os católicos tinham o hábito de mandar benzer a terra semeada, na esperança de uma boa colheita. Faziam procissões para pedir chuvas. Acreditavam em mau-olhado, bruxas e feiticeiras (muitas delas queimadas nas fogueiras da Inquisição). Era exatamente no que acreditavam e o que faziam os habitantes do Congo, só que com nomes e rituais diferentes. Como no catolicismo europeu, os congoleses tinham fé em um Deus supremo, na imortalidade da alma, na ressurreição dos mortos e na existência de um paraíso de completa felicidade e bem-aventurança. Acreditavam também na existência de espíritos benfazejos, como os santos católicos, e forças espirituais maldosas, que podiam ferir, matar ou prejudicar, como os demônios europeus. E, num paralelo ainda mais próximo à veneração dos santos católicos, guardavam relíquias dos seus antepassados, como grandes pedaços de ossos e tufos de cabelo, aos quais atribuíam poderes miraculosos. Usavam mandingas e talismãs, tanto quanto os católicos se valiam de medalhinhas, escapulários, terços e crucifixos.[5] Ao se ligar todos esses pontos, seria razoável supor que, por trás das decisões do manicongo, estivessem interesses de natureza prática, mas também uma sincera aceitação do sistema de crenças que os portugueses lhe ofereciam.

RUÍNAS DE UM SONHO

Dom João I, primeiro manicongo cristão, morreu em 1506. Na disputa pelo trono, seu filho mais velho, Mbemba Nzinga, batizado com o nome português de dom Afonso I, enfrentou e matou o irmão, Mpanzu a Kitima, aliado da nobreza tradicional, que se opunha ao processo de europeização do reino. No episódio, mito e realidade começaram a se misturar. Propagou-se a lenda de que, durante a batalha decisiva, dom Afonso teria visto o sinal da cruz estampado no céu e contado com a ajuda do apóstolo Santiago, reproduzindo assim antigas tradições ibéricas. Durante uma batalha decisiva contra os espanhóis, no Campo de Ourique, o primeiro rei português, dom Afonso Henriques, também teria tido a visão de uma cruz luminosa, no centro da qual estaria Jesus crucificado e rodeado pelos anjos. Na Espanha e em Portugal, Santiago era conhecido como "Mata-Mouros" pelo inestimável auxílio que prestaria aos reis católicos na luta contra os muçulmanos.

Dom Afonso do Congo se revelou um católico devoto que, segundo testemunhas da época, passava as noites lendo a vida dos santos e livros da doutrina cristã. Sua ambição era fazer do Congo uma cópia de Portugal. Títulos tradicionais de nobreza na Europa, como duque, marquês, conde e barão, além de dom e dona, foram imediatamente adotados pela aristocracia local. Criou-se nessa elite o gosto pelo estilo de vida europeu, que incluía o uso de chapéus de plumas e abas largas, casacas de veludo com golas altas e punhos rendados, sapatos de fivela e correntes de ouro. Imitando o comportamento do pai, o rei também mandou para Lisboa jovens congoleses para serem batizados e instruídos na língua e na cultura portuguesas. Um deles, seu próprio filho Henrique, acabaria se tornando o primeiro bispo africano, responsável pela diocese de Utica, situada próxima à antiga cidade de Cartago, na atual Tunísia. Coube também a dom Afonso nomear os primeiros embaixadores do Congo junto à Santa Sé.

A correspondência entre os reis de Portugal e do Congo é uma das documentações mais pitorescas e surpreendentes da história da escravidão africana.[6] Eram dois soberanos de mundos e culturas distantes, com raízes históricas, hábitos, costumes e crenças totalmente diversos. Um deles, o rei de Portugal, dominava um império que se espraiava por metade do planeta, com territórios, colônias, entrepostos de comércio e fortificações em quatro continentes — Europa, América, África e Ásia. O outro acabara de ser surpreendido com a chegada de navios e homens barbudos de pele branca, fortemente armados, que nunca tinha visto nos seus territórios. Tentava entender e sobreviver à maré vertiginosa de acontecimentos que ameaçava a existência do seu próprio povo. E, apesar de todas essas diferenças, os dois soberanos tratavam-se como iguais. Ao menos formalmente, nas cartas que trocaram entre si.

Em 1512, dom Manuel I, rei de Portugal na época da chegada dos portugueses ao Brasil, despachava para dom Afonso I, rei do Congo, uma correspondência com o seguinte preâmbulo:

> *Muito poderoso e excelente rei do Manicongo. Nós, dom Manuel, pela graça de Deus rei de Portugal e da Guiné, vos enviamos muito saudar, como aquele que muito amamos, e prezamos, e para quem queríamos que Deus desse tanta vida, e saúde como vós desejais.*

A resposta de dom Afonso veio em 31 de maio de 1515, no mesmo tom amigável:

> *Mui alto e mui poderoso Senhor. Nós, dom Afonso, por graça de Deus rei do Congo e Senhor dos Ambundos, com aquele acatamento e reverência que de rei a rei devemos fazer, encomendamos a Vossa Alteza Senhor muitas santas*

graças, e louvores te dou ao mui altíssimo Deus padre e filho e espírito santo.

Na primeira carta, dom Manuel apresentava seu mensageiro, o fidalgo Simão Silva, que não chegou a se encontrar com o manicongo porque morreu a caminho, aparentemente de malária ou febre amarela. Coube a seu substituto, Álvaro Lopes, entregar as instruções, "um verdadeiro plano diretor da europeização do reino africano", segundo a definição do historiador Alberto da Costa e Silva.[7] Na carta, dom Manuel orientava o colega africano sobre quase tudo que poderia dizer respeito ao seu reino, incluindo até mesmo o formato de sua assinatura nos documentos. A carta de resposta de Afonso I, por sua vez, pedia ajuda ao rei português para cumprir sua missão religiosa de propagar a palavra do Evangelho no reino africano, "porque, Senhor, irmão, a nós seria melhor não nascer neste mundo do que ver a perdição de tantas almas de nossos parentes, irmãos e primos". Em seguida, solicitava o envio de pedreiros e carpinteiros para construir casas e edifícios no reino do Congo. Encerrava a carta intercedendo a "Nosso Senhor Jesus Cristo muitos dias de vida e alçamento ao vosso real Estado", ou seja, o reino português.

Dom Manuel I morreu em 1521, mas os pedidos do soberano do Congo continuaram a chegar a Lisboa, endereçados ao novo rei português, dom João III. Numa das cartas, dom Afonso pedia o envio, com urgência, de cinquenta padres à África, porque, segundo alegava, na falta de sacerdotes, havia seis meses que seu povo estava sem missa nem sacramento:

Nós, dom Afonso, por graça de Deus rei do Congo e Senhor dos Ambundos e da conquista de Panzelumbos, com aquele acatamento que devemos, beijamos as Reais mãos de Vossa Alteza, a quem fazemos saber que bem podemos haver qua-

renta anos, pouco mais ou menos, que nosso Senhor, por sua piedade e misericórdia, nos iluminou e nos mostrou caridade e tirou da escravidão em que vivíamos. Pedimos a Vossa Alteza, pela morte e paixão que nosso Senhor padeceu pelos pecadores, que nos mande cinquenta padres [...] para estarem repartidos pelo reino e senhorios, para nosso Senhor ser servido e sua santa fé católica ser acrescentada e nós seríamos consolados, vendo o que tanto desejamos por vermos a necessidade que este reino tem, e vermos a multidão das almas que se perdem.

Em meio à troca de correspondências e gentilezas, os reis congoloses às vezes mandavam escravos de presente ao rei de Portugal. Com a ajuda dos portugueses, promoviam grandes razias em territórios vizinhos, que resultavam na captura de centenas de cativos. Em uma delas, o manicongo atacou e venceu o rei Munza, do Dembo (atual Angola). Dos seiscentos prisioneiros capturados ao final da batalha, trezentos foram imediatamente despachados como escravos para Portugal. Os demais só não embarcaram porque, ao chegar ao porto, os navios já tinham partido. Em 1530, o Reino do Congo exportava, por ano, entre 4 mil e 5 mil "peças da Índia", ou seja, escravos considerados de primeira qualidade, jovens, saudáveis e do sexo masculino. Porém, foi justamente o tráfico de cativos que começou a azedar a relação entre eles. O choque de interesses revelou-se inevitável. Portugal queria escravos. O Congo, ajuda para se modernizar e enfrentar os adversários. A certa altura, o manicongo percebeu que o número de súditos do reino que embarcavam nos navios negreiros era alarmante e precisava ser estancado. É esse o teor da carta de dom Afonso I a dom João III em 1526, na qual pede o fim do tráfico na região: "Pedimos [...] nos queira ajudar e favorecer neste caso, em mandar a seus feitores que não en-

viem cá mercadores nem mercadorias, porque nossa vontade é
que neste reino não haja trato de escravos nem saída deles".

Na mesma carta, dom Afonso manifestava o desejo de comprar um navio em Portugal e, dessa maneira, fazer comércio direto com a Europa, sem intermediários. Dizia que os portugueses seriam sempre bem-vindos, mas só se fossem padres ou
professores. Traficantes de escravos não mais seriam acolhidos.

O rei português demorou dez anos para responder essa carta. Nenhuma das propostas foi aceita. Mais do que salvar almas, os
portugueses estavam interessados mesmo era no tráfico de escravos. Ainda assim, o rei do Congo insistiu na determinação de con-
ter e regulamentar o tráfico. Criou um comitê composto por três
de seus representantes, sem cuja autorização nenhum cativo
poderia ser embarcado para fora do reino. Foi inútil. O sistema fez
com que as feiras e mercados de cativos se deslocassem para regiões vizinhas, mas continuaram tão ativos quanto antes.

Quando dom Afonso I morreu, em 1543, o projeto de europeização do Congo já tinha fracassado por completo. Portugal
não cumprira sua parte nos tratos iniciais. Até padres e missionários se mostraram mais interessados em traficar escravos do
que em educar ou salvar almas. Entre os traficantes negreiros
estava o próprio superior dos jesuítas, padre Jorge Vaz. As
reclamações contra o mau comportamento do clero eram uma
constante nas cartas do manicongo para o rei português. Numa delas, ele contava que um padre havia "enchido suas casas de putas"
e "emprenhado uma mulher", o que teria causado uma fuga em
massa dos estudantes da escola em que a jovem era professora.
"Os moços que ensinava e tinha em casa lhe fugiram", explicou
o rei do Congo ao colega português. Na inspirada frase de Alberto
da Costa e Silva, "o reino do Congo tinha Portugal dentro dele
como uma espécie de doença".[8]

ESCRAVIDÃO VOL. I

Os herdeiros de dom Afonso engalfinharam-se numa luta sucessória que dilacerou o reino. Ao mesmo tempo, fortalecia-se ao sul, com apoio português, o processo de separação do Reino do Dongo, até então vassalo dos congoleses. A ruptura ocorreu em 1554, quando as tropas do angola, como era chamado o soberano desse reino, derrotaram os exércitos do manicongo dom Diogo I, um rei descrito como janota, que nunca repetia a mesma roupa e vestia-se à moda portuguesa. Em 1568, o Congo foi invadido pelos jagas, uma temida dinastia de guerreiros vindos do atual interior de Angola e descritos pelo viajante Felippo Pigafetta como "uma horda feroz, nômade e antropófaga que vivia da guerra e do saque".[9] Os jagas atacavam armados de azagaias, punhais e escudos e se deslocavam com grande rapidez. Num período de apenas vinte e cinco anos, a partir de 1614, oito soberanos se revezaram no trono, todos com nomes aportuguesados. O reinado mais estável, o de dom Álvaro III, durou sete anos. Ambrósio I, Álvaro IV e Álvaro VI permaneceram no trono cinco anos cada um. Os demais reinaram apenas entre um e dois anos. Três foram depostos e um, envenenado.[10]

O martírio final do Congo foi protagonizado por três brasileiros: Salvador de Sá, João Fernandes Vieira e André Vidal de Negreiros, todos heróis da guerra contra os holandeses no Brasil e na África na primeira metade do século XVII. Como recompensa, tinham recebido da Coroa portuguesa inúmeras honrarias, entre elas o posto de governador de Angola, que ocuparam sucessivamente entre 1648 e 1661. Os três viam o Congo com olhos de traficantes de escravos: era o último grande bolsão de mão de obra cativa, cobiçado pelos negreiros e nunca devidamente pilhado em razão das relações privilegiadas que os congoleses haviam estabelecido com o rei português e com o papa um século e meio antes. Achavam que cabia a eles consumar essa tarefa.

RUÍNAS DE UM SONHO

A essa altura, porém, o Congo já era um reino cristão independente, reconhecido como tal por Roma, Lisboa e outras capitais europeias. Em 1651, um estatuto do Conselho Ultramarino afirmou: "el-rei de Congo não é vassalo desta coroa, senão irmão de armas dos reis dela".[11] Apesar disso e das resistências da Coroa portuguesa, os governadores brasileiros empenharam-se em inventar pretextos para atacar e destruir, de uma vez por todas, o reino africano. João Fernandes Vieira acusava o manicongo Antônio I Afonso de traição e de acolher escravos fugidos de Angola. Segundo ele, "a maior ruína" que os moradores de Angola estavam sofrendo "era o desaforo com que el-rei de Congo tinha em suas terras a maior parte dos escravos" angolanos. André Vidal de Negreiros, paraibano e dono de engenhos, dizia que o rei do Congo roubava minas e desviava metais preciosos que por direito pertenceriam à Coroa portuguesa. Para contornar a eventual oposição da Igreja, acusou o clero congolês de "cismático e idólatra", exercendo má influência junto ao rei.

Diante de tantas intrigas, coube ao próprio manicongo tomar a iniciativa do combate. Pressionado pelos seus nobres e súditos, dom Antônio I Afonso declarou guerra a Vidal de Negreiros, com o objetivo, segundo ele, de "defender nossas terras, fazendas, filhos e mulheres, e nossas próprias vidas e liberdades, de que a nação portuguesa se quer apossar e senhorear". Era o pretexto que faltava aos brasileiros. O confronto decisivo se deu em 1665, na Batalha de Ambuíla, deflagrada a cerca de setenta quilômetros a leste da capital, São Salvador. As tropas do Congo compunham-se de 190 mosqueteiros e dezenas de milhares de arqueiros e zagaieiros. As de Vidal de Negreiros contavam com dois canhões, 550 mosqueteiros, 3 mil arqueiros e milhares de guerreiros nativos, entre eles os célebres jagas. Foi um massacre no qual o próprio rei congolês acabou morto e degolado. Segundo relato enviado por Vidal de

Negreiros a Lisboa, mais de 5 mil guerreiros foram mortos, incluindo "quatrocentos fidalgos titulares" do rei.[12]

Derrotado e morto, dom Antônio I Afonso recebeu dos portugueses todas as homenagens que cabiam a um rei cristão. Sua cabeça decepada foi levada em procissão pelas ruas de Luanda, a capital de Angola, e sepultada na igreja de Nossa Senhora de Nazaré, que Vidal de Negreiros mandara construir no ano anterior. A coroa dos reis do Congo, que dom Garcia, pai de dom Antônio I Afonso, recebera de presente do papa Inocêncio X, foi enviada de volta ao Vaticano pelo mesmo Vidal de Negreiros. Numa escala em Pernambuco, no entanto, foi roubada por alguém que julgou estar se apossando de uma grande quantidade de ouro. Na verdade, a coroa era feita de latão. Nunca mais se teve notícia dela nem do gatuno que a surrupiou. Vidal de Negreiros retornou ao Brasil sem pagar os soldos das tropas que o haviam acompanhado na Batalha de Ambuíla.

Com o extermínio do Reino do Congo, terminava também uma fascinante história de um século e meio em que um reino africano, capturado pela vertiginosa engrenagem do tráfico de escravos, tentou, inutilmente, se adaptar às circunstâncias, a ponto de adotar a religião, os hábitos, os costumes, os nomes e os rituais europeus. Buscou, sem sucesso, sobreviver ao massacre que, inevitavelmente, deixaria em ruínas um continente inteiro. A partir daquele momento, Angola e o território vizinho do antigo Congo se consolidariam como os maiores fornecedores de cativos nos 350 anos da história da escravidão no Brasil.

14. ANGOLA

"Sem Angola não há negros; e, sem negros,
não há Pernambuco."

PADRE ANTÔNIO VIEIRA, 1648

DA AMURADA DO NAVIO EM QUE VIAJAVA, o jesuíta Garcia Simões observou encantado a paisagem que se desdobrava diante de seus olhos. A baía de águas calmas e muito azuis era flanqueada à esquerda por elevações que a protegiam das nuvens de areia sopradas pelo vento do interior do continente. À direita, por uma ilha rasa, comprida e delgada — "com a largura de um tiro de espingarda", segundo anotou —, pontilhada por dunas e praias alvíssimas que impediam o avanço das incansáveis ondas do oceano. Ao fundo, erguia-se um maciço rochoso por quase cem metros acima do nível do mar, o lugar perfeito para a instalação das muralhas de uma fortaleza, como era hábito dos navegadores e conquistadores portugueses daquela época. Para um brasileiro de hoje, a paisagem certamente lembraria os contornos da Cidade Alta de Salvador, vistos da Baía de Todos os Santos, ou do Morro de São Bento, no Rio de Janeiro, observados da Baía de Guanabara.

Natural de Alenquer, vilarejo próximo a Lisboa, Garcia Simões entrara para a Companhia de Jesus em 1556. Era um dos setecentos tripulantes da esquadra de sete navios que ancorou no fundo da atual Baía de Luanda no dia 11 de fevereiro de 1575, sob o comando do novo governador de Angola, o capitão Paulo Dias de Novais, neto de Bartolomeu Dias, o primeiro navegador europeu a cruzar o Cabo da Boa Esperança do Oceano Atlântico para o Índico. Padre Simões chefiava a nova missão dos jesuítas despachada para a África pelo rei de Portugal. Viveria pouco. Três anos mais tarde, estaria morto pelas febres malsãs que dizimavam os portugueses nos trópicos.[1]

Ao pisar em terra, um detalhe em particular lhe chamou atenção: "Aqui se pode encontrar todos os escravos de que se precise; e eles custam praticamente nada".[2]

Escravos, e muito baratos, era, de fato, o que não faltava em Angola. A tal ponto que, na ausência de dinheiro em espécie, serviam como moeda corrente nas trocas do comércio local. Os próprios jesuítas que acompanhavam o novo governador dependiam da venda de cativos para sobreviver. Nas décadas seguintes, o colégio da Ordem em Luanda receberia trezentos escravos por ano como contribuição obrigatória arrecadada entre os chefes locais nativos, os sobas, por imposição da Coroa portuguesa. Destes, os padres conservariam cerca de cem para os seus serviços domésticos. Os demais seriam usados como poupança, que ia sendo consumida de acordo com as necessidades — ou seja, vendidos para pagar as despesas dos jesuítas.

"A sustentação dos nossos é muito difícil", escrevia o padre Baltasar Barreira, colega de Garcia Simões, aos seus superiores em Lisboa. "Para comprar aos brancos as coisas que chegam de Portugal, é necessário ter sempre escravos em cadeias [acorrentados], porque ninguém as vende senão por eles." Como em Luanda os cativos eram pouco valorizados, ao contrário das sempre inflacionadas mercadorias importadas da Europa, o padre Barreira se aproveitaria da isenção de tributos assegurada à Companhia de Jesus pela Coroa portuguesa para estabelecer o tráfico diretamente com os colégios da Ordem em Salvador e Olinda. É o que atesta um documento de 1582, uma certidão do capitão negreiro André Dias, dando conta do embarque de quatro "peças da Índia", isentas de impostos, dos jesuítas de Luanda para os do Brasil.[3]

A captura e o comércio de cativos eram também a principal razão da chegada do capitão Paulo Dias de Novais e seus setecentos homens a Angola. Quando seus navios atracaram na Ilha de Cabras, descrita anteriormente pelo padre Simões e depois rebatizada como Ilha de Luanda (nome que conserva até hoje), ali já estavam instalados cerca de quarenta mercadores portugueses de escravos originários da Ilha de São Tomé. Eram eles os responsáveis pela construção da acanhada capelinha de Nossa Senhora da Conceição que se via entre as rústicas moradias e os barracões dedicados ao tráfico na ilha.

Um século depois da chegada de Paulo Dias de Novais, Angola já tinha se consolidado como maior território africano fornecedor de mão de obra cativa para a América. Estima-se que, de um total de 10,5 milhões de cativos que chegaram vivos ao continente americano até a metade do século XIX, pelo menos 5,7 milhões, ou 54% do total, vieram dessa região. A proporção foi ainda maior em relação ao Brasil: cerca de 70% dos 4,9 milhões de cativos que desembarcaram em terras brasileiras até a proibição do tráfico pela Lei Eusébio de Queirós, de 1850, provinham de Angola ou áreas vizinhas. "A travessia de Angola para o Brasil foi provavelmente a rota mais viajada do tráfico negreiro entre os séculos XVII e XIX", observou o historiador Roquinaldo Ferreira. "A guerra sistemática foi o processo pelo qual os portugueses e seus aliados africanos asseguraram o controle sobre Angola a partir de Luanda."[4]

Fundada por Dias de Novais em 25 de janeiro de 1576, Luanda foi o maior porto negreiro da história. Só dali partiram cerca de 12 mil viagens, que transportaram aproximadamente 4 milhões de escravos. Situada pouco mais ao sul, Benguela funcionou como um dos grandes centros do tráfico por mais de duzentos anos, embora fosse uma cidade pequena, com uma população entre 1,5 mil e 3 mil habitantes. "Entra uma nau de Angola e desova, no mesmo dia, quinhentos, seiscentos e talvez mil escravos", surpreendia-se no século XVII o padre Antônio Vieira ao observar a intensa movimentação de navios negreiros no cais da cidade de Salvador. Ali, segundo ele, era possível testemunhar a "transmigração imensa de gentes de nações etíopes".[5]

Na história da escravidão atlântica, Angola se diferencia pelo volume de cativos dali extraídos e também por ter sido a única grande extensão territorial da África que os portugueses conseguiram, de fato, conquistar e manter, ao menos parcialmente, como colônia antes do século XIX. Como já se viu nos capítulos anteriores, as doenças tropicais e a resistência dos chefes nativos faziam com que os europeus só muito raramente se embrenhassem continente adentro. Em vez disso, preferiam comprar cativos que lhes eram oferecidos pelos próprios africanos em feitorias e fortificações ao longo do litoral. Era assim que o negócio funcionava em outras grandes áreas fornecedoras de escravos, como o Golfo do Benim, a Costa do Ouro e a costa da Guiné. Em Angola, no entanto, os portugueses, aliados aos soberanos locais, passaram a controlar diretamente o tráfico em todas as suas etapas — da captura ao embarque nos navios negreiros. Estavam, portanto, diretamente envolvidos em razias, sequestros, guerras e outros processos de escravização da população nativa.[*]

---

[*] Como já se viu em nota anterior, o que hoje chamamos de Angola os portugueses só conseguiram ocupar e dominar plenamente ao fim do século XIX. Até então, o controle era limitado a algumas faixas do litoral e presídios ou vilas fortificadas no interior, cujos limites de influência mal chegavam a trezentos quilômetros da costa.

No século XVII, o tráfico de escravos na região central da África estendia-se por um território mais amplo do que os limites da atual República de Angola, abrangendo uma extensão de 1,2 mil quilômetros do litoral africano, entre o cabo Lopes, no atual Gabão, e a foz do rio Cunene, hoje fronteira de Angola com a Namíbia. A área total tinha cerca de 2,5 milhões de quilômetros quadrados, pouco menos de um terço do território brasileiro atual. Era dominada por um promontório equatorial que avançava por cerca de 2,5 mil quilômetros até o centro do continente, marcado por florestas, clareiras, bosques, savanas e áreas semidesérticas. A população, composta basicamente por agricultores, pescadores e criadores de gado, se distribuía em vilarejos, núcleos rurais e casas ribeirinhas. Todos falavam dialetos de uma mesma família linguística banta. O historiador Joseph Miller calcula entre 10 milhões e 20 milhões o número de habitantes, o que daria uma densidade demográfica relativamente alta para a época, de quatro a oito pessoas por quilômetro quadrado, bem superior à do Brasil e à de Portugal no mesmo período.[6]

Andrew Battell, marinheiro inglês que esteve em Benguela-Velha por volta de 1600, relatou que, nessa região, os homens vestiam-se com peles de animais atadas à volta da cintura e usavam fieiras de contas ao redor do pescoço. As mulheres ostentavam colares de cobre, tanto no pescoço como nos braços e tornozelos, e vestiam-se com tecidos feitos com as fibras de uma árvore local. Ecoando o relato feito duas décadas e meia antes pelo padre Garcia Simões ao chegar a Luanda, Battell impressionou-se com a quantidade de cativos disponíveis para compra e o baixo preço que se pagava por eles: "Conseguimos encher nosso navio de escravos em sete dias, tão baratos que muitos não custavam sequer um real, enquanto na cidade de Luanda valeriam pelo menos 20 mil réis".[7]

A denominação Angola vem do título angola (a primeira vogal da palavra não era pronunciada no idioma local), usado pelo soberano do Dongo, principal reino dessa região na época da chegada dos portugueses e vassalo do rei do Congo. Por essa razão, os documentos e relatos portugueses fazem referência ao "Reino de Angola". Ao contrário do ocorrido no reino do Congo, onde os portugueses haviam sido tratados de forma amistosa a ponto de converter o rei ao cristianismo, em Angola a resistência foi maior e aguerrida. Em 1560, a Coroa lusitana fez uma primeira tentativa de aproximação com o angola. A expedição, de que faziam parte quatro missionários jesuítas, era comandada pelo mesmo Paulo Dias de Novais que voltaria em 1575 na condição de governador. Foi um fracasso: os portugueses acabaram todos presos ao desembarcar em Ngoleme, a capital do reino africano, descrita como uma cidade de 5 mil ou 6 mil casas. Dias de Novais ficou detido por cinco anos, antes de negociar a sua libertação com o angola e conseguir retornar a Lisboa.

O padre jesuíta Francisco de Gouveia teve pior sorte. Continuou em cativeiro até o dia de sua morte, dez anos mais tarde. Enquanto estava preso, enviou uma carta aos seus superiores dizendo-se desiludido com a possibilidade de converter os angolanos ao cristianismo de forma pacífica. Segundo explicou, a população local era composta de bárbaros selvagens e, como consequência, o cristianismo em Angola só poderia ser imposto pela força das armas. E foi, de fato, o que aconteceu logo em seguida. Em 1571, Angola foi entregue a Paulo Dias de Novais na forma de Capitania Hereditária. A essa altura, o comércio de escravos já estava firmemente estabelecido na região.[8]

Em fevereiro de 1575, quinze anos após a fracassada primeira embaixada junto ao angola, Dias de Novais atracou seus na-

ANGOLA

vios diante de Luanda. Dessa vez, chegava fortemente armado. Entre os setecentos tripulantes de seus sete navios, 350 eram soldados. Os demais eram marinheiros, carpinteiros, sapateiros e outros artífices, além do grupo de quatro jesuítas chefiados pelo padre Garcia Simões. Retornava para tomar posse, em caráter definitivo e para o resto da vida, do que não era seu nem do rei de Portugal, mas pertencia a reis africanos. O território de sua nova capitania, inspirada no projeto de ocupação já tentado antes no Brasil, estendia-se por cerca de 250 quilômetros da atual costa angolana, sem limites em direção ao interior do continente. Ou seja, o tamanho real da capitania dependeria da capacidade — e da ferocidade — de Dias de Novais na guerra de conquista que faria em seguida contra os sobas locais.

Começava ali uma longa e cruel guerra que custou a vida de milhares de pessoas de ambos os lados. Como já se viu em capítulo anterior, cerca de 1,7 mil europeus perderam a vida em Angola entre 1575 e 1591, mas só uma pequena parcela, cerca de quatrocentos, pereceu em campos de batalha. O restante foi vítima de malária, febre amarela e outras doenças. O próprio Paulo Dias de Novais foi morto em 1589, na praça-forte de Massangano, ao final de um sítio que durou dois anos.[9] Quanto ao número de mortos entre os africanos, infinitamente superior ao dos portugueses, nunca se teve notícias ou estatísticas seguras.

Dias de Novais era um homem truculento, que subjugou os habitantes de Angola na ponta da espada e da espingarda. Segundo relatos do padre Baltasar Barreira, ao final de uma batalha contra um grande exército do angola na localidade de Massangano, em 24 de agosto de 1585, o governador mandou degolar e despachar para Luanda as cabeças de dois sobas, além de "grande quantidade de narizes dos vencidos", como prova da vitória portuguesa. Outro jesuíta, o padre Baltazar Afonso, foi testemunha de uma das muitas razias do governador:[10]

213

Neste tempo tinha já o governador trezentos portugueses consigo e alguns duzentos escravos de portugueses, e, havendo falta de mantimentos, os começaram a buscar pela ponta da espingarda, onde deram alguns quatro ou cinco assaltos em que faziam grande destruição, queimando e assolando tudo.[11]

Inicialmente, os portugueses acreditaram que haveria grandes minas de prata no interior de Angola. Foi essa a ilusão que manteve acesa a guerra contra os sobas até 1618, quando o governador-geral Manuel Cerveira Pereira finalmente chegou ao local das supostas jazidas apenas para constatar, desolado, que, na verdade, elas produziam somente chumbo, metal de valor insignificante na época. A partir daí, todos os esforços se voltaram para o tráfico negreiro. Rapidamente, Angola se tornou a principal fonte de escravos para a América Portuguesa. No final do século XVI, a alfândega de Luanda registrava a saída de 10 mil cativos por ano rumo ao Brasil. Em 1591, o total acumulado já chegava a 52 mil. Isso sem contar aqueles que foram contrabandeados, ou seja, despachados sem declaração às autoridades, para fugir ao pagamento de impostos.[12]

Mais do que em qualquer outra região da África, as comunicações e o comércio de escravos entre Brasil e Angola eram estimulados pelas correntes marítimas e os ventos complementares, que impulsionavam a navegação a vela. Como se viu nos capítulos iniciais deste livro, era mais fácil navegar de Luanda para o Rio de Janeiro do que de Salvador para São Luís do Maranhão, fenômeno que o padre Antônio Vieira atribuía à Providência Divina. Segundo ele, a rapidez e facilidade com que se viajava de Angola para o Brasil, e vice-versa, só podiam ser explicadas pela intervenção milagrosa de Nossa Senhora do Rosário, que, dessa forma, propiciava a salvação dos negros africanos convertidos ao catolicismo no Brasil:

ANGOLA

*Algum grande mistério se encerra logo nesta transmigração,
e mais se notarmos ser tão singularmente favorecida e assis-
tida de Deus, que não havendo em todo o oceano navegação
sem perigo e contrariedade de ventos, só a que tira de suas
pátrias essas gentes e as traz ao exercício do cativeiro, é sempre com vento à popa e sem mudar vela.*[13]

A compra e o transporte de escravos em Angola eram atividades altamente organizadas.[14] No interior, havia feiras de trocas
de mercadorias por seres humanos chamadas de *pumbos* ou
kitandas (que daria origem à denominação *quitanda*, os mercadi-
nhos de bairro do Brasil de hoje). Cada feira tinha um escrivão,
responsável pelo registro das negociações, de modo a assegurar a
arrecadação de impostos em nome da Coroa portuguesa. Uma estrutura informal de crédito permitia que europeus e reis africanos
fizessem negócios sem ter de realizar pagamentos em dinheiro
vivo ou entregar mercadorias de imediato. Entre os produtos mais
negociados estavam tecidos asiáticos e europeus, contas de vidro,
cachaça brasileira, farinha de mandioca, tabaco, fubá de milho,
marmelada, peixe seco e salgado, queijos, peças de cerâmica e os
zimbos (conchinhas também encontradas nas praias da Bahia
que circulavam como moedas na África Central).* Os agentes dos
traficantes de escravos, conhecidos como sertanejos ou pombeiros, ficavam instalados em conglomerados de cabanas rústicas ro-
deadas por muros altos e bem guardadas, que serviam de depósitos para mercadorias e escravos recém-adquiridos. O comprador
poderia negociar com um ou mais vendedores e, em geral, demo-

---

* O zimbo é uma pequena concha espiralada, de cor pérola cinza azulada, que se
encontrava em toda a costa de Angola. Os zimbos recolhidos na Ilha de Luanda
eram os mais valiosos. Haveria mesmo zimbos nas praias da Bahia? Ou seriam conchinhas semelhantes às de Luanda e que recebiam dos portugueses o mesmo nome
porque serviam de moeda em Angola?

ESCRAVIDÃO VOL. I

rava vários dias, semanas ou, na maioria dos casos, meses até completar a quantidade de cativos que deveria levar para o litoral.

Além de negociar nas feiras, os pombeiros também percorriam o interior levando quantidades reduzidas de mercadorias compradas a crédito dos grandes traficantes situados em Luanda, Benguela, Luango, São Salvador (capital do Congo) e outros centros próximos do litoral. Eram uma espécie de caixeiros-viajantes ou mascates do regime escravagista, andando de um vilarejo para outro (os *pumbos*). No percurso, podiam comprar um ou dois escravos num lugar, mais dois ou três em outro e assim por diante até compor um grupo mais numeroso de cativos, que em seguida se dirigia a uma feira maior ou voltava diretamente para o litoral. Tinham grande conhecimento da geografia, dos dialetos, costumes e da estrutura de poder em cada região. Muitos mantinham também laços familiares com chefes locais, o que facilitava as negociações.

Segundo o historiador Roquinaldo Ferreira, pombeiros que usavam sapatos ou sandálias eram chamados de "negros calçados" e geralmente percebidos como brancos pelos demais africanos, tal era o seu envolvimento com a comunidade portuguesa em Luanda. Os que andavam descalços eram, além de mais humildes, identificados como pertencentes às linhagens locais. Segundo um relato de 1576, qualquer indivíduo, não importasse a cor da pele ou a habilidade, passava a ser considerado branco tão logo deixasse de vestir tangas e passasse a usar sapatos. "Ser negro ou branco não depende da cor da pele, mas da forma como se veste", confirmavam os missionários jesuítas na mesma época. Esse comportamento incomodava as autoridades portuguesas. "Tantas pessoas estão usando calçados, e assim se tornando nominalmente brancos, que em breve não haverá mais negros", observava um funcionário da Coroa em 1799.

216

ANGOLA

Um levantamento de 1800 revelou a existência de 840 mercadores de escravos, homens e mulheres, na pequena cidade de Benguela. Num único dia, em setembro de 1816, trinta desses agentes, cada um deles acompanhado por quarenta a duzentos carregadores africanos, deixaram Benguela em direção às feiras e *pumbos* do interior. Curiosamente, entre os pombeiros havia muitos que eram eles próprios escravos despachados para o interior pelos seus donos com a missão de negociar outros cativos — o que, na opinião de Roquinaldo Ferreira, só reforça a complexidade do tráfico negreiro em Angola.[15]

Uma vez completada a carga humana nas feiras e *pumbos* do interior, os cativos eram transportados em filas indianas, acorrentados uns aos outros por argolas atadas ao pescoço e, às vezes, correntes presas aos tornozelos, que impediam as fugas. Essas caravanas de escravos eram chamadas em Angola de libambo (*coffles*, em inglês; *conduta*, em português de Portugal, e*kibuka*, num dos idiomas do sul da bacia do Congo) e percorriam a pé dezenas ou mesmo centenas de quilômetros até chegar aos barracões onde haveriam de esperar pela chegada dos navios negreiros que os transportariam para o outro lado do Atlântico. Nessas longas caminhadas, os escravos frequentemente eram usados para transportar na cabeça outras mercadorias compradas no interior, como cera de abelha, sacos de cereais e peças de marfim, além dos equipamentos necessários para a própria jornada. Cada escravo carregava de 25 a 30 quilos. Um típico libambo podia ter cinco ou seis cativos conduzidos por um só pombeiro, mas havia casos que chegavam a agregar mais de mil cativos, vigiados por tropas numerosas e bem armadas.

À frente da caravana viajava o dono dos escravos ou seu representante, deitado em tipoias — redes de tecido ou folhas de palmeira suspensas em varões sustentados por dois ou quatro escravos. Os caminhos eram difíceis, em geral trilhas abertas na floresta ou na savana, que ficavam encharcadas na época das chuvas. Por isso, uma caravana viajava, em média, de três a quatro horas por dia. O restante do tempo era gasto no preparo da comida e na organização do acampamento para a noite, incluindo a proteção contra ataques de animais selvagens ou rivais africanos, que poderiam roubar os escravos e os equipamentos da caravana.

Raramente um libambo conseguia percorrer mais de 150 quilômetros por mês. Para cobrir a distância de cerca de quinhentos quilômetros entre as feiras de Cassanje (ou Cassange) e Luanda, levava-se, em média, quatro meses. Às vezes, era necessário contratar canoas para atravessar um rio mais caudaloso ou negociar o pagamento de uma espécie de pedágio com chefes locais, que também vendiam comida e poderiam organizar o pernoite da caravana em seus domínios. A mortalidade era alta. De cada dois escravos comprados no interior, só um chegava vivo ao litoral.[16]

Nem todos os escravos capturados no interior, porém, eram vendidos aos traficantes e transportados para o outro lado do Atlântico. Boa parte deles permanecia em Angola, formando uma enorme população cativa. Trabalhavam como pescadores, carpinteiros e soldados em regimentos e batalhões de milícias, assim como também transportavam europeus em redes pelas ruas e estradas. Muitos tripulantes dos próprios navios negreiros eram cativos (como já se viu nos capítulos anteriores). Sítios e fazendas ao redor de Luanda produziam alimentos que supriam o mercado da cidade e os navios negreiros. Havia escravos que viajavam do interior para Luanda, cobrindo uma distância de até trezentos quilômetros, e ali passavam dias ou semanas executando tarefas em nome de seus senhores, antes de retornar para casa. Havia uma clara separação entre cativos que podiam ser vendidos para o tráfico transatlântico e os que deveriam permanecer em Angola. No Reino do Dongo, os primeiros eram chamados de *mubika*, em geral capturados durante as guerras

ANGOLA

regionais e destinados a serem entregues aos negreiros. Os demais eram os *kijuku*, escravos com status social mais elevado que formavam comunidades e trabalhavam sob a supervisão de um administrador designado pelo rei ou pelo soba local.[17]

As regras do tráfico eram definidas nas complexas e ritualizadas alianças que os portugueses mantinham com os sobas. No século XVII, o cronista Antônio de Oliveira Codornega, considerado o primeiro historiador de Angola, afirmava que esses chefes africanos eram temidos e respeitados porque "nada acontece no território sem o seu absoluto conhecimento". Sobas aliados à administração colonial eram conhecidos como "vassalos" — ou seja, tinham deveres, mas também estavam sob a proteção da Coroa portuguesa. Os demais eram chamados de "gentios", contra os quais se podia declarar guerra livremente, dependendo das circunstâncias.

Quando na condição de aliados, os sobas funcionavam como virtuais coparticipantes da administração colonial. Entre outras funções, forneciam suprimentos e davam proteção para as caravanas que se dirigiam às feiras do interior. Também providenciavam auxílio militar às autoridades em Luanda em caso de necessidade. Em Benguela, responsabilizavam-se pela limpeza das ruas. Alguns eram encarregados de até mesmo coletar impostos e taxas em nome das autoridades portuguesas. Sem o auxílio dos sobas, dificilmente um senhor de escravo fugitivo conseguiria recapturá-lo. O mesmo serviria para soldados desertores de seus postos em Luanda. Ao mesmo tempo, os portugueses tentavam mantê-los sob controle. Se um soba decidisse mudar de território, teria, antes, de obter permissão das autoridades coloniais. Aqueles que se recusassem a desempenhar deveres de vassalos poderiam ser punidos, inclusive com o degredo na Ilha de Fernando de Noronha, no Brasil.[18]

Africanos e portugueses guerreavam ou criavam alianças entre si com a mesma frequência em relação a tudo que tivesse ligação com o tráfico de escravos. Em 1611, o governador Bento Banha, conhecido como Baqueano — aquele que conhece os sertões —, fez um acordo com os ingambalas, a quem os portugueses chamavam de jagas, os temidos guerreiros da África Central, já citados no capítulo anterior, sobre o Reino do Congo. Usavam zagaias e pontas de flechas de metal e tinham grande habilidade no uso da machadinha de guerra, uma arma de combate corpo a corpo.* Não pertenciam propriamente a um povo ou etnia específica. Eram guerreiros que se organizavam em *kilombos*, nome de campo militar ou local de iniciação de novos guerreiros, que no Brasil se tornaria sinônimo de acampamento ou comunidade de escravos fugitivos (quilombo). Incorporavam em suas fileiras os prisioneiros mais aptos de suas guerras e razias. O rito iniciático incluía a extração dos dois dentes dianteiros da arcada superior, origem do substantivo "banguela", em português. Assim, iam aumentando o seu contingente. "Formavam um rolo compressor multiétnico que sacudiu o Congo e Angola a partir da segunda metade do século XVI", segundo o historiador Luiz Felipe de Alencastro.[19]

A ferocidade dos portugueses aliados aos jagas em Angola foi impressionante e resultou em milhares de cativos. Entre 1618 e 1619, num ataque à Ambaca, feira de escravos no interior, foram decapitados, de uma só vez, 28 sobas. "Tal foi a matança que se fez nos naturais da terra, posto que não se veja ainda o bom efeito que há de resultar de tanta carniçaria", protestou Severim de Faria, autor de *Notícias de Portugal*, publicado em 1625. "Porque não é esta a via para florescer o comércio nem se pregar o Evangelho, que é o que naquele Estado se requer." Como resultado do tráfico angolano, por volta de 1600 (um século depois da

---

* A machadinha de guerra era usada também, e talvez principalmente, como arma de arremesso. Algumas, de formas elaboradas, tinham vários gumes e várias pontas afiadas.

ANGOLA

chegada de Pedro Álvares Cabral à Bahia), o número de cativos no Brasil já era quatro vezes superior ao dos brancos de origem portuguesa. Dos 150 mil habitantes da colônia, 120 mil eram escravos, negros ou indígenas, enquanto os brancos somavam apenas 30 mil pessoas.[20] Em 1648, ao analisar a crescente riqueza dos engenhos de açúcar na Zona da Mata pernambucana, o padre Vieira declarou: "Sem Angola, não há negros; e, sem negros, não há Pernambuco".

Além do açúcar, embarcado para a Europa, seriam os escravos a primeira mercadoria de um incipiente comércio do Brasil com seus vizinhos na hoje América Latina. Muitos dos cativos trazidos de Angola por traficantes do Rio de Janeiro eram revendidos em Buenos Aires e despachados para as minas de prata do Império Espanhol. Entre 1597 e 1645, um total de 18,1 mil africanos desembarcou no porto da atual capital argentina e foi despachado para o Peru. Desse intercâmbio nasceu, em 1637, o culto a Nossa Senhora de Copacabana, trazido dos Andes pelos traficantes de escravos. Naquele ano, uma capela dedicada à santa foi erguida na famosa praia carioca que hoje leva seu nome.[21]

15. O NEGÓCIO

O TRÁFICO DE ESCRAVOS NO ATLÂNTICO, a maior e mais continuada migração forçada por via marítima em toda a história humana, envolveu o transporte de pessoas, mercadorias, plantas e germes entre quatro continentes — Ásia, Europa, África e América. No seu auge, por volta de 1780, cerca de 260 embarcações cruzavam anualmente o oceano para transportar 79 mil cativos da África para o Novo Mundo.[1] Eram capturados e comprados ao longo do litoral africano, numa extensão territorial de quase 6 mil quilômetros de comprimento por outros mil de largura, da atual fronteira da Mauritânia com o Senegal até o sul de Angola.[2] Nas décadas seguintes, essa faixa costeira dedicada à captura, à compra e à venda de seres humanos se estenderia por outros 4 mil quilômetros com a inclusão de Moçambique no roteiro do tráfico de escravos para o Brasil. O banco de dados Slave Voyages registra que havia um total de 188 portos de partida de cativos no continente africano. Vinte deles respondiam, sozinhos, por 93% de todo o tráfico no Atlântico.[3]

Até o início do século XIX, o tráfico negreiro era o maior e o mais internacional de todos os negócios do mundo. A rede de interesses envolvia milhares de pessoas, incluindo agentes comerciais e controles contábeis das transações, uma estrutura de fornecimento de água e comida, e até instituições religiosas para batizar e catequizar os cativos. Abrangia ainda seguradoras, estaleiros e armadores, bancos de crédito, empresas de transporte que forneciam navios, tripulações e apoio logístico às viagens, além de uma complicada estrutura burocrática para supervisionar as transações e cobrar impostos e tarifas. O tráfico envolvia tanto gente graúda, como os banqueiros ingleses e os nobres europeus, quanto pessoas relativamente modestas, que na África mantinham roças, capoeiras e currais de gado de pequeno porte destinados ao abastecimento dos barracões e dos barcos negreiros. Também havia quem fornecesse ou contratasse as canoas com os seus remeiros para levar os escravos da praia para os navios.[4]

Na economia escravagista havia até um negócio paralelo, tão constrangedor que nunca recebeu grande destaque na história da escravidão: a reprodução sistemática de cativos, com o objetivo de vender as crianças, da mesma forma como se comercializam animais domésticos. Era uma prática tão repulsiva que são esparsos os relatos de experiências conduzidas em Portugal, na Espanha e nos Estados Unidos. Uma delas foi registrada no Palácio Ducal de Vila Viçosa, sede dos duques de Bragança, a dinastia que assumiria o trono de Portugal a partir do fim da União Ibérica, em 1640, com a ascensão de dom João IV ao poder. Ao visitar o local, em 1571, o italiano Giambattista Venturino se surpreendeu com a existência ali de um centro de reprodução de escravos. Segundo ele, eram tratados da "mesma forma como as manadas de cavalos são na Itália", com objetivo de obter o maior número possível de crianças cativas, que seriam vendidas em seguida por preços entre trinta e quarenta escudos.[5]

No século XVIII, Edmund Ruffin, fazendeiro da Virgínia, também fez um relato sobre as fazendas reprodutoras de escra-

O NEGÓCIO

vos nos Estados Unidos. Segundo ele, essa era considerada uma atividade normal na região. "Não significa que qualquer pessoa assuma a criação de escravos como um negócio regular, com o propósito de vendê-los: mas, se intencional ou não, todos nós, sem exceção, agimos de maneira a ajudar um sistema que, visto como um todo, é exatamente como eu nomeei. Nenhum homem é tão desumano a ponto de reproduzir e criar escravos para vendê-los regularmente, como um criador no Oeste faz com seu gado. Porém, cedo ou tarde, é isso mesmo o que acontece."[6]

Em meados do século de XVIII, um homem adulto, saudável, em boas condições físicas, podia ser comprado em Luanda, capital de Angola, pelo valor equivalente ao de quinze chapéus de feltro. Ou catorze pares de meias de seda. Ou três barris de pólvora. Ou, ainda, 23 cadernos. Algum tempo antes, no final do século XVII, um cativo nas mesmas condições seria trocado na Costa dos Escravos (atualmente entre o Togo e a Nigéria)* por oitenta conchas de búzios, ou doze barras de ferro, ou cem manilhas de bronze, ou cinco espingardas, ou três peças de tecidos da Índia, ou 45 litros de cachaça.[7] Na região da Alta Guiné (hoje Senegal e Serra Leoa),** um cavalo arreado podia valer entre nove e catorze escravos.[8]

Essas comparações de preço, além de curiosas para os leitores de hoje, ajudam a dar uma ideia da complexidade do negócio, que envolvia produtos e referências de valores das mais variadas gamas e procedências. Era uma atividade altamente organizada, sistemática, complexa e tão arriscada quanto lucrativa

---

* Tem-se, em geral, a chamada Costa dos Escravos como indo da desembocadura do rio Volta até a do rio Benim, compreendendo a região litorânea do Togo, o antigo Daomé (atual República do Benim) e a Nigéria.

** A Alta Guiné, segundo a maioria dos autores, iria da foz do rio Gâmbia e do cabo Mount, compreendendo, portanto o sul do Senegal (a chamada Casamansa), até a Guiné-Bissau, Guiné-Conacri e Serra Leoa.

para os seus investidores. Alimentava uma vasta rede de compradores, vendedores e fornecedores de serviços, produtos e suprimentos ao redor do planeta. O historiador Joseph Miller demonstrou que, nas suas negociações, o tráfico de escravos trabalhava com mais de mil itens das mais diversas procedências. Incluíam tecidos, armas e munições, bebidas, conchas marinhas, artefatos de ferro e cobre, cordas, pregos, martelos, serrotes e outras ferramentas, bacias, panelas, facas, enxadas e objetos de adorno, como contas de vidro fabricadas em Veneza e na Holanda.[9]

Segundo o historiador brasileiro Manolo Florentino, de cada mil réis que entravam nos portos de Angola, seiscentos correspondiam a tecidos, roupas e objetos de decoração; duzentos, a bebidas alcoólicas; 110, a armas e outros meios de capturar escravos. O restante se dividia entre material de construção, conchas marinhas, tabaco e temperos. Os territórios portugueses na Índia forneciam um terço de todas essas mercadorias, especialmente tecidos, de longe a moeda predominante no tráfico negreiro. O restante vinha do Brasil, de Portugal e do norte da Europa.[10]

Entre as mercadorias brasileiras mais valorizadas no tráfico de escravos estavam cachaça, tabaco, couro, cavalos, farinha de mandioca, milho, açúcar, carnes e peixes secos e salgados, além de ouro e diamante contrabandeados. No século XVIII, foram transportadas para o Golfo do Benim mais de 8 milhões de arrobas (cerca de 120 mil toneladas) de rolos de fumo da Bahia e de Pernambuco num total de 1.410 viagens de navios negreiros, que trouxeram de volta para o Brasil 575 mil cativos. O historiador português José Curto calculou que a cachaça foi responsável pela aquisição de 25% de todos os escravos traficados da África para o Brasil entre 1710 e 1830. Somados, o tabaco e a cachaça serviram para adquirir 48%, ou seja, quase a metade, dos 2 mi-

O NEGÓCIO

lhões e 27 mil escravos que chegaram vivos ao Brasil entre 1701 e 1810, segundo Luiz Felipe de Alencastro.[11] Em Luanda, uma pipa de quinhentos litros de cachaça comprava dez escravos.[12]

Durante décadas a Coroa portuguesa proibiu o uso de cachaça no tráfico de cativos, para não prejudicar a concorrência dos vinhos produzidos em Portugal. Foi inútil. Em Angola, a aguardente passou a ser contrabandeada à luz do dia depois de uma das muitas proibições régias. Navios brasileiros faziam desembarques clandestinos nas enseadas angolanas. A bebida era depois revendida por uma rede de comerciantes locais. Um dos grandes contrabandistas era o próprio governador de Angola, João da Silva e Sousa, que já tinha ocupado o mesmo cargo no Rio de Janeiro. Uma devassa feita pelo governo português revelou que Silva e Sousa era dono de quatro navios que levavam escravos de Angola para o Brasil e, na volta, iam carregados com pipas de cachaça. Em 1695, diante da impossibilidade de controlar o contrabando, a venda de pinguinha brasileira era liberada mediante o pagamento de um alto tributo na saída do Brasil e na chegada a Angola. Em 1699, o total de cachaça brasileira vendida legalmente em Angola foi de 684 pipas, equivalentes a 307,8 mil litros, transportados por catorze navios despachados de Pernambuco, da Bahia e do Rio de Janeiro.

No Brasil, praticamente todos os aspectos da vida colonial giravam em torno da escravidão, que também definia a forma como as cidades eram organizadas, a produção nas lavouras, nos engenhos, nas minas de ouro e diamante. A organização do negócio negreiro chegou a tal ponto que os traficantes da Bahia tinham sua própria irmandade e seu santo de devoção: São José, cuja imagem podia ser vista na pequena igreja de Santo Antônio da Barra, em Salvador. Essa imagem, segundo o historiador Luis Vianna Filho, teria sido levada, em 1481, de Portugal para o Castelo de São Jorge da Mina, na Costa do Ouro (atual Gana), de onde foi retirada às pressas durante a tomada da fortificação pelos holandeses, em 1637. Na África, ficou sob a guarda dos negros até 1752, quando finalmente atravessou o Atlântico e foi entronizada na Bahia. Na igreja situada num alto promontório na entrada da Baía de Todos os Santos, com vista privilegiada sobre o Oceano Atlântico, caberia a São José "velar pela sorte das embarcações que rumavam [para a África] em busca de negros a serem escravizados e cristianizados pelo batismo", segundo escreveu Viana Filho.[13]

O tráfico era um negócio que exigia, principalmente, um cuidadoso trabalho de relacionamento dentro do continente africano com reis e chefes locais, que lucravam e controlavam o fornecimento de cativos em suas respectivas áreas. Cabia a eles organizar cuidadosamente as expedições militares para capturar escravos. Na África, Estados inteiros foram criados ou derrubados, assim como sociedades nasceram e entraram em colapso em função do tráfico negreiro. Os chefes africanos definiam os preços, controlavam a oferta, faziam alianças e fechavam negócios com diferentes interlocutores europeus — em geral, rivais entre si — de modo a evitar o monopólio de qualquer país ou grupo de compradores no seu território.

Por essa razão, no final do século XVII, o rei de Aladá, na Costa dos Escravos (sul da atual República do Benim), enviou um emissário ao rei da França com o objetivo de oferecer vantagens aos traficantes franceses e, desse modo, contrabalançar a influência dos ingleses e holandeses nos seus domínios. No vizinho porto de Ajudá, entre o final do século XVII e o começo do século XVIII, traficantes europeus tinham de pagar o valor equivalente a 37 ou 38 escravos (cerca de 375 libras esterlinas) por navio negreiro em troca da autorização para ali comprar cativos.

As despesas incluíam ainda impostos, pagamentos para os altos funcionários reais e para os intérpretes locais que sabiam

O NEGÓCIO

falar fluentemente inglês, francês, holandês e português. Por fim, o próprio rei local tinha a prerrogativa de vender, em primeira mão e a preços mais elevados, um determinado número de escravos de sua propriedade. Só então começavam as outras negociações, que podiam ser conduzidas apenas por intermédio de representantes comerciais credenciados pelo soberano. "Eram os africanos, e não os europeus que ditavam as regras do jogo, e o comércio no âmbito da África permaneceu firmemente nas mãos dos governantes e das elites africanas", escreveu o historiador John Russell-Wood.[14] "Os participantes africanos do tráfico de escravos incluíam os príncipes e os mercadores mais ricos e poderosos do continente. A elite africana estava profundamente envolvida com a venda de escravos", acrescentou Paul E. Lovejoy.[15]

Um complexo e requintado sistema de crédito alimentava o negócio nos dois lados do Atlântico e financiava cada etapa do tráfico, incluindo a construção ou o aluguel de navios, a compra e a manutenção dos estoques de mercadorias usadas na aquisição de cativos, a subsistência deles enquanto aguardavam o embarque nos portos africanos e durante a travessia do Atlântico. Havia apólices de seguro que cobriam eventuais perdas por morte, naufrágio ou danos nas embarcações e em seus equipamentos. Na África, as linhas de crédito eram conhecidas como "adiantamento".

Em Luanda, por exemplo, os comerciantes "adiantavam" — ou seja, forneciam a crédito, mediante promessa de pagamento futuro — tecidos, cachaça, tabaco, armas e munições, entre outras mercadorias, para os sertanejos que se embrenhavam no interior do continente (os sertões) em busca de escravos. Os comerciantes, por sua vez, recebiam esses produtos dos capitães dos navios negreiros, também estes viabilizados pelo sistema de adiantamento por fornecedores situados no Brasil, em

229

Portugal, na Inglaterra ou até mesmo em Goa, na Índia, de onde chegavam têxteis muitos apreciados pelos chefes africanos fornecedores de escravos. As dívidas assumidas em cada etapa dessa rede de suprimentos eram negociadas em letras de crédito (também conhecidas como letras de câmbio) a serem quitadas na venda dos escravos. Essas letras eram tão comuns que, em meados do século XVIII, eram utilizadas como moeda corrente em Benguela. O atraso na quitação dos débitos em um dos elos da cadeia poderia levar a falências em série, como revelam inúmeros processos de cobranças judiciais. Por trás dessa complexa rede de crédito também haveria, portanto, "uma verdadeira cadeia de endividamentos", na expressão de Manolo Florentino.[16]

A ponta mais avançada dessa vasta rede de negócios era o próprio capitão do navio negreiro, responsável pela compra dos escravos na costa africana. Ali, as negociações antes de lotar o navio às vezes se prolongavam por dias ou semanas, enquanto as partes se punham de acordo a respeito do preço e das condições do negócio. James Barbot, comandante de um navio inglês e irmão de outro famoso negreiro, o francês Jean Barbot, descreveu em seu diário a intensa discussão que ele e seus companheiros entabularam com o rei William, de Bonny, na Baía de Biafra, e seu irmão, Pepprell, mais alguns dignatários, durante oito longos dias antes de completar a carga de quinhentos escravos que seguiriam para lavouras e engenhos de açúcar na Jamaica. Inicialmente, o rei e seus irmãos queriam que os ingleses pagassem treze barras de ferro por um escravo homem e dez por uma mulher. Os compradores concordaram com o valor de treze barras por homem, mas queriam reduzir a nove por mulher, o que foi aceito.

Antes de fechar o acordo, porém, foi necessário definir a paridade entre as barras de ferro e outras mercadorias envolvidas no negócio. Desse modo, acertou-se que uma barra equivale-

O NEGÓCIO

ria a uma fieira de contas, ou seis inhames de boa qualidade, ou quatro barras de cobre ou, ainda, a quarenta pequenos anéis do mesmo metal. Ainda mediante esse acordo, foram definidos os preços de alguns suprimentos para o navio negreiro. Por um bezerro, pagava-se oito barras de ferro. Por uma jarra de azeite de dendê, uma barra e um quarto. Encerrada a negociação, o rei foi recebido pelos ingleses para uma visita a bordo e dali autorizou, finalmente, seus súditos a abastecer o navio com escravos e os alimentos necessários para a travessia do Atlântico.[17]

Os comandantes dos navios, além de negociadores, desempenhavam algumas funções extras na cadeia do negócio negreiro. Em Portugal e no Brasil, os investidores do tráfico contratavam os capitães para cobrar e negociar dívidas ou processar na justiça caloteiros recorrentes situados em regiões remotas. Muitas vezes, eles próprios assumiam os riscos do investimento, comprando escravos à revelia das instruções recebidas dos traficantes que os contratavam. Esses cativos se tornavam uma cota pessoal do comandante, que os revenderia na América, embolsando os lucros decorrentes. "Capitães de navio eram rotineiramente donos de parcelas expressivas da carga que transportavam", explicou o historiador brasileiro Roquinaldo Ferreira.[18]

Ao partir para as expedições negreiras, os capitães seguiam instruções rigorosas a respeito de cada detalhe das compras que fariam na costa da África. Havia preferência por determinados tipos de escravos, de acordo com sua região de origem na África e os requisitos da atividade que exerceriam no Brasil. Angolanos eram considerados dóceis e bons trabalhadores nas lavouras e no serviço doméstico; cativos oriundos da chamada Costa do Ouro, ou da Mina, eram bons na mineração de ouro e diamante. Da Guiné, chegavam africanos experientes nas atividades pecuárias e de pastoreio. Segundo relato

231

do padre jesuíta André João Antonil, os brasileiros que compravam escravos levavam em conta as especialidades e também a índole dos cativos. Alguns, embora fossem bons trabalhadores, eram considerados arrogantes, rebeldes e, portanto, mais perigosos:

> *Os que vêm para o Brasil são ardas, minas, congos, de São Tomé, de Angola, de Cabo Verde e alguns de Moçambique, que vêm nas naus da Índia. Os ardas e os minas são robustos. Os de Cabo Verde e de São Tomé são mais fracos. Os de Angola, criados em Luanda, são mais capazes de aprender ofícios mecânicos. Entre os congos, há também alguns bastante industriosos e bons não somente para o serviço da cana, mas para as oficinas e para o meneio da casa. [...] Melhores ainda são, para qualquer ofício, os mulatos; porém, muitos deles, usando mal do favor dos senhores, são soberbos e viciosos, e prezam-se de valentes, aparelhados para qualquer desaforo.*[19]

Além da eventual especialidade, escolhiam-se os escravos de acordo com o sexo, a idade, o porte físico e as condições de saúde. Os mais valiosos eram as crianças e os adolescentes do sexo masculino, com idade entre 10 e 14 anos, ainda imberbes, saudáveis, sem qualquer sinal de defeito físico. No idioma do tráfico, um escravo jovem, entre 15 e 25 anos, forte e sem defeitos físicos aparentes era chamado de "peça da Índia", a mercadoria-padrão e referência de valor nas compras e vendas. Todos os demais cativos que não se enquadrassem nessa categoria teriam um valor menor tanto na África quanto na chegada ao porto de destino. Uma "peça da Índia" poderia incluir um lote de dois ou mais cativos, de acordo com a idade, o sexo e a condição física inferior à ideal.[20] Três molecões de 6 a 18

O NEGÓCIO

anos, por exemplo, compunham duas "peças". Dois indivíduos mais velhos, de 35 a 40 anos, valiam, somados, apenas uma.[21]

Desde o início do tráfico, os europeus tiveram de se adaptar a um padrão monetário peculiar da África, que usava conchas marinhas como moeda, em lugar de peças de metal ou papel. Uma delas, o zimbo, era coletada nas praias da Ilha de Luanda, em Angola, sob regime de monopólio do rei do Congo, dom Álvaro III (nome aportuguesado de Mbiki a Mpanzu). Eram tão populares nas transações da costa africana que bispos, padres e cônegos da Ilha de São Tomé, do Congo e de outras regiões vizinhas recebiam salários e doações em zimbos, que, em seguida, eram trocados por escravos a serem revendidos para o Brasil. A Santa Casa de Misericórdia de Angola recebia um tributo anual de 2 mil zimbos de cada casal de nativos que vivesse na Ilha de Luanda.

Curiosamente, essas pequenas conchas eram encontradas também na foz do rio Caravelas e nas praias do sul da Bahia, onde, segundo o frei Vicente do Salvador, frade franciscano e autor da primeira *História do Brasil*, de 1630, colhia-se "muito zimbo, dinheiro de Angola, que são uns buziozinhos mui miúdos de que levam pipas cheias e trazem por elas navios de negros".[22] Eram exportados pelos portos de Salvador e do Rio de Janeiro e usados na compra de escravos africanos. A concorrência do zimbo brasileiro causou a desvalorização monetária das conchas africanas na segunda década do século XVII, o que provocou críticas do franciscano Manuel Baptista Soares, bispo do Congo e de Angola. Segundo ele, as conchinhas brasileiras chegavam à África "em tanta quantidade que vá deitando aquele reino a perder".[23]

Outra moeda-concha muito valorizada na África eram os cauris, uma espécie de búzio originário das ilhas Maldivas, no Oceano Índico, mais apreciado no Golfo da Guiné do que as

233

suas similares angolanas.* Os cauris eram comprados na Índia por holandeses, franceses, ingleses e portugueses, que os exportavam para a África, onde passavam a circular como moeda local. Para um leitor de hoje, o uso de búzios como padrão monetário pode soar primitivo ou atrasado, mas as conchinhas já eram frequentes em transações comerciais muito antes de serem adotadas entre os africanos. Eram comuns, por exemplo, na China, até o século XIII, e na Índia e no Golfo de Bengala, até o século XIX. Seu uso também foi registrado nas ilhas do Pacífico e até mesmo entre os povos indígenas da América do Norte. Segundo o historiador Herbert Klein, a escolha das conchas como moeda fazia todo o sentido do ponto de vista econômico: provinham de uma única fonte (as Maldivas), o que permitia controlar o seu valor relativo, eram raras, fáceis de identificar e impossíveis de falsificar.[24]

No auge do tráfico, no final do século XVIII, os holandeses e ingleses, sozinhos, importavam cerca de 40 milhões de búzios cauris por ano. Juntos, teriam movimentado aproximadamente 4 bilhões de conchinhas no período entre 1700 e 1790. Na África, elas eram transacionadas em sacos ou furadas e ajustadas em fieiras, na forma de um colar. A unidade monetária básica, chamada de "toque", era um colar com quarenta conchas. Uma unidade mais

---

* Os cauris tinham uma circulação muitíssimo mais ampla do que os zimbos. Enquanto estes predominavam em Angola e nos Congos, os cauris eram moeda em quase toda a África, até mesmo no centro do continente. Os de maior valor provinham das ilhas Maldivas, mas também se recolhiam cauris (de qualidade inferior ou conchas muito semelhantes a eles) nas costas de Moçambique e da Bahia. Havia na África quem considerasse esses búzios parecidos com cauris como moeda falsa. Há relatos de exportações de cauris da Bahia para a África. Suspeito que usassem as palavras zimbo e cauri para as conchas que funcionavam como moeda, como o iglô (ou iguou), no antigo Reino do Benim. No entanto, o zimbo e o cauri são pequeninas conchas muito diferentes: o zimbo é comprido e espiralado, da mesma cor de uma pérola acinzentada; o cauri é achatado, com uma estreita fenda serrada numa das faces e de um louçado branco leitoso a que não falta um suave toque de amarelo.

O NEGÓCIO

alta era a "cabeça", que consistia num saco com 4 mil búzios. Segundo o historiador Robin Law, em 1681, 19,2 mil cauris valiam o equivalente a uma onça de ouro no Reino de Aladá. Em 1760, a mesma onça valia 32 mil búzios, o que indica uma inflação de 66% da moeda local no período em relação ao ouro. Os preços flutuavam de acordo com o suprimento de conchas e de ouro, obviamente. Por volta de 1650, em Aladá se podia comprar uma galinha por cerca de dez conchas. Um século mais tarde, em 1750, a galinha valia trezentas conchas, um aumento de trinta vezes. Ainda segundo Law, em 1690, contratavam-se os serviços de uma prostituta em Oiudá, atual Benim, por três conchas de búzios. Uma ovelha custava 1,6 mil conchas. Uma vaca, 8 mil.[25] Em Jakin, um porto negreiro vizinho, um ovo custava vinte conchas. Uma banana, trinta.[26]

Quase todos os países europeus se envolveram no comércio de escravos. Além dos portugueses, holandeses, ingleses, franceses e espanhóis — tradicionais frequentadores da costa africana —, os suecos, suíços, poloneses, lituanos, russos e alemães construíram e administraram fortificações destinadas ao tráfico. Até os dinamarqueses tinham erguido seu próprio castelo, o Christiansborg Castle, hoje uma das atrações turísticas de Acra, capital de Gana. No final do século XVII, trabalhavam para o tráfico na Costa do Ouro cerca de quatrocentos cidadãos holandeses, duzentos ingleses, oitenta e cinco dinamarqueses e outros tantos comerciantes originários de Brandemburgo, região da atual cidade de Berlim, na Alemanha. "Durante o século XVI, Portugal e Espanha estavam decididos a tratar o Oceano Atlântico como um lago privado entre eles", observou, de forma sarcástica, o historiador Hugh Thomas. "Mas logo esse poder foi desafiado por piratas e invasores, tanto na África quanto na América."[27]

Portugueses e brasileiros foram os maiores traficantes de escravos ao longo de quase quatro séculos. Dominavam totalmente o tráfico ao sul da Linha do Equador e tinham participa-

235

ção expressiva no negócio no Golfo do Benim. Os ingleses, segundo lugar nessa lista, transportaram um quarto de todos os cativos que chegaram à América nesse período, a maioria deles destinada à região do Caribe e ao sul dos Estados Unidos.

O padrão das viagens foi mudando ao longo do tempo. No caso de Portugal, de início, todos os navios saíam de Lisboa ou do Algarve, recolhiam escravos na África e retornavam aos portos portugueses, onde os cativos eram redistribuídos para diferentes destinos, na América, nas ilhas Atlânticas — como Madeira e Cabo Verde — ou mesmo na Europa. Aos poucos, no entanto, o negócio foi se transferindo para o Brasil. A partir do século XVIII, nove em cada dez expedições negreiras eram organizadas no Brasil. Uma série histórica de viagens de navios negreiros atracados em Luanda entre 1736 e 1770 mostra que 41% saíam do Rio de Janeiro, 22% de Pernambuco, 22% da Bahia e só 15% de Portugal. Ou seja, nessa altura, os brasileiros tinham domínio quase absoluto sobre o negócio de escravos. O Rio de Janeiro, principal centro organizador dessas viagens, respondeu sozinho pelo transporte de 1,5 milhão de escravos, seguido de Salvador, com 1,4 milhão, e Liverpool, na Inglaterra, com 1,3 milhão. O domínio brasileiro sobre o tráfico era tão grande que o novo arcebispado da Bahia, criado em 1676, tinha jurisdição não só sobre as dioceses de Olinda e do Rio de Janeiro como também sobre os bispados de Congo, Angola e São Tomé, englobando a Costa da Mina. Ou seja, justamente as regiões frequentadas pelos traficantes brasileiros de escravos.

Os ingleses entraram no jogo do tráfico em 1562. Nesse ano, o capitão John Hawkins, sócio da rainha Elizabeth I (a mesma já citada anteriormente neste livro, que tinha os dentes cariados pelo consumo excessivo de açúcar), partiu da Inglaterra com três navios rumo à África. Depois de uma escala nas ilhas Canárias, dirigiu-se a Cacheu, na atual Guiné-Bissau, e à Serra

O NEGÓCIO

Leoa, onde capturou trezentos negros, "parte no fio da espada e parte por outros meios", segundo descreveu mais tarde. Na verdade, Hawkins simplesmente roubou a carga de seis embarcações portuguesas que estavam prontas para zarpar rumo a Cabo Verde. Os escravos foram vendidos na Ilha de Hispaniola, no Caribe, em troca de uma carga de couro, açúcar, pérolas e outras mercadorias. Numa segunda viagem, em 1564, na frota de Hawkins seguia o navio *Jesus de Lübeck,* que pesava setecentas toneladas e era propriedade pessoal da rainha Elizabeth.

O entusiasmo dos ingleses não se limitava ao comércio de cativos, mas mirava também o ouro produzido na região da Guiné. Um dos primeiros carregamentos de metal precioso dessa região foi derretido em 1663 e transformado em uma nova moeda, chamada "guinéu" (*guineas,* em inglês), que equivalia a 21 *shillings* e trazia um pequeno elefante em alto relevo numa das faces. Fabricada até 1813, a moeda permaneceu em circulação por mais um século e meio, até 1971, quando o antigo *shilling* foi abolido do padrão monetário britânico.

Em 1660, foi criada em Londres a Company of Royal Adventurers of England Trading with Africa (também conhecida pela sigla RAC, depois de renomeada como Royal African Company), companhia privada que, segundo seus estatutos, teria o monopólio do tráfico de escravos por mil anos, ou seja, até 2660. Cada sócio contribuiu com um aporte inicial de 250 libras esterlinas. A lista de investidores incluía quatro membros da família real e da nobreza britânica, entre eles o próprio rei Charles II, dois duques, um marquês, dois condes, quatro barões e sete cavaleiros. O duque de York, irmão do rei, assumiu o cargo de presidente. Um importante destaque na lista de acionistas era a nova rainha, Catarina de Bragança, filha do rei de Portugal, recém-casada com o rei Charles II. O seu gigantesco dote de 330 mil libras esterlinas havia sido arrecadado graças ao auxílio dos mais ricos comerciantes de Lisboa, entre os quais se destacam vários traficantes de escravos. O dote também incluía uma importante possessão portuguesa na costa da Índia, Bombaim — atual Mumbai. A portuguesa Catarina de Bragança foi quem levou à Inglaterra o hábito do chá, um dos traços mais peculiares da cultura britânica até os dias de hoje. Em sua homenagem foi criado o bairro do Queens, em Nova York. Outro dos sócios iniciais da RAC era um jovem chamado John Locke, que mais tarde se tornaria um dos filósofos mais importantes da Inglaterra, professor da Universidade de Oxford. Locke foi o autor de duas frases que pareciam contrariar seus investimentos pessoais:

> *A necessidade de procurar a verdadeira felicidade é o fundamento da nossa liberdade.*

> *A verdadeira liberdade consiste em não estar sujeito à vontade inconstante, incerta, desconhecida e arbitrária de um outro ser humano.*[28]

16. OS LUCROS DO TRÁFICO

COMPRAR, VENDER E NEGOCIAR escravos era um negócio perigoso e arriscado. Estocar cativos nos barracões por muito tempo, antes de embarcá-los na costa da África, gerava problemas. Os depósitos tinham de ser vigiados contra roubos, tanto de mercadorias ali guardadas quanto dos próprios cativos, que poderiam ser surrupiados. Como muitos dos escravos vinham de regiões próximas do litoral, havia sempre a possibilidade de que fugissem com a ajuda de parentes e conhecidos das redondezas. Enquanto aguardavam, estavam sujeitos a ser contaminados por uma infinidade de doenças endêmicas na costa da África, como malária, febre amarela e a temida varíola. A disenteria também era muito comum. Os registros da Companhia do Grão-Pará e Maranhão, que em 1777 detinha o monopólio do tráfico para a região norte do Brasil, dão conta de que, em média, 7% de todos os escravos eram lançados como perdas por fugas ou mortes antes mesmo do embarque. Uma vez a bordo, os doentes raramente suportariam a travessia do oceano. Se sobrevivessem, chegariam ao destino enfraquecidos e seriam vendidos por preços muito abaixo do esperado pelo traficante. Tudo isso resultava em grandes prejuízos.[1]

Por essas razões, o sonho de todo capitão era negociar a compra de cativos, completar a lotação do navio e partir rapidamente, o que nem sempre era possível. Entre 1827 e 1830, navios brasileiros que faziam o tráfico de escravos a partir do Rio de Janeiro demoravam por volta de cinco meses na costa da África antes de completar a carga. No século XVII, a média para as embarcações da Companhia Holandesa das Índias Ocidentais era de cem dias. Tanto tempo de espera fazia com que os capitães comprassem e vendessem cativos entre si. Quem tinha mais pressa, pagava um "preço *premium*" pelos escravos do outro, conseguindo assim completar a carga e zarpar rapidamente.[2]

Também por isso, quem dispusesse de um bom número de escravos armazenados junto a um embarcadouro tinha condições de vendê-los a um melhor preço — determinado pela ânsia do capitão de fechar a carga e partir.[3] O problema é que raramente havia um número de escravos concentrados num só lugar de maneira a acelerar o processo, o que levou os europeus a construírem dezenas e dezenas de feitorias, castelos e outras fortificações ao longo da costa africana, em cujos porões os cativos, depois de negociados, ficavam estocados, à espera da chegada dos navios, nos quais seriam rapidamente embarcados. Muitos desses fortes e castelos existem até hoje e se tornaram atrações turísticas em países como Senegal, Gana, Benim, Nigéria e Angola. Só em Gana (antiga Costa do Ouro), são mais de sessenta desse tipo de construções.

As fortificações eram permanentes, mas seus ocupantes europeus tinham de ser substituídos o tempo todo para não perecerem das doenças tropicais. A mortalidade entre eles era altíssima, de até 45% por mês, em média, quando permaneciam na costa africana por períodos mais prolongados. A arquitetura dos fortes, vista do lado de fora, podia impressionar os africanos, mas lá dentro os próprios europeus levavam uma vida reclusa e

OS LUCROS DO TRÁFICO

monótona, como se fossem virtuais prisioneiros, cercados, de um lado, pelo oceano e, por outro, pelo ambiente hostil da África, que não dominavam. Poucos se aventuravam a sair de dentro de seus muros. Mesmo em Angola, onde os portugueses tentaram a duras penas assegurar o controle efetivo de uma parte substancial do território continente adentro, a vida longe dessas fortificações podia ser, para os agentes do tráfico, perigosa, incerta e insegura.

Um risco adicional eram os naufrágios e os piratas que infestavam o Atlântico Sul. Dos 43 navios que transportavam escravos para a Companhia do Grão-Pará e Maranhão durante a segunda metade do século XVIII, nada menos que catorze, ou um terço do total, naufragaram. Na década de 1820, os jornais do Rio de Janeiro registraram dezesseis ataques de piratas a navios negreiros, a maior parte deles perpetrados por corsários norte-americanos. Um desses alvos, um navio chamado *Estrela-do-mar*, foi roubado ainda no porto de Malembo, na atual província angolana de Cabinda. Perdeu todos os 213 escravos que tinha a bordo antes mesmo de iniciar a travessia.[4]

No início, o tráfico era mais arriscado e menos lucrativo do que na sua etapa final, no século XIX. Era, porém, do ponto de vista dos europeus, mais do que nunca, necessário. Por isso, na primeira fase, o negócio foi organizado em torno de companhias monopolistas, em geral controladas ou financiadas pelas Coroas europeias, que assumiam parte do risco. Entre essas empresas estavam a britânica Royal African Company; as francesas Companhia do Senegal e Companhia da Guiné; a Companhia Holandesa das Índias Ocidentais e várias iniciativas da Coroa portuguesa, como a Companhia Geral de Comércio do Brasil, fundada em 1649, e a Companhia de Comércio do Maranhão, de 1682. Esses monopólios raramente eram reconhecidos pelos países concorrentes ou rivais. Tinham custos altos e metas difíceis de serem alcançadas. No final do século

XVII, o crescimento da demanda por escravos no Novo Mundo acabou por suplantar a capacidade estatal de controlar o negócio, que rapidamente foi sendo transferido para a iniciativa privada.[5]

A RAC britânica, criada em 1660 e já citada anteriormente, iniciou suas atividades restaurando e construindo fortificações na costa da África. A mando da nova empresa, o corsário Robert Holmes atacou as ilhas de Cabo Verde e ocupou o Cape Coast Castle, no litoral de Gana, que até então encontrava-se nas mãos dos holandeses. Depois cruzou o Atlântico e tomou, também dos holandeses, a Ilha de Nova Amsterdã, situada na foz do rio Hudson, rapidamente renomeada como Nova York, a atual meca do turismo norte-americano. No final do século XVII, três quartos do faturamento da RAC vinham do fornecimento de cativos para as colônias inglesas no Caribe e na América do Norte. Desde a sua fundação, tinha exportado 90 mil escravos. Assim estavam lançados os alicerces para que os britânicos se consolidassem como os maiores traficantes de escravos do século seguinte, superando até mesmo os portugueses e holandeses, que, até então, dominavam o negócio. "O prazer, a glória e a grandeza da Inglaterra têm sido estimulados mais pelo açúcar do que por qualquer outra mercadoria", festejou em 1682 sir Dalby Thomas, então governador do Cape Coast Castle, a principal fortificação britânica de tráfico de escravos na costa da África.[6]

Em 1698, o parlamento inglês deu o primeiro passo para desmantelar o monopólio estatal com uma lei que autorizava traficantes privados a participar do negócio, desde que pagassem uma taxa de 10% dos seus resultados à RAC. O governo francês, por sua vez, abriu as portas do tráfico a investidores particulares em 1713, medida também adotada pelos holandeses em 1730. A última grande experiência monopolista nos domínios portugueses ocorreu no final do século XVII, no governo do marquês de Pombal, primeiro ministro do rei dom José I. Duas

OS LUCROS DO TRÁFICO

companhias estatais foram criadas para fornecer escravos e estimular a produção de açúcar, algodão e outros cultivos no Nordeste brasileiro. A Companhia Geral de Comércio do Grão-Pará e Maranhão começou a operar em 1755. Quatro anos mais tarde, entrou em operação a Companhia Geral de Comércio de Pernambuco e Paraíba. Ambas foram à falência, por má administração e falta de capital, depois de importar mais de 80 mil escravos africanos para o Brasil.[7] A partir daí, o tráfico negreiro virou um negócio inteiramente privado.

Um intenso debate entre os historiadores, ainda longe de acabar, diz respeito aos lucros do comércio de escravos. Alguns estudiosos, como Eric Williams, primeiro-ministro de Trinidad e Tobago, professor da Universidade de Oxford, na Inglaterra, falecido em 1981, exageraram nessa conta, atribuindo lucros astronômicos ao tráfico. Na visão de Williams, autor de *Capitalismo e escravidão*, uma obra clássica sobre o tema, lançada na década de 1940, o capital gerado pelo comércio negreiro no Caribe teria sido suficiente para financiar a Revolução Industrial inglesa no final do século XVIII.[8] Até hoje, nenhum outro pesquisador foi capaz de encontrar provas e números que sustentassem essa tese. Ao contrário, muitos afirmam que o negócio não era tão lucrativo quanto se imaginou no passado. Estudos sobre o tráfico britânico entre 1761 e 1807 indicam uma taxa de lucro entre 8% e 10%, resultado relativamente modesto levando-se em conta que um investidor poderia obter uma rentabilidade semelhante se investisse em letras do tesouro britânico, sem correr grandes riscos. Manolo Florentino estimou que, no começo do século XIX, a lucratividade média do tráfico no Rio de Janeiro seria em torno de 19,2%, pouco superior aos resultados de uma fazenda de café, calculados em cerca de 15% ao ano.[9]

O cenário mudou por volta de 1830, quando o tráfico se tornou ilegal. Os lucros aumentaram de forma substancial e proporcional aos perigos do negócio, uma vez que os navios negreiros estavam expostos à captura pela Marinha Britânica, que patrulhava o Atlântico Sul. Nesse período, o retorno sobre os investimentos por parte dos traficantes mais ousados teria chegado a 300%.[10] Ainda assim, os números variavam muito de acordo com os imprevistos e as circunstâncias de cada viagem. A contabilidade de catorze expedições negreiras promovidas no Rio de Janeiro em 1812, analisadas por Manolo Florentino, indicam que algumas tiveram lucros astronômicos, enquanto outras resultaram em prejuízos significativos. O navio *Feliz dia*, por exemplo, comprou 235 cativos em Moçambique por 12.690 réis, registrou doze mortos na travessia e revendeu os 223 restantes no Rio de Janeiro por 23.192 réis, obtendo assim um lucro bruto (sem contar as despesas) de 82,8%. Caso bem diferente foi o do navio *Protector*, que embarcou 397 cativos em Luanda por 36.980 réis, mas teve 151 mortos durante a travessia. Os 246 remanescentes foram vendidos por 25.584 réis, o que representou um prejuízo de 30,8% para a expedição. O resultado era, portanto, sempre proporcional à taxa de mortalidade a bordo.

Nas contas do tráfico, escravos a bordo dos navios negreiros eram considerados uma carga como outra qualquer. No dia 6 de setembro de 1781, o navio inglês *Zong*, de Liverpool, saiu da África rumo à Jamaica com excesso de escravos a bordo. Em 29 de novembro, no meio do Atlântico, sessenta negros já haviam morrido por doenças e pela falta de água e comida. Temendo perder toda a carga antes de chegar ao destino, o capitão Luke Collingwood decidiu jogar ao mar todos os escravos doentes ou desnutridos. Ao longo de três dias, 133 negros foram atirados da amurada, vivos. Só um conseguiu escapar e subir novamente a bordo. De forma cínica e desumana, o dono do navio, James Gregson, pediu indenização à seguradora pela carga perdida. A empresa de seguros, em Londres, recorreu à

OS LUCROS DO TRÁFICO

Justiça. Pelas leis inglesas, se o negro morresse a bordo por maus tratos, fome ou sede, a responsabilidade seria do capitão do navio. Se caísse no mar, o seguro cobriria. Nesse caso, a Justiça decidiu que a seguradora tinha razão. O capitão era culpado pelas mortes. O caso abriu os olhos dos britânicos para a crueldade do tráfico negreiro e se tornou um ícone do movimento abolicionista.[11]

O investimento inicial de um traficante podia ser altíssimo. O historiador Marcus Rediker calculou que, em meados do século XVIII, o preço de um navio negreiro oscilaria entre 130 mil a 260 mil libras esterlinas — entre 600 mil e 1,2 milhão de reais, em valores de hoje —, dependendo do tamanho e da capacidade de carga. Esse não era, porém, o critério mais decisivo para quem investia no tráfico de escravos. O valor dos cativos transportados podia chegar a 5 ou 6 milhões de reais, ou seja, muitas vezes o preço inicial pago pelo navio.[12] Além disso, era preciso levar em conta as comissões, taxas de importação e exportação, os soldos da tripulação e outros gastos extras. No tráfico francês, a carga de mercadorias variava entre 50% e 80% do orçamento dos gastos da viagem. Outros 5% eram destinados às despesas com alimentação e outras necessidades dos marinheiros e cativos. Entre 10% e 13% cobriam o desgaste do material — item conhecido como depreciação na linguagem contábil. Dois por cento correspondiam ao salário da tripulação e 5%, aos seguros.[13]

A historiadora Kátia Mattoso oferece um exemplo das armadilhas na análise da contabilidade do tráfico ao reproduzir as anotações do capitão João Proença e Silva no diário de bordo de seu navio, onde registrou os resultados de sua venda de escravos no Rio de Janeiro, em 1762.[14] No item "receita", ele escreveu:

> *1 negro adulto vendido a Ignácio Martins a 30 de maio: 90 mil réis*

> *1 molecão [...] a Manuel Francisco dos Santos a 4 de junho: 64 mil réis*
>
> *1 molecão vendido a Francisco Lobo a 14 de junho: 70 mil réis*
>
> *1 moleque [...] a Manuel Machado Borges a 30 de junho: 51,6 mil réis*
>
> **Total da receita: 275,6 mil réis**

Desse total, o capitão descontou (sem mencionar valores), "duas moleconas cativas mortas no mar" e "um moleque morto após o desembarque, a 14 de junho".

Na coluna de despesas, ele anotou:

> *Transporte marítimo e custo pago ao capitão: 100.295 réis*
>
> *Serviços do padre que batizou cinco cativos: 7.500 réis*
>
> *Medicamentos e honorários para um doente: 2.120 réis*
>
> *Alimentação dos escravos durante 76 dias a 60 réis ao dia: 4.560 réis*
>
> *Comissão de venda, de 6% sobre o total: 16.536 réis*
>
> **Total da despesa: 131.011 réis**

Subtraídas as despesas das receitas, o resultado seria um lucro de 144.589 réis. À primeira vista, parece ter sido um bom negócio, mas não foi bem assim. Essa contabilidade não informa o valor dos impostos e o preço pago pelos escravos na costa africana, que, hoje se sabe, não era tão barato quanto se supunha até tempos atrás. A mortalidade durante a viagem foi alta: três dos sete cativos mencionados morreram antes de serem vendidos. O preço do batismo é quase o dobro do total gasto em refeições e mais de três vezes o total das despesas médicas e com remédios. Por fim, entre a primeira e a última venda, o traficante precisou esperar quase um mês para se ver livre de

OS LUCROS DO TRÁFICO

toda a carga, um longo tempo que certamente contribuiu para diminuir os lucros.

As viagens oceânicas eram brutais e atingiam, indistintamente, os escravos e a tripulação dos navios negreiros. O abolicionista britânico Thomas Clarkson estimou que, de cem marinheiros que partiam do porto de Liverpool entre 1784 e 1788, só cinquenta, ou seja, a metade, retornavam com vida. Dos demais, 23,7% morriam, outros 26,3% desertavam ou eram demitidos por insubordinação e outros delitos.[15] Em um estudo de 1.535 viagens de embarcações francesas, calculou-se que 15% dos tripulantes morriam por mês, em média. Quando estavam ancorados na costa da África, nas longas esperas que envolviam a compra e o embarque dos cativos, no entanto, esse índice poderia chegar a altíssimos 45%.[16]

O número de mortos, tanto de escravos quanto de tripulantes, era sempre proporcional ao tempo de viagem. Quanto mais longa a travessia, maior a mortalidade a bordo. As perdas eram mais elevadas nas embarcações que saíam dos portos da África Oriental, no Oceano Índico. No século XVIII, chegavam a quase 30% dos escravos embarcados. De Moçambique ao Rio de Janeiro, uma viagem durava cerca de setenta dias, quase o dobro daquelas que tinham como origem regiões da África Ocidental, como Angola e o Golfo do Benim.

As taxas de mortalidade foram diminuindo ao longo de 350 anos graças a providências relacionadas à alimentação, higiene e outros cuidados a bordo, além de técnicas de construção naval e navegação que tornaram as viagens mais rápidas e seguras. Entre os séculos XVIII e XIX, os traficantes passaram a usar navios mais velozes e adaptados ao transporte de escravos, com maior ventilação nos compartimentos inferiores e, principalmente, maior capacidade de armazenagem de água e alimentos frescos. Estima-se que, no século XVI, as perdas no oceano seriam, em média, de 20% do total da carga humana embarcada na África. Ou seja, de cada cinco escravos que iniciavam a viagem, um morria antes de chegar ao Brasil. No século XIX, esse índice estaria reduzido a menos da metade, chegando a cerca de 6% nos navios portugueses por volta de 1830.[17]

Embora a mortalidade nos navios negreiros fosse elevada, isso não significa que os traficantes tivessem a intenção deliberada de matar seus cativos ou não se preocupassem com as perdas durante as viagens. Casos escandalosos de escravos atirados ao mar de forma intencional, como o que aconteceu no navio *Zong*, citado anteriormente, eram exceções. O propósito principal do violento negócio negreiro era o lucro, o que exigia o transporte do maior número possível de cativos entre a África e a América, e, de preferência, que todos chegassem vivos e saudáveis ao destino. Com escravos mortos, não seria possível fazer dinheiro. Do ponto de vista do traficante, a morte de um deles implicava, mais do que a perda de uma vida humana, um prejuízo certo. Esse objetivo, no entanto, era limitado por forças naturais, que os negreiros não controlavam, em especial as doenças que infestavam os navios antes, durante e depois das longas travessias.

A Companhia das Índias, que tinha o monopólio do tráfico na França no começo do século XVIII, oferecia um bônus aos capitães de navios que conseguissem reduzir as taxas de mortalidade. O prêmio era oferecido em escala: seis libras por escravo caso o índice de mortos fosse inferior a 5% sobre o total dos embarcados; três, se ficasse abaixo de 10%; duas, se chegasse até 15%; e uma libra para perdas de no máximo 20%. Isso significa que, mesmo nas viagens em que morresse um quinto da carga, ainda assim o negócio seria lucrativo a ponto de o capitão receber um prêmio pelo sucesso da travessia.[18]

Havia casos extremos de perdas de vidas em alto-mar. Ao chegar a Salvador, no final de 1805, o brigue *Correio da Guiné*, de

OS LUCROS DO TRÁFICO

Félix da Costa Lisboa, tinha perdido 230 dos seus 340 escravos embarcados na costa de Biafra. Uma mortalidade tão severa podia levar o traficante à falência. Foi o que aconteceu com o baiano Felipe Justiniano Costa Ferreira, em 1809, depois de uma desastrosa viagem do brigue *Flor da Bahia* entre Moçambique e Salvador, na qual morreram 192 de um total de 557 cativos embarcados — mais de um terço da carga. Felipe tinha acabado de comprar o barco, era sua primeira viagem. Afundado em dívidas, vendeu a embarcação dez dias depois de retornar à Bahia, e nunca mais se ouviu falar dele no circuito do tráfico. Um caso extremo oposto foi o do navio *Capitão africano*, sob o comando de Domingos José de Lima, que chegou a Salvador em 1807 sem perder um só dos 135 africanos que haviam embarcado no Golfo da Guiné. Em outubro de 1789, as autoridades que foram inspecionar o brigue *Netuno pequeno*, de propriedade de Pedro Gomes Ferreira, ficaram surpresas ao saber que não apenas todos os 29 escravos comprados na Costa da Mina chegaram com vida como mais dois tinham nascido a bordo durante a travessia.[19]

Diante de tantos riscos, os traficantes foram desenvolvendo estratégias para calibrar as eventuais perdas. Uma delas era compartilhar ou diluir os investimentos entre vários sócios. Nesse modelo, ninguém ganhava muito, mas, ao mesmo tempo, correriam menos riscos de ir à falência em caso de alguma tragédia inesperada. Foi esse o caso da galera — navio longo e estreito, de bordas baixas — *Santo Antônio, Santa Ana e Almas*, que, no dia 26 de outubro de 1727, deixou o porto de Luanda com 385 escravos adultos e 77 crianças. A galera pertencencia a 99 diferentes donos, incluindo um grupo de mercadores angolanos, fazendeiros baianos e o próprio capitão do navio. Era, portanto, uma espécie de consórcio do tráfico negreiro.[20]

Embarcações de todos os tipos e tamanhos eram empregadas no tráfico. Algumas eram minúsculas e velozes, com peso total de dez toneladas, o equivalente a um micro-ônibus ou um caminhão de carga leve vazios. No extremo oposto estavam mastodontes flutuantes, como o *The Parr*, navio de 566 toneladas (peso de um Airbus A380, atualmente o maior avião comercial de passageiros) construído pelo armador John Wright em Liverpool, em 1797. Foi batizado com o sobrenome dos proprietários, Thomas e John Parr, membros de uma eminente família local de traficantes de escravos. Equipado com três mastros, tinha dois deques e quarenta metros de comprimento por dez de largura. Na proa, destacava-se a escultura de uma mulher, como se fosse uma sereia gigantesca que desafiava as ondas. Era fortemente armado, com quarenta bocas de canhões distribuídas por suas laterais. Tinha espaço para setecentos escravos e cem tripulantes — uma vez e meia o número de passageiros de um Airbus A380. Era o maior navio negreiro de todo o Império Britânico. Ainda assim, teve um fim rápido e inesperado: em 1798, na sua primeira viagem ao Golfo de Biafra, o *The Parr* explodiu no Porto de Bonny, matando todos os duzentos escravos já embarcados. A causa da tragédia nunca foi revelada.[21]

Além da taxa de mortalidade, dos naufrágios, dos ataques de piratas e de outras desventuras, como a que atingiu o gigantesco *The Parr*, o lucro do negócio negreiro dependia do valor de compra e venda dos escravos, que, por sua vez, era determinado pela mais básica de todas as regras da economia: o equilíbrio entre a oferta e a demanda. Segundo cálculos do historiador Paul E. Lovejoy, o preço médio de um cativo na costa da África foi crescendo em proporção direta ao aumento da procura por mão de obra cativa na América. Em 1663, o preço de um escravo seria de aproximadamente 3,3 libras esterlinas, valor que triplicaria por volta de 1710, no auge da febre do ouro no Brasil, e quintuplicaria por volta de 1775, chegando a 16 libras esterlinas. Nesse

OS LUCROS DO TRÁFICO

período de pouco mais de cem anos, o preço médio mais do que quadruplicou, enquanto a oferta de escravos aumentou apenas duas vezes e meia.[22]

Outro historiador, Joseph Miller, estimou que, durante a corrida do ouro em Minas Gerais, um cativo considerado de primeira qualidade custava ao traficante em Angola cerca de 102, 6 mil réis, incluído o preço pago ao fornecedor africano, os impostos alfandegários recolhidos em Luanda, o frete na travessia do oceano e as perdas de vida em alto-mar e em terra antes da venda. No Rio de Janeiro, seria vendido por 200 mil réis, quase o dobro do preço original. Isso significa que um navio negreiro só teria prejuízo se a mortalidade fosse superior a 50%. Qualquer índice abaixo desse patamar representaria lucro. Essas margens despencaram por volta de 1760 devido ao declínio da economia mineradora e ao aumento dos preços dos escravos em Angola. Voltariam a ter novo vigor na virada do século, com o renascimento da lavoura açucareira no Nordeste, o início da febre do café nas décadas seguintes e, principalmente, o período do tráfico ilegal para o Brasil, na primeira metade do século XIX, em que os preços de venda dispararam.[23]

Os traficantes tinham um grande e onipresente sócio no tráfico negreiro: a Coroa portuguesa. Além de fornecer mão de obra para as lavouras e minas da América, o comércio de escravos era uma fonte de receita fundamental para o tesouro real. Por volta de 1630, um cativo africano entrava no Brasil com tributos equivalentes a 20% do seu preço no porto de embarque. Na América Espanhola, impostos e taxas chegavam a 66% desse valor. Na segunda metade do século XVII, os tributos no Brasil subiram para 28%, o que levou o ouvidor-geral de Angola a declarar que o tráfico de escravos era a atividade comercial mais tributada em todo o Império Português. Novos impostos foram criados ao longo dos séculos XVIII e xix. A Coroa lucrava também com a venda de alvarás e direitos de comércio de escravos.

Os reis portugueses estavam dispostos a fazer qualquer negócio para assegurar essa preciosa fonte de renda. Se houvesse a possibilidade de entrar em acordo com os chefes e fornecedores locais de escravos, melhor. Mas, se essa opção não fosse possível, os colonos, navegadores e comandantes militares lusitanos estavam autorizados a pilhar, subjugar, fazer guerra e tomar pela força o que julgassem proveitoso para a Coroa portuguesa. Era o que deixavam claro as instruções que o rei dom João III enviou a seu irmão, dom Luís, responsável pela ocupação do Arquipélago dos Bijagós, na Guiné-Bissau:

> *Não querendo os negros que ora vivem e em diante viverem e estiverem nas ditas ilhas fazer por sua vontade resgate [de cativos], lhes possa [dom Luís] fazer guerra e os mandar cativar, e, como cativos, os mandar vender em meus reinos ou fora deles, onde mais lhe aprouver, pagando-me dos que assim por guerra se tomarem, os direitos que para mim se arrecadam dos escravos que se resgatam.*[24]

17. OS NÚMEROS

QUANTOS CATIVOS FORAM EMBARCADOS para o Brasil e o restante da América em três séculos e meio de escravidão? De onde saíram e para onde foram? Quais eram suas etnias, nações, linhagens familiares? Quantos morreram no caminho e quantos sobreviveram até a chegada aos seus locais de trabalho? Quantos navios negreiros e quantas viagens estiveram envolvidos nesse comércio de gente? Em que períodos o tráfico negreiro foi mais intenso e por que razões? Quantos e quais países nele se envolveram?

Durante muito tempo essas e outras perguntas estiveram entre os maiores desafios no estudo da escravidão devido à escassez de estatísticas sistemáticas e confiáveis.

Ao contrário do que acontece hoje nas transações de comércio ao redor do mundo, em que, por razões contábeis e fiscais, os números são cuidadosamente anotados e monitorados por empresas, governos e organismos internacionais, na época da escravidão, uma boa parte da cadeia de negócios era desempenhada de maneira informal, clandestina ou ilegal. Para evitar o pagamento de tributos, muitos navios partiam da África e atravessavam o Atlântico sem que houvesse qualquer registro oficial da viagem. O contrabando era enorme. Entre 1580 e 1640, por exemplo, negreiros saídos de Angola e outros portos sob o controle português declaravam como destino o Brasil com o objetivo de pagar impostos mais baixos cobrados pela União Ibérica, mas na verdade rumavam para o Caribe, onde os preços dos cativos eram mais altos, ou Buenos Aires, onde havia contrabando de prata espanhola.

Na primeira metade do século XIX, a imprecisão dos registros aumentou devido à presença dos navios de guerra britânicos, que, sob a pressão do movimento abolicionista, passaram a patrulhar as águas do Atlântico com o objetivo de capturar negreiros ilegais e libertar seus cativos. Cerca de 3 milhões de africanos, ou um quarto do total, foram embarcados para a América depois de 1807, ano em que o Parlamento Britânico proibiu oficialmente o tráfico nos seus domínios. Mais da metade teve como destino o Brasil. Quase nada disso foi oficialmente contabilizado para fugir à vigilância da já então poderosa Marinha de Guerra Britânica.[1]

Como resultado dessas dificuldades, até algumas décadas atrás, estatísticas e números baseavam-se mais em suposições, apostas e palpites aleatórios do que em documentos e registros seguros. Em 1880, por exemplo, o historiador português Joaquim Pedro de Oliveira Martins calculava em 20 milhões o total de africanos desembarcados na América, número bem superior ao apontado em 1861 pelo norte-americano Edward E. Dunbar (exatos 13.887.500) ou em 1936 pelo economista e demógrafo alemão R. R. Kuczynski (14.650.000). No caso do Brasil, ao longo do século XIX, alguns autores chegaram a afirmar que o total chegaria a até 50 milhões de cativos. O historiador Pandiá Calógeras, entretanto, reduziu essa contabilidade para 15 milhões. Já Pedro Calmon a calculou em 8 milhões, enquanto, para Caio Prado Júnior, eram 5 milhões. Afonso d'Escragnolle Taunay e

OS NÚMEROS

Sérgio Buarque de Holanda estimavam que o total de escravos era de cerca de 3,6 milhões, Roberto Simonsen, por sua vez, estipulou essa quantia em 3,3 milhões e Renato Mendonça, em 6,8 milhões.[2]

A boa notícia é que essa incongruência está sendo dissipada em um ritmo bastante veloz. Felizmente, a escravidão é hoje um dos temas que mais tem atraído a pesquisa e a atenção dos historiadores. Uma infinidade de livros, dissertações de mestrado, teses de doutorado, pesquisas em arquivos, museus, ou mesmo em campo aberto — como as da arqueologia submarina, que busca destroços de navios — tem iluminado o assunto de modo sem precedentes. Personagens, acontecimentos e períodos inteiros dessa história têm sido reavaliados de maneira a lhes dar nova dimensão e significado. Um dos campos em que os estudos mais avançaram foi justamente o que envolve números, cifras e percentuais.

Hoje, sabe-se, com relativa precisão, que 12.521.337 de seres humanos embarcaram para a travessia do Atlântico em cerca de 36 mil viagens de navios negreiros, entre 1500 e 1867. Desses, 10.702.657 chegaram vivos à América. Os mortos seriam 1.818.680.[3] Duas regiões do continente africano estão entre as mais afetadas pelo tráfico. A primeira foi a África Ocidental, também conhecida como Costa da Mina, entre Gana e a Nigéria. A segunda, a África Central, que se estende do Gabão até o sul de Angola. Juntas, essas duas áreas responderam por quase 80% do total do comércio de cativos no Atlântico. O Brasil, sozinho, recebeu 4,9 milhões de cativos, o equivalente a 47% do total desembarcado em todo o continente americano entre 1500 e 1850. O número de escravos traficados para o Brasil é dez vezes superior ao destinado às colônias inglesas da América do Norte e comparado apenas ao total recebido pela região do Caribe. E também infinitamente maior do que o número de europeus brancos que aqui chegaram nesses 350 anos. Estima-se que até a metade do século XIX cerca de 750 mil

255

imigrantes portugueses entraram no território brasileiro. Ou seja, de cada cem pessoas chegadas ao Brasil nesse período, 86 eram escravas africanas e apenas catorze tinham origem europeia.[4]

Ainda no caso específico do Brasil, costuma-se dividir o tráfico negreiro em quatro diferentes períodos, numa escala cronológica que vai do século XVI a meados do século XIX. O primeiro, iniciado algumas décadas após a chegada de Cabral à Bahia, é chamado de Ciclo da Guiné. Tinha como portos de origem Senegal, Gâmbia e Guiné-Bissau, passando por Cabo Verde. O segundo, o Ciclo do Congo e Angola, de onde veio a imensa maioria dos cativos, persistiu até o fim do tráfico, em 1850. O terceiro foi o da Costa da Mina, no século XVIII, e tinha entre seus maiores traficantes os baianos, que compravam cativos em troca de fumo de corda. E, por fim, a partir do século XIX, o Ciclo de Moçambique.[5]

Um dos grandes pioneiros nesses estudos foi o norte-americano Philip Curtin, autor de *Transatlantic Slave Trade: a Census* [O comércio transatlântico de escravos: um censo], de 1969, o primeiro levantamento sistemático a respeito do tráfico de cativos, hoje um clássico da historiografia da escravidão. Continha muitas imprecisões, mas pavimentou o caminho para que outros pesquisadores aprofundassem e refinassem a coleta e a interpretação dos dados. Seguindo a trilha aberta por Curtin, em 1999, um grupo de estudiosos de diversas universidades ao redor do mundo, liderados por David Eltis e David Richardson, publicou um CD-ROM contendo informações sobre 27.233 viagens transatlânticas de navios negreiros. Subestimava, porém, os números relativos ao tráfico para o Brasil e o restante da América Latina, justamente os territórios com maior número de cativos. Entre 2001 e 2005, um mutirão internacional de pesquisas nos arquivos portugueses, espanhóis, brasileiros e de países vizinhos procurou corrigir essa deficiência. Como resultado, o atual banco de dados expandiu-se para cerca de 36 mil viagens, ou seja,

OS NÚMEROS

um acréscimo de quase 50% em relação aos dados disponíveis em 1999.[6] Desse total, estima-se que 14.910 viagens tiveram como destino os portos brasileiros.

Esses estudos contaram com a preciosa e fundamental contribuição das novas tecnologias da informação. Na época de Curtin — apenas meio século atrás —, tudo era guardado em papel. Hoje, o recurso de gigantescos bancos de dados digitais, que permitem atualização em tempo real, transformou radicalmente a coleta, o armazenamento e a distribuição dessas informações, que estão disponíveis para consulta na internet, no endereço <slavevoyages.org>. O banco de dados *The Transatlantic Slave Trade Database* cobre cerca de 80% de todas as viagens de navios negreiros ao longo de três séculos e meio. Inclui uma versão em português e, entre seus colaboradores, chama atenção uma equipe brasileira, com destaque para os historiadores Manolo Garcia Florentino, Mariana Candido, Roquinaldo Ferreira e Daniel B. Domingues da Silva.

Graças a esse esforço, hoje qualquer pessoa, mesmo leiga no tema, pode ver na internet, de qualquer parte do planeta, de forma interativa e bastante didática, o que foi, de fato, a grande tragédia da escravidão no Atlântico. Os mapas, gráficos e ilustrações disponíveis trazem informações detalhadas e com um nível de precisão nunca nem sequer sonhado pelos historiadores no passado, como os nomes dos navios, os portos, as datas das partidas e das chegadas, o número de tripulantes e escravos, e às vezes também os nomes dos proprietários e capitães, e as taxas de mortalidade durante a travessia. Neles, observa-se que os maiores portos negreiros africanos situavam-se nas vizinhanças de grandes bacias hidrográficas, que facilitavam o transporte e o escoamento dos cativos, como as dos rios Senegal e Gâmbia (na Senegâmbia), Níger, Volta, Congo e Cuanza (na África Ocidental e Central), Zambeze e Limpopo (em Moçambique).

Como já se viu nos capítulos anteriores, as primeiras viagens transatlânticas aconteceram, provavelmente, ainda em 1501, apenas um ano após a descoberta do Brasil e nove anos depois da chegada de Colombo à América. Nessa fase inicial, os navios que transportavam os escravos africanos não partiam da África, mas do porto de Sevilha, na Espanha, que detinha então o monopólio do novo negócio para a América. Essas embarcações tinham como destino a Ilha de Hispaniola, onde hoje estão situados o Haiti e a República Dominicana. Em 1505, dezessete escravos foram enviados à Hispaniola sob os auspícios da Coroa da Espanha, para trabalhar nas minas de cobre. No final desse mesmo ano, outros cem escravos chegaram a esse destino para trabalhar nas minas de ouro.

Em 1518, Carlos i, futuro imperador Carlos v do Sacro Império Romano, assinou um decreto que autorizava Lorenzo de Gouvenod, conde de Bresa, a transportar 4 mil escravos para a América num período de sete anos. Bresa, por sua vez, revendeu seus direitos para quatro italianos, Augustin de Vivaldo, Fernando Vasquez e os irmãos Tomas e Domingo de Forne. No mesmo ano, o governo espanhol autorizou dom Jorge de Portugal, filho bastardo do rei dom João ii, a enviar quatrocentos cativos para a Hispaniola. Todos esses escravos viajaram a partir da Península Ibérica, e não da África.[7]

O tráfico adquiriu uma nova dimensão com os *assientos*, contratos leiloados pela Coroa espanhola entre negociantes portugueses e italianos que tinham como destino Cartagena, na atual Colômbia, e Vera Cruz, no México, locais que passaram a servir de entrepostos de distribuição de cativos para todo o nascente Império Colonial Espanhol. O tráfico sistemático de escravos para o Brasil começou por volta de 1560, várias décadas depois do início do tráfico espanhol, embora se tenha notícia da chegada de cativos africanos, em pequeno número, por volta de 1538, desembarcados na Bahia para cortar pau-brasil.

OS NÚMEROS

A grande expansão, porém, ocorreu a partir de meados do século XVII, estimulada pela cultura da cana-de-açúcar, o primeiro produto de consumo de massa na economia moderna. Os preços e o volume do tráfico de escravos aumentaram proporcionalmente à demanda por açúcar na Europa. A descoberta de ouro e diamantes no Brasil, no século XVIII, e a expansão de outras lavouras de cultivo intensivo, como a do algodão, do arroz e do tabaco no sul dos Estados Unidos, fizeram com que os números alcançassem patamares elevadíssimos. Oitenta e cinco por cento de todas as viagens de navios negreiros ocorreram depois de 1700.

Portugueses e brasileiros destacam-se no topo da lista dos maiores traficantes, responsáveis pelo transporte de 5,8 milhões de seres humanos, quase a metade do total de 12,5 milhões de cativos comercializados. Em segundo lugar, curiosamente, aparecem os britânicos, os bastiões do abolicionismo no século XIX, mas que, antes disso, tinham arrancado 3,2 milhões de escravos da África. Franceses e holandeses aparecem na terceira e na quarta posições, com, respectivamente, 1,4 milhão e meio milhão. Participantes tardios no negócio, os norte-americanos transportaram em seus navios mais de 300 mil escravos.

Uma em cada três viagens negreiras era organizada no Brasil, sendo o Rio de Janeiro responsável por 17% delas, seguido pela Bahia, com 15%, e por Pernambuco, com 5%. O Rio de Janeiro foi o maior porto negreiro da história, de onde saíram ou chegaram navios responsáveis pelo transporte de 1,5 milhão de escravos entre meados do século XVI e 1852, aproximadamente. O segundo foi Salvador, com 1,3 milhão, número quase igual ao de Liverpool, na Inglaterra, e bem superior ao do Recife, com 854 mil. Na África, o maior porto de embarque foi Luanda, hoje capital de Angola, de onde saíram 2,8 milhões de cativos. O segundo foi Ajudá, na atual República do Benim, com 1 milhão.

O terceiro foi Benguela, com 764 mil.[8] Angola, sozinha, embarcou 5,7 milhões de cativos para o Novo Mundo.[9]

Um em cada dois escravos embarcados para o Brasil teve como destino a região Sudeste — especialmente Rio de Janeiro, São Paulo e Minas Gerais, onde trabalharam nas lavouras de açúcar e café e nas minas de ouro e diamantes, além de executarem uma infinidade de ocupações domésticas e urbanas. No total, essa região recebeu 2,3 milhões de africanos, sendo que 776 mil chegaram num curto período de apenas 25 anos, entre 1826 e 1850. Em segundo lugar, aparece a Bahia, com 1,5 milhão, seguida de Pernambuco, com 854 mil. A Amazônia, que importou 142 mil escravos, foi a última grande fronteira escravagista do Brasil. O Pará e o Maranhão começaram a ser colonizados no final do século XVII. O primeiro carregamento de cativos a chegar a essa região diretamente da África data de 1680. O último ocorreu em 1846, quatro anos antes da completa abolição do tráfico negreiro para o Brasil. Os negros eram empregados no cultivo de cacau, arroz e algodão.[10]

Entre as regiões brasileiras, havia diferenças significativas relacionadas aos portos de origem dos escravos. Quase a totalidade dos africanos traficados para o Rio de Janeiro, São Paulo, Minas Gerais e Pernambuco saíram de Angola. No caso da Bahia, mais da metade (810 mil de 1,5 milhão) tinha como origem Nigéria, Benim e Togo, a região na época conhecida como Costa da Mina. Para o Maranhão e o Pará, a maioria (97 mil de 142 mil) vinha da chamada Senegâmbia (atualmente Senegal, Gâmbia, Guiné-Bissau e Guiné-Conacri). Esses números ajudam a explicar hoje as enormes diferenças no biótipo e nos hábitos e costumes dos afrodescendentes brasileiros, como por exemplo, pessoas negras mais altas e longilíneas na Bahia do que no Rio de Janeiro e em Minas Gerais. Explica também por que os jogadores negros de basquete da NBA norte-americana são, em geral, mais altos do

OS NÚMEROS

que os brasileiros: descendem de cativos africanos da região do Senegal, de estatura mais elevada, como qualquer turista pode observar num passeio pelas ruas de Dacar, a capital senegalesa.

A expectativa de vida dos escravos após o desembarque no continente americano dependia muito da região a que eles estavam destinados a passar o resto das suas vidas. A taxa de mortalidade entre os escravos brasileiros, especialmente entre crianças e recém-chegados, era, por exemplo, mais alta do que entre os negros nos Estados Unidos. No começo do século XIX, calculava-se que a população cativa do Brasil declinava entre 5% e 8% ao ano, o que significa que só seria possível manter o plantel existente pela importação massiva da África. A expectativa de vida de um homem escravizado, ao nascer, em 1872, era de apenas 18,3 anos, um terço menor que o da média da população em geral, que era de 27,4 anos. Nos Estados Unidos, por outro lado, um homem nas mesmas condições nascido por volta de 1850 poderia esperar viver razoavelmente mais; até os 35,5 anos.[11]

Outra diferença estava na possibilidade de obtenção da liberdade, maior no Brasil do que nos Estados Unidos. Estima-se que, em média, cerca de 1% de todos os escravos brasileiros eram alforriados anualmente. Essa taxa, estendida ao longo de três séculos de regime escravagista, resultou numa significativa população negra livre no país, maior do que em qualquer outro território da América. Em 1800, negros alforriados compunham cerca de 30% da população brasileira, a mesma proporção de brancos. O restante era formado por mulatos, índios e mestiços. Nos Estados Unidos, enquanto isso, as chances de alforria eram bastante reduzidas.

A longo prazo, essas diferentes realidades tiveram grande impacto na demografia dos cativos nas duas regiões. A combinação de baixo índice de alforrias com elevada taxa de natalidade levou ao aumento da população escrava norte-americana sem a necessidade de repor o número de cativos mediante o tráfico. Às vésperas da Guerra Civil Americana, também conhecida como Guerra da Secessão, que precedeu à abolição da escravatura, havia nos Estados Unidos aproximadamente 4 milhões de escravos, número surpreendentemente alto, levando-se em consideração o fato de que os norte-americanos importaram apenas cerca de 400 mil cativos da África (3,5% do tráfico total enviado para a América).[12] Situação inversa ocorreu na escravidão brasileira, marcada por um índice de alforrias relativamente mais alto e uma reduzida taxa de natalidade no cativeiro. Embora tenha importado quase 5 milhões de africanos desde meados do século XVI (40% do total para todo o continente americano), o Brasil tinha apenas cerca de 700 mil escravos na época da Lei Áurea, em 1888.

Essas e outras cifras, incluindo as de mortalidade na travessia do Atlântico, podem ser observadas em detalhes nos mapas e tabelas a seguir, que têm como fonte o banco de dados <slavevoyages.org>, em consulta realizada no início de junho de 2019.

AS CORRENTES MARÍTIMAS E O TRÁFICO NEGREIRO

EUROPA

AMÉRICA DO NORTE

Corrente do Golfo

Corrente das Canárias

Oceano Atlântico

Trópico de Câncer

ÁFRICA

Correntes Equatoriais

Corrente da Guiné

Linha do Equador

Corrente do Brasil

Corrente de Benguela

AMÉRICA DO SUL

Oceano Atlântico

Trópico de Capricórnio

Dois grandes sistemas de correntes e ventos orientavam o comércio de escravos no Oceano Atlântico. O primeiro, em sentido anti-horário, ao sul da Linha do Equador, era dominado pelos brasileiros e portugueses e favorecia as viagens de navios entre o litoral brasileiro e as regiões de Angola, Congo, Nigéria e Benim. O segundo, em sentido horário, ao norte da Linha do Equador, facilitava as viagens das embarcações negreiras que saíam da Europa, compravam cativos na região entre Gana e o Senegal e os vendiam no Caribe e na América do Norte. Essa rota era dominada por traficantes britânicos, holandeses e franceses.

ESCRAVIDÃO VOL. I

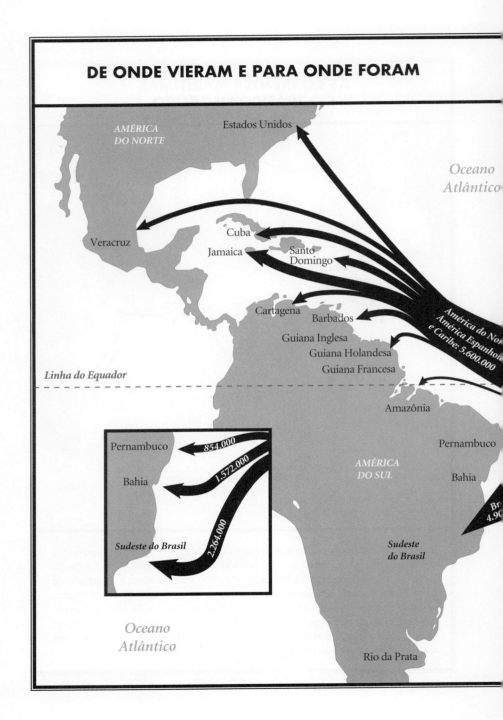

OS NÚMEROS

Entre 1501 e 1867, os navios negreiros embarcaram na África cerca de 12,5 milhões de cativos. Desse total, 10,5 milhões chegaram vivos à América. O número de mortos na travessia do Atlântico é estimado em 1,8 milhão. Os 200 mil restantes foram vendidos na Europa ou na própria África.

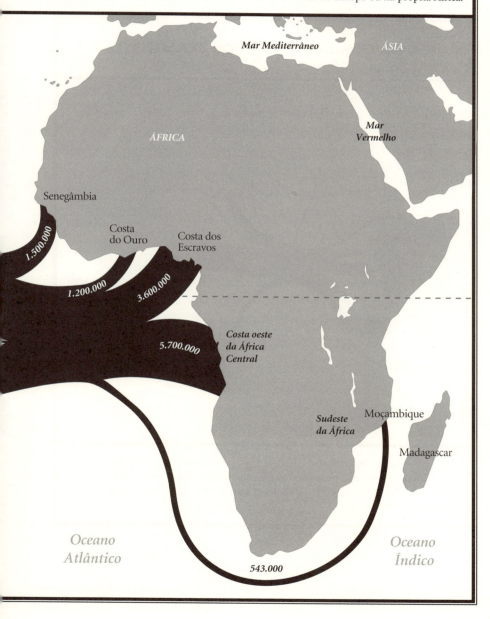

ESCRAVIDÃO VOL. I

A ORIGEM DOS ESCRAVOS BRASILEIROS

ÁFRICA

Senegâmbia

Costa da Mina

Costa dos Escravos

126.000

10.000

7.000

71.000

975.000

142.000

Linha do Equador

142.000

Maranhão
Pernambuco

854.000

Congo

Bahia

1.550.000

3.865.000

Angola

AMÉRICA
DO SUL

Moçambique

2.264.000

Rio da
Prata

67.000

Oceano
Atlântico

337.000

Sete entre cada dez africanos embarcados para o Brasil vieram de Angola e do Congo. A segunda maior fornecedora de cativos foi a Costa dos Escravos, entre Benim e Nigéria. Cerca de 700 mil homens e mulheres morreram na travessia do Atlântico.

OS NÚMEROS

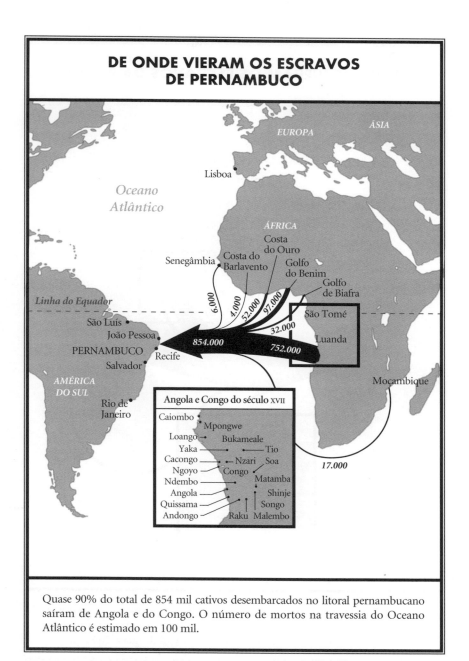

Quase 90% do total de 854 mil cativos desembarcados no litoral pernambucano saíram de Angola e do Congo. O número de mortos na travessia do Oceano Atlântico é estimado em 100 mil.

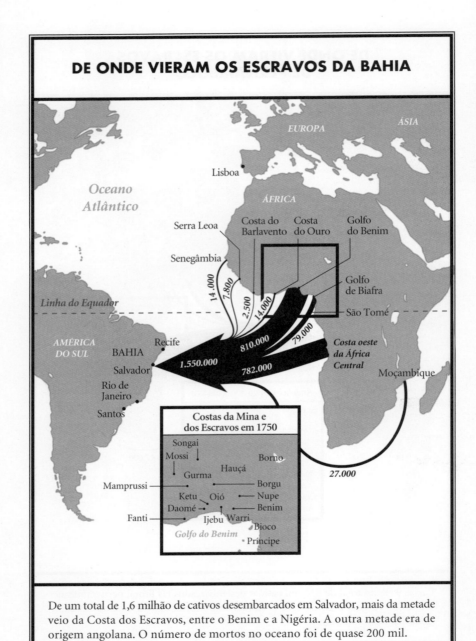

De um total de 1,6 milhão de cativos desembarcados em Salvador, mais da metade veio da Costa dos Escravos, entre o Benim e a Nigéria. A outra metade era de origem angolana. O número de mortos no oceano foi de quase 200 mil.

OS NÚMEROS

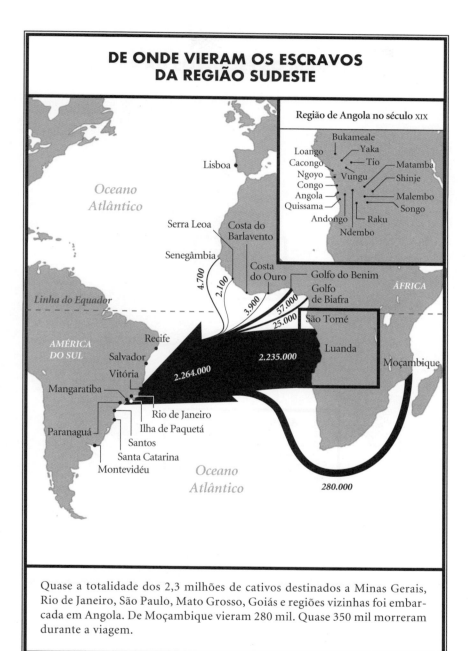

Quase a totalidade dos 2,3 milhões de cativos destinados a Minas Gerais, Rio de Janeiro, São Paulo, Mato Grosso, Goiás e regiões vizinhas foi embarcada em Angola. De Moçambique vieram 280 mil. Quase 350 mil morreram durante a viagem.

ESCRAVIDÃO VOL. I

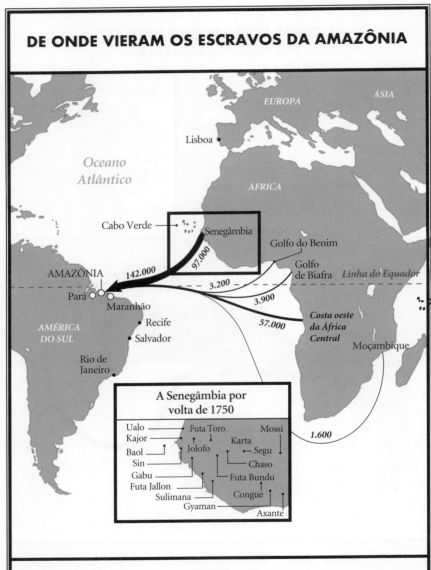

Últimos grandes destinos do tráfico negreiro no Brasil, Maranhão, Pará e outras regiões do estuário do rio Amazonas receberam cerca de 142 mil cativos. Eles vinham principalmente da Guiné-Bissau. Aproximadamente 20 mil morreram na viagem.

OS NÚMEROS

O AUGE DO COMÉRCIO DE GENTE

- 3 milhões
- 2 milhões
- 1 milhão
- 500 mil
- 100 mil

3.438.067
3.049.436
2.164.246
989.124
527.448
171.259
154.188
44.457

1501-1550 1551-1600 1601-1650 1651-1700 1701-1750 1751-1800 1801-1850 1851-1875

O século XVIII foi o período mais intenso do tráfico de escravos africanos. Mais que a metade dos 10,5 milhões de cativos chegou à América entre 1700 e 1800, sendo 2 milhões só no Brasil. O segundo período de maior volume foi o século XIX.

OS CAMPEÕES DO TRÁFICO

Em primeiro lugar, portugueses e brasileiros foram responsáveis pelo transporte de 5,8 milhões de escravos, metade do total de 12,5 milhões de embarcados na África.

Em segundo, aparecem os britânicos, que, antes de se tornarem abolicionistas, traficaram cerca de 3,3 milhões de africanos para a América.

Franceses, espanhóis e holandeses ocupam as posições seguintes no ranking do tráfico, com, respectivamente, 1,4 milhão, 1,1 milhão e meio milhão de cativos transportados.

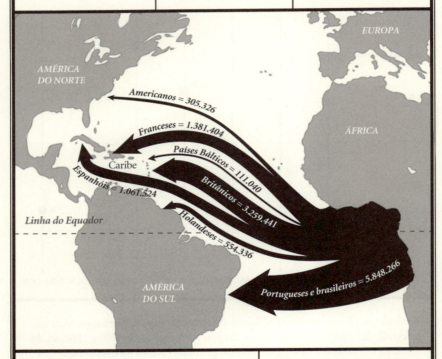

Uma em cada três viagens de compra e venda de escravos foi organizada no Brasil. O Rio de Janeiro foi o maior porto negreiro da história, seguido de Salvador e Liverpool, na Inglaterra. Essas posições foram definidas de acordo com o número de cativos transportados em navios que saíam ou chegavam em cada uma das localidades onde as viagens eram organizadas.

Rio de Janeiro:	1,5 milhão
Salvador:	1,3 milhão
Liverpool:	1,3 milhão
Londres:	829 mil
Bristol:	565 mil
Nantes:	542 mil
Recife:	437 mil
Lisboa:	333 mil
Havana:	250 mil

OS NÚMEROS

UM CEMITÉRIO NO OCEANO

EUROPA
ÁSIA

Lisboa

Oceano
Atlântico

Cuba

51 dias, 15% de mortos

Caribe

130 dias, 22% de mortos

ÁFRICA

Guiné-Bissau

Costa
do Ouro

33 dias, 7% de mortos

Golfo do Benim

Maranhão

Linha do Equador

Pernambuco

Angola

AMÉRICA
DO SUL

Bahia

34 dias, 7% de mortos

Moçambique

Rio de
Janeiro

40 dias, 13% de mortos

63 dias, 16% de mortos

Oceano
Atlântico

Quase dois milhões de cativos africanos morreram na travessia do Atlântico ao
longo de três séculos e meio. O percentual de mortalidade variava de acordo com
o tempo e a distância da viagem (índices referentes ao período entre 1776 e 1830).

OS PORTOS DE EMBARQUE NA ÁFRICA

Havia centenas de locais de fornecimento de escravos na costa africana. Luanda, em Angola, de onde saíram 2,8 milhões de cativos, foi o maior de todos eles. Em muitos desses lugares existiam castelos e fortificações, caso de São Jorge da Mina (ou Elmina), em Gana, onde os escravos comprados pelos europeus de reis e chefes africanos ficavam estocados à espera dos navios negreiros.

OS NÚMEROS

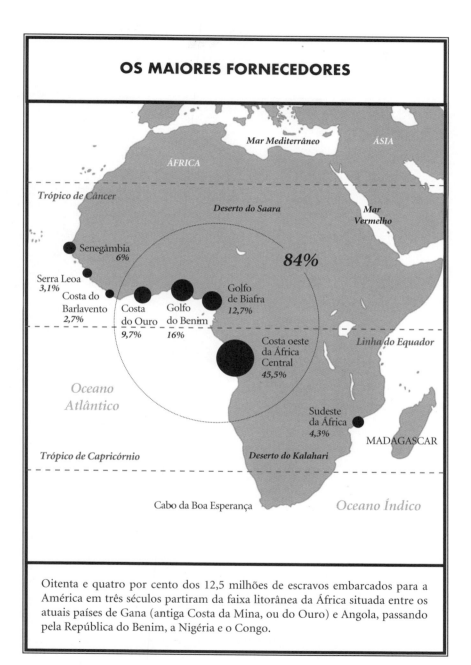

Oitenta e quatro por cento dos 12,5 milhões de escravos embarcados para a América em três séculos partiram da faixa litorânea da África situada entre os atuais países de Gana (antiga Costa da Mina, ou do Ouro) e Angola, passando pela República do Benim, a Nigéria e o Congo.

18. O NAVIO NEGREIRO

*"Esta é a navegação mais dolorosa
que existe em todo o mundo."*

DIONIGI CARLI, frade capuchinho italiano,
sobre os navios do tráfico de escravos

O NAVIO NEGREIRO ERA "uma estranha combinação de máquina de guerra, prisão móvel e fábrica", na definição do historiador Marcus Rediker.[1] Armado de canhões, tinha um grande poder de destruição, usado tanto para se defender de piratas, atacar fortificações e navios de adversários europeus quanto para ameaçar negociantes de escravos mais relutantes em fechar negócios na costa da África. Havia, ao mesmo tempo, um permanente estado de guerra dentro da própria embarcação, onde tripulantes armavam barricadas para se precaver contra eventuais insurreições dos cativos. O navio era, por fim, também "uma fábrica de mão de obra", cujo valor ia aumentando de acordo com a quantidade de escravos estocados e a maior proximidade do continente americano, onde seriam vendidos. Havia uma rigorosa organização do trabalho a bordo, com hierarquias, papéis, turnos e tarefas cronometradas, de modo a tornar o mais eficiente possível a produção desse misto flutuante de fábrica, máquina de guerra e presídio.

No topo da hierarquia da peculiar organização do trabalho no navio negreiro, estava o capitão, o primeiro a ser contratado pelo dono da embarcação ou pelo organizador da viagem. Era também o último a ser dispensado, depois de completadas todas as etapas da jornada. Cabia a ele recrutar o restante da tripulação, providenciar todos os recursos necessários à viagem, organizar a compra dos escravos na costa da África e, muitas vezes, também os leilões de venda na chegada ao Brasil. Era a autoridade máxima a bordo, com poder de vida e morte sobre todos os demais tripulantes e os cativos. A remuneração de um capitão negreiro, incluindo salário fixo, comissões e participações no negócio, podia ser alta. No final do século XVIII, variava de 750 a mil libras esterlinas por viagem, algo entre 500 mil e 750 mil reais, em valores de hoje. Em seguida, vinham, pela ordem de importância, o primeiro e o segundo imediatos (às vezes também um terceiro e um quarto, dependendo do tamanho do navio), o médico-cirurgião, o carpinteiro, o contramestre (responsável por todos os equipamentos), o artilheiro (ou armeiro, que cuidava das armas e munições), o tanoeiro (que fabricava e reparava pipas e barris), o cozinheiro e, por fim, uma ou duas dúzias de marinheiros comuns. Em alguns navios, havia ainda um padre, responsável pela "assistência espiritual" dos cativos e marinheiros, além de dois ou três jovens aprendizes. A remuneração de um marinheiro comum nessa mesma época seria de 24 libras esterlinas por viagem, ou cerca de 4,3 mil reais atualmente.

Uma característica peculiar do tráfico brasileiro era a presença de um grande número de escravos entre os tripulantes dos navios. Alguns eram alugados para servir durante uma determinada viagem apenas. Outros faziam parte do plantel permanente

O NAVIO NEGREIRO

de cativos do traficante. Havia casos extremos, como o do navio *Desengano*, citado pelo historiador Roquinaldo Ferreira num estudo sobre o tráfico em Angola. De propriedade do brasileiro Francisco Ferreira Gomes, tinha quinze escravos africanos marinheiros contra apenas nove brancos.[2] Segundo os registros da alfândega do Rio de Janeiro, 42% de todos os 350 navios negreiros chegados da África entre 1795 e 1811 tinham escravos entre os tripulantes. Esses cativos executavam diversas tarefas a bordo. Muitos eram tradutores durante as negociações de compra de escravos na costa africana, outros eram pilotos, canoeiros, médicos e cozinheiros. Raramente, porém, delegava-se a eles vigiar os demais escravos que viajavam dentro dos porões. Essa tarefa, de acordo com o historiador Herbert Klein, era reservada aos marinheiros brancos.[3]

A linha de produção da fábrica flutuante de mão de obra cativa começava no interior do continente africano, de onde milhões de escravos eram extraídos nas intermináveis guerras entre etnias, linhagens, Estados e nações envolvidos no tráfico negreiro. Da captura, na África, à chegada ao local de trabalho, no Brasil, um africano estaria sujeito a até cinco transações, nas quais ia sendo sucessivamente comprado e vendido por diferentes donos. Até o final do século XVII, a maioria dos angolanos vinha de regiões situadas a dois meses de caminhada até o litoral. No século seguinte, as áreas de captura já se situavam bem mais para o interior, o que exigia seis meses de caminhada até os portos. Nessas longas jornadas, os cativos eram acorrentados uns aos outros, em fileiras chamadas de libambos. No porto, esperavam às vezes até cinco meses pelo embarque. A travessia do Atlântico levava mais um mês e meio. Tudo isso somado significa que, ao chegar ao Brasil, o escravo teria já quase um ano de cativeiro.[4]

Em Angola, os escravos esperavam pelo embarque estocados em barracões imundos, escuros e sem ventilação, com janelas

ESCRAVIDÃO VOL. I

situadas a três metros do solo de terra batida, por onde entrava apenas uma nesga de luz do sol. Geralmente, chegavam ali em péssimas condições. Vindos do interior, às vezes tinham marchado centenas de quilômetros com pouca comida. Os que estivessem muito doentes eram separados dos demais e colocados em quarentena. Se não houvesse navios prontos para o embarque, esses homens eram usados durante o dia em trabalhos agrícolas nas vizinhanças, especialmente no plantio e no corte da mandioca.[5]

Em média, entre 150 e 200 cativos ficavam acorrentados nesses ambientes, às vezes misturados com porcos, cabritos e outros animais domésticos. O espaço era de dois metros quadrados por pessoa, apenas o suficiente para esticar as pernas à noite. Comiam feijão e farinha de mandioca com um pouco de charque ou peixe seco.[6] Na falta de sanitários, as necessidades fisiológicas eram feitas dentro do próprio barracão, que, segundo a descrição do médico português Francisco Damião Cosme, fedia a fezes e urina a tal ponto que uma pessoa que ali entrasse sentiria logo ânsias de vômito ou poderia até desmaiar. Segundo outro médico português, os escravos seminus dormiam no chão e eram "tratados como gado". Diariamente, por volta das dez horas da manhã, eram conduzidos até o mar para banhos forçados na água salgada.[7]

No dia do embarque, entravam nos navios usando tangas ou camisolas de tecidos crus. Antes, eram batizados coletivamente por um padre, também conhecido como "catequizador dos negros" ou "catequizador dos escravos". Segundo o historiador inglês Charles Boxer, essas cerimônias eram muito rápidas:

O padre dizia em voz alta a cada escravo o seu novo nome [cristão]: "Seu nome é Pedro, o seu é João, o seu é Francisco" e assim por diante, entregando também a cada um deles um pedaço de papel com esse nome escrito. Em seguida, coloca-

va uma pequena quantidade de sal nas suas línguas e os aspergia coletivamente com água benta. Então, um negro intérprete [uma vez que nem todos entendiam ainda o português] lhes dizia o seguinte: "Vejam, a partir de agora vocês já são filhos de Deus". [8]

O mesmo padre se encarregava de, em seguida, fornecer ao capitão do navio um "bilhete" ou certificado de batismo para cada escravo. O salário de um "catequizador de negros" era de 60 mil réis por ano em 1748, aproximadamente o preço de um escravo considerado de primeira qualidade. A Igreja coletava também uma série de taxas que contribuíam para a manutenção de sua estrutura em Angola. Esse dinheiro era tão significativo que, segundo Joseph Miller, o fim do tráfico negreiro, em meados do século xix, mergulhou a diocese de Luanda em uma crise financeira sem precedentes.[9]

Antes de partir, os africanos eram marcados com ferro em brasa. Em geral, recebiam sobre a pele quatro diferentes sinais. Os que vinham do interior, já chegavam com a identificação do comerciante responsável pelo seu envio ao litoral. Em seguida, o selo da Coroa portuguesa era gravado sobre o peito direito, indicação de que todos os impostos e taxas haviam sido devidamente recolhidos. Uma terceira marca, em forma de cruz, indicava que o cativo já estava batizado. A quarta e última, que poderia ser feita sobre o peito ou nos braços, identificava o nome do traficante que estava despachando a carga. Ao chegar ao Brasil, poderia ainda receber uma quinta marca, do seu novo dono — o fazendeiro, minerador ou senhor de engenho para o qual trabalharia até o fim da vida. Os fugitivos contumazes teriam, ainda, um "F" maiúsculo (de "fuga" ou "fujão") gravado a ferro quente no rosto. Em Angola, o trabalho de marcação dos escravos chamava-se carimbar (de *carimbo*, palavra que, em idioma quimbundo, significa marca).[10] Era executado por um funcionário do governo conhecido como "marcador de negros" e supervisionado por outro chamado de "capitão das marcas".[11]

O ritual de marcação era assustador. Primeiramente, o "marcador de negros" colocava o carimbo de metal, com uma longa haste de madeira, sobre carvão em brasas até que ficasse incandescente. Em seguida, com a ajuda de vários assistentes, imobilizava o escravo. O local a ser marcado era então coberto com cera e um pedaço de papel lubrificado com óleo. Desse modo, evitava-se que a pele grudasse ao ferro quente e fosse arrancada durante a operação. A dor da queimadura era excruciante. Os cativos urravam e se debatiam ao sentir a aproximação do metal em brasas e precisavam ser fortemente contidos pelos assistentes do "marcador", que lhes seguravam as pernas e os braços. Nos dias seguintes, enquanto as feridas cicatrizavam, as marcas de sua nova identidade iam ficando cada vez mais visíveis.[12]

Curiosamente, não só os escravos eram marcados a ferro incandescente. Os sobas, chefes africanos aliados dos portugueses em Angola, também. Segundo a historiadora Mariana Candido, no século XVIII, durante as chamadas cerimônias de vassalagem, depois de jurar fidelidade à Coroa portuguesa, os sobas da região de Benguela recebiam a marca do selo real do lado esquerdo do peito, o que significava que, a partir daquele momento, deveriam ser respeitados e reconhecidos como súditos do rei de Portugal. Assim, marcados a ferro, ficavam também sob a proteção da Coroa portuguesa. Em troca, tinham a obrigação de pagar tributos, geralmente em forma de cativos, e de autorizar a incursão de traficantes de escravos e forças militares em seus territórios sempre que necessário. Também eram obrigados a hospedar autoridades coloniais e fornecer carregadores e soldados para auxiliá-las.[13]

O NAVIO NEGREIRO

Transportar os cativos dos barracões para os navios era uma operação complexa, que envolvia centenas de pessoas, incluindo escravos locais alugados pelos chefes africanos aos europeus. No porto de Jakin, no Benim, os traficantes franceses pagavam capatazes em conhaque: uma garrafa para cada grupo de dez cativos embarcado no navio. Os guardas armados que ficavam na praia, por sua vez, recebiam o salário em conchas marinhas (as cauris, citadas no capítulo quinze): 160 búzios por escravo, e o pagamento era executado de forma diária.[14] A segurança era sempre reforçada. O embarque era considerado o momento mais tenso e perigoso de toda a jornada dos negreiros, especialmente nos locais mais remotos do litoral africano, onde os traficantes não contavam com fortificações ou força militar para protegê-los de eventuais represálias dos cativos e de suas famílias.

Em dezembro de 1798, João Lucas Cordeiro, comerciante português morador de Bissau, pouco antes do embarque, decidiu inspecionar o barracão de escravos de propriedade de seu sócio, Joaquim Pedro Giniour. Ao entrar no pátio em que os escravos estavam socando arroz, foi atacado com golpes de mãos-de-pilão — pesadas peças de madeira com o formato de um taco de beisebol usadas para descascar arroz e triturar milho e outros cereais. Os cativos quebraram-lhe a cabeça e cortaram sua garganta. Cordeiro, entretanto, não morreu de imediato. Ficou agonizando enquanto o sangue encharcava o chão de terra batida. Alguns dos rebelados fugiram enquanto outros ateavam fogo no depósito de pólvora para facilitar a escapada. Capturados mais tarde, foram todos castrados e decapitados.[15]

Para se precaver de situações como essa, um navio negreiro exigia uma tripulação duas vezes mais numerosa do que a de uma embarcação mercante comum — 35 marinheiros contra 16, a média da época. Fortemente armados, os marinheiros vigiavam cada movimento dos cativos. Muitas vezes protegiam-se

283

atrás de trincheiras até que todos estivessem acorrentados a bordo. A lista de armas e munições do navio *Diligent*, que fez diversas viagens à costa da África e foi estudado pelo historiador Robert Harms, incluía cinquenta e cinco mosquetes, dezoito pistolas, vinte espadas e dois pequenos canhões com sessenta balas no total, além de uma grande quantidade de pólvora e espoletas.[16]

Para os africanos, embarcar no navio era uma experiência aterradora. Vindos de regiões distantes do interior, muitos nunca tinham visto o mar. Um medo comum entre eles decorria da crença, generalizada em algumas regiões de África, de que, ao chegar ao destino, seriam devorados pelos europeus, que julgavam serem canibais. Existem inúmeros relatos a esse respeito. Um dos mais antigos é o do veneziano Alvise Cadamosto, atacado com seus companheiros na foz do rio Gâmbia, em 1456, quando, em nome do rei de Portugal, tentava estabelecer um contato amigável com a população nativa. Depois de muito esforço, conseguiu entender, com a ajuda de intérpretes, a razão da fúria dos moradores: "Eles tinham por certo que nós, cristãos, comíamos carne humana, e que só comprávamos negros com esse fim; e que, por isso, não queriam a nossa amizade de forma nenhuma". Só então, após explicar que os portugueses não eram canibais, foi possível estabelecer uma trégua entre as duas partes.[17] História semelhante ouviria no século seguinte o frade italiano Giovanni Antonio Cavazzi de Montecúccolo ao visitar o Reino do Congo. Segundo ele, os escravos ficavam apavorados diante da perspectiva de serem levados para o Brasil, onde, acreditavam, "seriam mortos pelos compradores, os quais, conforme pensam, tirariam dos seus ossos a pólvora, e dos miolos e das carnes, o azeite".[18]

Depois do embarque, era também considerada perigosa a fase inicial da viagem. Com sua terra ainda à vista, havia o risco de os escravos se rebelarem e tomarem conta do navio. O número de

O NAVIO NEGREIRO

suicídios nessa fase era proporcionalmente mais alto. Por essa razão, os cativos eram trancafiados e acorrentados nos porões enquanto o navio não atingisse o alto-mar, o que poderia demorar vários dias. Os equipamentos de bordo incluíam um inventário sinistro de instrumentos para imobilizar e punir os escravos, como correntes com cadeados, tornozeleiras e colares de ferro. De uso mais frequente era o "bacalhau", pequeno chicote de tiras de couro com pequenos nós ou lâminas de metal nas pontas, cujo golpe poderia lacerar a pele dos escravos.[19] Nos navios ingleses, esse instrumento era chamado de *cat-o'-nine-tails* (gato de nove rabos), devido ao número de tiras.

Uma vez embarcados, os homens eram trancafiados no porão situado na parte traseira da embarcação. As mulheres seguiam para outro compartimento, na dianteira, mais próximo dos alojamentos da tripulação. Entre esses dois setores, bem no meio do navio, erguia-se uma barricada, que serviria de trincheira aos tripulantes em caso de rebelião. Constituídas por tábuas pregadas na transversal, tinham buracos por onde as armas seriam disparadas sobre os cativos, impedindo assim que chegassem à ponte de comando e assumissem o controle do navio.

Em toda a história do tráfico foram documentadas cerca de seiscentas revoltas de escravos em alto-mar. Dessas, apenas em 26 casos os cativos conseguiram controlar o navio e retornar à costa da África.[20] Rebeliões antes da chegada à costa da América eram mais incomuns. A mais famosa, tema de um filme dirigido por Steven Spielberg, é a do navio *Amistad*, capturado em 1839 por um grupo de escravos africanos nas vizinhanças de Cuba e levado para Nova York, onde os rebeldes foram todos libertados após um julgamento que mobilizou a opinião pública norte-americana. Desfechos felizes assim, no entanto, eram uma raridade. Na imensa maioria das vezes, essas rebeliões terminaram de forma trágica.

ESCRAVIDÃO VOL. I

Insurreições de escravos eram tão temidas que os capitães dos navios recebiam instruções drásticas a respeito de como preveni-las ou controlá-las. Jean Barbot, francês que trabalhou para o tráfico negreiro britânico no começo do século XVII, recomendava:

> *Não se deve medir esforços ao reprimir a insolência [dos negros]. Para isso, é preciso sacrificar a vida de todos os amotinados, de modo que sirvam de exemplo, mantendo os demais obedientes. A forma de punição que mais aterroriza os africanos é cortar um homem vivo ao meio com um machado e distribuir as partes do corpo aos outros.*[21]

Foi exatamente essa a providência tomada pelo capitão britânico William Snelgrave, em 1721, depois de controlar uma revolta de cativos nas proximidades do porto africano de Anomabu (atual Gana), na qual um marinheiro branco havia sido morto. Snelgrave informou outros oito capitães negreiros que operavam nas imediações sobre o que tinha acontecido e sugeriu que todos trouxessem suas embarcações para perto do seu navio e fizessem os escravos subir dos porões para os deques superiores, de modo que pudessem assistir as punições que seriam infligidas aos rebeldes. E assim, à vista de centenas de outros cativos, Snelgrave ordenou que o líder da frustrada revolta fosse pendurado à meia altura do mastro principal com uma corda amarrada em volta do peito. Depois, ordenou que um pelotão de fuzilamento disparasse sobre o homem suspenso no ar, matando-o instantaneamente. Na parte final da execução, os marinheiros baixaram o cadáver, cortaram-lhe a cabeça e a atiraram-na aos tubarões. Isso foi feito porque, segundo explicou Snelgrave, os africanos acreditavam que o desmembramento do corpo impedia o espírito do morto de retornar à terra de seus

O NAVIO NEGREIRO

ancestrais na África. Cortar a cabeça ou os membros de alguém, antes de jogar o cadáver ao mar, era, portanto, a pior punição possível. E a mais eficaz no esforço de prevenir futuras rebeliões, como recomendava Jean Barbot.

Dentro dos navios, os compartimentos destinados aos cativos eram minúsculos, insalubres, sem ventilação e iluminação adequada. Os porões, adaptados para o transporte de cativos, eram subdivididos em camadas construídas com pranchas de madeira, tão próximas umas das outras que era impossível caminhar de pé entre elas. Por isso, os escravos passavam a maior parte da viagem deitados, muitas vezes de lado por não haver espaço suficiente para que todos ficassem de costas. "Acorrentados aos pares, perna direita com perna esquerda e mão direita com mão esquerda, cada escravo tinha menos espaço do que um homem dentro de um caixão", escreveu o historiador Eric Williams, reproduzindo as observações feitas dentro de um navio negreiro pelo abolicionista britânico Thomas Clarkson.[22]

A quase imobilidade num ambiente tão exíguo criava situações desesperadoras. Presos por correntes em duplas, os cativos tinham dificuldade para chegar até os tonéis que lhe serviam de latrinas nas laterais dos porões. Subir até o deque superior, onde ficavam as cloacas (buracos na amurada do navio, de onde os dejetos caíam no mar), seria impossível porque à noite os porões geralmente eram fechados com cadeados pela tripulação. Muitos preferiam urinar e defecar no próprio espaço em que dormiam, o que gerava tensões e brigas entre eles. Disenterias eram frequentes devido ao consumo de alimentos estragados e água contaminada. Outros tantos sofriam de enjoo porque não estavam habituados a viajar em alto-mar e tinham crises prolongadas de vômito. Depois de alguns dias, os fluídos humanos iam se acumulando nos porões, criando um ambiente fétido, irrespirável, nauseante. "Aquele barco [...], pelo intolerável fedor, pela escassez de espaço, pelos gritos contínuos e pelas infinitas misérias de tantos infelizes, parecia um inferno", relatou frei Sorrento, capuchinho italiano e testemunha do embarque de novecentos escravos de Luanda para a Bahia, em 1649. "Esta é a navegação mais dolorosa que existe em todo o mundo", confirmou um de seus colegas, Dionigi Carli, também conhecido como frei Piacenza, que em 1669 viajou a bordo de um navio negreiro carregado com 690 escravos entre Angola e Salvador, na Bahia.[23]

O tormento era particularmente grande para as mulheres escravas, que ficavam separadas dos homens em porões mais próximos dos alojamentos da tripulação. Ali, elas estavam vulneráveis ao assédio e ao estupro por parte dos oficiais e marinheiros, sem ninguém que pudesse defendê-las. O assalto sexual começava ainda antes da partida do navio. Um traficante francês escreveu em suas memórias que, ainda no porto africano, cada oficial tinha a prerrogativa de escolher à vontade uma escrava que, durante toda a viagem, lhe serviria "na mesa e na cama". Outra testemunha, o capitão negreiro John Newton (já citado, que depois se tornaria abolicionista e autor do hino "Maravilhosa Graça"), escreveu que os oficiais tinham o hábito de dividir as mulheres entre si de acordo com a beleza delas e a preferência de cada um, ainda no início da viagem. "Recusa ou resistência seriam totalmente em vão", ele afirmou. O médico Alexander Falconbridge relatou que, em alguns navios britânicos, qualquer marinheiro poderia ter relações sexuais com as escravas, "desde que elas consentissem" — como se essa opção de fato existisse entre pessoas cativas. Os oficiais, ao contrário, tinham total liberdade para "exercer suas paixões entre elas, sem qualquer restrição", e, às vezes, "cometiam excessos brutais".[24]

Os navios negreiros eram famosos pelo mau cheiro. Tanto que muitos marinheiros diziam ser possível detectar a sua presença em alto-mar antes que aparecessem na linha do horizonte. Sua aproximação era percebida contra o vento, que antecipava o odor de seus porões quando ainda estavam a muitos quilômetros de distância. "A pestilência, que não se pode suportar em todo o navio, é capaz de fazer desmaiar ou cair os passageiros", afirmou o padre italiano Antonio Zucchelli da Gradisca, a propósito de uma viagem que fez em 1702 de Luanda para o Brasil.[25] "O ar é tão rarefeito e abafado, a ventilação é tão precária que, às vezes, é impossível manter uma vela acesa", relatou o francês Jean Barbot, referindo-se à falta de oxigênio nesses porões.[26] Outro capuchinho italiano, Giuseppe Monari, que partiu de Luanda rumo à Bahia em maio de 1720 num navio com 789 cativos, dos quais 80 morreram durante os 36 dias de travessia, deixou o seguinte relato:

> *É impossível descrever os choros, a confusão, o fedor, a quantidade de piolhos que devoravam aqueles pobres negros. Naquele barco havia um pedaço de inferno. Mas, como os que estão no inferno não têm esperanças de saída, eu me contentaria dizendo que era a nau do purgatório.*[27]

Em condições de higiene tão precárias, inúmeras doenças produziam grandes estragos entre os cativos e os tripulantes. Uma das maiores ameaças era o escorbuto, moléstia provocada pela deficiência de vitamina C e a escassez de alimentos frescos, tão comum nos navios negreiros que no século XVII era conhecida como "mal de Luanda". Enfraquecida, a vítima queimava de febre e sofria dores insuportáveis. A gengiva necrosava. Os dentes caíam ao simples toque. Na prática, era como se o corpo fosse se decompondo antes ainda que chegasse o fatal desfecho. Mortandade maior era provocada pela disenteria, chamada de "fluxo" nas embarcações portuguesas e brasileiras. A lista de enfermidades incluía ainda febres — amarela, malária e tifoide, principalmente —, varíola, sarampo e gripe. A falta de um suprimento adequado de água causava desidratação sob o sol dos trópicos.

Se chovesse ou se o mar estivesse muito revolto, os escravos podiam permanecer nesses locais por semanas a fio, sem ver a luz do dia, o que aumentava o risco de contaminação por essas doenças. A limpeza só era feita com tempo bom e ensolarado. Os cativos eram, então, obrigados a subir para o deque superior e se exercitar ou dançar. Os que se recusassem eram ameaçados com chicote. Enquanto isso, os tripulantes desciam aos porões para esfregá-los com uma mistura de areia e outros materiais abrasivos. Depois, fumigavam o ambiente, inserindo uma barra de ferro incandescente em um balde de vinagre misturado com tabaco. Em alguns navios, queimava-se também pólvora e alcatrão, o que fazia levantar uma espessa nuvem de fumaça tóxica que tornava o ar irrespirável por muitas horas. Por fim, tinham de recolher e despejar no oceano os barris repletos de urina e excrementos. Como se pode imaginar, era um trabalho que os marinheiros detestavam fazer.[28] Uma das tarefas mais árduas a bordo era a do cozinheiro, que tinha a obrigação de preparar duas refeições ao dia para centenas de pessoas, incluindo os cativos e os tripulantes. Por isso, optavam por alimentos que exigiam preparos muito simples, como sopas, mingaus, pratos cozidos e angus. No século XVI, cada escravo embarcado em Angola recebia diariamente uma ração composta por 1,8 litro de farinha de mandioca, um quinto de litro de feijão ou milho, farinha feita de *emba* (o coquinho da palmeira de dendê), peixe seco e salgado, carne de boi, baleia, hipopótamo ou elefante. A partir do século XVIII, adicionava-se também carne de charque — salgada e seca ao sol nas charqueadas do Rio Grande do Sul.[29] Cativos vindos das regiões do Golfo do Benim consumiam inhame, item importante na dieta básica dessa região da África.

O NAVIO NEGREIRO

Uma lei portuguesa de 1684 determinava que os africanos recebessem três refeições diárias, acompanhadas de uma "canada" de água (medida equivalente a 1,375 litro). O primeiro rancho era servido geralmente por volta das dez horas da manhã. O último, antes do pôr do sol. Escravos que, em meio a surtos de depressão (o então famoso banzo), tentassem fazer greve de fome eram punidos com chicotadas e forçados a comer mediante o uso de um aparelho chamado *speculum oris* — um longo tubo flexível de metal que os marinheiros lhes enfiavam na garganta para que a comida descesse esôfago abaixo. Para defender os interesses dos traficantes, que sofreriam prejuízos com a morte de escravos embarcados, o governo nomeava um oficial para inspecionar a qualidade dos suprimentos de água antes que os navios partissem. Esses fiscais eram chamados de "cheiradores das pipas" ou "cheiradores das aguadas", uma vez que seu principal instrumento de trabalho consistia no olfato, o que não impedia que os capitães dos navios subornassem esses funcionários com frequência, quando as condições sanitárias a bordo eram inadequadas.[30]

Testemunhos da época, hoje alvo de controvérsia, sustentavam que os portugueses eram mais eficientes no trato dos escravos do que os concorrentes. Não porque fossem particularmente mais caridosos e humanitários, mas porque tinham desenvolvido técnicas e cuidados para reduzir a mortalidade nos navios e manter o aspecto saudável dos cativos, de modo a obter melhor preço por eles na chegada à América. Um desses relatos é o de Peter Mortamer, primeiro diretor da Companhia das Índias Ocidentais depois da ocupação de Luanda pelos holandeses, em 1641:

Os portugueses são mais bem-sucedidos ao transportar mais de quinhentos escravos numa caravela do que nós com tre-

zentos em um navio maior. Isso porque também os cuidam e alimentam melhor, o que lhes permite obter lucro duas vezes maior na hora da venda dos cativos. Eles lavam o deque do navio todos os dias com vinagre ruim. Preparam alimentos quentes para os cativos duas vezes ao dia, a primeira com feijões africanos, a segunda com milho bem cozido com uma grande concha de óleo de palma [dendê], tudo misturado com um pouco de sal e, às vezes, um bom pedaço de peixe salgado em cada prato. Durante o dia, sempre há um pouco de farinha com água, [...] além de oferecer duas ou três peças de tecido velho para que se protejam [do frio noturno].[31]

Alguns estudos têm colocado em dúvida a eficiência e a generosidade dos portugueses descritas no relato de Mortamer. Seria uma mera tentativa de um alto funcionário para justificar aos seus diretores na Holanda as dificuldades que seus compatriotas enfrentavam em substituir, com igual eficácia, a bem azeitada operação de tráfico negreiro mantida pelos portugueses até a invasão de Luanda. Prova disso seriam os inúmeros alvarás, leis e intervenções da Coroa portuguesa, que tentavam padronizar e melhorar o tratamento dos escravos nos navios negreiros, mas que nunca foram respeitados. Um exemplo é o alvará de 18 de março de 1684, assinado pelo rei dom Pedro ii, de Portugal, no qual se tentava limitar a lotação dos navios negreiros de acordo com a arqueação, ou seja, o espaço e a capacidade de carga de cada um deles. Dizia o preâmbulo do regulamento que, depois de ser informado de que muitos cativos morriam nas embarcações portuguesas, e que os vivos "chegavam infinitamente lastimosos" ao Brasil, o rei determinava que, dali em diante, os escravos fossem "tratados com caridade". As penas para os transgressores incluíam multa pesada, perda dos cargos e condenação a dez anos de degredo na Índia.

O NAVIO NEGREIRO

De nada adiantou. Os navios continuaram tão superlotados quanto antes e a nova lei serviu apenas para encorpar a propina que os fiscais recebiam nos portos de embarque e desembarque. Ainda assim, passados sessenta anos, em 1744, a Coroa portuguesa cobrou ao conde da Galveas (vice-rei do Brasil) um balanço da aplicação da lei. A resposta transbordava ironia. Galveas informou ao rei que, naquelas seis décadas, um capitão chamado João Luiz Porto e seu ajudante tinham sido presos por transgredir a lei e enviados a Lisboa, onde o processo contra eles correu tão rápido "que na mesma frota em que foram tornaram a voltar" — ambos inocentados, obviamente. A exigência de capelães a bordo dos navios também nunca prosperou. Os traficantes alegavam que a despesa com o salário do padre encarecia demais o negócio. Em 1799, cada representante da Igreja ganhava 450 réis por viagem.[32]

19. A CHEGADA

*"Os navios negreiros que chegam ao Brasil
são um retrato terrível das misérias humanas."*

James Henderson, cônsul inglês,
sobre o desembarque de escravos no Rio de Janeiro

O Brasil estava ainda além do horizonte, invisível em alto-mar,
quando os tripulantes dos navios negreiros começavam a fase
final de sua jornada: preparar os escravos para serem vendidos
em terras brasileiras. Do sucesso dessa operação dependia grande
parte dos lucros do negócio. O segredo era apresentar os cativos
com a aparência mais saudável possível, de maneira a impressionar os compradores e, assim, obter preços melhores por eles.
Ao longo dos séculos, os traficantes foram desenvolvendo técnicas elaboradas para transformar seres humanos em mercadorias
atraentes na hora da venda.

A primeira providência consistia em retirar, com vários
dias de antecedência, as correntes e algemas que prendiam os escravos, de modo que, ao chegar, não houvesse marcas visíveis na
pele. A segunda era lavá-los cuidadosamente, com esponja e sa-

bão. Feridas eram tratadas e cobertas com um pó cicatrizante. Os homens tinham os cabelos raspados e a barba feita com esmero. Eventuais fios grisalhos seriam arrancados ou pintados de preto. Os mais velhos que tivessem a pele macilenta ou enrugada teriam o rosto e o tronco polidos com uma pedra ou areia fina. Reforçava-se também as refeições, que passavam a incluir alimentos mais ricos em carboidratos e proteínas. Por fim, os marinheiros untavam os corpos dos africanos com óleo de dendê, de maneira que ficassem brilhantes e parecessem bem hidratados.[1]

O leilão era a forma mais comum de venda de escravos no Brasil e no restante do continente americano, porém não a única. Existiam expedições previamente encomendadas por um comprador individual ou por um grupo. A carga de cativos, assim, chegava ao Brasil já com destino certo, sem necessidade de operações de venda no cais do porto. Esse sistema foi especialmente utilizado no século XIX, durante a fase ilegal do tráfico, depois que a importação de cativos já fora oficialmente proibida. Nesse caso, fazendeiros contratavam antecipadamente a aquisição de um determinado número de cativos, que eram desembarcados às escondidas em locais remotos — como Ilha Grande ou Mangaratiba, no Rio de Janeiro — e transportados às escondidas para os seus locais de trabalho.

Na maior parte das transações, porém, a venda se processava em sistema de oferta pública, semelhante ao das feiras agropecuárias hoje existentes no interior do país, em que animais são arrematados pelo melhor preço. E, não por mera coincidência, no período colonial, uma forma muito comum de avaliar o valor de mercado de um escravo na chegada ao Brasil era compará-lo ao de um animal de carga. Do ponto de vista dos seus donos, o paralelo fazia todo o sentido: ambos se destinavam à mesma atividade.

No começo do século XIX, uma besta adestrada custava no Rio de Janeiro cerca de 28 mil réis, preço que, segundo o his-

A CHEGADA

toriador Almeida Prado, o botânico austríaco Karl Friedrich Philipp von Martius teria pago por um animal em 1817. Nessa mesma época, um escravo adolescente do sexo masculino custaria cerca de 100 mil réis, valor equivalente ao de três mulas de carga. Curiosamente, essa mesma correlação entre escravo e animal era observada um século antes nos relatos do padre jesuíta André João Antonil, autor de *Cultura e opulência do Brasil por suas drogas e minas*, um clássico da história brasileira. Numa seção do livro intitulada "Preços dos escravos e das cavalgaduras", Antonil relata que, em 1711, "um negro bem-feito, valente e ladino" custava em Minas Gerais trezentas oitavas de ouro, três vezes o valor de "um cavalo sendeiro".[2]

Na chegada aos portos brasileiros, o capitão do navio deveria antes registrar sua carga, pagar os impostos na alfândega e submeter-se à fiscalização sanitária. Escravos doentes ficavam em quarentena. Era uma forma de impedir que as doenças se propagassem pela população local. Diversas epidemias ocorridas no Brasil no início do século XVII tiveram como origem o desembarque de escravos vindos de regiões da África onde havia moléstias endêmicas, como varíola, malária ou febre amarela. Uma vez com a papelada em ordem, começava a venda dos cativos. Muitos eram arrematados diretamente no navio. Outros, levados ao mercado em terra. Se a procura por mão de obra fosse alta, as vendas poderiam ser rápidas, às vezes liquidadas em poucos dias.

O historiador Herbert Klein cita o caso do navio *James*, da Royal African Company britânica, que, ao chegar à Ilha de Barbados, no Caribe, em 1676, vendeu 351 dos seus 373 cativos nos primeiros três dias. Os demais só não tiveram o mesmo destino porque estavam doentes e tiveram de se recuperar antes de serem vendidos.[3] Vendas tão rápidas significavam lucros maiores para o traficante, que logo se desobrigava de cuidar dos escravos e alimentá-los. Em outras ocasiões, porém, as negociações poderiam se prolongar por vários dias, colocando em risco os lucros do negócio. Foi o que aconteceu com o capitão João Proença e Silva, que, em 1762, levou quase um mês para se livrar dos últimos quatro escravos de uma carga de sete que levara ao Rio de Janeiro (os outros três tinham morrido durante a viagem).[4]

Os leilões começavam pela "primeira escolha", na qual os compradores mais ricos e influentes tinham a preferência de arrematar os escravos mais jovens, fortes e saudáveis, pagando preços igualmente mais elevados. Depois vinha a "segunda escolha", de escravos considerados de capacidade de trabalho inferior, crianças ou adultos com idades acima dos trinta anos. Por fim, restavam os idosos, doentes e portadores de alguma deficiência física, que eram vendidos pela melhor oferta, como numa liquidação de ponta de estoque, e que geralmente eram comprados por pessoas mais pobres. Alguns, fracos e doentes demais, não encontravam comprador algum e eram abandonados nas ruas do Rio de Janeiro, onde morreriam como indigentes.[5] Havia até mesmo um "mercado secundário", no qual investidores compravam escravos doentes ou desnutridos para curá-los, engordá-los e, depois, revendê-los a um preço mais alto.

O processo de venda envolvia uma série de humilhações para os escravos, que, exaustos pela travessia do oceano e assustados ao chegar a uma terra desconhecida, seriam submetidos a um minucioso exame de seus corpos, incluindo as partes íntimas. Inteiramente nus, eram pesados, medidos, apalpados, cheirados e observados nos mínimos detalhes. Tinham de correr, pular, esticar braços e pernas, respirar fundo e tossir. Os compradores enfiariam os dedos em suas bocas para checar se os dentes estavam em bom estado e se a coloração das línguas era adequada. Alguns compradores mais ricos e experientes delegavam essa tarefa a um médico, que realizaria a análise com o mesmo rigor profissional com que hoje um clínico geral observaria um paciente em seu consultório — com a diferença de que, no comércio de escravos, tudo isso era feito em público, à vista de dezenas ou centenas de pessoas.

Uma observação mais detalhada seria feita nos genitais, tanto dos homens quanto das mulheres, em busca de sinais de doenças como sífilis e gonorreia. A pele seria pressionada e examinada inúmeras vezes, na tentativa de checar se não estaria macilenta ou se não haveria feridas escondidas sob alguma substância cosmética. Muitas vezes, os vendedores tentavam enganar os clientes barbeando os escravos mais velhos, cujo rosto, depois de escanhoado, era polido com pedra-pomes. Por essa razão, alguns compradores — tanto na África quanto na chegada ao Brasil — tinham o hábito de passar a língua na face e no queixo dos cativos, à procura de sinais de barba cortada.[6]

O diplomata inglês Henry Chamberlain, que viveu no Rio de Janeiro no começo do século XIX, descreveu da seguinte forma a compra de um escravo no Mercado do Valongo, o mais importante da cidade:

> *Quando uma pessoa quer comprar um escravo, ela visita os diferentes depósitos, indo de uma casa a outra, até encontrar aquele que a agrada. Ao ser chamado, o escravo é apalpado em várias partes do corpo, exatamente como se faz quando se compra um boi no mercado. Ele é obrigado a andar, correr, esticar seus braços e pernas bruscamente, falar, mostrar a língua e os dentes. Esta é a forma considerada correta para avaliar a idade e julgar o estado de saúde do escravo.[7]*

O Valongo citado por Chamberlain é um dos mercados de escravos mais bem documentados na história da escravidão, graças, especialmente, aos relatos de diversos viajantes que o visitaram no começo do século xix. Situado entre os atuais bairros da Gamboa, da Saúde e do Santo Cristo, foi por quase duzentos anos o maior entreposto negreiro da América. Em 1808, quando a corte portuguesa de dom João chegou ao Brasil, navios vindos da costa da África despejavam no Valongo entre 18 mil e 22 mil homens, mulheres e crianças por ano.[8] Muitos ali permaneciam em quarentena, para serem engordados e tratados das doenças. Os demais ficavam estocados em casebres e barracões à espera de compradores, que, quando necessitados de mão de obra, se dirigiam ao local como se visitassem uma feira livre qualquer.

Ao conhecer esse mercado em 1823, Maria Graham, viajante inglesa e amiga da imperatriz Leopoldina, primeira mulher de dom Pedro i, registrou no seu diário:

> 1º de maio de 1823: Vi hoje o Valongo. É o mercado de escravos do Rio. Quase todas as casas desta longuíssima rua são um depósito de negros cativos. Passando pelas suas portas à noite, vi na maior parte delas bancos colocados rente às paredes, nos quais filas de jovens criaturas estavam sentadas, com a cabeça raspada, os corpos macilentos, tendo na pele sinais de sarna recente. Em alguns lugares, as pobres criaturas jaziam sobre tapetes, evidentemente muito fracas para sentarem-se.[9]

Outro estrangeiro, o cônsul inglês James Henderson, descreveu assim o desembarque dos escravos no porto do Rio de Janeiro:

> Os navios negreiros que chegam ao Brasil são um retrato terrível das misérias humanas. O convés é abarrotado por criaturas, apertadas umas às outras tanto quanto possível. Suas faces melancólicas e seus corpos nus e esquálidos são o

A CHEGADA

suficiente para encher de horror qualquer pessoa não habituada a esse tipo de cena. Muitos deles, enquanto caminham dos navios até os depósitos onde ficarão expostos para a venda, mais se parecem com esqueletos ambulantes, em especial as crianças. A pele, que de tão frágil parece ser incapaz de manter os ossos juntos, é coberta por uma doença repulsiva, que os portugueses chamam de sarna.[10]

Além do sexo, da idade, saúde e aparência física, outros fatores eram levados em conta durante as negociações de venda de cativos na chegada aos portos brasileiros. "Negros ladinos", que sabiam alguns rudimentos da língua portuguesa, tinham sido batizados e, muitas vezes, já haviam passado pelo cativeiro das ilhas atlânticas, como São Tomé e Cabo Verde (os "laboratórios do tráfico", descritos no capítulo doze), valiam mais. Se tivessem alguma especialidade, como mineração, metalurgia, carpintaria ou criação de gado, alcançavam preços ainda melhores. Esses escravos eram relativamente raros e muito procurados no Brasil. Os de menor avaliação eram os "boçais", africanos recém-chegados que nunca tinham tido qualquer contato com a língua portuguesa ou com os costumes dos colonizadores europeus. Esses seriam considerados apenas pelo vigor e pela capacidade para o trabalho braçal — o que, no "economês" de hoje, se chamaria de *commodities*, ou seja, mercadoria sem especialização alguma ou qualquer outro valor agregado.

Feitos todos os exames e considerações, vendedor e comprador punham-se de acordo a respeito do preço. Alguns pagamentos eram realizados à vista, outros a crédito, mediante a emissão de uma nota de câmbio ou promissória, que seria resgatada depois de algum tempo. Começava então para o africano um período de adaptação a sua nova vida de escravo no Novo

Mundo. Havia dois destinos prováveis para ele. Se fosse um escravo urbano, certamente seria instalado no andar térreo de uma casa de dois andares, muitas vezes dividindo espaços com animais domésticos, à disposição e sob o controle de seus novos senhores, que viviam no pavimento superior. Se estivesse destinado ao trabalho rural, em fazendas e engenhos de açúcar, seria levado para as senzalas, alojamentos coletivos de escravos, sob a vigilância de um feitor. Trabalhadores domésticos (na maioria das vezes, mulheres, chamadas de mucamas) iriam para a casa-grande (na época, chamada também de "casa de morada" ou "casa de vivenda"), a residência do senhor, de arquitetura colonial assobradada, com varanda e alpendre, geralmente situada nas vizinhanças da senzala. "Latifúndio e escravidão, casa-grande e senzala eram [...] os pilares da ordem escravocrata", escreveu o sociólogo e ex-presidente Fernando Henrique Cardoso.[11]

As senzalas brasileiras, segundo definição do sociólogo Clóvis Moura, eram um conjunto habitacional de construção rústica, sem janelas, construído de taipa e coberto de palha. O piso era de terra batida. Não havia instalações sanitárias — como era de se esperar, já que nem na própria casa-grande havia esse tipo de conforto. O espaço médio, de cerca de vinte metros quadrados por cômodo, abrigava homens, mulheres e crianças que nem sempre tinham vínculos de parentesco, o que muitas vezes criava um ambiente de promiscuidade entre eles. Para evitar fugas, durante a noite, o feitor trancava as portas por fora com cadeado e corrente. Os cativos ficavam, dessa forma, confinados a esses cubículos até de manhã, quando seriam liberados para o início da jornada de trabalho.[12]

Segundo a historiadora Sheila de Castro Faria, a designação "senzala" teria sido dada pelos próprios escravos, derivada do quimbundo, a língua franca da área de Angola na época do tráfico negreiro, onde a palavra teria o significado de "povoa-

A CHEGADA

do", "comunidade", "aglomeração de trabalhadores agrícolas" ou "imigrantes". Ainda de acordo com Castro Faria, as condições de uso das senzalas variaram muito de região para região e ao longo dos séculos. Nem todas poderiam se enquadrar na condição de cubículos precários e promíscuos trancafiados por fora à noite, como na descrição de Clóvis Moura. Isso se aplicaria, talvez, às habitações dos escravos boçais, recém-chegados da África, entre os séculos XVI e XVII, mas não às existentes nas fazendas dos séculos XVIII e XIX, marcadas pela presença de famílias relativamente estáveis, o que reforçaria ainda mais a ideia de "comunidade" originalmente atribuída a essas aglomerações de escravos.[13]

A fase inicial da vida do escravo no Brasil e no restante da América era a mais difícil, repleta de provações. Nas ilhas do Caribe, os ingleses diziam que esse era o momento de "temperar" (*seasoning*, em inglês) o cativo, ou seja, mostrar a ele quem, de fato, mandava, quem era o dono e senhor do seu destino. Isso envolvia uma série de torturas, físicas e psicológicas, até que o escravo se "colocasse em seu lugar" — ou seja, o mesmo ocupado por animais domésticos e de trabalho. Segundo o padre jesuíta Manuel Ribeiro Rocha, que foi missionário na Bahia em meados do século XVIII, durante essa etapa, muitos senhores de engenho do Recôncavo Baiano tinham o hábito deliberado de surrar os cativos. Era a primeira providência que tomavam depois da compra dos africanos:

> *Há homens tão inumanos que o primeiro procedimento que têm com os escravos e a primeira hospedagem que lhes fazem, logo que comprados aparecem na sua presença, é mandá-los açoitar rigorosamente, sem mais causa que a vontade própria de o fazer assim [...] e serem temidos e respeitados.*[14]

Infrações mínimas e corriqueiras eram punidas com castigos desproporcionais à gravidade do acontecimento. Um exemplo disso foi relatado pelo holandês Dierick Ruiters, que, em 1618, passou um ano preso no Rio de Janeiro:

> *Vi um negro faminto que, para encher a barriga, furtara dois pães de açúcar [bloco de cristal no formato de um pão caseiro no qual o açúcar bruto era comercializado assim que saía do engenho]. Seu senhor, ao saber do ocorrido, mandou amarrá-lo de bruços a uma tábua e, em seguida, ordenou que um negro o surrasse com um chicote de couro. Seu corpo ficou, da cabeça aos pés, uma chaga aberta, e os lugares poupados pelo chicote foram lacerados a faca. Terminado o castigo, um outro negro derramou sobre suas feridas um pote contendo vinagre e sal. O infeliz, sempre amarrado, contorcia-se de dor. Tive, por mais que me chocasse, de presenciar a transformação de um homem em carne de boi salgada e, como se isso não bastasse, de ver derramarem sobre suas feridas piche derretido. O negro gritava de tocar o coração. Deixaram-no toda uma noite, de joelhos, preso pelo pescoço a um bloco, como um mísero animal, sem ter as suas feridas tratadas.*[15]

Em geral, as autoridades faziam vistas grossas a tais abusos. Vez por outra, no entanto, a Coroa portuguesa tentava, ainda que apenas formalmente, impedir os excessos. Em 1688, foram publicadas duas leis que tentavam dar alguma proteção legal aos escravos. Determinavam que qualquer pessoa, mesmo cativa, poderia denunciar às autoridades civis ou eclesiásticas senhores cujo comportamento fosse considerado excessivamente cruel. Dona Ana de Cavalcanti, fazendeira da aristocracia baiana, se viu forçada a vender sua escrava Úrsula com base nessa lei,

A CHEGADA

depois de ser denunciada por maus-tratos contra ela. Em 1700, a Justiça determinou que fossem investigados todos os casos envolvendo mutilação, punições excessivas ou mortes de escravos por falta de comida. Em carta ao governador da Bahia, dom João de Lencastre, o rei dom Pedro II de Portugal pedia a averiguação das denúncias:

> *Sou informado que nessa capitania costumam os senhores que têm escravos, para os castigarem mais rigorosamente, prendê-los por algumas partes do corpo com argolas de ferro, para que assim fiquem mais seguros para sofrerem a crueldade do castigo que lhes quiserem dar. E porque este procedimento é inumano e ofende a natureza e as leis, vos ordeno, que com prudência e cautela, procureis averiguar o que há nesta matéria exatamente, e que achando que assim é, o façais evitar pelos meios que vos parecerem mais prudentes e eficazes.*[16]

O governador da Bahia se recusou a acatar as determinações do rei, alegando que a medida abriria um perigoso precedente. Segundo ele, punir os infratores colonos e fazendeiros brancos poderia, no futuro, levar à quebra da disciplina na relação entre escravos e senhores. Poderia também levar os escravos a acreditarem que seria possível obter a liberdade recorrendo à Justiça. Como se vê, eram leis inúteis num país ermo, sem comunicações, em que vilas e fazendas situavam-se a quilômetros de distância umas da outras, e no qual o poder, incluindo a Justiça, era exercido pelo chefe local, o dono de escravos, sem grande possibilidade de interferência ou mediação da Coroa portuguesa.

Raros eram os casos em que os cativos realmente conseguiam proteção efetiva das autoridades. João de Argolo e Meneses, plantador de cana, foi condenado a cinco anos de exílio em 1747 por assassinar dois de seus escravos. Em 1737, Pedro Pais Machado, senhor do engenho de Capanema, na Bahia, também foi preso — porém logo libertado — por ter matado dois cativos e um negro alforriado, um dos quais foi deixado pendurado pelos testículos em um gancho de ferro até expirar. Motivo alegado por ele: os homens tinham machucado um boi durante o trabalho.[17] Tais casos eram uma exceção. Numa lista de pessoas processadas na vila de Cachoeira, no Recôncavo Baiano, entre 1780 e 1838 não aparece um só nome de dono de engenho ou de escravos. Era o resultado da complacência e da corrupção por parte das autoridades, sempre lenientes com o comportamento dos senhores de escravos, seus aliados. Em meados do século XVIII, Garcia D'Ávila Pereira Aragão, herdeiro da Casa da Torre, uma das maiores propriedades rurais da colônia na época, e um dos homens mais ricos da Bahia, foi denunciado à Inquisição por uma série de atos de sadismo e extravagâncias físicas e sexuais contra suas escravas. Apesar das inúmeras testemunhas e evidências que confirmavam os crimes, foi absolvido no tribunal.[18]

Havia três categorias de castigo de escravos no Brasil, segundo a classificação feita em 1938 pelo historiador Artur Ramos. A primeira era a dos instrumentos de captura e contenção. Incluíam correntes e colares de ferro, algemas, machos e peias — que prendiam apenas um dos pés ou uma das mãos —, além do tronco — um pedaço de madeira dividido em duas metades com buracos para imobilizar a cabeça, os pés e as mãos — e do vira-mundo, espécie de tronco menor, de ferro. A máscara de folha de flandres era usada para impedir o escravo de comer cana, rapadura ou engolir pepitas e pedras preciosas. O cepo era um longo e pesado tarugo de madeira que, preso por correntes ao tornozelo, o escravo tinha de levar à cabeça ao se movimentar.

A CHEGADA

Na segunda categoria, a das torturas, havia um item especialmente assustador, o "anjinho", instrumento de suplício de origem medieval. Consistia em dois anéis metálicos em forma de torniquete, que eram introduzidos no dedo do escravo e iam sendo gradativamente atarraxados, produzindo dores atrozes e podendo mesmo esmagar os ossos da pessoa que não confessasse rapidamente o que o torturador esperava ouvir.

Na terceira e última categoria, a das surras, usava-se a palmatória ou o bacalhau — um chicote de cabo curto, de ouro ou madeira, com cinco pontas de couro retorcido (já citado anteriormente). Para identificar escravos fugitivos, utilizavam-se marcas gravadas a ferro quente com a letra F, além do libambo, uma argola de ferro que era presa ao pescoço do escravo da qual saía uma haste longa, feita do mesmo material, voltada para cima, até o topo de sua cabeça, com ou sem chocalhos nas pontas.

Na prática, três instrumentos eram aplicados com mais regularidade: o chicote, o tronco e os grilhões. A punição mais comum era o açoite do escravo, nas costas ou nas nádegas, quando fugia, cometia algum crime ou alguma falta grave no trabalho. No começo do século XVII, o jesuíta italiano Jorge Benci, que viveu dezessete anos na Bahia, recomendava que as chibatadas não ultrapassassem o número de quarenta por dia, para não mutilar o escravo:

> Os açoites são medida da culpa; e se merecerem os escravos em maior número do que de ordinário se lhes devem dar, deem-se lhes por parte, isto é, trinta ou quarenta hoje, outros tantos daqui a dois dias, daqui a outros dois dias outros tantos; e assim [...] divididos, poderão receber todo aquele número, que se o recebessem por junto em um dia, chegariam a ponto ou de desfalecer dessangrados, ou de acabar a vida.[19]

ESCRAVIDÃO VOL. I

Apesar dessas recomendações, há referências de viajantes e cronistas a punições absurdas, de duzentos, trezentos ou até seiscentos açoites. Essa quantidade tão elevada de chibatadas deixava as costas ou as nádegas do escravo em carne viva. Numa época em que não havia antibióticos, o risco de morte por gangrena ou infecção generalizada era grande. Por isso, banhava-se o escravo com uma mistura de sal, vinagre ou pimenta malagueta numa tentativa de evitar a infecção das feridas.[20] O jesuíta Jorge Benci reclama de outras formas de tortura aplicadas pelos senhores nos escravos, que, segundo ele, incluíam enfiar tições de brasa incandescente na boca dos cativos e a aplicação do "lacre" — ou seja, cera derretida, que normalmente era usada para lacrar envelopes de correspondência — sobre as feridas:

> *Pergunto eu agora aos senhores do Brasil, se é castigo racionável queimar ou atanazar (que tão ímpio e cruel é este gênero de castigo) com lacre aos servos; cortar-lhes as orelhas e os narizes; marcá-los nos peitos e ainda na cara; abrasar-lhes os beiços e a boca com tições ardentes?[21]*

No entender de Benci, tormentos como esses, exagerados e desumanos, eram a razão da elevada taxa de suicídios entre os escravos brasileiros no final do século XVII:

> *Não podendo os tristes servos sofrer as tiranias do senhor, para se livrarem do cativeiro tomam por suas mãos a morte; e fazendo-se algozes de si mesmos, acabam a vida ou às facadas por suas próprias mãos, ou enforcados nas árvores, ou afogados nas águas, ou precipitados das janelas.*

Nos manuais dos jesuítas (eles próprios donos de milhares de cativos, negros e indígenas) sobre a administração de escra-

A CHEGADA

vos no Brasil, havia recomendações pormenorizadas e de natureza psicológica sobre como aplicar as punições aos infratores. O padre Manuel Ribeiro Rocha recomendava, por exemplo, que houvesse um certo tempo entre a suposta falta e o castigo, para serenar os ânimos:

> *Para o castigo ser bem ordenado [...], não se deve ministrar logo que o escravo fizer o erro ou cometer o delito; é necessário algum intervalo maior ou menor, conforme a gravidade do caso, para atender às circunstâncias ocorrentes; e a razão é porque a deformidade do erro, ou do delito, naturalmente altera os espíritos, e alterados estes, se comove logo a ira [...], e o castigo não se deve ministrar com cólera e furor, senão com brandura e caridade e, por isso, é necessário esperar que os espíritos sosseguem e que a turbação pela cólera se serene.*[22]

Para que o castigo fosse ainda mais eficiente, Rocha recomendava o uso de palmatórias, cipós e da prisão. Aconselhava também que, de preferência, se usasse "varinhas finas de marmeleiro", "cipós delgados" ou "varinhas delgadas e leves, como as canas". Segundo ele, em hipótese alguma se devia cortar ou picar as nádegas dos punidos para evacuar o sangue pisado resultado dos açoites nem cauterizar as feridas com pingos de lacre (cera) derretido.

"No Brasil, costumam dizer que para o escravo são necessários três Ps, a saber: pau, pão e pano", resumiu o jesuíta André João Antonil. Todas as três letras, segundo ele, faziam parte do repertório dos deveres dos senhores de escravos. O primeiro P, de pau, referia-se aos castigos, que, na sua opinião, deveriam ser aplicados sempre que merecidos. Os outros dois eram relativos à obrigação de prover os cativos com alimentos (pão) e roupas e abrigo (pano) adequados. Em relação ao primeiro item, Antonil afirmava que "não castigar os excessos que eles cometem seria culpa não leve". Ao mesmo tempo, recomendava que os senhores não permitissem que os feitores cometessem arbitrariedades, como "dar coice na barriga das mulheres pejadas [grávidas], nem dar com pau nos escravos; [...] porque na cólera não se medem os golpes, e pode ferir mortalmente na cabeça a um escravo de muito préstimo, que vale muito dinheiro, e perdê-lo". O ideal, aconselhava, seria primeiro repreender os faltosos "e chegar-lhes com um cipó às costas, com algumas varancadas". Em hipótese alguma, insistia, se deveria "amarrar e castigar com cipó até correr o sangue e meter no tronco, ou em uma corrente por meses".[23]

Antonil ia mais além e aconselhava que, além de serem parcimoniosos nas punições, os senhores de escravos lhes dessem algumas liberdades, como a de cultivar suas próprias roças e hortas, e ter seus momentos de folguedo.

> *Costumam alguns senhores dar aos escravos um dia em cada semana para plantarem para si, mandando algumas vezes com eles o feitor para que se não descuidem; e isto serve para que não padeçam fome nem cerquem cada dia a casa de seu senhor, pedindo-lhe a ração de farinha. [...] Negar-lhes totalmente os seus folguedos, que são o único alívio do seu cativeiro, é querê-los desconsolados e melancólicos, de pouca vida e saúde. Portanto, não estranhem os senhores o criarem seus reis, cantar e bailar por algumas horas honestamente em alguns dias do ano, e o alegrarem-se inocentemente [...].*

O cativeiro separava pais e filhos, maridos e mulheres, famílias e comunidades inteiras que, na África, tinham convivido e compartilhado os mesmos costumes e crenças por muitas gerações. A identidade original do escravo era praticamente eliminada. Para trás ficavam seus laços familiares, suas convicções religiosas, seu status social, as memórias coletivas. Completava-se, desse modo, o processo de desenraizamento que o sociólogo Orlando Patterson chamou de "morte social". Mas nem por isso o escravo deixava de existir. O que restava dessa identidade estilhaçada pelo tráfico negreiro tinha de ser refeito na outra margem do Atlântico. O resultado foi a reconstrução de não apenas uma África no Brasil, mas de muitas Áfricas que, a rigor, nunca coexistiram no continente de origem dos escravos, e também de outros e muitos Brasis, que até então inexistiam e passariam a marcar definitivamente a sociedade que temos hoje — como se verá com mais detalhes no segundo volume desta trilogia.

"A escravidão não apenas divide; ela também une o que divide", observou o sociólogo francês Roger Bastide, um dos pais da Universidade de São Paulo e dos grandes estudiosos da cultura africana no Brasil.[24] "A escravidão não era apenas um aniquilamento social", completou a historiadora brasileira Mariana Candido, professora na Universidade de Notre Dame, nos Estados Unidos. "Em vez disso, era um processo de negociação, adaptação, invenção e transformação. Pessoas escravizadas tentavam encontrar novos significados e soluções para os novos desafios em que se encontravam, procurando proteção e maneiras de criar o seu próprio mundo e garantir integração social para si próprios e seus descendentes."[25]

Esse processo de reconstrução a partir dos retalhos da antiga identidade perdida começava ainda a bordo dos navios negreiros, na jornada rumo ao Brasil. Em meio aos sofrimentos da viagem, os escravos tinham sempre duas possíveis escolhas: resistir e rebelar-se ou cooperar e adaptar-se à nova realidade. Muitos escolhiam a segunda opção. A rotina de um navio negreiro não era feita só de violência, maus-tratos e repressão, de um lado, e sofrimento e tentativa de revolta de outro. Ao longo da travessia, geralmente se criava alguma forma de cooperação entre os tripulantes e alguns cativos, que, às vezes, assumiam determinadas tarefas, como limpar os compartimentos ou até mesmo vigiar os demais escravos à noite para prevenir brigas e eventuais motins. Como recompensa, recebiam rações extras de comida e cachaça, roupas e agasalhos, entre outros privilégios. "Muitos cativos acabavam por se integrar à rotina do navio porque sabiam que a cooperação era o melhor caminho para garantir a si mesmos boa comida, água fresca e, talvez, até mesmo a possibilidade de se verem livres das correntes", escreveu o historiador Robert Harms.[26] Era uma prática que se reproduziria também na convivência entre senhores e escravos no Brasil.

Ainda durante a viagem, outros vínculos se formavam entre os próprios africanos. Os sofrimentos compartilhados forjavam amizades entre cativos de diferentes regiões, diferentes etnias e linhagens, algumas das quais eram até rivais entre si na África. Esses novos companheiros de travessia do oceano eram chamados no Brasil de malungos, palavra que vem do idioma quimbundo de Angola e designa as correntes de ferro com que se prendiam os cativos. No Brasil passou a ser sinônimo de pessoas que tinham viajado, em geral acorrentadas, no mesmo navio negreiro. Eram, portanto, companheiros de jornada e de infortúnio. Segundo o historiador Luiz Felipe de Alencastro, era esse o primeiro laço de solidariedade — e de identidade — que unia os escravos recém-chegados. Dessa experiência nasceram vínculos de amizades, compadrio e cumplicidade que, às vezes, perduravam a vida toda.[27] E que garantiram a sobrevivência e a perpetuação daqueles que, do contrário, pelas regras da escravidão, estariam condenados a simplesmente desaparecer.

20. O BRASIL

"Os escravos são as mãos e os pés do senhor do engenho."

André João Antonil, padre jesuíta,
ao descrever o Brasil no começo do século XVIII

Nos seus três séculos como colônia de Portugal, o Brasil foi sinônimo de açúcar.

E açúcar era sinônimo de escravidão.

Até bem depois da Independência, em 1822, o açúcar foi o principal item das exportações brasileiras — 56% do total ao longo de trezentos anos. Mesmo no auge da produção de ouro e diamantes, continuou a ser o produto mais importante na pauta das riquezas enviadas pela colônia à metrópole. Em 1760, correspondia a 50% do total, contra 46% da mineração — com a ressalva de que o controle alfandegário sobre o açúcar era mais rigoroso do que sobre o ouro e os diamantes, cujo contrabando poderia chegar a 40% do total produzido. Só a partir de 1831 um novo rei despontaria no horizonte da economia brasileira: o café.[1]

E o café era, também ele, sinônimo de escravidão.

"Os escravos são as mãos e os pés do senhor do engenho, porque sem eles no Brasil não é possível fazer, conservar e aumentar fazenda, nem ter engenho corrente", escreveu por volta de 1710 o padre jesuíta André João Antonil, referindo-se ao uso de mão de obra cativa na indústria do açúcar.[2] "O Brasil é o café, e o café é o negro", ecoaria 150 anos mais tarde o senador gaúcho Gaspar Silveira Martins, ao tratar dos barões do café e seus escravos nas fazendas do Vale do Paraíba, entre São Paulo, Rio de Janeiro e sul de Minas Gerais.[3]

O açúcar é considerado o primeiro bem de consumo de massa na história da humanidade. Na época do Brasil colonial, passaria de um artigo de luxo, caríssimo e muito raro, para um produto relativamente acessível às camadas de renda mais baixa da população. Iniciada muitos séculos atrás, essa história notável de expansão e conquista de mercados e paladares continua ainda hoje nas garrafas e latinhas de refrigerantes, caixas de cereais matinais, nos potes de sorvete, tabletes de chocolate, nas embalagens de bolo semipronto, nos doces e numa infinidade de outros produtos abundantes e baratos nas prateleiras de supermercados, responsáveis pela epidemia mundial de obesidade que tanto preocupa os médicos e as autoridades da área de saúde.

Alguns números ajudam a ilustrar o fenômeno:

- Em 1350, uma caixa com cinco quilos de açúcar custava cerca de 10 gramas de ouro, o equivalente a 1,6 mil reais atualmente.

- Era um produto tão caro que figurava em alguns inventários *post-mortem* de membros da nobreza, caso de Joana d'Evreux, terceira mulher do rei Carlos IV da França, cujo testamento incluía quatro pães de açúcar.[4]

O BRASIL

- Dois séculos e meio mais tarde, em 1680, o valor tinha caído para apenas um grama de ouro, uma redução de 90%.[5]

- Hoje, cinco quilos de açúcar custam, nos supermercados brasileiros, cerca de doze reais, preço inferior a 7,5% de um grama de ouro.

- O consumo per capita, que era de meio quilo por ano na Inglaterra em meados do século XVII, chegaria a oito quilos cem anos mais tarde.[6]

- Atualmente, cada um dos 7,6 bilhões de seres humanos consome, em média, 23 quilos de açúcar por ano.

- No Brasil, o consumo per capita é de 52 quilos de açúcar por ano, ou um quilo por semana — mais do que o dobro da média mundial.

- Uma única garrafa PET de Coca-Cola ou Pepsi de dois litros tem hoje a quantidade de açúcar que um inglês levaria seis meses para consumir trezentos anos atrás.

Originário do sudeste asiático, o cultivo da cana-de-açúcar percorreu um longo caminho até chegar às terras escuras e úmidas da Zona da Mata pernambucana e do Recôncavo Baiano, no início da colonização do Brasil. Na Antiguidade, era praticado na Pérsia e na região de Bengala, fronteira da Índia com Bangladesh e famosa pelos seus tigres, hoje praticamente extintos. Levado pelos árabes para as margens do Mar Mediterrâneo, tornou-se uma das fontes de renda dos cavaleiros cruzados cristãos que ocuparam a Palestina entre os séculos XII e XIII. Dali, espalhou-se por Creta, Chipre, Malta, Sicília, o norte da África, e o sul da Espanha, chegando, por fim, à região do Algarve, ao sul de Portugal, e às ilhas atlânticas recém-colonizadas pelos portugueses e espanhóis: São Tomé, Cabo Verde, Madeira, Canárias e Açores, que funcionaram como laboratórios para a produção em larga escala que seria adotada no Brasil e nas ilhas e regiões costeiras do Caribe. Com as lavouras e os engenhos, seguiam também os escravos. "Açúcar, escravidão e ocupação da América são histórias intimamente interligadas", escreveu o historiador norte-americano Stuart B. Schwartz.[7]

No início — antes ainda de sua chegada ao Brasil —, a cana era cortada em pedaços e moída em uma pedra circular que girava no sentido horizontal. No século xv, ocorreu a primeira grande inovação tecnológica que, nos trezentos anos seguintes, permitiria a produção em escala industrial: o engenho com duas moendas verticais e paralelas, que eram capazes de moer a cana inteira e numa velocidade muito maior do que a técnica anterior. Em 1494, um documento da Coroa portuguesa intitulado *Livro do almoxarifado das partes do Funchal* noticiava a existência 221 produtores de cana nessa região situada no Arquipélago da Madeira, que a essa altura produzia cerca de 100 mil arrobas de açúcar (cerca de mil e quinhentas toneladas) em oitenta engenhos. Da Madeira, a cana-de-açúcar saltaria para a América. Cristóvão Colombo, que vivera na ilha e trabalhara no comércio do açúcar para uma empresa de Gênova, levou as primeiras mudas de cana para o Caribe na viagem de 1493, um ano depois de ter descoberto o Novo Mundo. Em 1530, a Ilha de Hispaniola, futura Santo Domingo, onde hoje se situam o Haiti e a República Dominicana, tinha já 34 engenhos em operação.

A data do primeiro plantio de cana no Brasil é incerta, mas acredita-se que tenha ocorrido menos de duas décadas após a chegada de Pedro Álvares Cabral à Bahia. É o que se deduz da

O BRASIL

ordem dada em 1516 pela Casa da Índia, repartição burocrática portuguesa responsável pela supervisão das atividades coloniais, para que técnicos em produção de açúcar fossem enviados ao Brasil com todos os recursos necessários à organização de lavouras e à construção de engenhos. Isso numa época em que o principal produto da colônia era ainda a madeira de pau-brasil, usada na Europa como matéria-prima na tintura de tecidos. Em 1519, segundo Stuart B. Schwartz, os primeiros lotes de açúcar brasileiro já eram comercializados em Antuérpia, cidade então situada em território holandês. Quinze anos mais tarde, em 1534, o rei dom João III daria início ao sistema de Capitanias Hereditárias, o primeiro esforço organizado de ocupação do Brasil. O território foi dividido em quinze gigantescos latifúndios, demarcados em linhas paralelas e perpendiculares ao litoral até o limite estabelecido pelo Tratado de Tordesilhas, distribuídos a doze fidalgos, ou seja, homens ligados à nobreza.

A maioria das capitanias fracassou por falta de recursos e interesse de seus donatários, alguns dos quais nunca se deram ao trabalho de cruzar o oceano e pôr os pés no Brasil para conhecer seus novos domínios. Vasco Fernandes Coutinho, donatário da capitania do Espírito Santo, até que se revelou ativo e esforçado, mas logo foi à falência, entre outras dificuldades, pela feroz hostilidade dos indígenas ocupantes da região. Em 1545, suas terras tinham sete engenhos de cana-de-açúcar e mais dois em construção. Alguns anos mais tarde, estavam todos queimados e em ruínas. Só duas capitanias floresceram plenamente conforme o projeto inicial da Coroa portuguesa: a de São Vicente, no litoral paulista, cedida a Martim Afonso de Sousa; e a de Pernambuco, cujo donatário, Duarte Coelho, mudou-se para o Brasil com a família e passou a supervisionar pessoalmente os negócios. O primeiro engenho pernambucano, chamado Nossa Senhora da Ajuda, pertenceu ao seu cunhado, Jerônimo de Albuquerque.

No início da colonização, o Nordeste brasileiro oferecia três dos quatro fatores essenciais à produção de açúcar: terras em abundância, solos férteis e clima quente e ensolarado. Faltava apenas o quarto item: mão de obra escrava. Durante o século XVI, os senhores de engenho tentaram resolver o problema pela captura de milhares e milhares de indígenas. Não foi o suficiente, como já se viu num dos capítulos anteriores deste livro. A solução definitiva começaria a ser adotada em 1559, quando Mem de Sá, terceiro governador-geral do Brasil, ordenou a redução em 40% das tarifas alfandegárias para a entrada de cativos africanos no Brasil, com o objetivo de estimular a produção de açúcar.

Quando chegaram os primeiros escravos africanos ao Brasil? Ninguém sabe ao certo. Os documentos são imprecisos, mas, também nesse caso, há indicações de que teria sido ainda na primeira metade do século XVI, ou seja, logo após a chegada de Cabral a Porto Seguro. Uma caravela encontrada por Martim Afonso de Sousa na Bahia, em 1531, estaria empregada no tráfico negreiro. O historiador Afonso d'Escragnolle Taunay afirma que o primeiro desembarque teria ocorrido em 1538, em um navio de propriedade de Jorge Lopes Bixorda, o mesmo que já tinha enviado escravos indígenas ao rei dom Manuel I em 1514. Alguns anos mais tarde, em 27 de abril de 1542, Duarte Coelho, o capitão donatário de Pernambuco e fundador da cidade de Olinda, pedia autorização a Lisboa para importar alguns negros da Guiné. Em 1545, outro donatário de terras, Pedro de Góis, escrevia de Paraíba do Sul ao seu sócio em Lisboa, Martim Ferreira, solicitando a remessa urgente de "ao menos sessenta negros da Guiné", com cuja mão de obra pretendia despachar para Portugal, no prazo de um ano e meio, 2 mil arrobas de açúcar (cerca de trinta toneladas).[8]

Nenhuma dessas datas é improvável para o início da escravidão africana no Brasil. Já fazia quase um século, desde o famoso leilão em Lagos descrito por Gomes Eanes de Azurara em

O BRASIL

1444, que Portugal estava oficialmente envolvido com o tráfico negreiro e seria natural que as naus e caravelas chegadas ao Brasil trouxessem africanos cativos. Na Bahia, em 26 de agosto de 1551, o provedor-mor Antônio Cardoso de Barros mandava que o tesoureiro Gonçalo Ferreira entregasse a Cristóvão de Aguiar "três escravos da Guiné, para servirem nas ferrarias do dito senhor". No ano seguinte, escrevendo de Pernambuco, o padre Antônio Pires relatava: "Há nesta capitania grande escravaria assim da Guiné como os da terra". Deixava claro, portanto, que naquela altura a escravidão africana já se tornara tão corriqueira quanto a indígena — à qual ele se refere como "os da terra".[9] "Neste Brasil se há criado um novo Guiné com grande multidão de escravos", observou Ambrósio Fernandes Brandão, ele próprio senhor de engenho e escritor português que viveu em Pernambuco e na Paraíba entre os séculos XVI e XVII. "Em algumas capitanias há mais deles do que dos naturais da terra, e todos os homens têm metida quase toda sua fazenda em semelhante mercadoria. Todos os moradores do Brasil vivem, tratam e trabalham com esta gente vinda de Guiné."[10]

A chegada dos primeiros escravos africanos coincide com o início do vertiginoso ciclo econômico que não só transformaria a paisagem brasileira, mas também os hábitos e costumes na Europa. Em 1641, a prosperidade gerada pelo açúcar era tão expressiva que o rei dom João IV, em conversa com um diplomata francês, definiria o Brasil como "a vaca de leite" de Portugal.[11] Algumas décadas mais tarde, no início do século XVIII, o padre André João Antonil surpreendeu-se ao observar a exuberância dessa nova riqueza, bem diferente daquela exibida nas terras antigas e já exauridas da nobreza europeia. A cultura do açúcar gestada nos trópicos caracterizava-se pelo binômio casa-grande e senzala, dos senhores de engenho e seus milhares de escravos, que a partir de então marcariam profundamente a identidade bra-

319

sileira. "Ser senhor de engenho é título a que muitos aspiram, porque traz consigo o ser servido, obedecido e respeitado de muitos", escreveu Antonil.[12]

Os donos dos maiores engenhos exploravam o trabalho de 100 a 150 escravos. Os estabelecimentos menores, chamados de engenhocas, precisavam de, no mínimo, quarenta. Já os lavradores, que apenas cultivavam a cana e a forneciam para os engenhos, empregavam, em média, trinta cativos.[13] Inventários de engenhos no Recôncavo Baiano entre 1716 e 1816, analisados pelo historiador Stuart B. Schwartz, demonstraram que os escravos representavam quase a metade do patrimônio total, superior ao valor da terra, das plantações, do gado, das construções e dos equipamentos. No século XVII, o retorno sobre o investimento ficava entre 10% e 15% nos grandes engenhos baianos.[14]

A essa altura, o consumo de açúcar estava em franca ascensão na Europa. Uma de suas grandes entusiastas era a rainha Elizabeth I, da Inglaterra. Filha do rei Henrique VIII, o "Barba Azul", e patronesse do poeta William Shakespeare, Elizabeth era voraz consumidora de açúcar. A tal ponto que, em seus retratos a partir dos sessenta anos de idade, aparece sempre de boca fechada para esconder os dentes negros e cariados pela ingestão excessiva de doces, hábito igualmente disseminado pelos salões da nobreza em todo o continente. Em 1566, a festa de casamento de Maria de Avis, neta de dom Manuel I, rei de Portugal, com Alessandro Farnese, duque de Parma, teve toda a decoração talhada em blocos de açúcar, incluindo os pratos e talheres de sobremesa, os castiçais, os lustres e o próprio noivo reproduzido em tamanho natural. Também foram esculpidas em açúcar mais de mil miniaturas que retratavam navios, baleias, serpentes marinhas e cidades no percurso da viagem realizada pela noiva entre Lisboa e sua nova casa, na Holanda, onde o marido era responsável pelo governo da região de Flandres.[15]

O BRASIL

Em meados do século XVI, o consumo de açúcar se propagava pelas famílias burguesas — a parcela da população que, graças ao comércio, acumulara riquezas e tinha bom padrão de vida, embora não fizesse parte da nobreza. A partir de então, foi se disseminando pelas camadas sociais mais pobres. No esforço de imitar os costumes da nobreza e da alta burguesia, donas de casa devoravam livros e manuais de receitas de doces e arranjos florais esculpidos em açúcar. Na Inglaterra, as importações de açúcar saltaram de 10 mil para 150 mil toneladas entre 1700 e 1800, ajudadas em grande parte pela novidade que, em 1662, a princesa portuguesa Catarina de Bragança, filha de dom João IV, levou para Londres ao se casar com o rei Charles II: o hábito de tomar chá no final da tarde, açucarado, obviamente, que ainda hoje é peculiar aos ingleses.

Em 1580, Pernambuco tinha 66 engenhos operados por 2 mil famílias portuguesas e já liderava a produção de açúcar no Brasil. As lavouras se estendiam a perder de vista nos solos de massapé, terra escura e úmida, rica em nutrientes orgânicos, resultante da decomposição de sedimentos de crustáceos. Era um terreno fértil, mas difícil de trabalhar na época das chuvas, que transformavam o solo em lama, onde escravos e bois atolavam e, às vezes, não conseguiam se mover. Os primeiros engenhos eram pequenos, movidos a bois e cavalos ou rodas d'água. Alguns produziam cerca de mil arrobas — ou quinze toneladas, por ano. Os maiores chegavam a 10 mil arrobas — ou 150 toneladas.[16] No Recôncavo Baiano, a prosperidade açucareira fez com que a população de Salvador, a primeira capital brasileira, quase triplicasse num curto período de 65 anos, indo de 14 mil habitantes em 1585 para cerca de 40 mil em 1750. Em 1640, o valor total da produção brasileira foi equivalente a 17.790 quilos de ouro. Seis décadas mais tarde, o Brasil já comparecia com 60% da receita tributária do Império Português. No espaço de um século, havia multiplicado por dez a arrecadação de impostos.[17]

Até meados do século XVIII, o açúcar era despachado para a Europa em caixas de madeira medindo 183 por 61 centímetros. Quando carregadas, pesavam cerca de catorze arrobas, aproximadamente duzentos quilos. Depois disso, o volume da caixa aumentou para cerca de quarenta arrobas (seiscentos quilos). A prosaica malandragem brasileira, já existente na época, resultava em frequentes disputas entre vendedores e compradores acerca da qualidade e da quantidade do conteúdo desses primitivos contêineres. Muitas vezes, açúcar de baixa qualidade era declarado como de primeira e entregue em quantidades inferiores à declarada. Para enganar os compradores, também se colocava açúcar de boa qualidade no alto da caixa, enquanto embaixo seguia, em volume maior, o de qualidade inferior — ou ainda, em casos mais extremos de fraude, pedras em lugar de açúcar. "Os comerciantes de Lisboa reclamavam que a má reputação do açúcar brasileiro tornava sua comercialização difícil na Europa", relata o historiador Stuart B. Schwartz.[18] Ao longo de todo o período colonial, o governo tentou padronizar e fiscalizar — sem sucesso — o conteúdo das caixas.

A produção de açúcar no Brasil era um empreendimento internacional, que envolvia capitais, equipamentos e pessoas de diferentes países, como também nele se misturavam empresas açucareiras e traficantes de escravos. Reunia, entre outras nacionalidades, genoveses, florentinos, alemães, holandeses, catalães, castelhanos e portugueses. Até o início do século XVII, os holandeses eram responsáveis pelo transporte de dois terços de todo o açúcar brasileiro e por quase a totalidade do seu refino na Europa. Os italianos entravam com os itens manufaturados necessários para o funcionamento dos engenhos, como engrenagens, polias e caldeiras. Mestres e artesãos vinham das ilhas

O BRASIL

Canárias e da Madeira. Judeus e cristãos-novos estabelecidos na Holanda providenciavam as linhas de crédito.[19]

Em 1584, segundo cálculos do jesuíta Fernão Cardim, quarenta navios faziam o transporte do açúcar entre o Recife e Lisboa. Em 1618, o número de embarcações tinha aumentado para 130. Tanta riqueza despertou a cobiça dos rivais europeus. Em apenas três anos, entre 1589 e 1591, corsários ingleses, que tinham autorização da rainha viciada em doces, Elizabeth I, para saquear navios em alto-mar, capturaram 69 embarcações envolvidas no comércio com o Brasil. A quantidade de açúcar apreendida, estimada em 100 mil libras esterlinas, foi tão grande que, durante algum tempo, o valor do produto em Londres ficou mais barato do que em Lisboa ou na Bahia.[20]

Segundo Stuart B. Schwartz, poucos senhores de engenho tinham origem nobre em Portugal. A maioria veio de berço relativamente modesto. Muitos eram pequenos comerciantes e camponeses pobres que migraram para o Brasil em busca de oportunidades que a metrópole não oferecia. Havia também entre eles inúmeros cristãos-novos que, forçados a se converter ao cristianismo, muitas vezes continuavam a praticar o judaísmo às escondidas em suas fazendas. De 41 engenhos cujas origens são documentadas no período entre 1587 e 1592, a metade era propriedade de cristãos-novos. Por volta de 1590, a Inquisição Católica descobriu uma sinagoga escondida num engenho em Matoim, Recôncavo Baiano. Diogo Lopes de Ulhoa, comerciante e plantador de cana, foi denunciado repetidas vezes aos inquisidores. Amigo do governador e dos jesuítas, livrou-se da fogueira graças à riqueza e ao poder que acumulou na Bahia. Pior sorte teve Ana Rodrigues, sogra de Henrique Moniz Barreto, senhor de engenho e descendente de um dos fundadores de Salvador, queimada num auto de fé em Lisboa.[21] Independentemente da origem e da convicção religiosa, os filhos dos senhores de engenho eram educados nos colégios jesuítas de Olinda e Salvador mediante generosas doações dos plantadores à Igreja. Além dos jesuítas, padres carmelitas e beneditinos eram donos de algumas das maiores fazendas açucareiras do Nordeste, com numeroso plantel de escravos (como se verá em outro capítulo mais adiante neste livro).

A produção de açúcar diferia profundamente das demais culturas agrícolas do período. Na época da colonização do Brasil, poucas atividades econômicas eram tão complexas. Não bastava preparar o solo, semear, cuidar das lavouras, depois colher, transportar e vender a produção. Como explicado anteriormente neste mesmo capítulo, fazer açúcar exigia, em primeiro lugar, grandes extensões de terra, com solo fértil, de boa qualidade, e clima adequado — quente, úmido e com a quantidade certa de sol e chuva nas épocas de plantio e colheita. As lavouras deviam estar situadas próximas às regiões costeiras, onde o produto final pudesse ser embarcado e transportado para a Europa. Os investimentos eram altos e envolviam a preparação do solo e a construção de engenhos, caldeiras, armazéns e estrutura de transporte. Acima de tudo, a cultura da cana requeria uma grande força de trabalho braçal, robusta e resistente a longas e exaustivas jornadas diárias. Na Bahia, a safra se estendia por nove meses, aos quais se somavam mais dois meses de plantio. Era um trabalho realizado de sol a sol — e também noite adentro na época do preparo do açúcar.[22]

As tarefas precisavam ser coordenadas e cronometradas. O sucesso de uma etapa dependia da boa execução da outra. Cana cortada e deixada alguns dias no campo, por exemplo, começava a fermentar e azedar, diminuindo ou prejudicando o teor de açúcar que dela seria extraído. Cortar, carregar e moer a cana, ferver o caldo no ponto certo, secar e encaixotar o açúcar, isso tudo exigia planejamento e precisão, o que levou o historiador Jacob Gorender a definir o engenho colonial como

O BRASIL

"uma unidade fabril primitiva". Funcionavam, segundo ele, como precursores das linhas de produção e montagem que caracterizariam a revolução industrial britânica séculos mais tarde.[23] As moendas e as caldeiras eram chamadas de "fábrica" — reforçando, desse modo, ainda mais o conceito de uma atividade pré-revolução industrial.

Nessa peculiar combinação de atividade agrícola e industrial, a cana, uma vez colhida, era imediatamente transportada e moída nos engenhos. O caldo, extraído em moendas em forma de tambores que giravam sob a força hidráulica ou de tração animal, era fervido durante longas horas para extrair, por evaporação, o excesso de água. O melaço que sobrava dos tachos passava por um processo de purificação e purgação, até se transformar em um bloco de cristal no formato de um pão caseiro — daí a expressão "pão de açúcar". O açúcar do Brasil, considerado de melhor qualidade do que o produzido no Caribe, era chamado de "barreado", porque utilizava-se uma espécie de filtro de argila na purgação final do produto. O resultado era o adoçante branco, muito apreciado na Europa, que embarcava nos navios rumo à Holanda, onde passaria por uma etapa final de refino antes de chegar aos consumidores.

O trabalho nas lavouras e nos engenhos era exaustivo e, por vezes, desumano. Os cativos eram submetidos a jornadas diárias longas, pesadas e perigosas. Nos campos, o trabalho começava antes ainda do nascer do sol e ia até o anoitecer. Picadas de cobras ou ferimentos produzidos por facões, machados e outros instrumentos cortantes eram comuns. Muitos causavam mutilações para o resto da vida ou mesmo a morte das vítimas. Nos engenhos, o turno de trabalho na época da safra e do auge da produção anual de açúcar podia chegar a dezoito ou vinte horas. As caldeiras ferviam dia e noite sobre fornalhas que os cativos iam alimentando com lenha, expostos a temperaturas altíssimas.

325

O corte da cana era feito em dupla. Um escravo talhava a planta com um golpe de facão próximo à raiz e a deixava no chão para ser recolhida por um segundo escravo, que amarrava os talos em feixes de dez canas. O trabalho era feito com base em cotas diárias prefixadas. No século XVII, a média era de 4.200 canas por escravo do Engenho Sergipe, situado no Recôncavo Baiano. Quem terminasse o trabalho poderia se dedicar a outra tarefa que bem entendesse. Os mais jovens e fortes levavam vantagem. Os mais fracos e idosos só conseguiam preencher a cota ao anoitecer e sob pressão do chicote. O mesmo sistema de cota funcionava nas outras atividades, como o plantio de cana, a fabricação de potes de cerâmica usados na "purga" (como era chamada a filtragem) do açúcar e o corte de lenha para alimentar as caldeiras. Havia ainda jornadas extras, de mais três ou quatro horas de trabalho, em tarefas como a construção e o reparo de cercas, a abertura de valetas, a capinagem das áreas em volta das casas e o preparo da farinha de mandioca.[24]

Havia diferentes especialidades de trabalho entre os escravos, que, por sua vez, eram tratados de acordo com a sua importância ao longo do processo industrial. Os mais valorizados eram os purgadores, mestres de açúcar, supervisores, carpinteiros, ferreiros e ferramenteiros, dos quais dependiam o bom funcionamento das instalações industriais e a qualidade final de toda a produção. Os trabalhadores do campo eram tratados com mais desprezo e eram também os que tinham menos privilégios e jornadas de trabalho mais árduas. No século XVIII, compunham dois terços de toda a força de trabalho de um engenho, quase todos eram negros recém-chegados da África. O grupo mais especializado, por sua vez, compunha-se majoritariamente de mulatos ou crioulos, que trabalhavam lado a lado com pessoas livres ou alforriadas. O resultado era, portanto, uma hierarquia social entre os escravos. Entrar nas posições mais qualificadas

O BRASIL

era um desejo de todo escravo, um sonho que os donos de engenho sabiam manipular habilmente para extrair a maior cooperação possível de seus cativos.[25]

A moagem e o processamento da cana requeriam grande habilidade e precaução por parte dos escravos. Em geral, mulheres escravas introduziam as hastes de cana nas prensas, que giravam a grande velocidade para extrair o suco da planta. Um simples descuido ou um cochilo noite adentro podia resultar na mutilação de uma mão ou de um braço capturado nas prensas. Engenhos movidos a água eram mais perigosos que os tracionados a bois, que poderiam ser parados com mais facilidade no caso de um acidente. Segundo o relato do padre jesuíta André João Antonil, "o lugar de maior perigo que há no engenho é o da moenda, porque, se por desgraça a escrava que mete a cana entre os eixos, por força do sono, ou por cansada, ou por qualquer outro descuido, meteu [...] a mão adiante do que devia, arrisca-se a passar moída entre os eixos, se lhe não cortarem logo a mão ou o braço apanhado".[26] Por essa razão, era comum manter ao lado da prensa um facão afiado, que seria usado para amputar o braço ou a mão da escrava, impedindo que seu corpo inteiro fosse tragado e esmagado pela máquina.

Foi isso que aconteceu com uma mulata no engenho Musurepe, em Pernambuco, que havia sido "moída junto com a cana", segundo um registro de Antônio da Encarnação, administrador da fazenda. Escravos com um só braço devido a esses acidentes eram comuns nos engenhos baianos. Era o caso de Marcelina, cativa do engenho Santana que, por volta de 1730, mesmo sem um dos braços continuava a trabalhar. O viajante francês Louis-François de Tollenare, que viveu no Brasil no século XIX, conta a história de uma escrava chamada Teresa, que teria sido rainha de seu povo em Cabinda, norte de Angola, antes de ser capturada e transportada para o Brasil. Inexperiente no trabalho, foi convocada para substituir uma das "moedeiras", que estava doente, no engenho Sibiró, em Pernambuco, e acabou com os dois braços amputados enquanto tentava salvar outra escrava presa pela moenda.[27]

O trabalho de alimentar as caldeiras e revolver o caldo em ebulição era, em geral, feito por homens. E também nesse caso havia o risco de cair na fornalha ou no tacho fervente, o que resultaria em uma morte horrível. Por esse motivo, essas funções eram reservadas a escravos rebeldes ou doentes, sem chances de sobreviver por muito tempo. Havia, porém, uma contrapartida que funcionava em favor dos cativos: a operação agroindustrial dos engenhos era altamente vulnerável a sabotagens — e tanto senhores quanto escravos sabiam disso. Donos de engenhos temiam a sabotagem silenciosa e anônima dos equipamentos, o que poderia paralisar a produção e comprometer uma safra inteira de açúcar. Uma faísca de fogo no canavial ou um machado ou facão deixado ao acaso no meio das engrenagens e polias podia acarretar prejuízos irreparáveis.

Para se precaver dos riscos, os senhores ofereciam uma espécie de programa de incentivo aos cativos que fossem mais disciplinados ou que se esforçassem mais no cumprimento de suas tarefas, como horas adicionais de folga ou o direito de cultivar, nos finais de semana, hortas e pequenas lavouras para seu próprio consumo. Outros recebiam presentes: doses extras de cachaça ou uma ração de comida mais reforçada. Nesse sistema misto de incentivos e punições, o que predominava, no entanto, não eram as recompensas, mas o chicote. No trabalho dos canaviais, indivíduos ou grupos que não conseguissem cumprir uma determinada cota eram açoitados de forma impiedosa.

Escravos envolvidos na produção de açúcar tinham dificuldade de gerar filhos. Os senhores de engenho preferiam homens para o trabalho pesado. Como resultado, o plantel de

O BRASIL

cativos do sexo masculino era, em média, o dobro do número de mulheres, o que tornava difícil para eles encontrar parceiras sexuais e constituir famílias. Outro problema era a mortalidade infantil. Em Pernambuco, 232 entre mil crianças escravas recém-nascidas morreriam nos primeiros meses de vida, índice maior que o dobro do registrado entre a população livre do Recife no século XIX.[28] Para aqueles que conseguiam chegar à idade adulta, a expectativa de vida útil era baixa, em média de apenas doze anos de trabalho.

Em geral, os senhores de engenho achavam mais lucrativo repor constantemente o número de escravos pela compra de recém-chegados da África do que estimular a reprodução do plantel já existente em suas fazendas. Um escravo nascido no Brasil levaria entre doze e catorze anos para se tornar força produtiva nos engenhos. Nesse período, o custo de sua manutenção, incluindo alimentação, moradia e outros cuidados, era superior ao preço de um cativo recém-chegado da África. Em média, dependendo da idade, da saúde e de sua força física, um escravo na Bahia era capaz de produzir, num prazo entre 14 e 24 meses, a quantidade de açúcar equivalente ao seu próprio valor no mercado negreiro. Mesmo depois da alta nos preços do tráfico no começo do século XVIII, o investimento na compra de um africano se pagava em apenas trinta meses. Para um plantador dobrar o capital investido, bastaria que o escravo adulto trabalhasse apenas cinco anos, nos quais sua mão de obra seria explorada no limite de suas forças, sem a contrapartida do fornecimento em quantidades suficientes de alimentos, roupas, moradia e outros itens necessários a uma subsistência digna.[29]

329

21. VISÃO DO INFERNO

Os raros e eventuais visitantes aos engenhos de açúcar do período colonial ficavam sempre muito impressionados com uma cena em particular. Eram as caldeiras que ferviam em meio à escuridão da noite brasileira. As labaredas, frequentemente comparadas ao fogo do inferno ou à lava incandescente dos vulcões, eram alimentadas por escravos — vultos que se movimentavam ao redor de gigantescos tachos de cobre onde borbulhava o caldo da cana ao ser depurado para se transformar em açúcar. O mais famoso desses relatos é o do padre André João Antonil, já citado no capítulo anterior.

João Antônio Andreoni, nome de batismo de Antonil, nasceu em Lucca, na Toscana, em 1649. Estudou Direito na Universidade de Perugia e ingressou na Companhia de Jesus em 1667. Chegou à Bahia em 1681 em companhia do padre Antônio Vieira, de quem foi secretário e professor de Retórica. Faleceu no Brasil em 1716. Seu livro *Cultura e opulência do Brasil por suas drogas e minas*, escrito sob o pseudônimo de Antonil e publicado em Lisboa em 1711, é um clássico no estudo da história colonial brasileira, mas por pouco não se perdeu para sempre. No mesmo ano da publicação, a obra foi proibida em Portugal por ordem régia, que determinava a retirada de circulação e a imediata destruição de todos os exemplares publicados. Por milagre — e para a sorte dos historiadores —, sobreviveram sete cópias.

Por que tanto zelo da Coroa portuguesa contra um livro? Provavelmente porque a obra de Antonil tratava da produção de açúcar, da cultura do tabaco, da mineração do ouro e da pecuária no Brasil colônia. Na primeira parte, descrevia nos mínimos detalhes o funcionamento de um engenho de açúcar no Recôncavo Baiano, o Sergipe do Conde, pertencente à Companhia de Jesus, com informações técnicas que poderiam ser úteis aos concorrentes dos portugueses nessa atividade. A riqueza e a prosperidade dos portugueses dependiam da capacidade de manter essas informações em segredo. Seu relato também ajuda a explicar a acelerada devastação que aniquilou a mata atlântica brasileira desde então, pelo uso da madeira no fogaréu das caldeiras do açúcar.

A seguir, a visão do inferno nos engenhos brasileiros de acordo com Antonil:

> Junto à casa da moenda, que chamam casa do engenho, segue-se a casa das fornalhas, bocas verdadeiramente tragadoras de matos, cárcere de fogo e fumo perpétuo e viva imagem dos vulcões Vesúvio e Etna [...], do purgatório e do inferno. Nem faltam perto destas fornalhas seus condenados, que são os escravos boubentos e os que têm corrimentos, obrigados a essa penosa assistência para purgarem com suor violento os humanos gálicos de que têm cheios seus corpos. Veem-se aí também outros escravos, facinorosos, que, presos em compridas e grossas correntes de ferro, pagam neste trabalhoso exercício os repetidos excessos de sua extraordinária maldade, com pouca ou nenhuma esperança de emenda.

VISÃO DO INFERNO

Nos engenhos reais, costuma haver seis fornalhas e nelas outros tantos escravos assistentes, que chamam metedores de lenha. As bocas das fornalhas são cercadas com arcos de ferro, não só para que sustentem melhor os tijolos, mas para que os metedores, no meter da lenha, não padeçam algum desastre. Cada fornalha tem sobre a boca dois bueiros, que são como duas ventas, por onde o fogo resfolega. Os pilares que se levantam entre uma e outra hão de ser muito fortes, de tijolo e cal, mas o corpo das fornalhas faz-se de tijolo com barro, para resistir melhor à veemente atividade do fogo, ao qual não resistiria nem a cal, nem a pedra mais dura, e as que servem para as caldeiras são alguma coisa maior que as que servem para as tachas.

O alimento do fogo é a lenha, e só o Brasil, com a imensidade dos matos que tem, podia fartar como fartou por tantos anos, e fartará nos tempos vindouros, a tantas fornalhas, quantas são as que se contam nos engenhos da Bahia, Pernambuco e Rio de Janeiro, que comumente moem de dia e de noite, seis, sete, oito e nove meses do ano. [...]

O primeiro aparelho de lenha, para se botar fogo à fornalha, chama-se armar, e isto vem a ser empurrar e estendê-los no lastro (o que se faz com varas grandes, que chamam trasfogueiros) e sobre eles cruzar travessos e lenha miúda, para que, levantada, chega mais facilmente com a chama aos fundos das caldeiras e tachas. E o metedor há se estar atento ao que lhe mandam os caldeireiros, botando precisamente a lenha, que os de cima conhecem e avisam ser necessária, assim para que não transborde o caldo ou melado dos cobres, como para que não falte o ferver. Porque, se não ferver em sua conta, não se poderá limpar bem a imundície que há de vir acima, para se tirar e escumar das caldeiras. Porém, para as tachas, quanto mais fogo, melhor.[1]

22. A CRUZ E O CHICOTE

> *"Nunca consideramos este tráfico ilícito.*
> *Na América, todo escrúpulo é fora de propósito."*
>
> Luís Brandão, reitor do colégio jesuíta de Luanda, ao justificar o
> envolvimento da ordem no tráfico de escravos com o Brasil

A escravidão produziu pelo menos um grande santo para a Igreja Católica. O jesuíta espanhol Pedro Claver, natural da Catalunha, nascido em 26 de junho de 1580, passou mais de 40 dos seus 74 anos de vida à espera dos navios negreiros que atracavam no porto de Cartagena das Índias, atual Colômbia, um dos maiores entrepostos de comércio de escravos da América entre os séculos XVI e XVII. Os cativos ali chegavam assustados, abatidos e doentes, depois de uma longa travessia, de quase dois meses entre a África e o Novo Mundo. Muitos tinham ferimentos provocados pelas correntes e grilhões que os imobilizavam durante a viagem. Outros estavam desidratados e desnutridos, sem condições de se manter de pé pelas próprias forças. Claver então descia aos porões escuros, fétidos, sem ventilação e, durante dias, se dedicava a cuidar dos mais fracos:

curava feridas, providenciava água, comida e agasalhos, confortava os desesperados.

A certa altura, essa missão tornou-se de tal forma dominante em sua vida que Pedro Claver fez um quarto voto, particular, além dos três exigidos pela ordenação sacerdotal: o de ser "sempre escravo dos etíopes" — em latim, conforme consta em sua biografia, *"aethiopum semper servus"*. Etíopes era o nome genérico usado para designar os africanos nessa época. Ele cumpriu fielmente essa promessa até o fim da vida, em 8 de setembro de 1654, vítima de uma epidemia de peste que assolava Cartagena. Ao longo de quatro décadas, por suas mãos caridosas teriam passado mais de 300 mil cativos. "Pedro Claver é o santo que mais me impressionou depois da própria vida de Cristo", declarou o papa Leão XIII, ao canonizá-lo em 1888, por coincidência o ano da assinatura da Lei Áurea, que libertou os escravos no Brasil, o último país da América a fazê-lo.

Pedro Claver, hoje padroeiro da Colômbia, virou santo pela sua extraordinária obra de misericórdia, mas também por ter sido uma raridade na trágica história da Igreja relacionada à escravidão. Durante cerca de quatrocentos anos, padres, bispos, cardeais e Ordens religiosas não apenas apoiaram como participaram do tráfico de escravos e lucraram com ele. Nesse longo período, foram escassas as vozes dentro da hierarquia católica que se ergueram contra o cativeiro dos africanos. Havia exceções, mas eram relativamente raras.

Quase todos os bispos, padres, Ordens religiosas e conventos católicos no Brasil, em Angola e outras regiões da África e da América possuíram escravos, inclusive os franciscanos, que faziam votos de pobreza absoluta e, por isso, eram também chamados de frades mendicantes. No começo do século XIX, a Ordem dos Beneditinos tinha mais de mil cativos trabalhando em suas fazendas no Rio de Janeiro e em São Paulo. No Maranhão, os fra-

A CRUZ E O CHICOTE

des do Carmo e os das Mercês possuíram escravos até março de 1887, ou seja, catorze meses antes da assinatura da Lei Áurea. Nos conventos das Ordens femininas — caso das Clarissas, Ursulinas, Confeccionistas e Carmelitas Descalças —, todos os serviços eram prestados por cativos. O bispo do Congo e Angola recebia um ordenado de 600 mil réis por ano da Coroa portuguesa, que era pago com direitos de exportação de escravos. O colégio jesuíta de Luanda enviava regularmente cargas de africanos para os colégios de Salvador e Olinda, que, por sua vez, os revendia para os senhores de engenho do Recôncavo Baiano e da Zona da Mata pernambucana. De Cabo Verde, no começo do século XVII, os jesuítas também vendiam escravos para Cartagena das Índias — onde, ironicamente, os cativos, ao chegar, eram socorridos e tratados pelo também jesuíta Pedro Claver. Era um negócio particularmente lucrativo porque a Igreja estava isenta pela Coroa portuguesa de pagar impostos e taxas alfandegárias no tráfico negreiro.[1]

O padre Antônio Vieira atribuía o comércio de escravos a um grande milagre de Nossa Senhora do Rosário porque, segundo ele, tirados da barbárie e do paganismo na África, os cativos teriam a graça de serem salvos pelo catolicismo no Brasil. Foi esse o teor da homilia que pregou para uma irmandade de escravos de um engenho na Bahia, em 1633:

> *A mãe de Deus, antevendo esta vossa fé, esta vossa piedade, esta vossa devoção, vos escolheu de entre tantos outros de tantas e tão diferentes nações, e vos trouxe ao grêmio da Igreja, para que lá [na África] não vos perdêsseis, e cá [no Brasil] como filhos seus, vos salvásseis. Este é o maior e mais universal milagre de quantos faz cada dia, e tem feito por seus devotos a Senhora do Rosário. [...] Oh, se a gente preta tirada das brenhas da sua Etiópia, e passada ao Brasil, co-*

nhecera bem quanto deve a Deus, e a Sua Santíssima Mãe, por este que pode parecer desterro, cativeiro e desgraça, e não é senão milagre, e grande milagre![2]

No mesmo sermão, Vieira sustentava que, aos escravos, cabia não apenas aceitar o sofrimento do cativeiro, mas se alegrar com a inestimável oportunidade que tinham de imitar os sofrimentos de Jesus no Calvário:

Bem-aventurados vós se soubéreis conhecer a fortuna do vosso estado, e com a conformidade e imitação de tão alta e divina semelhança aproveitar e santificar o trabalho. [...] Em um engenho sois imitadores de Cristo crucificado [...] porque padeceis em um modo muito semelhante o que o mesmo Senhor padeceu na sua cruz, e em toda a sua paixão.[3]

Alguém hoje poderia sugerir que apontar a Igreja como cúmplice do regime escravista no passado seria incorrer em "anacronismo", termo já explicado em capítulo anterior, que consiste no uso indevido de valores e referências de uma época para julgar ou avaliar personagens, acontecimentos ou fenômenos de outra. De fato, entre os séculos XV e XVIII, a escravidão era uma prática aceita sem grandes questionamentos quase no mundo todo — menos entre os próprios cativos, obviamente. Como também já se viu neste livro, até mesmo filósofos e intelectuais respeitados por suas ideias libertárias, caso do britânico John Locke, participaram do tráfico de escravos. Tudo isso é verdade e deve ser levado em consideração no julgamento de instituições e personagens relacionados à história da escravidão. O problema, no caso da Igreja, é que havia uma contradição insolúvel entre suas práticas e os ensinamentos de Jesus Cristo que ela pregava — ou seja, a própria razão da sua existência. Como combinar uma prá-

A CRUZ E O CHICOTE

tica tão devastadora, como a escravidão, e os ensinamentos dos Evangelhos, que pregam amor, bondade, justiça, misericórdia e acolhimento do estrangeiro e do diferente?

Como apontou o historiador americano David Brion Davis, a escravidão sempre foi um problema insolúvel para a sociedade ocidental.[4] Havia enorme contradição nas leis civis e eclesiásticas que tratavam da condição dos cativos. O Estado sancionava a privação da liberdade e considerava os escravos como propriedade de seus senhores, passíveis de compra e venda, como qualquer animal ou bem imóvel. Seus filhos nasciam e permaneciam no cativeiro. Mas, ao mesmo tempo, essas mesmas leis reconheciam que os escravos tinham alguns direitos mínimos, como à própria vida, que não poderia ser tirada pelo seu senhor sob pena de crime. Os códigos canônicos determinavam que os escravos deveriam ser batizados e acolhidos no rebanho cristão. Além disso, eles participavam de confrarias, como a de Nossa Senhora do Rosário, e se faziam representados em festas, procissões e outros rituais religiosos. Entretanto, até o final do século XIX, com raras opiniões isoladas, a Igreja nunca se pronunciou oficialmente e de forma inequívoca contra a escravidão. Ela reconhecia que os cativos tinham uma alma imortal que deveria ser salva mediante a administração dos sacramentos, mas bispos, padres e Ordens religiosas eram donos de escravos e participavam ativamente do comércio negreiro. A Igreja também reconhecia o casamento de cativos e defendia a proteção da família, mas isso nunca impediu que maridos e esposas, pais e filhos fossem separados nas transações de venda de escravos.

Todas essas óbvias incoerências nunca impediram que a Igreja se envolvesse a fundo no comércio e na exploração de mão de obra cativa e lhes desse sustentação até meados do século XIX. "Cinco escravos para plantações, cinco escravos para a pesca", pedia ao rei de Portugal o padre Manuel da Nóbrega ao chegar a Salvador, em 1549, como superior provincial dos jesuítas, e constatar, desolado, que não havia braços necessários para todas as obras que pretendia realizar, incluindo a construção do colégio da Bahia, iniciada no ano seguinte.[5] Em carta de 12 de junho de 1561 enviada ao superior da Ordem, Diego Lainez, Nóbrega explicava que o conforto dos missionários dependia do trabalho dos escravos: "Não se pode viver sem alguns que busquem a lenha e a água, e façam a cada dia o pão que se come, e outros serviços".[6] Algum tempo depois, em outra carta, o padre descrevia o destino dado aos "escravos da Guiné" que o rei lhe mandara:

> *Alguns escravos destes, que comprei para a casa, são fêmeas, as quais eu casei com os machos e estão nas roças apartados todos em suas casas, e busquei um homem leigo, que deles todos tem cuidado e os rege e governa; [...] a causa por que se tomaram fêmeas é porque de outra maneira não se pode ter roças nesta terra, porque as fêmeas fazem a farinha, e todos os principais serviços e trabalhos são delas; os machos somente roçam, pescam e caçam, e pouco mais.*[7]

Diversos livros e ensaios, quase todos de jesuítas, contribuíram para organizar o que o historiador Ronaldo Vainfas chamou de "moral cristã da escravidão" e de "projeto escravista dos religiosos".[8] Ou seja, ajudaram a construir a base ideológica do regime escravagista no Novo Mundo. Um desses autores foi o italiano Jorge Benci — já citado em capítulos anteriores. Benci exerceu diversas funções no colégio da Ordem da Bahia e, ao retornar a Lisboa, dezessete anos mais tarde, escreveu *Economia cristã dos senhores no governo dos escravos,* obra que, publicada em Roma, em 1705, o transformaria num dos principais ideólogos da escravidão entre os jesuítas. Benci não questionava nem condenava a prática escravista. No seu entender, o cativeiro era parte e consequência da natureza decaída do ser humano, "um dos efeitos do pecado original de nossos primeiros pais, Adão e Eva, donde se originaram todos os nossos males". Segundo ele, "o pecado foi o que abriu as portas por onde entrou o cativeiro".[9]

Seguindo essa linha de raciocínio, Benci argumentava que a raiz de tudo estaria na chamada "maldição de Cam", já explicada em detalhes no capítulo três. Benci afirmava que a maldição de Noé lançada sobre Canaã, primogênito do seu filho Cam, transformava todos os africanos – segundo a tradição, descendentes dessa linhagem bíblica – em candidatos naturais ao cativeiro. "É a mesma geração dos pretos que nos servem; e aprovando Deus esta maldição, foi condenada à escravidão e cativeiro." A "maldição de Cam" seria invocada não apenas por Jorge Benci, mas por muitos outros ideólogos cristãos que ponderaram a respeito do cativeiro africano, na Europa e na América, até as vésperas da abolição, no século XIX.

Em vez de condenar a escravidão, Benci estava preocupado em orientar os senhores de escravos sobre a melhor conduta possível para resgatar as almas dos cativos do pecado e aliviar os seus sofrimentos no cativeiro. Desse modo, a primeira e mais importante obrigação do senhor de escravos era "alimentar a alma de seus servos com a Doutrina Cristã". A segunda, impedir que os escravos permanecessem no ócio, segundo ele, a fonte de todos os males. Era, portanto, obrigação do senhor botá-los para trabalhar, e o mais rapidamente possível, uma vez que, no seu entender, os negros estariam mais inclinados ao vício do que os brancos:

> O ócio é a escola onde os escravos aprendem a ser viciosos e ofender a Deus [...] E como os pretos são sem comparação mais hábeis para o gênero de maldades que os brancos, por isso, eles com menos tempo de estudo saem grandes licenciados do vício na classe do ócio.

Outra obrigação importante do senhor de escravos, na opinião de Benci, era "dar ao escravo o castigo, para que não se acostume a errar", o que, dizia, não só era necessário como poderia também ser interpretado como uma "obra de misericórdia":

Para trazer bem domados e disciplinados os escravos é necessário que o senhor não lhes falte com o castigo, quando eles se desmandam e fazem por onde o merecerem [...] Não é crueldade castigar os servos, quando merecem por seus delitos ser castigados, mas antes é uma das sete obras da misericórdia, que manda castigar os que erram. [...] Haja açoites, haja correntes e grilhões, tudo a seu tempo e com regra e moderação devida; e vereis como em breve fica domada a rebeldia dos servos.

O envolvimento da Igreja com a escravidão era antigo e bem anterior ao tráfico de africanos para a América. A expulsão dos mouros da Península Ibérica, no século XV, inundou a região do Mediterrâneo de cativos muçulmanos capturados pelos cristãos. Cerca de 10 mil foram escravizados na queda de Málaga, em 1487. Outros milhares de cativos foram tomados pelos espanhóis no ataque a Trípoli, na Líbia, em 1510. Esses escravos eram usados nos trabalhos mais árduos e perigosos, como as venenosas minas de mercúrio de Almadén, na Espanha, e as pedreiras do sul da Itália. Escravos muçulmanos eram usados para coletar e enterrar cadáveres na epidemia de cólera que dizimou a cidade de Marselha, na França, em 1720. Duas Ordens de cavaleiros cristãos nascidas durante as cruzadas especializaram-se em escravizar muçulmanos no Mediterrâneo. Tinham frotas que atacavam barcos, navios e cidades islâmicas.

Os Cavaleiros Hospitalários e de São João de Jerusalém, expulsos de Rodes pelos otomanos em 1522, refugiaram-se em

A CRUZ E O CHICOTE

Malta e ali se especializaram no comércio de escravos. Os Cavaleiros de Santo Estêvão, Ordem fundada pela família Médici, de Florença, e aprovada pelo papa em 1562, tinham a sua sede em Pisa e uma base naval em Livorno. Seus arquivos registram a captura de 10.115 escravos entre 1568 e 1688. Em 1749, quando o número de escravos em Malta atingiu a casa dos 9 mil, a Ordem massacrou grupos de cativos que tentaram se rebelar. Em 1798, portanto já depois da Revolução Francesa, os exércitos de Napoleão Bonaparte encontraram ainda cerca de 2 mil escravos a serviço dos cristãos em Malta.[10]

Entre os séculos XV e XVI, seguidas bulas papais deram a justificativa religiosa e o respaldo político de que os portugueses precisavam para conquistar novos territórios na África e escravizar seus habitantes. Foram três as mais importantes. Na primeira, intitulada *Dum diversas*, de 18 de junho de 1452, o papa Nicolau V autorizava o rei de Portugal a atacar, conquistar e subjugar os mouros sarracenos, pagãos e outros "inimigos de Cristo", capturar seus bens e territórios, escravizá-los e transferir suas terras para a Coroa portuguesa de forma perpétua. Em outra bula de Nicolau V, a *Romanus Pontifex*, de 8 de janeiro de 1455, chamada pelos historiadores de "carta régia do imperialismo português", o príncipe dom Henrique, o Navegador, foi autorizado a escravizar não apenas os muçulmanos, mas todos os pagãos que se encontrassem entre o Marrocos e a Índia — ou seja, toda a população do continente africano mais grande parte da Ásia. Essa mesma bula dava uma suposta explicação filosófica e teológica que seria usada para justificar a escravidão e o tráfico negreiro pelos quatro séculos seguintes: era uma forma de salvar a alma dos cativos ao convertê-los ao cristianismo. Dizia o texto do papa:

Muitos guinéus e outros negros tomados por força e alguns também trocados por mercancias não proibidas, ou angaria-

dos por qualquer outro legítimo contrato de compra, foram levados para os ditos reinos [Portugal e Algarve], onde um grande número deles foi convertido à Fé Católica, esperando que com a clemência divina [...] pelo menos se salvem em Cristo muitas de suas almas.[11]

Por fim, na bula *Inter Coetera*, de 13 de março de 1456, o papa Calisto III acabava por tornar a Igreja parceira em todos esses empreendimentos ao reservar para a Ordem de Cristo portuguesa a prerrogativa de administrar os assuntos da Santa Sé sobre as regiões conquistadas ou a serem conquistadas, incluindo a nomeação de bispos e padres seculares. O clero católico passava, dessa forma, a ser parte da burocracia estatal portuguesa.[12] Ao longo dos quatro séculos seguintes, a posição da Igreja a respeito da escravidão era dúbia, quando não favorável aos interesses dos donos de cativos. Só em 1888, às vésperas da assinatura da Lei Áurea brasileira, o papa Leão XIII condenou a prática de forma inequívoca.

São inúmeros os exemplos da íntima associação que, a partir dessas bulas papais, se estabeleceu entre a Igreja, o tráfico de escravos e o Reino de Portugal. Em 1482, ao final da construção do Castelo de São Jorge da Mina, atualmente em Gana, destinado ao comércio de cativos, o papa Sisto IV concedeu indulgência plenária a todos os cristãos que ali falecessem a serviço da Coroa portuguesa. Ou seja, não importava o quanto de mal tivessem praticado até então, o simples fato de morrer no castelo do tráfico negreiro lhes garantia o total perdão dos pecados e a garantia da vida eterna.[13] Na África, as instituições religiosas possuíam e comercializavam escravos com a mesma naturalidade de qualquer outra empresa ou associação dedicada ao tráfico. Em Angola, os jesuítas tinham, em 1558, mais de 10 mil escravos trabalhando em seus quinhentos sítios e fazendas, de acordo

A CRUZ E O CHICOTE

com relatório do governador João Fernandes Vieira enviado à Coroa portuguesa.[14]

Segundo o historiador Roquinaldo Ferreira, no começo do século XVII, a Companhia de Jesus era a maior proprietária de escravos em Angola. Os cativos, dados de presente aos missionários pelos chefes africanos aliados ou pelos portugueses mais ricos residentes em Luanda, trabalhavam em fazendas mantidas pelos próprios jesuítas ou eram alugados para os moradores locais. Muitos deles eram trabalhadores especializados e treinados pelos missionários — como carpinteiros, seleiros e pedreiros — e, por isso, muito requisitados por pessoas que pagavam um aluguel altíssimo pelos seus serviços. Da mesma forma, instituições religiosas ganhavam muito dinheiro vendendo escravos para o Brasil. O envio de quinhentos escravos para terras brasileiras, por exemplo, permitiu a construção da igreja de Nossa Senhora dos Remédios. A Santa Casa de Misericórdia de Luanda também dependia dos lucros obtidos com o tráfico negreiro.[15]

Dentro da própria Companhia de Jesus, os jesuítas de Angola e do Brasil eram frequentemente criticados por se dedicarem ao comércio de escravos sob o pretexto da conversão de almas. Santo Inácio de Loyola, fundador da Ordem, e alguns dos superiores em Portugal eram contra a posse de cativos pelos missionários. "Não convém que a Companhia se sirva de escravos", escreveu o superior-geral Francisco de Borja ao provincial de Portugal em 1569. Pressionado em 1590, o superior da missão em Angola, padre Baltasar Barreira, respondeu que seria impossível a seus padres sustentarem-se na África sem o tráfico negreiro, uma vez que a Coroa portuguesa não lhes pagava o suficiente para cobrir suas despesas. Como alternativa, sugeria que a venda de cativos entre os colégios de Luanda, Salvador e Olinda se fizesse por meio de terceiros, ou seja, intermediários, de modo que os jesuítas não se envolvessem diretamente no negócio. Mas o superior-geral foi categórico: "que se vivesse então de esmolas, se tanto fosse necessário".[16]

Apesar de todas essas proibições, nos colégios e postos de vanguarda das missões a realidade se impôs de forma diferente e os jesuítas passaram a encontrar as mais diversas justificativas para o fato de serem não apenas senhores, mas também traficantes de escravos. Um exemplo é este, escrito pela Companhia de Jesus de Angola, em 1553:

> *Não há escândalo nenhum em padres de Angola pagarem suas dívidas em escravos. Porque, assim como na Europa o dinheiro corrente é o ouro e a prata [...], e no Brasil o açúcar, assim os são em Angola e reinos vizinhos os escravos. Pelo que, quando os padres do Brasil nos mandam que lhes pedimos, [...] não querem receber de nós a paga em outra moeda, senão a que corre pela terra, que são escravos.*[17]

Em 1611, o reitor do colégio jesuíta em Luanda, padre Luís Brandão, confirmava essa convicção em correspondência a Alonso de Sandoval, jurista e missionário da Ordem na atual Colômbia:

> *Nunca consideramos este tráfico ilícito. Os padres do Brasil também não, e sempre houve naquela província padres eminentes pelo seu saber. Assim, tanto nós como os padres do Brasil compramos [...] escravos sem escrúpulos. [...] Na América, todo escrúpulo é fora de propósito.*[18]

A mistura entre Igreja e tráfico era tão natural em Angola que, em 1620, o governador Luís Mendes de Vasconcelos promoveu um concurso de poesia em homenagem a São Francisco Xavier, missionário da Companhia de Jesus martirizado na Chi-

A CRUZ E O CHICOTE

na em 1552. O primeiro prêmio era uma "peça da Índia", ou seja, um africano adulto, forte e saudável. O vencedor do concurso foi um traficante de escravos com os seguintes versos, "da mais pura inspiração mercantil", segundo o historiador Luiz Felipe de Alencastro:

> Com fazenda de lei de Graça e vida
> Divino Xavier, a este contrato
> Vos manda e avisa que vendais barato
> A responder no céu qualquer partida[19]

O mesmo governador Vasconcelos conseguiu nomear um sobrinho, padre Jeronimo Vogado, superior dos jesuítas em Angola. Anos mais tarde, ambos seriam acusados de participar de um esquema de contrabando de escravos para a América Espanhola.

Um segundo resíduo da trágica história da Igreja relacionada à escravidão africana é o preconceito racial. Segundo a historiadora Larissa Viana, a Ordem dos Carmelitas Descalços Teresianos, estabelecida em Olinda em 1686, manteve a mais rigorosa e persistente discriminação contra pessoas de alguma ascendência africana, mesmo que longínqua. Na Bahia, em 1680, um grupo de "moços pardos", ou seja, mestiços de ascendência africana, enviou um protesto à Coroa portuguesa contra a sua exclusão das escolas jesuítas da capitania. Um parecer real de 1686 posicionou-se a favor dos "pardos", mas foi contestado dois anos mais tarde pelo padre Antônio Vieira, então visitador-geral da Companhia de Jesus em Salvador. Segundo Vieira, os pardos eram "quase sempre malcriados" e foram banidos do colégio porque as famílias brancas não toleravam ver seus filhos ao lado de pessoas "de vil e obscura origem, de costumes corrompidos e com audaciosa soberba". E acrescentava:

"Por esta razão, nesta costa do Brasil, já lhes está totalmente fechado o ingresso ao sacerdócio e aos claustros religiosos e a qualquer função governativa."[20]

As constituições sinodais do arcebispado da Bahia, redigidas em 1707, decretavam que os candidatos à ordenação sacerdotal deviam ser, entre outras exigências, isentos de qualquer mácula, categoria que incluiria "judeu, mouro, mourisco, mulato, herético ou de alguma outra infecta nação reprovada". A pureza de sangue do seminarista tinha de ser provada por meio de inquérito judicial para apurar se pais e avós de ambos os lados estavam isentos das tais "máculas raciais". No caso da comprovação de algum "sangue defeituoso", seria possível obter uma licença especial do bispo local ou da Coroa portuguesa, o que, na prática, era muito frequente e demonstrado por uma boa quantidade de padres mulatos e mestiços no clero brasileiro. Em 1763, os estatutos da Ordem Terceira de São Francisco, de Mariana, Minas Gerais, determinaram que todo candidato à confraria teria de ser "de nascimento branco legítimo, sem qualquer boato ou insinuação de sangue judeu, mourisco ou mulato, de carijó (índio) ou de qualquer outra raça contaminada, e o mesmo deverá acontecer com a mulher, se o homem for casado". Membros que, depois da entrada na Ordem, se casassem com mulher de sangue africano ou cristão-novo seriam sumariamente expulsos.[21]

Curiosamente, apesar de todas essas contradições e dificuldades, foi no seio da Igreja Católica que milhões de escravos encontraram acolhimento e um ambiente favorável para estabelecer novos laços sociais e familiares e reconstruir suas vidas depois de serem arrancados da África e atravessar o Atlântico a bordo de um navio negreiro. Esse papel coube às irmandades religiosas (sobre as quais se falará com mais detalhes no segundo livro desta trilogia). Essas associações foram um dos traços mais marcantes da sociedade brasileira durante o período colo-

A CRUZ E O CHICOTE

nial. Algumas, como a Ordem Terceira de São Francisco, reuniam só brancos. Outras, como a de São José, abrigada na igreja de Santo Antônio da Barra, em Salvador, e já citada no capítulo quinze deste livro, era formada por traficantes de escravos. Centenas delas, porém, eram construídas por africanos ou seus descendentes. A mais conhecia foi a Irmandade de Nossa Senhora do Rosário, às vezes chamada também de Nossa Senhora do Rosário dos Homens Pretos. Outras eram dedicadas a santos católicos que os escravos adotaram para devoção, caso de São Benedito, Santa Ifigênia, Santo Elesbão, São Jorge, Santo Antônio de Categeró e São Gonçalo Garcia. Todas essas irmandades mantêm igrejas e estão ativas ainda hoje no Rio de Janeiro, em Minas Gerais, na Bahia e em diversas outras regiões brasileiras.

As irmandades forneciam aos escravos (ou negros alforriados) assistência espiritual e também ajuda prática no dia a dia. Algumas coletavam dinheiro para custear o sepultamento de seus membros. Outras, angariavam recursos para comprar alforrias — como no sistema de consórcio de hoje, para aquisição de carros, imóveis e outros bens. O caixa comum da irmandade poderia socorrer financeiramente os irmãos e irmãs dando-lhes empréstimos em momentos de dificuldade financeira. As irmandades davam, acima de tudo, o suporte para que os africanos e seus descendentes se integrassem à comunidade e nela encontrassem papéis sociais e espaços de convivência que a escravidão lhes negava.

Uma dessas muitas irmandades — e talvez hoje a menos conhecida — foi fundada em 1888, ano da assinatura da Lei Áurea, no município de São Sebastião do Caí, na Serra Gaúcha, região brasileira de imigração europeia que pouco recebeu escravos, pelo vigário alemão Estevão Kiefer. A nova instituição recebeu o nome de Irmandade de São Pedro Claver, em homenagem ao "escravo dos negros" de Cartagena das Índias, canonizado naquele mesmo ano. Sensibilizado pela notável obra de caridade do jesuíta espanhol entre os escravos recém-chegados da África, padre Kiefer, também ele jesuíta, mandou pintar um quadro do santo, entregue aos representantes da população "colorada", ou seja, os negros de sua paróquia, que desde então passaram a transportá-la em procissão pelas ruas da cidade. Hoje, entre os gaúchos, a palavra "colorado" é associada à cor vermelha. No passado, referia-se aos negros e mulatos, que os imigrantes também chamavam pejorativamente de "gentinha de cor". Um dos primeiros clubes de futebol a aceitar jogadores e torcedores de origem africana foi o Internacional de Porto Alegre, enquanto seu rival, o Grêmio, era o favorito dos italianos e alemães. Por isso, hoje, os torcedores do Inter se chamam, orgulhosamente, de "colorados".[22]

23. O ATLÂNTICO HOLANDÊS

"Sem negros nada se pode cultivar aqui."

ADRIANN VAN DER DUSSEN, conselheiro da WIC, a
Companhia das Índias Ocidentais, Pernambuco, 1640

UMA DAS TRANSAÇÕES IMOBILIÁRIAS mais fabulosas de todos os tempos foi celebrada em Haia, na Holanda, no dia 6 de agosto de 1661. De um lado da mesa de negociações, no papel de vendedor, sentava-se Johan de Witt. Era um dos dirigentes das Províncias Unidas, ambiciosa coligação de sete pequenas nações protestantes calvinistas — Holanda, Zelândia, Utrecht, Frísia, Groninga, Guéldria e Overissel — cujos membros entrariam para a história com o nome genérico de holandeses. Do outro lado, na condição de comprador, estava dom Henrique de Sousa Tavares, conde de Miranda do Corvo, governador de armas da cidade do Porto e embaixador da rainha-regente de Portugal, a espanhola Luísa de Gusmão, viúva do recém-falecido dom João IV. O objeto do negócio era o Nordeste brasileiro.

Pelos termos do acordo, os holandeses devolveriam aos portugueses um território de aproximadamente um milhão de quilômetros quadrados, situado entre a margem esquerda do rio São Francisco e a divisa do Maranhão com o Piauí, incluindo os atuais estados de Alagoas, Pernambuco, Paraíba, Rio Grande do Norte e Ceará. Essa gigantesca área, duas vezes o tamanho da Espanha, tinha sido ocupada três décadas antes por uma expedição das Províncias Unidas composta por 67 navios equipados com 1.170 canhões e 7 mil homens armados. Naquela reunião em Haia, a Holanda vendia a Portugal um pedaço do Brasil que havia tomado dos próprios portugueses.

O contrato de compra e venda assinado por De Witt e o conde de Miranda envolvia a soma de 4 milhões de cruzados, em dinheiro português da época, o equivalente a mais de 1 bilhão de dólares ou 25 toneladas de ouro, em valores de hoje. Como os cofres de Portugal estavam exauridos pelos gastos com uma guerra que, àquela altura, já se prolongava por mais de meio século, acordou-se que o pagamento seria feito em suaves prestações anuais de 250 mil cruzados, cerca de 63 milhões de dólares ou uma tonelada e meia de ouro, em valores atuais, ao longo de dezesseis anos.[1]

Pela história oficial, difundida em livros didáticos e muitas obras de arte, a expulsão dos holandeses de Pernambuco foi uma jornada épica, a mais genuína e importante manifestação do espírito nativista brasileiro no período colonial, na qual pela primeira vez lutaram lado a lado, unidos pela mesma causa, todos os elementos constitutivos da futura identidade nacional: negros, índios, mulatos, brancos, portugueses ou colonos deles descendentes, escravos, senhores de engenho, lavradores e sertanejos humildes. Isso, de fato, aconteceu. Entre os mais destacados comandantes da campanha luso-brasileira contra os holandeses estava um índio, Felipe Camarão, e um negro, Henrique Dias. O chefe da revolta, João Fernandes Vieira, rico proprietário de engenhos em Pernambuco e na Paraíba, era filho de um fidalgo

O ATLÂNTICO HOLANDÊS

da Ilha da Madeira com uma prostituta mulata. Outro comandante, André Vidal de Negreiros, tinha nascido no Brasil. Francisco Barreto, por sua vez, era natural do Peru. Foi essa a combinação de forças vitoriosas, até então inédita na história brasileira, que, em janeiro de 1654, aceitou a capitulação dos holandeses ao final de duas batalhas travadas no intervalo de dez meses nas colinas dos Guararapes, situadas nas imediações do atual aeroporto do Recife.

Desse modo, os brasileiros conseguiram se ver livres da mais séria ameaça à integridade territorial da América Portuguesa no período colonial. Mas essa é também apenas a parte mais visível da história. O que poucas pessoas sabem é que o destino do Nordeste não se definiu apenas na ponta da espada e na boca do canhão. Coube ao historiador pernambucano Evaldo Cabral de Mello revelar os detalhes da transação financeira de termos degradantes que permitiu a Portugal recuperar a mais rica e promissora de suas colônias ao redor do mundo, o coração da economia açucareira que os próprios portugueses haviam organizado a duras penas desde a sua chegada ao Novo Mundo, em abril de 1500.

Como demonstrou Cabral de Mello, mesmo depois da ocupação do Recife por forças brasileiras, as Províncias Unidas não deram trégua aos portugueses em outras regiões do planeta. O conflito continuou aceso por mais uma década e meia, o que incluiu um bloqueio holandês na entrada do rio Tejo e a ocupação de territórios na Índia. O fantasma de novos ataques ao Brasil se manteve presente o tempo todo. Sem condições de se defender, a Coroa portuguesa foi obrigada a fazer uma série de concessões financeiras e comerciais em troca da paz definitiva, que só viria em 1669. As negociações foram longas, difíceis e repletas de incertezas. A tal ponto que, ameaçado de perder a sua própria independência, Portugal chegou a considerar seriamente a possibilidade de entregar em definitivo parte do território brasileiro aos holandeses em troca de uma solução que garantisse o fim das hostilidades na Europa.

Poucas pessoas também sabem que o destino do Brasil nessa época se decidiu primeiro na África e só depois nos campos de batalha de Pernambuco. A guerra entre holandeses e portugueses foi mais do que uma disputa pelas terras férteis da Zona da Mata nordestina, onde floresciam as ricas lavouras de cana-de-açúcar. Foi, acima de tudo, uma queda de braço decisiva pelos mercados fornecedores de mão de obra cativa africana. No século XVII, quem controlasse o fornecimento de escravos no Atlântico seria igualmente o dono do mundo — pela mesma razão pela qual hoje se mata e se morre na briga pelos campos de petróleo do Oriente Médio.

"Sem negros nada se pode cultivar aqui", escrevia do Recife para seus superiores na Holanda, em 1640, Adriann van der Dussen, conselheiro da Companhia das Índias Ocidentais, responsável pela ocupação das terras brasileiras. E acrescentava: "Nenhum branco, por mais disposto que seja, se pode dedicar no Brasil a tais trabalhos, nem mesmo consegue suportá-los; parece que o corpo, em consequência da mudança tão extrema de clima, perde muito do seu vigor".[2] Assim, como se verá neste e no próximo capítulo, foi a posse da África que primeiro definiu o destino do Nordeste brasileiro, antes mesmo que as armas pudessem ditar sua verdade nas colinas verdejantes de Pernambuco.

A recuperação do Nordeste, em parte nas mesas de negociação diplomáticas e em parte nos campos de batalha da África e do Brasil, foi o desfecho de um dos períodos mais trágicos da história de Portugal, conhecido como União Ibérica, em que o trono lusitano, por falta de sucessores naturais, passou para as mãos do rei da Espanha. Foram sessenta anos de guerras, humi-

O ATLÂNTICO HOLANDÊS

lhações e sobressaltos, ao fim dos quais o outrora vasto e poderoso Império Colonial Português emergiu enfraquecido e retalhado. As consequências seriam profundas e duradouras em várias regiões do mundo, incluindo o Extremo Oriente, a Índia, África e Europa. Os efeitos da União Ibérica teriam, ainda, um impacto especialmente grande na história do Brasil e da escravidão africana na América.

O ocaso dos tempos gloriosos e venturosos dos portugueses começou em meados do século XVI, apenas algumas décadas após a viagem de Vasco da Gama à Índia e a chegada da esquadra de Pedro Álvares Cabral à Bahia. Em 1557, ano em que Mem de Sá, terceiro governador-geral do Brasil, desembarcou em Salvador, o trono do reino passou para um menino de apenas três anos, dom Sebastião I, que havia recebido a alcunha de "o Desejado" quando ainda estava no ventre de sua mãe. O pai, o príncipe João Manuel, morrera dias antes de seu nascimento. Era o último sobrevivente dos nove filhos de dom João III, todos mortos numa inacreditável sucessão de tragédias que deixara a Coroa portuguesa sem herdeiros diretos do rei. Uma criança de sexo masculino era a única esperança de manter a independência e o futuro da monarquia portuguesa. Dom Sebastião nascera, portanto, sob o signo do rei que Portugal "havia pedido a Deus com muitas lágrimas, peregrinações, procissões e esmolas", como escreveria mais tarde o cronista Diogo do Couto. Sua chegada foi celebrada com grande júbilo, queima de fogos e pagamentos de promessas.[3]

Havia, porém, um problema insolúvel para os portugueses: ainda muito jovem, "o Desejado" decidira fazer votos de castidade. Desse modo, não teria filhos nem sucessores. Relatos da época diziam que uma doença teria atrofiado seus órgãos genitais, fazendo com que perdesse totalmente o interesse por sexo ou mulheres. Além de casto, dom Sebastião tinha um cuidado exagerado com a aparência, evitava companhias femininas e vivia longe da corte, preferindo passar o tempo a viajar pelo Alentejo e pelo Algarve, cercado de jovens cortesãos, com quem praticava exercícios físicos e desportos de campo, como a caça e a falcoaria. Rejeitou diversas propostas de casamento com princesas de outras potências europeias, alianças que permitiriam a Portugal afastar o perigoso vácuo sucessório que ameaçava seu futuro. "Falar-lhe de casamento era como falar-lhe de morte", escreveu a respeito de dom Sebastião o embaixador espanhol em Lisboa.

Dom Sebastião manifestou desde cedo uma índole romântica e aventureira. Acreditava que sua missão seria combater os mouros e reconquistar as fortalezas da costa africana que seu avô, dom João III, fora obrigado a ceder aos muçulmanos entre 1549 e 1550. Na primeira página do seu livro de orações, escreveu: "Padres, rezem a Deus para que me faça muito casto e muito zeloso e capaz de expandir a fé a todas as partes do mundo". Esse comportamento estranho e obsessivo culminou com sua derrota e morte, aos 24 anos de idade, na Batalha de Alcácer-Quibir, contra os mouros nas areias do Marrocos, em 4 de agosto de 1578, na sequência de uma das mais desastradas campanhas militares da história de Portugal. Seu cadáver, nu e terrivelmente deformado, teria sido encontrado no dia seguinte, mas nunca foi definitivamente identificado.

A humilhante derrota e o trágico destino do rei calaram fundo na alma do povo português e fizeram surgir um dos mitos mais recorrentes na história lusitana e brasileira: o sebastianismo. Algum tempo depois da Batalha de Alcácer-Quibir, começaram a correr os boatos de que, na verdade, dom Sebastião não teria morrido. Mais do que apenas desaparecido, ele estaria escondido, ou "encantado", em alguma região mágica e imaginária, de onde um dia haveria de se manifestar para restaurar a glória perdida de Portugal. A lenda se propagou nas trovas proféticas de Gonçalo Eanes, um sapateiro e poeta mais conhecido como Bandarra (1500-1556), que anunciavam o breve retorno do rei-messias por ele denominado "o Encoberto".

Essa curiosa crença tinha fundamento em diversas outras mitologias, todas de natureza religiosa, que na época circulavam pela Península Ibérica. A mais óbvia era de origem judaica — a do Messias prometido desde a criação mundo, que um dia chegaria à terra para recuperar a glória de Israel. Ou cristã, na qual Jesus, após a morte e ressurreição, teria ascendido aos céus, de onde voltaria no final dos tempos para inaugurar um longo período de paz e harmonia na terra. Ou, ainda, muçulmana: entre os xiitas do Irã ainda hoje se acredita que Ali, primo-genro de Maomé, morto numa disputa sucessória no século VII, teria se convertido no "Imã Encantado", que em determinado momento se manifestaria aos homens para restaurar a paz e a harmonia destroçada do islã. Com alicerces psicológicos tão profundos, o sebastianismo estaria na raiz de inúmeros movimentos messiânicos da história brasileira, como o de Canudos, nos sertões da Bahia, no final do século XIX. "Das ondas do mar, dom Sebastião sairá com todo o seu exército", pregava Antônio Conselheiro num dos sermões registrados pelo escritor Euclides da Cunha.[4] Suas marcas estariam também na Guerra do Contestado, ocorrida na divisa entre Paraná e Santa Catarina, de 1912 a 1916, um conflito marcado pela presença de uma série de monges e visionários que anunciavam para breve o retorno de dom Sebastião.

Fantasias à parte, a derrota em Alcácer-Quibir deixou o trono português nas mãos de um tio de dom Sebastião, o cardeal dom Henrique, homem idoso e doente, último filho vivo de dom Manuel I e irmão de dom João III. Seria o último monarca da gloriosa Casa de Avis, responsável pela aventura dos Descobrimentos. Henrique morreu um ano e meio mais tarde, em janeiro de 1580, sem descendentes, dando pretexto para que o rei Felipe, da Espanha, filho de uma princesa portuguesa, reivindicasse o trono de Lisboa. Começava a União Ibérica, quando os dois países foram governados de Madri por uma sucessão de três Filipes, todos espanhóis: Filipe I (Filipe II de Espanha), de 1580 a 1598; Filipe II (III de Espanha), de 1598 a 1621; Filipe III (IV de Espanha), de 1621 a 1640. Ao final de seis décadas, na sequência de uma série de batalhas, os portugueses conseguiram, finalmente, se livrar dos espanhóis e colocar no trono um novo rei, dom João IV, iniciando uma nova dinastia, a dos Bragança, à qual pertenceriam dom João VI e os imperadores brasileiros Pedro I e Pedro II.

Durante a União Ibérica, os portugueses não apenas perderam a independência como herdaram uma guerra, contra os holandeses, que não era deles. Antes da junção das Coroas, portugueses e holandeses davam-se relativamente bem. Eram parceiros nos negócios, entre outras razões devido à peculiar ligação entre a comunidade judaica de Amsterdã e da Antuérpia com os cristãos-novos portugueses, herdeiros da grande diáspora ibérica dos judeus conhecidos como sefarditas. Como já se viu nos capítulos anteriores, até o início do século XVII, os holandeses eram responsáveis pelo transporte de dois terços de todo o açúcar produzido no Brasil e por quase a totalidade do seu refino na Europa. Já no caso dos espanhóis, a relação com os holandeses era a pior possível.

Dominados pela Espanha durante toda a primeira metade do século XVI, os sete membros da coligação que mais tarde daria origem à Holanda e a parte da Bélgica declararam a própria independência em 1581 com o nome de Estados Gerais das Províncias Unidas, ou República Neerlandesa. Começava ali uma longa e sangrenta série de conflitos globais, corretamente denomina-

O ATLÂNTICO HOLANDÊS

dos pelo historiador inglês Charles Boxer como "a Primeira Guerra Mundial", mais ampla e prolongada do que a carnificina que devastaria a Europa séculos mais tarde, entre 1914 e 1918.[5] Os holandeses lutaram durante oitenta anos contra os espanhóis e, como preço pela União Ibérica, os portugueses acabariam enrodilhados no turbilhão dos acontecimentos. As batalhas do confronto se desdobraram ao redor do planeta, incluindo a região de Flandres e as águas geladas do Mar do Norte, na Europa; o estuário do rio Amazonas, toda a costa brasileira entre Pernambuco, Bahia, Espírito Santo e Rio de Janeiro; os mares do Chile; a Ilha de São Tomé e o litoral de Angola e de Gana, na África; o Estreito de Malaca e o Arquipélago das Molucas, na Indonésia. Em determinados momentos, envolveram não apenas holandeses, espanhóis e portugueses, mas também ingleses, dinamarqueses, congoleses, angolanos, persas, indonésios, chineses e japoneses, entre outros povos.

Além da luta pela independência dos Países Baixos, a guerra entre holandeses, espanhóis e portugueses teve outros dois motivos importantes. O primeiro era de natureza religiosa. Os membros da coligação das Províncias Unidas eram calvinistas, partidários da Reforma Protestante iniciada com o famoso manifesto de Martinho Lutero, em 1517. Portugal e Espanha, enquanto isso, eram os principais bastiões da Contrarreforma Católica. Os holandeses acreditavam que a Igreja de Roma era "a grande meretriz da Babilônia", evocando uma imagem do Antigo Testamento, e o papa, a personificação do Anticristo, citado no livro do Apocalipse. Portugal e Espanha, por sua vez, consideravam todos os protestantes hereges passíveis de excomunhão e, se possível, de serem queimados nas fogueiras da Inquisição.

A segunda razão da guerra — e, provavelmente, a mais importante — foi econômica. Os holandeses queriam um naco das riquezas que abasteciam os cofres e a prosperidade de portu-

359

gueses e espanhóis desde o século anterior. Por isso, o ataque se concentrou em três frentes: a fonte das especiarias, no Extremo Oriente; o comércio de escravos, na costa da África; e a produção de açúcar, prata e ouro, no Nordeste brasileiro e na América Espanhola. Era o tripé da prosperidade de Portugal e Espanha.

Ao declarar sua independência da Espanha, sob a liderança de Guilherme de Orange-Nassau, o príncipe de Orange, as Províncias Unidas criaram um dos mais complexos e engenhosos sistemas políticos da história, marcado por uma curiosa combinação de zelo religioso, ambição mercantil e agressividade militar e naval.[6] Oficialmente calvinista, embora tolerante com as demais práticas religiosas, a coligação se constituiu no primeiro experimento republicano de grande escala na história moderna. Estava, porém, longe de ser uma república popular, sustentada pelo sufrágio universal. Era, em vez disso, um regime oligárquico, em que o poder se dividia entre burgueses — negociantes ricos — e a nobreza.

As decisões provinciais eram tomadas pelas cidades reunidas em assembleias, que, por sua vez, se faziam representar num parlamento nacional (os Estados Gerais) em que eram votadas deliberações relacionadas à guerra e à paz. Um conselho de notáveis se responsabilizava pela execução dessas resoluções. Esse grupo era presidido pelo príncipe de Orange, o *stathouder,* em cooperação estreita com o advogado-geral, o *stathouderschap*, também chamado de grande pensionário. O comando das Forças Armadas e a orientação da ortodoxia protestante estavam a cargo do *stathouder*, que, na condição de chefe de Estado, era o símbolo da independência e da unidade nacional. A Holanda, maior das sete províncias, com 40% da população total e mais da metade do produto nacional, contribuía também com 54% do orçamento da coligação, quota cinco vezes mais elevada que a do segundo maior contribuinte, a Frísia. Amsterdã, a capital holandesa, tinha cerca de 100 mil habitantes.

O ATLÂNTICO HOLANDÊS

Em paralelo à complexa estrutura institucional e burocrática, o poder das Províncias Unidas alicerçava-se na ação de duas organizações mercantis, a Companhia das Índias Orientais (VOC) e a Companhia das Índias Ocidentais (WIC). Detentoras do monopólio do comércio, essas empresas tinham ainda a delegação das Províncias Unidas para conduzir operações militares, ocupar territórios e responsabilizar-se de fato pela administração colonial ao redor do mundo. A VOC tinha total liberdade para agir no Oriente, e a WIC, no Atlântico e na América. A maioria dos delegados dos Estados Gerais era acionista dessas empresas, cujo objetivo, obviamente, era o lucro. Por essa razão, as resoluções políticas do parlamento levavam sempre em consideração os interesses das duas companhias.

Com tantas variáveis em ação, o processo de decisão nas Províncias Unidas era lento e descentralizado. As resoluções dos Estados Gerais tinham de ser referendadas em cada uma das províncias antes de serem colocadas em prática. Nos cálculos de um diplomata francês, cerca de 2 mil pessoas, representantes de cada uma das sete províncias, tinham direito a voz e voto nas discussões mais importantes. Nada disso impediu que a coligação se firmasse rapidamente como a principal potência naval da época. Na segunda metade do século XVI, os Países Baixos já possuíam uma frota de cerca de mil grandes embarcações mercantis, o dobro da Inglaterra. Eram também os maiores agentes comerciais da época, responsáveis pelo transporte de 900 mil toneladas anuais de carga, mais do que o volume total transportado em embarcações inglesas, espanholas, portuguesas e italianas.[7]

A guerra entre as Províncias Unidas e o Reino de Portugal na época da União Ibérica começou com ataques às Ilhas de São Tomé e Príncipe, entrepostos do tráfico de escravos, entre 1598 e 1599.[8] Em outra frente de combate, em 1605, os holandeses capturaram dos portugueses Ternate e Tidore, as duas mais importantes ilhas das especiarias no Sudeste Asiático. Com isso, assumiram o monopólio do fornecimento de pimenta, noz-moscada, cravo-da-índia e outros condimentos para a Europa. Ao mesmo tempo, devastaram a rede de comércio português atacando a rede de feitorias existente entre o Golfo Pérsico e o Japão. O local mais estratégico do comércio com o Oriente, a fortaleza que guarnecia a entrada do Estreito de Malaca (onde hoje se situa Singapura), caiu em 1641. Por fim, as Províncias Unidas conquistaram sucessivamente os entrepostos portugueses na costa do Ceilão, em Cochim e Malabar, na Índia. No final dessa grande ofensiva, os territórios que restaram aos portugueses no Oriente foram Macau, na China; Goa, na Índia, e algumas ilhas isoladas e distantes na Indonésia, como Timor, Flores e Solor.

Em seguida, os assaltos se concentraram em diversos pontos do litoral brasileiro. A Paraíba e o Espírito Santo foram atacados em março e junho de 1625, respectivamente. A Bahia foi ocupada em maio de 1624, retomada em abril de 1625 e novamente assediada em abril de 1626. Nessa última ocasião, embora a investida tenha fracassado, os holandeses não saíram de mãos vazias, como prova o relatório de um funcionário da WIC que descreve em detalhes as cargas dos navios aprisionados no porto por ocasião do ataque:[9]

> Uma barca com 250 negros de Angola
> Um navio de Angola com negros
> Um navio de Angola com 200 negros
> Um navio de Angola com 280 negros
> Um navio de Angola com 450 negros
> Um navio de Angola com 230 negros
> Um navio carregado de farinha e bolachas, destinado a Angola.

O ATLÂNTICO HOLANDÊS

Esses números são um retrato da importância do porto ne-greiro de Salvador na época do frustrado ataque holandês. O passo seguinte foi o ataque a Pernambuco. No dia 14 de feverei-ro de 1630, um exército de 3 mil homens, apoiado pela poderosa esquadra das Províncias Unidas, desembarcou na Praia de Pau Amarelo, ao norte de Olinda, ocupada dois dias mais tarde. No dia 3 de março, o Recife também se rendia às forças invasoras. Começava ali uma duríssima guerra pelas lavouras e engenhos de açúcar, que envolveria as regiões vizinhas — Paraíba, Rio Grande do Norte e Ceará — e só terminaria em 1654. Enquanto isso, corsários holandeses atacavam os navios negreiros em alto--mar. Num só ano, entre 1647 e 1648, cerca de 220 naus mercan-tes portuguesas foram capturadas ou afundadas por esses piratas. A maior parte dos 3 mil escravos vendidos pelos holandeses na América entre 1623 e 1637 era apreendida nessas investidas con-tra embarcações portuguesas.[10]

24. A GUERRA PELOS CATIVOS

NA ÁFRICA, A GUERRA ENTRE HOLANDESES, portugueses e brasileiros pelo controle das fontes de fornecimento de escravos foi sangrenta e prolongada. Em 1625, um total de 450 soldados holandeses foi massacrado e degolado nas praias ao pé do Castelo de São Jorge da Mina por uma força constituída de cinquenta combatentes portugueses e novecentos guerreiros africanos, seus aliados. Nas duas décadas seguintes, outros milhares de pessoas, de ambos os lados, perderiam suas vidas em combates ao longo de toda a costa africana até o sul de Angola, incluindo as ilhas que serviam de entrepostos para o tráfico negreiro. O conflito mobilizaria também recursos e tropas brasileiras e transformaria o Atlântico Sul num palco de guerra como nunca se tinha visto antes.

Em 1636, foi nomeado para o cargo de governador da Nova Holanda, como os batavos chamavam as terras conquistadas no Nordeste brasileiro, o conde João Maurício de Nassau-Siegen. Considerado um "príncipe humanista", espécie de precursor do Iluminismo que marcaria o século seguinte, Nassau não hesitou em endossar de imediato a fórmula defendida até então pelos portugueses nos trópicos, segundo a qual sem escravos não haveria Brasil. Em 1638, ao enviar seu primeiro relatório oficial à Holanda, alertava que havia uma escassez de colonos para ocupar e cultivar as novas terras americanas. A solução? "Comprar alguns negros, sem os quais nada de proveitoso se pode fazer no Brasil." E acrescentava: "Necessariamente deve haver escravos no Brasil [...]; é muito preciso que todos os meios apropriados se empreguem no respectivo tráfico na costa da África".[1]

Em 1637, por decisão de Maurício de Nassau, uma frota holandesa partiu do Recife rumo a São Jorge da Mina na tentativa de resolver o problema de falta de escravos em Pernambuco. Dessa vez, o desfecho foi diferente do revés sofrido em 1625. Os holandeses conseguiram, finalmente, capturar a fortificação, de onde só sairiam dois séculos e meio mais tarde, em 1872. Como o português era o idioma oficial do tráfico negreiro na África, os navios holandeses levavam intérpretes brasileiros, que conduziam as negociações com os fornecedores africanos. Como resultado, em 1638, a Companhia das Índias Ocidentais conseguiu despachar do Golfo do Benim o primeiro lote de 2,4 mil cativos para os engenhos que controlava em Pernambuco.

O butim mais cobiçado, no entanto, estava mais ao sul do litoral africano: Luanda e Benguela, os dois maiores fornecedores de escravos para a América, foram tomadas em 1641. No mesmo ano, a WIC invadiu o Maranhão. Desse modo, caíam por terra os dois pilares de sustentação da América Portuguesa: o tráfico de escravos na África e o cultivo da cana-de-açúcar no Brasil, ambos agora sob o controle holandês. O alarme logo soou na corte de Lisboa. Em meados de 1643, Telles da Silva, governador-geral do Brasil, alertava ao rei de Portugal:

Angola, senhor, está de todo perdida, e sem ela não tem Vossa Majestade o Brasil. [...] Desanimados os moradores de não terem escravos para os engenhos, os desfabricarão e virão a perder as alfândegas de Vossa Majestade os direitos que tinham em seus açúcares.

Fernão de Mattos de Carvalhosa, procurador da Fazenda Régia em Lisboa, defendia que a melhor maneira de combater os holandeses no Brasil era primeiro expulsá-los de Angola: "Sem a saca dos negros de Angola, não podem os holandeses sustentar e conservar Pernambuco e os mais lugares que ocuparam no Brasil".

Era um sentimento compartilhado por todas as autoridades portuguesas e que podia ser resumido no memorial que escrevera, em 1646, o padre jesuíta Gonçalo João: "Sem Angola, não há Brasil".[2]

Diante de diagnósticos tão alarmantes, a Coroa portuguesa empenhou-se em recuperar Angola das mãos dos holandeses, mas com uma condição: tropas, navios, munições, suprimentos e todos os recursos necessários para a expedição militar teriam de sair do Brasil, e não de Portugal, já que, a essa altura, o reino estava envolvido numa guerra de vida ou morte pela sua independência na Europa e não teria condição de bancar a empreitada. Quem dependia de escravos eram os senhores de engenho brasileiros. Eles que resolvessem o problema. É nesse quadro que entra em cena um dos personagens mais extraordinários da história de Brasil e Portugal, o governador Salvador de Sá e Benevides, como se verá em mais detalhes no próximo capítulo.

Apesar das ofensivas militares bem-sucedidas na costa africana, o tráfico de escravos se configurou como um problema cada vez maior e mais complicado para os holandeses. A WIC jamais conseguiu comprar e transportar cativos com a mesma eficiência demonstrada pelos negreiros portugueses. Durante os primeiros dezoito meses de ocupação de Luanda, as remessas de escravos ficaram muito abaixo do planejado devido aos obstáculos impostos pelos portugueses refugiados no interior de Angola e seus aliados locais, que controlavam o tráfico. No primeiro embarque, em abril de 1642, foram despachados apenas 150 africanos. No segundo, cinco meses depois, 405. No Recife, Maurício de Nassau estimava receber 15 mil cabeças por ano. A média não passou de 11 mil até 1646. Na Costa da Mina, o resultado foi ainda pior: menos de 6 mil escravos por ano no mesmo período.[3] Entre 1600 e 1625 tinham entrado no Brasil cerca de 150 mil cativos. Nos 25 anos seguintes, o número caiu para 50 mil, um terço da cifra anterior. A escassez de africanos no Brasil fez recrudescer a captura de cativos indígenas. As incursões dos bandeirantes paulistas sertões adentro aumentaram, mas isso não resolveu o problema dos holandeses em Pernambuco, que não tinham acesso a essa mão de obra escrava.[4]

Todo o projeto de ocupação do Brasil e dos territórios africanos estava condicionado às exigências da WIC. Seus acionistas queriam lucros o mais rapidamente possível. Os resultados da operação brasileira não eram os imaginados e ninguém mais queria investir nela. As ações da companhia despencaram nos mercados europeus. Em 1645, valiam apenas 46% do valor nominal. Um complicador adicional seria o início da guerra entre Holanda e Inglaterra, em 1652, mais uma vez pelo controle de rotas marítimas, que drenou os recursos financeiros e militares já escassos para manter a ocupação no Brasil. Sem recursos, a WIC deixou de pagar dividendos aos acionistas por dois anos consecutivos. Foi nesse momento que a Coroa portuguesa decidiu comprar os territórios localizados no Nordeste brasileiro.[5]

Numa primeira rodada de negociações, os portugueses ofereceram 2 milhões de cruzados pela retirada definitiva dos holandeses do Brasil. Os representantes das Províncias Unidas

A GUERRA PELOS CATIVOS

pediram nada menos que 12,5 milhões, além de exigir que a cidade de Salvador lhes fosse entregue como "caução", ou seja, uma garantia até o pagamento da última parcela da dívida. No acordo final, celebrado em 1661 (já depois das vitórias nos Guararapes e da retirada dos holandeses do Recife), o negócio foi fechado por 4 milhões. Os recursos para isso tiveram de vir, uma vez mais, do Brasil, mediante o aumento dos impostos sobre a importação de escravos africanos e a cessão de territórios conquistados pela voc na Índia. Foi o que o historiador Charles Boxer chamou de "paz de esgotamento".[6] Com seu outrora império global destroçado e os cofres falidos, Portugal teve de renegociar o contrato diversas vezes por não ter dinheiro para honrá-lo. Segundo o historiador Evaldo Cabral de Mello, a última prestação da compra do Nordeste foi paga pelos portugueses só meio século mais tarde, em 1711.[7]

A pressão por resultados por parte da wic fez desmoronar temporariamente um dos pilares do aparelho escravagista no Nordeste brasileiro: o sistema de crédito que permitia aos senhores de engenho comprar cativos africanos sem desembolsar dinheiro à vista. Segundo o historiador Luiz Felipe de Alencastro, estaria nesse sistema a tradição de calote que até recentemente caracterizava as relações entre os usineiros, fazendeiros e os bancos oficiais brasileiros. "O endividamento dos proprietários se apresentava como uma constante no escravismo", escreveu Alencastro. "A venda de africanos a crédito, de preferência em troca do açúcar a ser fabricado, constituía prática corrente na colônia portuguesa." As garantias oferecidas aos senhores de engenho eram frágeis e claramente benéficas ao calote no pagamento dos empréstimos. A lei portuguesa limitava os direitos dos credores sobre os bens penhorados, o que incluía a terra e os equipamentos utilizados na fabricação de açúcar. Desse modo, os fazendeiros podiam contratar empréstimos hipotecando suas propriedades, mas a execução dessas garantias, em caso de calote, era quase impossível.[8]

Interessados em lucros rápidos, os acionistas da wic não estavam dispostos a ser tão complacentes com os senhores de engenho e logo endureceram o jogo. Em 1643, 43% dos cativos africanos foram vendidos mediante pagamento à vista, ou seja, sem a facilidade das linhas de financiamento que até então auxiliavam os negócios do açúcar. O percentual aumentou para 78% em 1644 e para 100% no ano seguinte. Ou seja, a fonte do crédito fácil e abundante secou de repente e por completo. Esse seria o rastilho de pólvora da luta pela expulsão dos holandeses de Pernambuco, e não o orgulho nativista como a historiografia oficial se encarregou de propagar desde então. Com o fim do crédito fácil, estava armado o confronto entre os colonos devedores e os holandeses, novos ocupantes do território e seus credores. "Desse ponto de vista, a revolta anti-holandesa nordestina se apresenta como um levante promovido por um bando de caloteiros", observou Alencastro. Padre Antônio Vieira confirmava esse ponto de vista dizendo, em 1648, que os moradores de Pernambuco "tinham tomado muito dinheiro dos holandeses, e não puderam, ou não quiseram pagar".

Na avaliação de Charles Boxer, o resultado final da guerra entre holandeses e portugueses teria sido equilibrado: vitória dos holandeses no Oriente, de onde os portugueses foram praticamente varridos após 1667; empate na costa da África, onde a partir de então ambos passaram a comercializar escravos, ainda que em regiões diferentes; e, por fim, vitória no Nordeste brasileiro, de onde os holandeses foram expulsos — ou comprados mediante o pagamento da indenização citada nos parágrafos anteriores.

Após a recuperação do Nordeste, parte dos holandeses instalou-se na região do Caribe, levando muitos de seus escravos e a tecnologia de fabrico do açúcar que haviam aprendido com os

A GUERRA PELOS CATIVOS

pernambucanos. Ali se tornariam os principais concorrentes dos senhores de engenho brasileiros nas décadas seguintes, fazendo com que despencassem os números de produção e a receita do açúcar nordestino. Em 1624, ano da primeira investida holandesa, a produção total de açúcar no Brasil havia sido de 960 mil arrobas, número que só voltaria a um patamar semelhante mais de um século mais tarde, em 1737, quando foram produzidas 937 mil arrobas. O preço, entretanto, caiu de 1,7 mil réis por arroba em 1637 para apenas 778 réis em 1689.[9]

Iniciada com o trágico desaparecimento do rei dom Sebastião nas areias do Marrocos, a mais grave crise do sistema colonial português na América se prolongaria até os primeiros anos do século XVIII, época da descoberta de ouro e diamantes em Minas Gerais. Seria essa — e não o milagroso retorno de dom Sebastião — a novidade que devolveria a glória, o poder e a riqueza ao Reino de Portugal, até então abalado pelos contratempos da União Ibérica e da guerra contra os holandeses.

25. O PADRE ETERNO

"O Brasil sem Angola não se pode sustentar."

FELICIANO DOURADO, membro do
Conselho Ultramarino, em Lisboa

NO DIA 20 DE OUTUBRO DE 1665, um navio de proporções gigantes-cas cruzou a barra do rio Tejo, em Lisboa. Era algo nunca antes visto em Portugal. O galeão *Padre eterno* pesava 2 mil toneladas, estava pronto para receber 144 canhões e exibia um mastro colossal, feito do tronco de uma única árvore, medindo na base quase três metros de circunferência, o que significa que, para abraçá-lo, seria necessário que três homens fizessem um círculo de mãos dadas à sua volta. Maior embarcação de todo o Império Português, o *Padre eterno* fora inteiramente construído dentro da Baía de Guanabara, num estaleiro situado na atual Ilha do Go-vernador, onde hoje opera o aeroporto internacional Antônio Carlos Jobim, popularmente chamado de Galeão.

Era um navio tão grande que especulações a seu respeito começaram a circular pela Europa antes ainda que deixasse o Rio de Janeiro. Em março daquele ano, o jornal *Mercurio Portu-*

guez, de Lisboa, referia-se à construção, no Brasil, do "mais famoso baixel de guerra que os mares jamais viram", despertando de imediato a curiosidade da comunidade diplomática local. Sete meses mais tarde, quando, finalmente, atracou ao cais no rio Tejo, foi saudado com a seguinte notícia: "Veio nesta frota [do Brasil] aquele famoso galeão [...], o maior que há hoje, nem se sabe que houvesse nos mares".

Parte dos equipamentos tinha sido cuidadosamente fabricada por artesãos coloniais fluminenses, incluindo as madeiras entalhadas e uma deslumbrante "capela dourada", que causou a admiração de dois padres capuchinhos italianos que o visitaram mais tarde no cais de Lisboa. O restante viera da Inglaterra, que então já despontava como a principal potência marítima do planeta, mas ainda não tinha um navio daquele tamanho. A maior embarcação inglesa da época, a *Sovereign of the Seas*, pesava 1,5 mil toneladas, um quarto menos que o galeão brasileiro.

Essa proeza da engenharia colonial brasileira estava destinada a ser uma espécie de *Titanic* do século XVII, na comparação do historiador Luiz Felipe de Alencastro.[1] Apesar de suas gigantescas proporções, teria um fim trágico ao naufragar no Oceano Índico algum tempo depois de passar por Lisboa, inaugurando a sina que o seu congênere britânico do século XX repetiria cerca de 250 anos mais tarde. Mas sua existência era testemunho das ambições da elite escravagista brasileira no auge do ciclo do açúcar e às vésperas da descoberta de ouro em Minas Gerais. Estaleiros semelhantes ao da Baía de Guanabara, responsável pela construção do *Padre eterno*, funcionavam em vários pontos da costa brasileira.

Na Ilha Grande, no litoral fluminense, foi construída a fragata de guerra *Madre de Deus*, um dos navios mais impressionantes da época. Do Recôncavo Baiano saiu a nau *Nossa Senhora da Conceição*, um dos muitos navios fabricados no Brasil que fa-

O PADRE ETERNO

ziam a chamada Carreira das Índias, a mais longa e lucrativa rota de comércio do Império Colonial Português, entre o Atlântico e o Oceano Índico, contornando o continente africano. Era também no Recôncavo que faziam escala para consertos as naus e galeões que, partindo de Lisboa, rumavam para lugares tão distantes como Japão, China e as ilhas Molucas, no sudeste asiático. Estima-se que no período colonial tenham sido construídas na Ribeira das Naus, na Bahia, um total de 45 embarcações de grande porte, incluindo oito carracas, oito fragatas, uma corveta e treze escunas, além de dois navios de guerra e três de correio.[2]

O dono do galeão *Padre eterno*, Salvador Correia de Sá e Benevides, é também um dos homens mais eminentes da história da escravidão no Brasil. Foi governador do Rio de Janeiro entre 1637 e 1661 e tornou-se um dos homens mais ricos e poderosos do seu tempo. Coube a ele comandar uma das mais extraordinárias expedições da história militar brasileira, antes da Guerra do Paraguai: a libertação de Angola, ocupada pelos holandeses em 1641. Graças a esse feito, portugueses e brasileiros conseguiram controlar as fontes de fornecimento de mão de obra cativa que assegurariam a prosperidade da colônia e, depois, do Brasil independente até meados do século XIX. Salvador de Sá foi ainda uma das autoridades de currículo mais controvertido de todo o Império Colonial Português. Contra ele pesavam sérias acusações, incluindo contrabando de ouro e prata, superfaturamento de obras, apropriação de recursos do tesouro real, cobrança ilegal de tributos, extorsão, abuso de autoridade e nepotismo. Chegou a ser preso em Lisboa e condenado ao degredo na África, mas terminou a vida perdoado e generosamente recompensado pelos grandes serviços que prestara à Coroa portuguesa.[3]

Nascido no Rio de Janeiro em 1602, de mãe espanhola, filha do governador de Cadiz, Salvador de Sá pertencia à mais fina flor da aristocracia fluminense que emergia ao final dos dois pri-

375

meiros séculos da colonização. Era descendente dos fundadores da cidade, Mem de Sá e Estácio de Sá. Seu pai, Martim de Sá, tinha sido governador da capitania do Rio de Janeiro por duas vezes. Ainda jovem, recebeu a missão de levar uma prima a Assunção, no Paraguai, onde ela se casaria com o governador Luís de Céspedes Xería. E lá mesmo começou sua fortuna e deu o primeiro passo na carreira política pilhando acampamentos indígenas na região dos rios Paraná e Paraguai. O furor e a eficiência com que avançou contra índios guaranis, paiaguás, guaicurus e calchaquis o tornaram famoso entre os estancieiros da região e lhe renderam um ótimo casamento com Catalina de Velasco, viúva de um rico fazendeiro do rio da Prata, parente de Juan de Velasco, ex-governador do Paraguai e de Tucumã, sobrinha de dom Luís de Velasco, vice-rei do Peru.

Antes de voltar ao Brasil, morou muitos anos entre os parentes hispânicos da Bacia do Prata e visitou as legendárias minas de Potosí, aos pés da cordilheira dos Andes, de onde era extraído o metal que dá nome ao rio. Graças à ligação com os mineradores andinos, criou uma rede de fornecimento de escravos de Angola para o Império Colonial Espanhol, acumulando um tesouro em moedas de prata. Os cativos eram desembarcados no porto de Buenos Aires e levados para as minas de ouro, prata e outros minérios situadas nos atuais Peru e Bolívia. Tornou-se proprietário de fazendas na área de Tucumã, na atual Argentina, e numa faixa do litoral do Rio de Janeiro que se estendia de Jacarepaguá até as imediações do atual porto de Sepetiba, cerca de quarenta quilômetros mais ao sul.

Empossado governador do Rio de Janeiro, em 1637, ocuparia o cargo outras duas vezes, entre 1647 e 1661. No primeiro mandato, tornou-se o detentor de "um dos mais lucrativos cartórios da história brasileira", na definição de Luiz Felipe de Alencastro: a concessão perpétua, por parte da Câmara, do monopólio da pesagem e do armazenamento de todo o açúcar ex-

O PADRE ETERNO

portado pelo porto do Rio de Janeiro. O privilégio permaneceria em poder da família Sá por dois séculos, até 1850, quando o governo imperial retomou a concessão mediante o pagamento de uma gorda indenização aos herdeiros do governador.[4]

O grande momento da biografia de Salvador de Sá chegou em 1648. No dia 12 de maio daquele ano, uma força-tarefa sob o seu comando, financiada por negreiros e fazendeiros fluminenses e composta por quinze navios e cerca de 2 mil homens, zarpou da Baía de Guanabara em direção a Angola. O objetivo era recuperar o maior território fornecedor de escravos da África das mãos dos holandeses. "A abertura de uma frente de combate na África, deslocando forças navais e infantaria, [...] quando a maior parte do Nordeste estava ocupada e [...] holandeses ameaçavam a Bahia e o Rio, ilustra espetacularmente o papel-chave desempenhado pelo controle dos mercados de escravos africanos", escreveu Alencastro.[5] Em carta ao governador do Rio de Janeiro, o Conselho Ultramarino reforçava essa posição ao explicar que a defesa dos domínios portugueses no Atlântico Sul dependia "totalmente da vontade e da união do povo" dessa capitania.[6]

Era uma expedição repleta de riscos. Três anos antes, duas flotilhas tinham saído do Brasil para socorrer Angola — ou, pelo menos, os donos de escravos que dependiam do território angolano para obter seus cativos. A primeira, comandada pelo sargento-mor Domingos Lopes Siqueira, partiu da Bahia com duas centenas de soldados. Foi um desastre. Lopes Siqueira caiu numa emboscada na Enseada de Quicombo, ao norte de Benguela. Sua coluna foi destroçada pelos temíveis guerreiros jagas, a essa altura aliados dos holandeses. A outra, sob o comando de Francisco de Souto-Maior, zarpou do Rio de Janeiro com trezentos soldados e algumas dezenas de índios a bordo de cinco navios cedidos por traficantes de escravos. Uma vez mais, a investida fracassou. Souto-Maior foi morto ao chegar a Angola.

Entretanto, do ponto de vista dos negreiros fluminenses, a expedição não foi totalmente perdida: na viagem de volta ao Rio de Janeiro, os navios de guerra improvisados trouxeram 2 mil escravos africanos.

A travessia da frota de Salvador de Sá durou três meses. Em 12 de agosto ancorou em frente ao cais de Luanda e, no dia seguinte, deu um ultimato para que os 250 soldados holandeses se rendessem. Diante da resistência, Salvador de Sá decidiu atacar. Na primeira investida, em 17 de agosto, perdeu 150 homens e foi obrigado a recuar. A posição brasileira parecia precária, uma vez que outros duzentos combatentes haviam perecido no naufrágio de um dos navios da esquadra. Para surpresa geral, algumas horas mais tarde, os holandeses, percebendo a inutilidade de sua defesa, hastearam a bandeira branca e se renderam.[7] Outros postos ao longo da costa angolana, como Benguela, capitularam sem qualquer resistência. A Ilha de São Tomé, o outro grande entreposto negreiro português até então também ocupado pelos holandeses, foi evacuada assim que chegou a notícia da queda de Luanda.

O passo seguinte foi a realização de uma carnificina no interior de Angola. Brasileiros e portugueses avançaram cerca de 150 quilômetros território adentro, matando, queimando e dizimando tudo que encontravam pela frente. No relato de sua vitória que enviou a Lisboa, Salvador de Sá informou ter mandado seu exército a campo, "degolando grandes quantidades de sobas poderosos", medida que, segundo ele, "facilitou os caminhos e acovardou o gentio", ou seja, os nativos da terra até então aliados ou simpáticos aos holandeses. As tropas de Salvador de Sá "desbarataram muitas aldeias, mataram muita gente e fizeram mais de 7 mil escravos", denunciaram a Roma dois missionários capuchinhos italianos que lá estavam. Assustado, o rei do Congo, dom Garcia II Afonso, cedeu um pedaço do território do seu reino a Portugal. Jinga, a mítica rainha dos guerreiros jagas (tema de outro capítulo deste livro), se rendeu, enquanto Salvador de Sá mantinha sua irmã, a princesa Cambo, como refém. Para cobrir as despesas de sua campanha angolana, Salvador de Sá aumentou em 75% os tributos sobre a exportação de escravos.[8]

Salvador de Sá atribuiu a sua vitória à ajuda dos céus e rebatizou o forte situado no fundo da Baía de Luanda, que guarnecia a entrada do porto da capital angolana e até então estivera ocupado pelos holandeses. O local passou a se chamar Fortaleza de São Miguel, em homenagem ao arcanjo homônimo, nome que se mantém até hoje. De olho nos interesses dos senhores de engenho e donos de escravos, o Brasil se manteve, desse momento em diante, como guardião da estabilidade de Angola e de outros mercados fornecedores de cativos. Entre 1680 e 1810, mais de dez governadores de Angola ocupariam em seguida cargos equivalentes no Brasil. "Esse relacionamento tinha um forte componente militar", observou o historiador Roquinaldo Ferreira. "A retomada de Luanda por uma flotilha despachada do Rio de Janeiro demonstrava a importância estratégica de Angola no sistema escravista do Atlântico Sul".[9]

Em Benguela, o porto negreiro situado mais ao sul de Luanda e relativamente autônomo em relação à capital, os laços com o Brasil também se estreitaram ainda mais. Ali, segundo pesquisas da historiadora Mariana Candido, tornou-se hábito nomear administradores que antes tinham passado por cargos similares em terras brasileiras. João Pereira do Lago, sargento em Benguela em 1688, tinha exercido o mesmo posto na Bahia durante cinco anos. Ângelo da Cruz serviu em Luanda, Rio de Janeiro e Mazagão, no atual Marrocos, onde, segundo relato da época, tinha "matado muitos mouros". Manoel de Nojosa, nomeado capitão-mor, a mais alta autoridade de Benguela, em 1685, tinha igualmente passado antes por Pernambuco, onde

ESCRAVIDÃO VOL. I

participara dos conflitos que resultaram na expulsão dos holandeses. Em seguida, retornou ao Brasil e, a partir da Bahia, tomou parte de várias expedições contra o Quilombo dos Palmares, a mais importante comunidade de escravos fugitivos do período colonial, no interior do atual estado de Alagoas.[10]

Depois da trágica Batalha de Ambuíla, o Congo deixara de ser um reino centralizado, mas chefes políticos regionais ainda resistiam ao domínio português. Um deles, Estevão I da Silva, conde do Soyo, matou quinhentos portugueses e guerreiros nativos na Batalha de Kitombo, em 1670. O socorro, uma vez mais, veio do Brasil, com tropas despachadas de Pernambuco. Em Lisboa, Feliciano Dourado, membro do Conselho Ultramarino, endossava a decisão martelando a mesma tecla já tão tocada na época: "O Brasil sem Angola não se pode sustentar".[11]

Após a extraordinária campanha militar brasileira em Angola, onde foi governador entre 1648 e 1652, Salvador de Sá passou uma temporada em Portugal e retornou ao Rio de Janeiro com o poder e o prestígio mais elevados do que nunca. Foi nessa época que teve a ideia de construir o gigantesco galeão *Padre eterno* nos estaleiros na Baía de Guanabara. Em 1659, recebeu o cargo de governador de todas as "capitanias do Sul", o que, na prática o transformava num novo vice-rei na América Portuguesa, com independência em relação ao governo da Bahia e total autonomia para administrar um território equivalente a quase metade do Brasil na época. Seu objetivo dessa vez era encontrar as lendárias minas de ouro, diamantes e esmeraldas que, desde tempos imemoriais, acreditava-se existirem no interior brasileiro. Seu filho, João Correia de Sá, foi um dos bandeirantes que, na segunda metade do século XVII, se embrenharam nos sertões de Minas Gerais em busca de pedras e metais preciosos.

O destino de Salvador de Sá, no entanto, passaria por alguns sobressaltos nos anos seguintes. Em 1660, oito anos

O PADRE ETERNO

após o seu retorno da África, algumas das famílias mais influentes do Rio de Janeiro rebelaram-se contra ele, que naquele período estava fora da cidade. Seu tio, Tomas Correia Vasques, ocupante provisório do cargo de governador, foi deposto e feito prisioneiro. Os rebeldes acusavam Salvador de Sá e sua família de diversos crimes, incluindo a morte de um adversário político, Francisco da Costa Barros. A resposta do governador foi fulminante. Assim que retornou à capital, mobilizou seus escravos, capturou os adversários e, após um julgamento sumário, executou um dos líderes, Jerônimo Barbalho, decisão considerada drástica demais pela Coroa portuguesa, que o removeu do posto.[12]

Um novo solavanco no poder e no prestigio de Salvador de Sá ocorreria em dezembro de 1667 devido às reviravoltas políticas em Lisboa. Um golpe de Estado depôs o rei Afonso VI. No mês seguinte, seu irmão, o príncipe dom Pedro, quinto filho de dom João IV, assumiu a regência até 1683, quando seria coroado dom Pedro II de Portugal. Salvador de Sá, aliado de Afonso VI, caiu em desgraça na corte. Destituído de suas funções, foi condenado ao degredo na África — a mesma África que ajudara a libertar das mãos dos holandeses — pena comutada de última hora, devido à intervenção dos jesuítas, e trocada por internação em um convento de Lisboa. Quatro anos mais tarde, reabilitado, assumiu novamente sua cadeira no Conselho Ultramarino — o mesmo órgão até então encarregado de apurar as denúncias contra ele. Tudo isso em razão dos "bons serviços" que, aos olhos da Coroa portuguesa, prestara nas suas idas e vindas entre o Brasil, a África e a metrópole.

O melhor, porém, ainda estava por vir. Em 1676, doze antes da morte de Salvador de Sá em Lisboa, um donativo régio concedeu a sua família uma gigantesca fatia do território brasileiro. Estendia-se do litoral de São Paulo até o rio da Prata, no atual

381

Uruguai, que avançava trinta léguas (cerca de 150 quilômetros) continente adentro, da linha da praia até as vizinhanças das atuais cidades de Ponta Grossa, no Paraná; Lages, em Santa Catarina; e Bento Gonçalves, no Rio Grande do Sul. Essas terras nunca foram efetivamente ocupadas na sua totalidade, ainda assim, formavam a maior fazenda do Brasil desde a época das Capitanias Hereditárias.

26. O DESTINO DE CATARINA

UMA MULHER FEITA DE BRONZE, cabelos desgrenhados, pele escura de tom esverdeado e olhar perdido no horizonte surpreende os raros turistas que se aventuram pelo Passeio dos Heróis do Mar, um espaço pouco frequentado do Parque das Nações, em Lisboa.[1] As mãos, estendidas na altura do tronco, parecem pedir ou oferecer alguma coisa indefinida. Na cabeça, ostenta uma coroa. No pescoço, um colar de contas grossas. Os pés repousam sobre uma cúpula igualmente esverdeada, cujos contornos lembram o globo terrestre. O semblante é nostálgico e melancólico, como se estivesse a contemplar, de longe, a outrora gloriosa foz do Tejo, por onde os portugueses se aventuravam rumo ao mar infinito muitos séculos atrás. O pedestal, em granito negro e polido, ergue-se uma centena de metros abaixo da movimentada ponte Vasco da Gama, diante das águas barrentas do rio Tejo, que nesse ponto os lisboetas chamam de Mar da Palha, embora o oceano propriamente dito ainda esteja cerca de vinte quilômetros a oeste dali. Uma placa de fundo azul, fincada no solo de pedras avermelhadas, identifica a mulher: Catarina de Bragança, rainha de Portugal e da Inglaterra.[2]

À primeira vista, seria apenas mais uma entre milhares de outras estátuas espalhadas por ruas, praças e parques ao redor do mundo. Essa, no entanto, tem uma história polêmica e conturbada, embora pouco conhecida: a Catarina de Bragança do Parque das Nações é uma rainha sem-teto. Foi parar ali porque ninguém mais a queria em parte alguma. Originalmente, em vez de plantada na ribeira do Tejo, a estátua deveria estar do outro lado do Oceano Atlântico, a milhares de quilômetros de Lisboa, de frente para outro rio, o East River, que banha a Ilha de Manhattan, nos Estados Unidos.[3] Teria proporções muito maiores do que as atuais, de aproximadamente quatro metros de altura. Mediria, da base ao topo da cabeça, cerca de doze metros. Somados ao pedestal, equivaleriam à metade da imagem do Cristo Redentor, no Rio de Janeiro. Entre os monumentos mais altos de Nova York, perderia apenas para a Estátua da Liberdade, com seus 94 metros.

Eram esses os planos de seus idealizadores originais, membros da rica e influente comunidade portuguesa dos Estados Unidos. Foram eles que, na década de 1980, imaginaram celebrar a memória da rainha com um monumento no bairro do Queens, vizinho do Brooklyn, situado entre a Ilha de Manhattan e o aeroporto John F. Kennedy. A estátua seria colocada na margem do East River oposta ao prédio da onu, a Organização das Nações Unidas. A escolha desse local deveu-se ao fato de o Queens ter seu nome ligado à biografia de Catarina de Bragança, a portuguesa que no século XVII se casou com o rei Charles II da casa de Stuart e levou o hábito de beber chá para a Inglaterra. Nessa época, os britânicos tomaram a região de Manhattan dos holandeses e a rebatizaram, mudando seu nome de Nova Amsterdã para Nova York, em tributo ao duque de York, futuro rei James II, responsável pela conquista. A margem esquerda do East River passou a ser chamada de *Queen's County* — o "Condado da Rainha", em respeito à então rainha-consorte Catarina de Bragança.

O DESTINO DE CATARINA

Hoje, mais de três séculos após esses dramáticos acontecimentos, o bairro do Queens é um dos locais de maior diversidade étnica dos Estados Unidos. Além de abrigar uma numerosa comunidade negra, reúne imigrantes e descendentes de mais de 120 nacionalidades, incluindo, especialmente, milhares de portugueses, responsáveis pela coleta dos fundos destinados à construção da estátua. Os planos, porém, jamais se concretizaram. Os organizadores da homenagem chegaram a coletar cerca de 3,5 milhões de dólares e conseguiram aprovar junto às autoridades municipais do Queens o projeto de um bulevar arborizado em forma de semicírculo na margem do rio, no centro do qual se construiria uma praça com o monumento à rainha. Entretanto, não puderam ir muito além disso. Contratada para fazer a obra, a artista plástica norte-americana Audrey Flack passou quase uma década desenhando dezenas de pequenos modelos em seu estúdio. Em 1998, finalmente, um molde de argila em tamanho real foi enviado à fundição. A estátua, em bronze maciço, já estava parcialmente pronta quando uma ruidosa polêmica irrompeu em Nova York acerca do papel de Catarina de Bragança no tráfico de escravos.

Ativistas do movimento negro norte-americano, historiadores, intelectuais e representantes de organizações sociais se opuseram ao projeto, alegando que a rainha tinha se beneficiado da escravidão e não merecia ser homenageada. Marchas de protesto foram organizadas nos arredores das obras, que uma das líderes do movimento, Betty Dopson, dizia estarem "manchadas pelo sangue de milhões de africanos". Nas passeatas, que receberam grande cobertura das emissoras de televisão, os manifestantes levaram faixas e distintivos na lapela com os dizeres "Rainha da Escravidão".

Os defensores do projeto contra-argumentaram, alegando que Catarina de Bragança nunca fora dona de escravos. A acusação de envolvimento com o tráfico negreiro seria, portanto, injusta com sua memória. "A rainha não era uma má pessoa", defendeu Audrey Flack, a autora da polêmica estátua. "Pesquisei muito sobre sua vida e jamais faria um trabalho como esse se ela fosse uma pessoa ruim. Em seu testamento, ela deixou dinheiro para libertar escravos." Foi inútil. Assustado com o alarido da campanha e a repercussão nos meios de comunicação, o conselho municipal retirou seu apoio ao projeto. Inacabada, a estátua ficou guardada por muitos anos num depósito antes de ser derretida e arrematada como sucata.[4] Foi quando alguém teve a ideia de fabricar a versão em escala reduzida da obra, que, levada de navio para Lisboa, hoje adorna o Passeio dos Heróis do Mar no Parque das Nações. Um segundo modelo, também de pequenas dimensões, foi adquirido pelo Allan Memorial Art Museum, administrado pelo Oberlin College, no estado norte-americano de Ohio.

Catarina de Bragança nasceu no Palácio de Vila Viçosa, no distrito de Évora, região do Alentejo, em 25 de dezembro de 1638, época da União Ibérica. Dois anos mais tarde, seu pai, o duque de Bragança, se tornaria o herói e protagonista da restauração portuguesa, fundador de uma nova dinastia real. Aclamado soberano com o nome de dom João IV, subiu ao trono em meio a grandes ameaças e perigos. No Oriente, o outrora glorioso Império Português havia sido destroçado pelos holandeses, que também ocupavam o Nordeste brasileiro e atacavam os entrepostos do tráfico de escravos na África. Sob assédio de tropas espanholas, a própria independência do país na Europa era incerta. Foi nesse clima que a Coroa portuguesa passou a procurar aliados que a protegessem de seus inimigos. A candidata natural seria a Inglaterra, emergente potência marítima e igualmente adversária da Holanda e da Espanha. A tão sonhada aliança, fundamental para o futuro do país e da monarquia lusitana, foi longamente negociada e só se concretizou quando dom João IV já estava morto.

O DESTINO DE CATARINA

Pelos termos do acordo, assinado em 1661 por Luísa de Gusmão, viúva do rei falecido e regente do trono na época, Catarina de Bragança se casaria com o rei Carlos II da Casa de Stuart da Inglaterra. Os ingleses se comprometeram a manter tropas e navios em Portugal e a proteger o reino contra seus adversários no continente europeu. Como resultado, no mesmo ano foi assinado o tratado de paz que colocou fim à longa e desgastante guerra contra os holandeses das Províncias Unidas. Em 1668, a Espanha finalmente reconheceu a independência de Portugal.[5] A aliança, porém, custou caro aos brios e aos cofres portugueses. O dote da princesa previa a transferência para a Inglaterra de dois de seus mais valiosos territórios ultramarinos: Bombaim, na Índia, e Tânger, no Marrocos. Incluía também o pagamento de 2 milhões de cruzados, o equivalente a cerca de 330 mil libras esterlinas na época, que, em valores de hoje, representariam aproximadamente treze toneladas de ouro ou meio bilhão de dólares. Com os cofres portugueses exauridos pela longa guerra contra os holandeses e espanhóis, foi necessário fazer uma coleta pública de recursos, incluindo a doação de joias, pratarias e objetos de ouro das igrejas. Fazendeiros e senhores de engenho do Brasil foram chamados a contribuir com taxas e impostos extraordinários. Um dos tributos cobrados pela Coroa sobre a transmissão de imóveis, chamado de Sisa, dobrou em um curto período de dois anos. As contribuições do Brasil corresponderam a mais de um terço do total arrecadado.[6]

A princesa, na época com 24 anos, partiu para a Inglaterra em 1662. Até então, levara uma vida reclusa num convento, aos cuidados de freiras que se encarregaram de sua educação e só a deixavam sair em ocasiões especiais. Conhecia pouco do mundo e não sabia falar uma única palavra em inglês. Foi recebida com desconfiança e desdém na corte londrina. Era uma princesa católica num país de protestantes e anglicanos, adversários do papa de Roma. Nessa condição, foi alvo de inúmeras intrigas e conspirações. Numa delas, em 1678, foi formalmente acusada (mas logo absolvida) de participar de uma conspiração para matar o marido. Para piorar a situação, nunca conseguiu engravidar de Charles II — que, por sua vez, teve cerca de quinze filhos bastardos com diversas amantes. Preocupado com o futuro da monarquia, o parlamento chegou a oferecer meio milhão de libras ao rei para que se divorciasse de Catarina.

Mesmo às voltas com tantas dificuldades, Catarina foi responsável por grandes transformações nos hábitos e costumes britânicos. A mais importante delas foi a introdução do consumo de chá na Inglaterra, uma das tradições mais conhecidas e sagradas dos ingleses. Dono de imensos territórios no Oriente, Portugal era, nessa época, um grande importador e consumidor de chá — produto que os ingleses até então praticamente desconheciam. Catarina de Bragança apresentou a nova bebida aos salões da nobreza em Londres, mas deve-se a outra personalidade, Ana Maria Russell, duquesa de Bedford, o mérito de transformá-la numa tradição: o hábito de tomá-lo todos os dias religiosamente às cinco horas da tarde.

Amiga íntima da rainha Vitória, de quem foi camareira entre 1837 e 1841, Ana Maria reclamava do longo intervalo de tempo entre o almoço e o jantar nos salões da corte, período em que dizia sentir fome. Por essa razão, passou a reunir as amigas no final da tarde para um pequeno lanche composto de tortas, sanduíches e uma xícara de chá com leite e açúcar. Deu assim início à tradição do chá das cinco entre os britânicos. Atualmente, cada habitante do Reino Unido consome, em média, novecentas xícaras de chá por ano, o que resulta num consumo total de sessenta bilhões de xícaras anuais em todo o país.[7] Também atribui-se a Catarina de Bragança a invenção de outra instituição nacional britânica, o *muffin*, que em algumas regiões brasileiras é conhecido como

O DESTINO DE CATARINA

"bolo inglês". De acordo com a receita original, era redondo, com um buraco no meio, no formato de uma coroa real, e preparado com farinha de trigo, ovos, manteiga, diferentes essências e coberto com uma calda de açúcar.

Segundo testemunhas da época, Catarina de Bragança teria sido uma alma caridosa, empenhada em apoiar e defender os menos favorecidos. A história do seu envolvimento com a escravidão, no entanto, é bem conhecida e documentada. Um terço do seu gigantesco dote de casamento fora arrecadado entre senhores de engenho, traficantes e donos de escravos, no Brasil e em Portugal. Seu pai, dom João IV, tinha entre seus negócios a reprodução sistemática de escravos no Palácio Ducal de Vila Viçosa. As crianças nascidas desse modo eram logo separadas das mães e vendidas a preços entre trinta e quarenta escudos por cabeça, segundo o depoimento do italiano Giambattista Venturino, que visitou o local em 1571.[8] Embora nunca tenha sido proprietária direta de cativos, Catarina também foi uma das principais acionistas da Company of Royal Adventures Trading to Africa (mais tarde rebatizada e mais conhecida pela sigla RAC), companhia privada criada em 1660 que, segundo seus estatutos, teria o monopólio do tráfico de escravos na Inglaterra. Seu nome aparece entre os fundadores da empresa, ao lado de outros expoentes da nobreza britânica da época, como o seu próprio marido, Charles II, e o cunhado, o duque de York, que, anos mais tarde, seria o conquistador de Manhattan e responsável pela denominação do *Queen's County* em sua homenagem.[9]

Após o falecimento do marido, em 1685, Catarina viveu mais nove anos na Inglaterra e retornou a Portugal, onde por duas vezes ocupou a regência do reino na ausência do rei Pedro II. Faleceu em 1705 e foi sepultada no Mosteiro dos Jerónimos, em Lisboa. Atualmente, seus restos mortais estão no mausoléu real da igreja de São Vicente de Fora, nas vizinhanças do Castelo de São Jorge e das ladeiras do bairro boêmio de Alfama. A morte, porém, não a livrou dos tormentos que enfrentou em vida.

A campanha contra sua estátua em Nova York foi uma das primeiras e mais bem-sucedidas manifestações de um movimento hoje chamado de "politicamente correto", que tem procurado reescrever a história de acordo com valores, comportamentos e parâmetros contemporâneos, sem levar em conta as nuances e circunstâncias do passado. Na mesma época, foi deflagrada a intensa campanha pela remoção do monumento a Cristóvão Colombo situado no Columbus Circle, no centro de Nova York. Nesse caso, os manifestantes acusavam o descobridor da América de ser o responsável tanto pelo genocídio da população nativa do Novo Mundo como pelo início da escravidão africana no Atlântico. Nesse caso, porém, as autoridades conseguiram resistir às pressões e a estátua de Colombo continua em pé até hoje, para deleite das legiões de turistas que a visitam todos os dias.

Curiosamente, alguns anos após o bem-sucedido boicote ao monumento de Catarina de Bragança nos Estados Unidos, o furacão politicamente correto acabaria chegando também a Portugal, onde hoje seus adeptos têm se empenhado em contestar monumentos e outras iniciativas que, no seu entender, celebram personalidades históricas relacionadas à escravidão. Um exemplo foi o protesto contra a inauguração, em 2017, de uma estátua do missionário jesuíta Antônio Vieira em frente à Santa Casa de Misericórdia de Lisboa. Uma vez mais, os manifestantes alegavam que Vieira, mesmo se opondo ao cativeiro dos indígenas no Brasil, tinha sido defensor da escravidão africana.

O monumento a Vieira continuou de pé, mas em outro episódio mais recente, um grupo de cem historiadores e cientistas sociais — incluindo alguns brasileiros — publicou uma carta no jornal *Expresso* condenando o uso da palavra "descobrimentos" na denominação de um novo museu proposto pela administração de Lisboa. Alegavam que "descobrimento" seria uma palavra inadequada para descrever o que os portugueses fizeram entre os séculos XIV e XVI, cujo resultado foi a ocupação de territórios que já tinham dono e a escravização ou o aniquilamento de seus habitantes. Assim sendo, mais correto seria usar expressões como "invasão", "conquista" ou até mesmo, para os militantes mais radicais, "genocídio". Em um artigo publicado no jornal *Observador*, o historiador Luiz Filipe Thomaz discordou dos colegas. "Os portugueses não inauguraram o Paraíso na Terra, mas deram origem ao mundo moderno tal como o temos, com os defeitos e virtudes inerentes a toda a construção humana", argumentou. Portanto, não haveria problema algum em batizar o "Museu dos Descobrimentos" como "Museu dos Descobrimentos".[10]

O encolhimento de sua estátua e o exílio nas margens do Tejo foram o preço que Catarina de Bragança pagou tardiamente pelas atitudes e pelo papel que desempenhou durante a vida. Engolfada pela polêmica, Catarina acabou submetida a um severo julgamento, seguido de uma duríssima sentença, que provavelmente teria surpreendido e revoltado seus contemporâneos de quatro séculos atrás. Sua história é também um testemunho de que, mesmo formalmente abolida em todo o mundo ocidental ao longo do século XIX, a escravidão continua ainda viva — e cobrando um alto custo pelo seu legado entre as gerações passadas, atuais e futuras.

Destino bem diferente teve outra rainha, contemporânea de Catarina de Bragança, cuja estátua se pode hoje contemplar em Luanda, capital de Angola, como se verá no próximo capítulo.

27. O DESTINO DE JINGA

Diante das muralhas da Fortaleza de São Miguel, atual Museu das Forças Armadas de Luanda, a estátua de uma mulher contempla as praias e rochedos que se perdem no horizonte do litoral sul de Angola. A seus pés desdobram-se o trânsito caótico e o relevo da Cidade Baixa, cuja arquitetura é um exemplo do choque de modernidade na África deste início de século xxi. Edifícios moderníssimos, de aço escovado e fachadas de vidro que reluzem ao sol poente, erguidos pelo dinheiro farto do petróleo que alimenta a corrupção endêmica no país, convivem com os prédios simplórios ainda da época da colonização portuguesa, hoje invadidos e transformados em favelas verticais, por cujas paredes escorrem línguas negras de esgoto sem tratamento. A mulher de metal que tudo observa e vigia tem proporções gigantescas. Com cerca de dez metros de altura, postada sobre um bloco de granito, fisionomia severa e determinada, empunha na mão direita um machado de ferro. É uma obra típica do realismo socialista da antiga União Soviética, aliada do Movimento Popular de Libertação de Angola (mpla), que em 1975, ano da independência do país, assumiu o poder em meio a uma das mais longas e sangrentas guerras civis africanas.

Nenhum outro personagem da história da escravidão provocou tanto a imaginação e as fantasias da civilização ocidental quanto Ana de Sousa, nome português e cristão da rainha Jinga,[1] hoje homenageada no monumento de Luanda. Foi essa a mulher corajosa e irreverente, hábil guerreira, que durante toda a primeira metade do século XVI desafiou o poder e as armas do rei de Portugal. Seus feitos extraordinários transformaram-na num mito poderoso que persiste até nossos dias. Na África, virou heroína de um movimento comunista, o MPLA, figura patriótica, defensora da liberdade e dos direitos do seu povo, em eterna luta contra a opressão dos colonizadores europeus. No Brasil, é celebrada em manifestações populares e festas negras, como as rodas de capoeira, as congadas e o maracatu. Nos Estados Unidos, foi adotada como símbolo do movimento feminista. Inspirou inúmeros livros, filmes, peças teatrais, letras de samba e reggae.

Mito e realidade se confundem na história de Jinga. Acredita-se que ela seria filha de uma escrava com Jinga Mbandi, oitavo angola do Reino do Andongo. No ano de seu nascimento, 1582, a guerra dos portugueses contra os chefes africanos se alastrava de forma incontrolável pelo interior de Angola. O pai teria sido assassinado pelos próprios vassalos em meio a uma onda de conspirações e traições que assolava o reino. Em seu lugar, assumiu o herdeiro mais velho, o angola Mbandi, que, para se sentir seguro no trono, mandou matar a madrasta, um irmão e um sobrinho, filho de sua irmã Jinga. Em 1617, o clima de tensão e instabilidade aumentou quando o novo governador colonial Luís Mendes de Vasconcelos invadiu o Reino do Andongo e mandou construir o Forte de Ambaca (na época chamado de presídio), situada a poucos quilômetros de Cabaça, sede do reino africano. Era parte da estratégia portuguesa de expandir o comércio de escravos nas regiões ainda pouco exploradas do interior. Acuado, o angola se refugiou numa ilha do rio Kwanza. Ali permaneceu até que, em 1622, um novo governador, João Correia de Sousa, propôs ao soberano negociações de paz, uma vez que a guerra ameaçava paralisar o tráfico negreiro. É nesse momento que Jinga faz sua primeira aparição nos livros de história.

Em vez de participar pessoalmente das negociações propostas pelo governador, o angola Mbandi mandou ao seu encontro uma representação chefiada pela irmã. O desempenho de Jinga impressionou a todos. Ela se apresentou em Luanda, coberta de joias e tecidos caros, à frente de uma numerosa comitiva. Os portugueses receberam-na com tropas perfiladas e salvas de mosquetes. No dia marcado para a audiência, sempre acompanhada do seu séquito, dirigiu-se mais cedo à casa do governador. Queria inspecionar o ambiente e certificar-se de que seria mesmo acolhida com todo o respeito e consideração pelos europeus. Entretanto, ao entrar na sala, ainda vazia, percebeu que ali havia apenas uma única poltrona com duas almofadas de veludo franjadas a ouro sobre um tapete. Estava destinada a Correia de Sousa que, ao chegar em seguida, não lhe ofereceu outra cadeira. Irritada, Jinga imediatamente chamou uma de suas criadas e ordenou que se abaixasse com os joelhos dobrados e as mãos no chão. Em seguida, sentou-se sobre suas costas, como se a outra mulher fosse uma poltrona viva. E assim negociou, de igual para igual, com o representante da Coroa portuguesa. Na despedida, o governador, reparando que a criada ainda se mantinha no chão, teria perguntado à altiva princesa por que não a mandava se levantar. Ao que Jinga teria respondido: "Já não preciso dela, nunca me sento duas vezes na mesma cadeira!".

Apesar do contratempo, essa primeira rodada de negociações pareceu bem-sucedida aos portugueses. Jinga retornou a sua terra formalmente convertida ao catolicismo, batizada como Ana de Sousa, tendo como padrinho o próprio governador Correia de Sousa. Selou-se também um acordo pelo qual as autoridades coloniais prometiam libertar os sobas prisioneiros e retirar-se da fortificação de Ambaca, que os africanos consideravam excessivamente próxima ao seu reino. Em troca, teriam livre trânsito no território do Andongo, o direito de reativar as feiras de escravos no interior do território e ajuda militar contra inimigos comuns. Por fim, acordaram a restituição recíproca de cativos foragidos.

Nenhuma das promessas foi cumprida, de ambos os lados. E, menos de dois anos depois da fabulosa audiência em Luanda, Jinga reapareceu como senhora absoluta do Reino do Andongo. Segundo rumores da época, ela teria mandado envenenar o irmão para tomar-lhe o trono e renegara o nome de Ana de Sousa e o batismo católico, voltando a praticar a religião de seus antepassados. Também fizera uma aliança com os temidos guerreiros jagas. E foi essa mulher poderosa e destemida que desafiou militarmente o novo governador, Fernão de Sousa, a partir de 1624. Em vez de enfrentá-la de imediato no campo de batalha, os portugueses tentaram inicialmente um golpe de Estado contra Jinga apoiando um de seus rivais, Ari Quiluanje. Porém, antes que o golpe se consumasse, Jinga atacou-os na calada da noite, matando um capitão e dois soldados. Lisboa mandou reforços, sob o comando de Bento Banha Cardoso, militar experiente nas guerras angolanas, nas quais havia perdido um olho e dois dedos — que, no entanto, morreu logo ao chegar a Luanda, sem travar nenhuma batalha contra a rainha.

Jinga passou a comandar um conflito de guerrilhas com as autoridades coloniais, atacando os agentes do tráfico (os pombeiros) e seus comboios de escravos (os libambos) que seguiam do interior para o litoral, prejudicando, assim, a principal atividade econômica dos portugueses. Incorporou os cativos roubados aos seus exércitos e passou a dominar uma ampla região, à qual os portugueses não tinham mais acesso. Ao longo de quinze anos de guerra, a rainha foi se tornando cada vez mais poderosa. Admirados com o seu desempenho, diferentes grupos juntaram-se a ela. Em alguns momentos, seu exército teria reunido mais de 80 mil guerreiros. Num dos confrontos, ocorrido na região de Canguela em 26 de maio de 1629, deixou os adversários atônitos ao descer de um penhasco altíssimo, contra o qual estava encurralada, usando cipós para chegar ao fundo do vale. Incapazes de derrotá-la pelas armas, os portugueses raptaram suas duas irmãs, Cambo e Funji, e um grande número de sobas que a apoiavam. As irmãs da rainha foram entregues à guarda da mulher do capitão-mor, em Luanda, que as rebatizou com os nomes cristãos de Bárbara e Graça.

Por volta de 1630, Jinga ocupou o Reino da Matamba que, junto com o vizinho Reino de Cassanje, dominado pelos jagas, seria a principal região fornecedora de escravos no interior de Angola durante todo o século XVII.[2] A rainha passou a governar os povos ambundo e jaga, adotando costumes de ambos. Ela administrava seus domínios com dois conselhos, um religioso e outro secular, composto por nove membros, sendo o cargo mais alto ocupado pelo principal chefe guerreiro. Entre os símbolos de poder, carregava sempre consigo uma urna com os ossos do irmão assassinado.[3]

Foi na condição de rainha da Matamba que ela soube da ocupação de Angola pelos holandeses. Na manhã de 24 de agosto de 1641, 21 navios com três mil homens, despachados de Pernambuco por Maurício de Nassau, ancoraram diante de Luanda e, em menos de 48 horas, expulsaram os portugueses.[*] Jinga en-

---

[*] Os holandeses ocuparam somente Luanda, Benguela e partes de Angola que os portugueses consideravam como sua propriedade.

xergou ali a oportunidade de estabelecer uma nova aliança para minar a presença portuguesa na região. Ofereceu ajuda aos invasores e, juntos, organizaram uma nova e importante rota de tráfico de escravos que conectava Luanda (sob controle holandês) ao interior Angola. Foram mais sete anos de lutas contra os portugueses, enquanto durou a ocupação holandesa. Na retomada de Angola, Jinga encastelou-se novamente em Matamba, o coração do seu território, de onde manteve uma aguerrida resistência a Portugal.

Os atos de bravura e o estilo de vida da rainha Jinga impressionavam todos os europeus que com ela entraram em contato. Um deles, o missionário napolitano Antonio de Gaeta, comparou-a a Cleópatra, rainha do Egito. Segundo ele, Jinga vestia finos tecidos africanos, e também sedas, veludos e brocados vindos da Europa. Cobria-se de joias e adereços de ouro, prata, cobre, ferro e corais. Tinha sempre uma coroa na cabeça, mas andava descalça. Bebia vinho licoroso e fumava muito. Gostava de jogar, mas se ganhasse, doava o prêmio aos perdedores. Teria tido mais de cinquenta amantes de uma só vez. A certa altura, decidiu que não seria mais chamada de rainha, mas sim de rei. Passou a vestir-se como homem e exigia que os amantes trajassem roupas femininas.

As impressões do missionário foram confirmadas por Olfert Dapper, militar que os holandeses destacaram para protegê--la durante o período de ocupação de Angola, que a descreveu da seguinte forma:

> Esta princesa viveu mais de sessenta anos [...]. Tinha uma coragem tão de macho, que costumava fazer da guerra um divertimento, e conseguia seduzir de tal modo os escravos dos portugueses, que estes acabavam por fugir em grandes bandos. Era de um humor feroz e bárbaro, odiando mor-

talmente os portugueses, a quem não dava nenhuma chance, vivendo à maneira dos jagas em tendas de campanha. Antes de iniciar uma expedição militar, sacrificava vítimas humanas, para saber de antemão o sucesso que teria. Para celebrar esta horrível festa, vestia roupas de homem, suntuosas à sua maneira, rodeada de peles de animais [...]. Trazia um punhal pendurado ao pescoço e um machado à cintura. Tendo na mão um arco e flechas, dançava ao som de dois sinos de ferro com tanta agilidade como um homem jovem.[4]

Aventuras e relatos tão extraordinários poderiam sugerir que Jinga fosse apenas mais uma das muitas lendárias e fictícias rainhas africanas que povoavam a imaginação dos europeus. Há, porém, documentos mais do que suficientes sobre ela, entre os quais numerosas cartas de sua autoria, o que na época era raríssimo para uma mulher em qualquer parte do mundo, e mais ainda na África. Ela teria aprendido a ler e escrever, já adulta, com a ajuda de frades italianos. Na correspondência com os portugueses, Jinga sempre se identificava como Ana de Sousa, seu nome cristão, mesmo depois de renegar a nova religião e voltar aos seus antigos costumes. Nas cartas, insistia para que Portugal cumprisse as suas promessas e devolvesse alguns de seus sobas feitos escravos.

Em 1656, Jinga desnorteou uma vez mais os portugueses ao lhes propor um tratado de paz definitivo. A rainha queria também voltar ao seio da Igreja Católica. Dizia-se velha e cansada das guerras. Pelo acordo, assinado em 12 de outubro de 1657, cedia aos portugueses duzentos escravos do seu reino em troca da libertação da irmã, a princesa Cambo (ou Bárbara). No ano seguinte, Jinga acolheu em Matamba um grupo de capuchinhos italianos. Um deles, frei Giovanni Antonio Cavazzi, nascido na aldeia Montecúccolo, na região de Bolonha, acabaria por escrever sua primeira e mais conhecida biografia.

Nos seus últimos oito anos de vida, comportou-se como uma pacífica e devota católica. Nesse período, permitiu que em seu reino fossem introduzidos a escrita, novas técnicas agrícolas e estilos de vida europeus e cristãos. Desse modo, os missionários puderam penetrar no continente africano. Em 1657, Jinga enviou uma carta ao papa Alexandre VIII descrevendo as atividades pastorais realizadas no seu território, os batismos dos membros da corte e a construção de igrejas. Também pedia mais missionários para a expansão da fé católica.[5]

Para a Igreja, Jinga era um símbolo de uma África que julgavam uma terra selvagem, cruel e imoral, convertida à religião católica pela ação dos europeus, tornando-se, desse modo, piedosa e a caminho irreversível da salvação. "Jinga havia se transformado no paradigma da barbárie africana, no espectro do caos em que viviam os pagãos ultramarinos", observou o historiador Luiz Felipe de Alencastro. "E os capuchinhos tinham-na trazido de volta ao Reino de Deus."[6] A rainha contribuiu para a construção desse mito. Numa das cartas que escreveu de próprio punho à corte portuguesa na época, fez um mea-culpa do seu passado, prometendo abandonar a vida promíscua e casar-se com um único marido: "Vós sabeis que pelo passado tive um cento de maridos, e isso foi no estilo dos meus antepassados; os outros que tinha era só por grandeza, porém não fazia vida com eles, agora vou casar com um só".

Jinga morreu nos braços de frei Cavazzi no dia 17 de dezembro de 1663, aos 81 anos, depois de receber a extrema-unção, sacramento da Igreja Católica hoje chamado de unção dos enfermos.[7] Foi sepultada na igreja de Santa Ana da Matamba, portando uma coroa de ouro e joias, vestida com o hábito dos capuchinhos e escoltada por doze membros da Irmandade de Nossa

Senhora do Rosário, dois esquadrões de guerreiros jagas, cem músicos e milhares de súditos. Jinga havia também aberto um importante precedente na equação de poder naquela parte da África. Depois dela, os Reinos do Andongo e da Matamba tiveram muitas rainhas: no período de pouco mais de um século que se seguiu à morte de Jinga, as mulheres ocuparam o trono por oitenta anos.[8]

Jinga morreu, mas sua lenda cruzou o Atlântico e renasceu em outro personagem de outra luta contra o domínio português: Zumbi dos Palmares. Como num espelho de duas faces e imagens invertidas, o paralelo entre os dois é impressionante, como se verá nos próximos dois capítulos.

28. PALMARES

"Eles parecem invencíveis!"

Reclamação de moradores de Pernambuco, em 1681, contra os
escravos fugitivos reunidos na Serra da Barriga, atual Alagoas

No dia 26 de fevereiro de 1645, enquanto nos sertões de Angola, do outro lado do Atlântico, a rainha Jinga infernizava a vida dos portugueses, uma expedição militar partia da cidade de Salgados, litoral de Alagoas, e começava a lenta e monótona subida da Serra da Barriga. Dirigia-se ao Quilombo dos Palmares, o maior, mais importante e mais duradouro reduto de escravos fugitivos no Brasil colônia. Seu comandante era um padre que, apesar da batina, carregava a fama de ser um homem violento, cruel e sanguinário. Perito em guerra de emboscadas, o capitão João Blaer, pároco de Vreeswijek, aldeia da província de Utrecht, na Holanda, chegara ao Brasil em 1629, como capelão, no início da ocupação holandesa do Nordeste brasileiro. Naquele mesmo ano de 1645, alguns meses após a marcha contra Palmares, seria preso pelas forças brasileiras de André Vidal de Negreiros num ataque surpresa ao engenho Casa Forte, ocupado pelos holandeses, a uma hora de marcha do Recife. Dias depois, a caminho da cadeia na Bahia, Blaer acabaria assassinado a sangue frio pelos seus carcereiros, como vingança pela "desumanidade" que demonstrara nos combates até então.[1]

Para chegar a Palmares, padre Blaer e seus comandados teriam de vencer uma paisagem íngreme, isolada, pouco conhecida, de difícil acesso. Montanhas escarpadas e desfiladeiros se precipitavam até o fundo de vales protegidos por um "cordão de mata brava", repleto de cipós, estrepes e animais perigosos. "Os espinhos são infinitos, as ladeiras muito precipitadas", queixava-se um relatório da época. Lutava-se contra "a fome do sertão, o inacessível dos montes, o impenetrável dos bosques", segundo outro documento.

O nome Palmares devia-se à abundância de palmeiras de diversas espécies presentes na região. A pindo balançava suas plumas acima das copas frondosas das sapucaias e das embiras. A catolé, de pequeno porte e caule coberto de farpas, dominava o sub-bosque e tornava a caminhada na mata especialmente perigosa. Nas várzeas, alagadas e intransitáveis nos períodos de chuvas torrenciais, estavam as terras mais férteis da então capitania de Pernambuco, irrigadas por uma complexa rede de riachos e rios caudalosos, como o Ipojuca, o Sirinhaém, o Una, o Paraíba, o Camaragibe e o Jacuípe. O solo escuro carregado de húmus (um composto de matéria orgânica) conhecido como massapê era também responsável pela maior concentração de escravos em todo o continente americano. Esses nativos eram forçados a trabalhar de sol a sol e sob a ameaça do chicote nas centenas de engenhos de açúcar que despontavam na Zona da Mata pernambucana, na época sob ocupação dos holandeses.

A expedição de 1645 era apenas mais uma entre dezenas de outras lançadas contra Palmares ao longo de todo o século XVII. E, também dessa vez, a tarefa logo se revelou impossível. Ao se aproximarem do quilombo, Blaer e seus soldados foram surpreendidos pelas táticas de guerrilha empregadas pelos escravos foragidos, típicas das manobras usadas em Angola pelos guerreiros jagas e ingambalas da rainha Jinga contra os portugueses. Quando os holandeses atacavam, os quilombolas recuavam e sumiam na mata sem deixar traço algum de sua presença. Se, porém, paravam para dormir, se refrescar ou comer, eram alvos de saques e assaltos relâmpagos. Armadilhas instaladas no chão da floresta, repletas de varas de madeira pontiagudas e camufladas sob uma cobertura de ramagens e folhas secas podiam surpreendê-los a qualquer momento.

Essa situação desgastante perdurou por pouco mais de um mês. Ao final desse período, já exauridos e sem recursos, os holandeses contentaram-se em destruir apenas um pequeno núcleo do quilombo e recuaram. Os feridos foram abandonados pelo caminho, uma vez que os soldados sobreviventes não tinham forças para carregá-los. O próprio Blaer acabou sendo vítima das dificuldades da campanha. Gravemente enfermo, foi substituído pelo tenente Jurgens Reijimbach, a quem caberia escrever o diário da expedição, hoje um dos documentos mais preciosos e detalhados sobre Palmares.

Alguns trechos do relato de Reijimbach:[2]

A 18 de março ganhamos o cimo de um monte, que era alto e íngreme, e sobre o qual encontramos água para beber; [...] em seguida chegamos ao velho Palmares que os negros haviam deixado desde três anos, abandonando-o por ser um sítio muito insalubre e ali morrerem muitos dos seus; este Palmares tinha meia légua [aproximadamente três quilômetros] de comprido e duas portas; a rua era da largura de uma braça [cerca de dois metros] [...]

ESCRAVIDÃO VOL. I

A 19 pela manhã caminhamos meia milha [oitocentos metros] e chegamos ao outro Palmares, onde [...] quatro holandeses, com brasilienses e tapuias, incendiaram-no em parte, pelo que os negros o abandonaram e mudaram o pouso para dali a sete ou oito milhas [entre onze e treze quilômetros, respectivamente], onde construíram um novo Palmares igual ao que precedentemente haviam habitado. [...]

A 20, depois de caminhar quatro boas milhas [4,5 quilômetros], passando alguns montes e rios [...], encontramos todas as meias horas mocambos feitos pelos negros quando deixaram o velho Palmares pelo novo, situado ao leste e sudeste do primeiro. [...]

Ao amanhecer do dia 21 chegamos à porta ocidental de Palmares, que era dupla e cercada de duas ordens de paliçadas; arrombamo-la e encontramos do lado interior um fosso cheio de estrepes em que caíram ambos nossos cornetas; não ouvimos ruído algum senão o produzido por dois negros, um dos quais prendemos, junto com a mulher e o filho [...]; ainda mataram nossos brasilienses dois ou três negros no pântano vizinho; disseram ainda os negros pegados que seu rei sabia da nossa chegada por ter sido avisado das Alagoas; um dos nossos cornetas, enraivecido por ter caído nos estrepes, cortou a cabeça a uma negra [...].

Este Palmares tinha igualmente meia milha de comprido [...]; as casas eram em número de 220 e no meio delas erguia-se uma igreja, quatro forjas e uma grande casa de conselho; havia entre os habitantes toda a sorte de artífices e o seu rei os governava com severa justiça, não permitindo feiticeiros entre a sua gente; quando diversos negros fugiram, crioulos foram enviados atrás deles, que foram capturados e mortos, de modo que o terror agora reina entre eles, especialmente entre os angola; o rei também tem uma casa distante dali duas milhas [pouco mais de três quilômetros] com uma roça muito abundante, a qual casa fez construir ao saber da nossa vinda, pelo que mandamos um dos nossos sargentos com vinte homens a fim de prendê-lo; mas todos tinham fugido [...].

A 22 pela manhã saiu novamente um sargento com vinte homens a bater o mato, mas apenas conseguiram pegar uma negra coxa chamada Lucrécia [...]; neste dia a nossa gente queimou para mais de sessenta casas nas roças abandonadas; o caminho deste Palmares era margeado de aleias de palmeiras que são de grande préstimo aos negros, porquanto em primeiro lugar fazem com elas as suas casas, em segundo as suas camas, em terceiro abanos com que abanam o fogo, em quarto comem o exterior dos cocos e também os palmitos; dos cocos fazem azeite para comer e igualmente manteiga, que é muito clara e branca, e ainda uma espécie de vinho; nestas árvores pegam uns vermes da grossura dum dedo, os quais comem, pelo que têm em grande estima estas árvores [...].

Este era o Palmares grande de que tanto se fala no Brasil.

A documentação histórica sobre Palmares é relativamente escassa. Inclui diários de campanha militares, como o do capitão Blaer, trocas de cartas entre autoridades coloniais e a Coroa portuguesa, memórias e depoimentos de oficiais, soldados e moradores da região — e tudo sempre do ponto de vista dos brancos. Nada se sabe a partir de depoimentos ou relatos dos próprios quilombolas, o que torna impossível saber com certa precisão quem eram eles, o que pensavam, como agiam ou como se comportavam. Na falta de pistas concretas, muitos aspectos da história do mais famoso quilombo do Brasil permanecem

ESCRAVIDÃO VOL. I

ainda mergulhados nas sombras, a desafiar os historiadores e outros estudiosos do tema.

As incertezas a respeito de Palmares remontam a sua origem. Acredita-se que tenha começado com a fuga de algumas dezenas de escravos de um único engenho no sul de Pernambuco no final do século XVI. De início, seria constituído apenas de homens, que depois passaram a arregimentar mulheres nas vizinhanças por meio de raptos ou convencendo-as a juntarem-se a eles na fuga. O movimento ganhou fôlego durante a guerra entre portugueses e holandeses pelo controle do Nordeste brasileiro — repetindo um padrão observado em outros territórios da América, em que o vácuo de poder resultante de desentendimentos e conflitos entre os brancos estimulava a rebeldia e a fuga dos cativos negros. Em meados do século XVII, Palmares já seria uma confederação de dezoito mocambos espalhados por uma vasta área que se estendia da região do Cabo de Santo Agostinho, ao sul do Recife, até o curso inferior do rio São Francisco, atual divisa de Alagoas com a Bahia. Seu quartel-general funcionaria na localidade de Macaco, nos contrafortes da Serra da Barriga, entre os atuais municípios de União dos Palmares e Viçosa.

Outro enigma no estudo de Palmares diz respeito aos seus costumes e à procedência dos seus habitantes. Há dúvidas de que pertencessem a uma única etnia ou povo na África. Alguns historiadores defenderam a tese de que seria quase uma réplica de um típico reino africano nos sertões de Pernambuco, com características semelhantes ao reino dos jagas de Angola. Isso seria verdade apenas em parte. O mais provável é que sua composição tivesse mudado ao longo dos anos, de acordo com as regiões da África que mais forneciam escravos para o Brasil em determinados períodos. Além de escravos negros, incluía indígenas, brancos foragidos da lei e até mesmo "um mouro (muçulmano árabe ou berbere), que para eles fugiu", segundo registrou, em

1694, o governador Melo e Castro. Em 1644, o holandês Rodolfo Baro aprisionou sete índios e "alguns mulatos menores". Curiosamente, mulatos e índios também compunham quase a totalidade das forças empregadas pelo mesmo Rodolfo Baro nesse ataque ao quilombo.[3]

Há notícias de batuques e danças ao som de tambores, que podiam ser ouvidos a quilômetros de distância, e de rituais religiosos ao estilo tradicional africano. Apesar disso, numa de suas expedições militares, os portugueses encontraram uma Igreja Católica com imagens do Menino Jesus, de Nossa Senhora da Conceição e de São Brás.[4] Relatos como esse sugerem que Palmares foi se transformando e se adaptava às crenças e aos costumes da América Portuguesa num processo muito semelhante ao que sofreram todos os escravos africanos e seus descendentes que chegaram ao Brasil.

Os quilombolas viviam da caça, da pesca e da coleta de frutas — jaca, manga, laranja, lima-da-pérsia, melancia, mamão, coco, banana, goiaba, entre outras, todas muito abundantes na região. Criavam porcos e galinhas. Extraíam e processavam óleo de dendê. Tinham roças para o cultivo de milho, mandioca, feijão, batata-doce e cana-de-açúcar. Das folhas e do tronco das palmeiras construíam choupanas e fabricavam chapéus, esteiras e vassouras. Também da fibra das árvores faziam roupas, agasalhos e tecidos de uso doméstico. Parte desses produtos era vendida ou trocada por armas e munições nas comunidades vizinhas. Teriam desenvolvido ainda alguns ofícios mecânicos, como comprovam as quatro forjas encontradas pelos holandeses em 1645, usadas na fabricação ou no conserto de ferramentas de ferro, como facas, foices e machados, além de pontas de flechas e lanças. Com frequência praticavam roubos e saques nos vilarejos e engenhos vizinhos.

Fugas eram formas de resistência à escravidão bastante comuns em todo continente americano. E eram ainda mais

ESCRAVIDÃO VOL. I

frequentes do que as rebeliões, em geral esmagadas rapidamente e sem piedade pelo sistema escravagista. Ao passar por Salvador em 1676, o francês Gabriel Dellon assustou-se com a quantidade de cativos africanos existentes na Bahia, segundo ele sempre dispostos à rebelião e à fuga devido aos maus-tratos que lhes dispensavam seus donos:

> *Vendidos como animais, são comprados às centenas pelos donos de grandes propriedades, que os submetem ao controle de um capataz — na maioria das vezes, pior do que o próprio senhor. [...] Os maus-tratos [...] obrigam-os por vezes a fugir para o mato e a viver aí pilhando tudo o que encontram pela frente, vingando-se de certo modo dos tormentos que lhes foram impostos.*[5]

A palavra *kilombo*, transcrita para o português como quilombo, vem do quimbundo, um dos idiomas falados em Angola, e originalmente significava acampamento, arraial, união ou cabana. Na região de Cassanje, em Angola, designava também acampamento militar e a sociedade de iniciação dos guerreiros jagas aliados da rainha Jinga. No Brasil, virou sinônimo de reduto de escravos foragidos. Havia centenas deles em todo o país, dos pampas gaúchos às florestas do rio Trombetas, no Pará. Só em Minas Gerais foram registrados pelo menos 160 entre 1710 e 1798.

Nos primeiros trezentos anos do período colonial, esses refúgios geralmente estavam situados em regiões ermas, de difícil acesso, como terrenos alagadiços ou serras cobertas de florestas. No século XIX, porém, muitos deles localizavam-se em regiões próximas dos grandes centros urbanos, caso da Floresta da Tijuca, no Rio de Janeiro, e do bairro do Jabaquara, em São Paulo. Às vezes cultivavam boas relações com os vizinhos. O Quilombo do Barba Negra, no Rio Grande do Sul, na primeira

PALMARES

metade do século XVIII, fornecia mão de obra para os pecuaristas locais durante os períodos de trabalho mais intenso e diversas vezes escapou da destruição porque os moradores preveniram os quilombolas da chegada das autoridades.

O que tornou Palmares diferente de todos os demais quilombos da história da escravidão no Brasil foi a sua dimensão territorial e a extraordinária capacidade de resistência de seus habitantes — o que também os mantém ainda hoje como símbolos da luta dos afro-brasileiros pela liberdade e pelos seus direitos. "Esses negros são robustos e sofredores de todo trabalho, por uso e por natureza", dizia uma carta de 1687. "São muitos em número, e cada vez mais. Não lhes falta destreza nas armas, nem no coração ousadia." Em 1681, um grupo de moradores de Pernambuco reclamou, de forma desanimadora: "As nossas campanhas com os negros de Palmares não tem tido o menor efeito. Eles parecem invencíveis!".[6]

Durante todo o século XVII, a Coroa portuguesa moveu uma perseguição implacável contra o quilombo. Ao todo, foram enviadas dezessete diferentes expedições militares, sendo quinze luso-brasileiras e duas holandesas.[7] No período que precedeu a destruição final do refúgio, entre 1672 e 1694, os quilombolas resistiram a nada menos que um ataque a cada quinze meses. Estima-se que, no total, as operações contra Palmares tenham custado aos cofres portugueses mais de 400 mil cruzados, três vezes o orçamento das oito capitanias brasileiras em 1612.[8] Essa ofensiva tão grande e prolongada ocorreu não porque Palmares fosse um reino poderoso ou apresentasse qualquer ameaça real do ponto de vista militar, mas porque a sua simples existência desmentia e fragilizava os alicerces da própria ordem escravagista do Brasil colonial. Aceitar Palmares significaria admitir que os cativos teriam algum espaço, ainda que precário, de resistência à brutalidade dos seus senhores.

Palmares assustou os moradores e as autoridades da colônia a tal ponto que, em 1608, o governador-geral Diogo de Menezes chegou a propor à Coroa portuguesa o fim da escravidão africana na capitania de Pernambuco, alegando que os quilombolas eram mais difíceis de vencer do que os índios. A sugestão foi rejeitada. Meio século depois, após o fracasso de inúmeras expedições militares, ganhou corpo outra proposta — a de negociação com os rebelados e fugitivos. Entre 1661 e 1664, o governador Brito Freire aventou a possibilidade de alforriar todos os quilombolas em troca do fim dos conflitos.[9] Segundo a política de apaziguamento proposta por ele, os quilombolas e seus descendentes ganhariam a liberdade assim como a posse da terra que habitavam. Em contrapartida, se comprometiam a não aceitar mais nenhum escravo fugido. Os que ali chegassem por seus próprios meios seriam imediatamente devolvidos aos seus senhores. Também essa ideia fracassou e as hostilidades logo recomeçaram.[10]

A essa altura, do ponto de vista dos colonos e da Coroa portuguesa, Palmares tinha de ser aniquilado para que não servisse de exemplo às centenas de milhares de escravos que naquela época já compunham a maioria da população brasileira. Em carta ao rei de Portugal em 2 de julho de 1691, o jesuíta Antônio Vieira alertava que a eventual vitória e continuidade do Quilombo dos Palmares seria "a total destruição do Brasil" porque serviria de mau exemplo para os demais escravos africanos:

> Sendo rebelados e cativos, estão e perseveram em pecado contínuo e total [...]. Conhecendo os demais negros que por este meio tinham conseguido ficar livres, cada cidade, cada vila, cada lugar, cada engenho, seriam logo outros tantos Palmares, fugindo e passando-se aos matos com todo o seu cabedal, que não é outro mais que o próprio corpo.[11]

PALMARES

Em 1678, catorze anos antes da carta de padre Vieira, o capitão-mor Fernando Carrilho havia declarado Palmares oficialmente destruído ao fim de mais cinco meses de combates (a sexta operação militar desde o início daquele século). Na verdade, o quilombo continuava forte e irredutível como sempre fora. Dessa vez, porém, Carrilho retornava da Serra da Barriga com um novo trunfo: suas tropas tinham capturado vários chefes, incluindo alguns filhos, netos e outros parentes de Ganga Zumba, líder supremo dos mocambos confederados nas florestas de Alagoas. O governador Pedro de Almeida decidiu usá-los como reféns para forçar os quilombolas a uma nova rodada de "negociações de paz". Ou seja, eles só seriam libertados mediante determinadas condições. Pressionado, Ganga Zumba aceitou a proposta, que foi contestada por diversos outros chefes, entre eles o seu próprio sobrinho, Zumbi. Dessa forma, estavam plantadas as sementes da discórdia em Palmares, o que levaria ao seu total aniquilamento nas duas décadas seguintes.

Ganga Zumba era filho da princesa Aqualtune e vivia com três mulheres — duas negras e uma mulata. Teria tido quatro ou cinco filhos e dezenas de netos. Dois de seus filhos, Zambi e Acaiene, estavam entre os prisioneiros feitos por Fernando Carrilho em 1677. Segundo um relatório dessa expedição, Ganga-Zumba morava no Mocambo do Macaco, a capital de Palmares, encravada nas encostas da Serra da Barriga. Era protegida por uma cerca de quase cinco quilômetros de extensão, construída com galhos secos, ramagens e troncos de árvores tombadas, e intercalada por armadilhas de estrepes pontiagudos e buracos através dos quais os escravos foragidos faziam disparos de lanças, flechas e espingardas. Esse mocambo, chamado de Cerca Real do Macaco, tinha sido atacado e destruído por sucessivas campanhas militares, mas sempre renascia dos escombros. Ali, Ganga Zumba, que a essa altura já seria um ho-

413

mem idoso, presidia as reuniões do conselho composto pelos chefes dos outros mocambos, incluindo seus sobrinhos Andalaquituche e Zumbi. Também participava dessas reuniões o irmão do rei, Ganga Zona, que, segundo um relatório do governador Pedro de Almeida, era "um maioral dos negros". Zumbi era o "general de armas" do quilombo, ou seja, seu principal comandante militar. Mancava de uma perna, ferida a bala num confronto em 1675.

Na tarde de 18 de junho de 1678, sábado, um enorme alvoroço chamou a atenção dos moradores do Recife. Três filhos de Ganga Zumba, um deles a cavalo "por estar ferido de guerra", entravam na cidade à frente de um grupo de negros "com os seus arcos e flechas, um deles com uma arma de fogo, quase inteiramente nus, com os órgãos genitais cobertos de panos ou de peles", segundo documento da época. Era a comitiva do rei de Palmares incumbida de negociar a paz com os portugueses. Foram recebidos pelo novo governador, Aires de Souza Castro, diante do qual toda a companhia se prostrou batendo palmas, em sinal de vassalagem. As negociações foram mais rápidas e bem-sucedidas do que se imaginava.[12]

Pelo chamado "Acordo do Recife", Ganga Zumba, promovido ao posto de mestre de campo, tornava-se oficialmente vassalo do rei de Portugal e passaria a governar a partir de um território situado na região de Cucaú, na atual divisa de Alagoas com Pernambuco, assistido por dois padres designados pelo governador. Os parentes do rei capturados na expedição de Fernando Carrilho seriam imediatamente libertados. Todos os negros nascidos em Palmares teriam direito à alforria e autorização para continuar a comercializar com os vizinhos do quilombo. No dia 20, uma missa solene, com a presença dos embaixadores negros, foi celebrada na matriz da capital pernambucana em ação de graças pela paz acordada entre as partes.

O tratado de paz assinado no Recife pela embaixada de Ganga Zumba marcou o início de uma nova fase na história de Palmares, a derradeira, mais épica e mais mítica de todas. Zumbi e outros chefes de mocambos recusaram-se a aceitar os termos da negociação. Tinham fortes razões para isso. A tinta usada na assinatura do tratado ainda estava fresca quando o governador Souza e Castro começou a distribuir parte das terras de Palmares para dezesseis pessoas que tinham participado e financiado as campanhas contra os negros. Ao contrário do que prometiam as autoridades, um forte destacamento militar estacionado em Alagoas, pronto para atacar o quilombo, não foi imediatamente desmantelado.[13]

Tudo isso levou Zumbi e seus aliados a suspeitar que poderiam estar a caminho de uma armadilha fatal tão logo desmobilizassem suas próprias forças. Souza e Castro enviou ao encontro deles o irmão do rei, Ganga Zona, numa tentativa de convencê-los a aderir ao acordo. Deu-lhes quatro meses para depor armas e sujeitar-se à Coroa portuguesa, sob pena de lhes fazer uma "guerra sem quartel", ou seja, uma perseguição sem trégua. Foi inútil. Zumbi e seus combatentes internaram-se nas matas, dispostos a resistir até o fim. No refúgio do Cucaú, Ganga Zumba morreu envenenado, supostamente a mando do sobrinho. Seus seguidores, que começavam a aderir aos chefes de mocambo rebeldes, foram atacados pelos portugueses, reescravizados e distribuídos para os fazendeiros das imediações. Em poucos meses, toda a região estava novamente em chamas.

A tarefa de comandar a destruição de Palmares caberia a um dos mais notáveis aventureiros da história do Brasil, o coronel, mestre de campo e bandeirante Domingos Jorge Velho. Mameluco, descendente de portugueses, tapuias e tupiniquins, nascido em Santana do Parnaíba, era o chefe de um bando composto por mais de mil homens que passara a vida matando e capturando índios nos sertões do Brasil. Segundo testemunhas da época, mal sabia falar português. Preferia se comunicar na língua geral dos índios tupi-guarani — como todos os paulistas até o começo do século XVIII. "Este homem é um dos maiores selvagens com que tenho topado", relatou o bispo de Olinda, dom Francisco de Lima, que com ele se encontrou em 1697. "Quando se avistou comigo, trouxe um intérprete, porque nem falar português sabe nem se diferencia do mais bárbaro tapuia." Na última década do século XVII, fazia dezesseis anos que Jorge Velho estava acampado no vale do rio Poti, interior do Piauí, em terras indígenas que haviam sido "tomadas ao gentio bravo e comedor de carne humana", segundo sua própria definição. Seu exército particular era composto por gente de todas as raças e cores, incluindo brancos, caboclos, mulatos e 1,3 mil índios armados de arcos e flechas.

Destemidos, briguentos e insubmissos por natureza, os bandeirantes paulistas usavam chapelão de abas largas, barba, camisa e ceroulas, e caminhavam descalços ou, para atravessar os baixios e alagados, usavam botas de cano alto.[14] Era uma estirpe vista com reservas e preocupação pelas autoridades portuguesas. Mesmo depois da derrota final de Palmares, Caetano de Melo e Castro, governador de Pernambuco entre 1693 e 1699, definia Domingos Jorge Velho e seu bando, responsáveis pela façanha, como "gente bárbara, indômita e que vive do que rouba". Segundo ele, não deveriam ser autorizados a se fixar na região do antigo quilombo, como reivindicava Jorge Velho, caso contrário "experimentarão as capitanias vizinhas maior dano em seus gados e fazendas que aquele que lhe faziam os [...] negros alevantados". Ou seja, no seu entender, os paulistas eram gente ruim, pior e mais indesejáveis do que os próprios quilombolas que haviam derrotado.[15]

PALMARES

Essa era uma opinião compartilhada por inúmeras autoridades coloniais. Em 1662, um governador escreveu que São Paulo era um antro de desertores e criminosos que ali procuravam esconderijo porque tinham a certeza de nunca serem apanhados pelas autoridades. Em 1692, outro governador afirmava que a reforma monetária do ano anterior tinha sido um sucesso no Brasil inteiro, "menos em São Paulo, onde não se conhece que há Deus, nem lei, nem justiça, nem obedecem a nenhuma ordem". Descrição semelhante aparece numa carta de autoria de dom João de Lencastre, de 1700, segundo a qual os paulistas eram "gente de natureza vária, a maior parte dela criminosa, e sobretudo amantíssima da liberdade em que se conservam há tantos anos".

Na mesma época, porém, o procurador da Fazenda em Lisboa afirmava que os paulistas eram também "a melhor ou a única defesa que têm os povos do Brasil contra os inimigos do sertão, porque só eles são acostumados a penetrá-lo, passado fome, sede e muitos outros contrastes". Era exatamente esse o argumento usado por João da Cunha Souto Maior, governador da capital de Pernambuco entre 1685 e 1688, ao justificar em carta ao rei dom Pedro II de Portugal, a decisão de convidar Domingos Jorge Velho para o assalto final contra Zumbi dos Palmares e seus guerreiros: "Por estes homens serem os verdadeiros sertanejos, [...] os roguei para esta conquista dos Palmares".

Antes de aceitar a missão, Domingos Jorge Velho negociou uma série de condições com os dois representantes do governador que foram ao seu encontro no Piauí. A administração colonial teria de lhe dar todas as armas e munições de que necessitasse. Os paulistas receberiam como doação da Coroa parte das terras conquistadas no quilombo, mais um quinto de todos os escravos capturados nos combates. Os demais fugitivos seriam devolvidos aos seus donos originais, que, no entanto, teriam de pagar ao bandeirante um determinado valor, a título de reembolso das despesas. Nem o governador nem o coronel poderiam "perdoar" os quilombolas. A ordem seria, portanto, matar, destruir, arrasar Palmares sem dó nem piedade. De antemão, porém, a Coroa portuguesa anistiava todos os paulistas por eventuais crimes cometidos durante a campanha militar. Por fim, o governador dava poderes a Jorge Velho para prender qualquer morador da capitania, fosse branco, mulato ou negro, suspeito de prestar ajuda aos escravos fugitivos.[16]

Para chegar a Palmares, Domingos Jorge Velho andou cerca de seiscentas léguas (quase 4 mil quilômetros) "pelo mais áspero caminho, agreste e faminto sertão do mundo", segundo seu próprio relato. Era, nas suas palavras, a jornada "mais trabalhosa, faminta, sequiosa e desamparada que até hoje houve no dito sertão, e quiçá jamais haverá". Repetia desse modo a saga de centenas de outros guerreiros que haviam se lançado contra o quilombo nos cem anos anteriores. Em 1667, o alferes João de Montes contava ter padecido de "grandes fomes, por falta de sustento", chegando a "comer raízes de árvores, depois de escalar serras e abrir picadas no mato". Em 1679, o soldado Manuel Roiz de Sá experimentara "grandes trabalhos, fomes e sedes". Outro soldado, Eusébio de Oliveira Monteiro, lamenta-se em 1684 das "fomes e misérias" que sofrera. Sebastião Pimentel, um dos homens de Domingos Jorge Velho, afirmava ter andado mais de trezentas léguas (2 mil quilômetros) "por caminhos e matos muito agrestes, padecendo insuportáveis trabalhos", e sobrevivendo de ervas e raízes do mato.

Ao se aproximar da Serra da Barriga em dezembro de 1692, Jorge Velho decidiu evitar confrontos diretos com os guerreiros de Zumbi. Em vez de batalhas frontais, bloqueava as aldeias dos quilombolas, capturava pessoas isoladas, sabotava as trilhas e passagens, incendiava roças, envenenava poços e fontes

PALMARES

d'água. Procurava vencer os adversários pelo cansaço e pela fome.[17] A estratégia, muitas vezes empregada nas campanhas de captura dos índios no interior do Brasil, deu resultado. Exaurido pelo assédio dos paulistas, Palmares caiu no prazo de pouco mais de um ano.

Em 23 de janeiro de 1694, após catorze meses do sítio e de diversas tentativas frustradas, os bandeirantes iniciaram um ataque avassalador às últimas defesas de Zumbi. Na operação, Domingos Jorge Velho mobilizou cerca de 6 mil homens bem armados e municiados, inclusive com canhões e outras peças de artilharia. Apenas parte deles pertencia ao seu bando original trazido do Piauí. O restante era composto por reforços despachados da Bahia, do Rio Grande do Norte e de Pernambuco sob o comando do capitão-mor Bernardo Vieira de Melo. Entrincheirados dentro de uma cerca redonda, com pouco mais de cinco quilômetros de extensão e guarnecida por fossos de estrepes, os guerreiros de Zumbi ainda conseguiram resistir durante duas semanas, mas acabaram sucumbindo ao fogo pesado dos atacantes. Houve centenas de mortos. Duzentos homens pereceram ao cair num precipício durante uma fuga desordenada na madrugada de 6 de fevereiro de 1694. Os demais fugiram para o mato sob o fogo e a perseguição dos luso-brasileiros. "Tantos eram os feridos que o sangue que iam derramando servia de guia às nossas tropas", descreveu o governador Melo e Castro em carta ao rei de Portugal. Os soldados, segundo o testemunho de Jorge Velho, "degolaram aos que puderam". A cidadela do Macaco foi incendiada e ardeu a noite toda.

Ferido durante os combates, Zumbi sobreviveu e escondeu-se numa grota da serra Dois Irmãos, onde hoje situa-se o município alagoano de Viçosa. Quase dois anos mais tarde, seu esconderijo foi revelado, aparentemente sob tortura, por um dos quilombolas, o mulato Antônio Soares, aprisionado durante os combates no reduto do Macaco. No dia 20 de novembro de 1695, o herói e último defensor de Palmares foi finalmente encurralado e morto em uma emboscada organizada pelo capitão paulista André Furtado de Mendonça. Estava acompanhado de vinte guerreiros, dos quais apenas um se deixou capturar vivo. Decepada e salgada, a cabeça de Zumbi foi levada em triunfo para o Recife, onde ficou exposta no alto de um poste erguido no Pátio do Carmo para servir de exemplo a outros escravos rebeldes e potenciais fugitivos. Em carta despachada para o rei de Portugal no dia 14 de março de 1696, o governador Melo e Castro dava detalhes e explicações sobre o macabro espetáculo:

> *Determinei que pusessem sua cabeça em um poste no lugar mais público desta praça, para satisfazer os ofendidos e justamente queixosos e atemorizar os negros que supersticiosamente julgavam Zumbi um imortal, para que entendessem que esta empresa acabava de todo com os Palmares.*

Aniquilado e esquartejado o personagem real, outro Zumbi começava a emergir das sombras: o mítico guerreiro que até hoje instiga a imaginação dos estudiosos e serve de combustível nas lutas ideológicas brasileiras.

29. ZUMBI

MAIS DE TRÊS SÉCULOS DEPOIS DE MORTO, Zumbi dos Palmares está bem vivo e, como sempre, mergulhado numa guerra. Dessa vez, luta-se pela memória dos brasileiros. O campo de batalha é o calendário cívico nacional, no qual confrontam-se duas datas de alto valor simbólico. A primeira é o Treze de Maio, dia da assinatura da Lei Áurea, pela princesa Isabel, em 1888. A segunda é o Vinte de Novembro, que marca a morte do herói dos Palmares, em 1695. Qual delas seria mais importante e digna da reverência dos brasileiros neste início de século XXI?

O Treze de Maio foi feriado nacional por quarenta anos no Brasil. Instituído pelo decreto 155B, de 14 de janeiro de 1890, dois meses após a Proclamação da República, era "consagrado à comemoração da fraternidade dos brasileiros" e refletia o espírito ufanista republicano que se seguiu à abolição da escravatura, à queda da monarquia e à instituição de um novo regime de governo. Foi cassado por outro decreto, de número 19.488, assinado por Getúlio Vargas em 15 de dezembro de 1930. Hoje é vagamente lembrado nas escolas, em artigos de jornal e textos nas redes sociais. Não mais que isso.

Como alternativa ao Treze de Maio, o Vinte de Novembro começou a se firmar como feriado na década de 1990, num Brasil que encerrava mais um período de ditadura e começava a discutir sobre seu próprio passado, suas raízes, sua índole e seus mitos. Por força da lei 12.519, de 2011, a data se transformou no Dia Nacional de Zumbi e da Consciência Negra, embora a legislação não determinasse a obrigação de feriado, decisão que ficaria a critério dos estados e municípios. O dia de folga pegou apenas parcialmente. Em 2018, apenas 1.047 municípios, de um total de 5.561, optaram pelo feriado. Em alguns estados, como Rio Grande do Norte, Ceará, Pernambuco, Pará e Rondônia, nenhuma cidade se animou a celebrá-lo como um dia de descanso.

A polêmica é menos trivial do que se imagina. Nela estão diferentes visões a respeito da história da escravidão, seus acontecimentos e personagens e também o seu legado para as atuais e futuras gerações. Os defensores do Treze de Maio reverenciam a princesa Isabel no papel que lhe foi atribuído no século XIX pelo jornalista e abolicionista negro José do Patrocínio: o de "redentora" da liberdade dos cativos no Brasil. Os aliados de Zumbi e do Vinte de Novembro, ao contrário, acreditam que a Lei Áurea foi apenas um ato de fachada da elite agrária escravocrata brasileira que até então defendera com unhas e dentes o regime escravagista. Devido à resistência obstinada dos senhores de engenho e dos barões do café, aliados da monarquia, o Brasil foi o último país do hemisfério ocidental a pôr fim ao tráfico negreiro, em 1850, e a acabar com a escravidão, em 1888. E só fez isso sob intensa pressão internacional. Comemorar o quê, questionam os críticos da Lei Áurea, se os cativos libertos e seus descendentes foram abandonados à própria sorte, sem nunca ter tido oportunidades reais de participar da sociedade brasileira na condição de cidadãos de plenos direitos, com iguais oportunidades? De acordo com essa visão, a luta dos escravos brasileiros estaria mais bem representada pelo herói de Palmares e pela data de seu sacrifício nas matas de Alagoas.

Personagens, datas e acontecimentos históricos são ferramentas de construção de identidade. Funcionam como âncoras lançadas no passado nas quais procuramos alicerçar valores, convicções, sonhos e aspirações do presente, enquanto preparamos a jornada rumo ao futuro. E, como todos os símbolos, geralmente são mais produtos de edificações imaginárias do que de fatos objetivos e comprovados — o que também os torna alvos de infindáveis investigações e discussões entre os pesquisadores. Palmares e o seu mártir Zumbi são bons exemplos disso. Por essa razão, hoje, passados três séculos e meio, esse é ainda "o Palmares de que tanto se fala no Brasil", segundo a expressão usada no relatório da malograda expedição do capitão Blaer de 1645. Poucos assuntos na história da escravidão brasileira têm despertado tanta curiosidade, tantos estudos e tanta polêmica. Sendo assim, o desfecho dessa guerra em torno do calendário cívico, longe de acabar, depende muito da capacidade da sociedade brasileira de se pôr de acordo a respeito dos significados em torno de Zumbi. Quem teria sido ele? Por mais óbvia que pareça, a pergunta carece de respostas consistentes.

Num dos livros mais instigantes já publicados sobre o tema, os historiadores Jean Marcel Carvalho França e Ricardo Alexandre Ferreira, professores da Universidade Estadual Paulista Júlio de Mesquita Filho, a Unesp, campus de Franca, afirmam que traçar a biografia de Zumbi seria hoje uma tarefa impossível.[1] Segundo eles, haveria poucas informações concretas e objetivas sobre o suposto homem que liderou bravamente o maior e o mais famoso quilombo da América. Sua história permanece repleta de sombras, o que impediria que se tivesse uma visão mais nítida sobre ele. Na ausência de depoimentos pessoais ou documentos escritos por ele ou seus comandados, sobraria apenas o mito, lenta e laboriosamente construído ao longo dos séculos por historiadores, religiosos, militares, naturalistas, pedagogos, antropólogos, cineastas, arqueólogos, romancistas e, mais recentemente, militantes políticos. O resultado é a edificação de um Zumbi que, na verdade, nunca existiu. Está nos sonhos, na imaginação e nas convicções de cada pessoa e cada geração de brasileiros que sobre ele se debruçaram na vã tentativa de desvendar-lhe o mistério. Estudar Zumbi, dessa forma, permitiria conhecer mais o Brasil e sua complicada relação com o passado escravagista do que o próprio personagem.

Como no caso da rainha Jinga africana, em Palmares mito e realidade se misturam e se confundem com frequência perturbadora, ao ponto de afetar a própria maneira como os brasileiros se identificam hoje, especialmente no que se refere à história da escravidão. As controvérsias são inúmeras. Textos disponíveis na internet, por exemplo, afirmam que o quilombo teria quase o tamanho de Portugal. Livros e textos acadêmicos estimam sua população entre 6 mil e 30 mil habitantes. Debate ainda maior diz respeito à sua organização. Alguns autores sustentaram a tese de que Palmares teria sido uma tentativa de reconstruir no interior de Alagoas o reino africano dos jagas ou ingambalas do interior de Angola. Outros, influenciados pelas ideias marxistas, chegaram a defender a ideia de que ali haveria uma república socialista e popular, vanguardista na defesa da liberdade e dos direitos não apenas dos escravos, mas também de toda a população trabalhadora, oprimida e marginalizada do Brasil. Dela teria nascido o primeiro impulso abolicionista no Brasil colonial.

"A autêntica luta de classes que encheu séculos de nossa história [...] teve seu episódio culminante de heroísmo e grandeza na organização da República dos Palmares, tendo a sua frente a figura épica de Zumbi, o nosso Espártaco negro", escreveu Astrojildo Pereira, fundador e secretário do Partido Comunista Brasileiro (PCB), em artigo publicado em 1929 no jornal *A classe operária*.[2] "Indubitavelmente, era uma república igualitária, fraternal e livre", sustentou na década de 1970 o jornalista e historiador gaúcho Décio Freitas, também ligado ao PCB, que enxergava na Serra da Barriga as sementes de um "socialismo infuso", ou seja, os primeiros lampejos de uma ideologia que só iria se desenvolver e transformar a história da humanidade muitos séculos depois. "As decisões sobre os problemas cruciais eram tomadas por uma assembleia de que participavam todos os habitantes adultos. Havia entre os palmarinos igualdade civil e política."[3]

Infelizmente, tudo isso é fruto de mera idealização romântica de uma história pouco conhecida e documentada. No seu auge, Palmares teria ocupado uma área de cerca de 27 mil quilômetros quadrados, portanto inferior a um terço do território de Portugal. Nunca chegou, de fato, a se consolidar como um reino ou um Estado autônomo, com capacidade para tomar decisões e conduzir seu próprio destino. Era, ao contrário, uma frágil aglomeração de mocambos dispersos nas matas de Alagoas, às voltas com uma desesperada tentativa de sobrevivência, sob permanente ataque das forças coloniais. A população era relativamente reduzida, estimada em cerca de 11 mil pessoas distribuídas por dez comunidades, segundo os historiadores Manolo Florentino e Márcia Amantino.[4]

Os quilombolas tinham dificuldade para gerar descendentes graças à escassez de mulheres entre os escravos fugitivos. A perspectiva de constituição de famílias estáveis era remota, o que os levava a obter parceiras sexuais mediante o sequestro de escravas negras e índias nas fazendas vizinhas. O quilombo jamais foi uma república, e menos ainda poderia ser considerado socialista. Funcionava, provavelmente, como uma monarquia eletiva, nos moldes das que existiam na África, em que chefes regionais (os sobas, em Angola) se reuniam para escolher o soberano. A organização, porém, era centralizada e, muitas vezes, despótica, na qual os adversários ou dissidentes poderiam ser punidos ou assassinados. As assembleias e votações populares criadas pela fértil imaginação do gaúcho Décio Freitas[5] seriam impensáveis nas

ESCRAVIDÃO VOL. I

matas de Alagoas. Por fim, Palmares nunca foi abolicionista, palavra que só ganharia a expressão e o significado atuais na Inglaterra e nos Estados Unidos a partir do final do século XVIII. Segundo documentos holandeses e portugueses da época, os chefes quilombolas tinham seus próprios escravos, capturados nos engenhos vizinhos.

Na interpretação de Jean Marcel Carvalho França e Ricardo Alexandre Ferreira, existiriam três Zumbis na longa jornada de construção mitológica desse herói: o dos colonos, o do Brasil independente e, por fim, o dos oprimidos. O primeiro Zumbi ganhou corpo ainda durante a existência do quilombo dos Palmares, um foco importante de instabilidade na então rica capitania de Pernambuco. A existência de quilombos significava uma dor de cabeça para as autoridades coloniais, que os viam como um persistente estímulo para que os escravos tentassem escapar dos grilhões do cativeiro. Por essa razão, todos os esforços eram feitos para aniquilá-los o mais rapidamente possível.

Dos dez maiores redutos de fugitivos do Brasil colônia, sete foram destruídos apenas dois anos depois de formados. Mais duradoura foi a comunidade de Carlota, no Mato Grosso, totalmente arrasada em 1595, depois de resistir durante 25 anos aos ataques luso-brasileiros.[6] Escravos recapturados perdiam preço no mercado interno porque passavam a ser considerados rebeldes e fomentadores de fugas. Uma ata da Câmara do Rio de Janeiro, de 1637, registra um protesto contra moradores que haviam adquirido "negros alevantados do mocambo da Bahia". Em Palmares, os chamados "negros filhos do mato", fugitivos com idades superiores a doze anos e capturados no assalto final ao quilombo pelo bandeirante Domingos Jorge Velho, tinham de ser negociados em Buenos Aires ou no Rio de Janeiro, bem longe das suas regiões de origem.[7] Nesse ambiente, não haveria espaço para a construção nas montanhas de Alagoas de um herói brasileiro. Ao contrário disso, o primeiro Zumbi seria para os portugueses um exemplo da ameaça que os fugitivos e rebeldes representavam ao sistema escravista.

O segundo Zumbi veio à tona durante o século XIX, período de construção do Estado brasileiro e da noção de identidade nacional, entre o Primeiro e o Segundo Reinados. Nessa versão, Palmares era apontado como um núcleo da barbárie africana, uma ameaça à civilização nos trópicos, um câncer que os colonos tiveram de extirpar. Em 1869, o jornalista, escritor e político Joaquim Manuel de Macedo afirmava que os negros carregavam "os vícios ignóbeis, a perversão, os ódios, os ferozes instintos do escravo, inimigo natural e rancoroso do seu senhor, os miasmas [...], a sífilis moral da escravidão infeccionando a casa, a fazenda, a família dos senhores, a sua raiva concentrada, mas sempre em conspiração latente atentando contra a fortuna, a vida e a honra de seus incônscios opressores". E acrescentava: "É o quadro do mal que o escravo faz de assentado propósito ou às vezes involuntária e irrefletidamente ao senhor".[8] Também nesse caso, era uma visão que estava longe de transformar Zumbi num herói com o qual os brasileiros pudessem se identificar.

O terceiro Zumbi, cuja construção ainda está em andamento, nasceu do movimento abolicionista também no século XIX, que o resgatou como ícone da resistência contra a escravidão, e ganhou fôlego redobrado nas lutas ideológicas que marcaram o século XX. É o Zumbi dos oprimidos, herói das lutas pela liberdade, não só dos escravos e negros, mas também dos camponeses, índios, trabalhadores, das minorias, de todos "aqueles que lutaram e ainda lutam contra o caráter excludente da sociedade brasileira", segundo observam os dois historiadores da Unesp. Nessa nova roupagem, o guerreiro de Palmares serviu de inspiração para inúmeras obras de literatura, cinema, teatro, música e pintura, como um famoso quadro do pintor fluminense Antônio Parreiras; o romance histórico *Ganga Zumba*, de João Felício dos Santos, lançado em 1962; dois filmes dirigidos pelo alagoano Cacá Diegues, *Ganga Zumba*, de 1964, e *Quilombo*, de 1984; e diversas composições assinadas por Edu Lobo, Vinicius de Moraes, Gilberto Gil, Chico Science, Jorge Benjor, entre outros.

O ápice dessa construção aparece em dois livros publicados na década de 1980, parte da onda revisionista da história durante o processo de redemocratização no Brasil. O primeiro é *Palmares, a guerra dos escravos*, de Décio Freitas, lançado em 1982. O segundo, *Zumbi*, de Joel Rufino dos Santos, é de 1985. Ambos são apresentados aos leitores como obras de não ficção. Os autores, no entanto, abusam do artifício de preencher lacunas do conhecimento histórico com nomes, datas, acontecimentos e circunstância que, hoje se sabe, são fictícias. Trata-se, portanto, de um esforço deliberado de distorcer a pesquisa histórica com óbvio propósito ideológico. Zumbi aparece aqui novamente reencarnado no papel do guerreiro heroico, defensor da liberdade, dos fracos e dos oprimidos, a desafiar a ordem social e escravagista brasileira imposta pelos portugueses durante o período colonial. Seria ele o porta-voz de uma vasta gama de excluídos, que o gaúcho Décio Freitas reúne sob a denominação "categorias populares", na sua eterna luta de classes contra os opressores.

Baseado em supostas cartas às quais nunca nenhum outro historiador teve acesso, Décio Freitas inventou uma detalhada biografia para o seu herói, com local e circunstância de nascimento, uma infância tutorada por um padre, que o teria ensinado a ler, escrever e precocemente cultivar o ideal de liberdade. De acordo com essa versão, Zumbi teria nascido em Palmares em 1655 e sido capturado ainda bebê num dos ataques ao quilombo, liderado por um certo Brás da Rocha. Entregue aos cuidados do padre Antônio Melo, vigário de Porto Calvo, em Alagoas, recebeu o nome de Francisco, em homenagem a São Francisco de Assis, e revelou-se uma criança muito inteligente. Em companhia do religioso, teria viajado a Portugal, onde haveria estudado português, latim e teologia. Numa noite de 1670, ao completar quinze anos, fugiu de casa para reaparecer mais tarde como o Zumbi general de armas dos Palmares, embora continuasse a fazer visitas esporádicas e às escondidas ao padre que considerava como um pai adotivo.[9]

Joel Rufino dos Santos acrescenta mais um tijolo a essa fabulosa construção mitológica ao apresentar Zumbi não apenas como um líder de escravos fugitivos, mas como um dos mais brilhantes chefes militares de todos os tempos, comparado a Alexandre, o Grande; a Ciro, rei da Pérsia; Aníbal, o conquistador de Roma; e a ninguém menos que Napoleão Bonaparte. E com uma vantagem: no entender de Rufino dos Santos, "Zumbi [...] não combateu para conquistar territórios ou glórias", o que por si só o tornaria ainda maior e mais notável do que todos os outros grandes senhores da guerra da história da humanidade, mas "desde que sentou no trono [...], seu corpo pequeno e magro se transformou numa flecha apontada para o coração do mundo escravista".

Embora desmentida pela documentação histórica, essa biografia fictícia vai aos poucos se consolidando como verdade. É a que hoje com mais frequência aparece nos sites da internet, incluindo o da Fundação Cultural Palmares, entidade ligada ao governo federal brasileiro, segundo a qual Zumbi "nasceu em 1655, na Serra da Barriga", parte de uma "comunidade livre formada por escravos fugitivos das fazendas do Brasil colonial". E, fiel à mítica construção de Décio Freitas e Joel Rufino dos Santos, a biografia fornecida pela Fundação Palmares prossegue:

> *Embora tenha nascido livre, Zumbi foi capturado com sete anos de idade e entregue a um padre católico, do qual recebeu o batismo e foi nomeado Francisco. Aprendeu a língua portuguesa e a religião católica, chegando a ajudar o padre*

nas celebrações de missas. Aos quinze anos, voltou a viver no quilombo, pelo qual lutou até a morte, em 1695. Símbolo da luta contra a escravidão, lutou também pela liberdade de culto religioso e pela prática da cultura africana no país.

A mesma variante da história é apresentada a turistas e visitantes que passam pelo Pelourinho, na região central de Salvador, onde foi erguida uma estátua em louvor a Zumbi com a seguinte identificação:

Zumbi dos Palmares. É chegada a hora de tirar nossa nação das trevas da injustiça social. Nasceu livre em 1655, na serra da Barriga, União dos Palmares, Alagoas. Neto de Aqualtune, não permitiu a submissão de seu povo ao jugo da Coroa portuguesa, pois queria a liberdade para todos, dentro e fora do quilombo. Persistiu na luta e tornou-se líder do quilombo, sendo ferido em 1694, quando a capital Palmares foi destruída. Em 20 de novembro de 1695, foi morto e decapitado.

Essa nova e recente jornada de Zumbi dos Palmares rumo ao panteão dos heróis nacionais está longe de terminar. E nela restam aspectos ainda pouco discutidos e ainda mais polêmicos do que os citados até aqui. Um deles, o mais sensível de todos, é de um suposto Zumbi gay, candidato a herói dos LGBTs (lésbicas, gays, bissexuais e transgêneros), segundo o perfil descrito em um conhecido ensaio do antropólogo baiano Luiz Mott.[10] No entender de Mott, há detalhes a respeito da vida sexual do herói dos Palmares que ainda hoje desafiam interpretações. Haveria ao todo seis pistas a indicar que Zumbi, talvez, fosse homossexual:

1 — Não há relatos ou evidências de que ele jamais tenha tido mulher ou filhos. Entre as muitas lendas que se propagaram sobre Zumbi, uma dizia que teria se casado com uma mulher branca, chamada dona Maria, filha de um senhor de engenho da cidade de Porto Calvo.[11] Essa informação, entretanto, jamais foi comprovada.

2 — Segundo Décio Freitas, ele era conhecido por um intrigante apelido: "Sueca".[12]

3 — Zumbi descenderia dos jagas de Angola, povo guerreiro entre o qual a homossexualidade era aceita e praticada com naturalidade.

4 — Ele era descrito como possuidor de "temperamento suave e habilidades artísticas".

5 — Zumbi teria sido criado até os quinze anos pelo vigário de Porto Calvo, que Mott identifica também como provável homossexual.

6 — Depois de ser preso e executado, Zumbi foi degolado e castrado, tendo o pênis enfiado dentro da boca, uma forma antiga e simbólica de humilhar os homossexuais, que "por não terem usado adequadamente seu falo, tornaram-se merecedores de engoli-lo na hora da morte", segundo a interpretação de Mott.

Com exceção do corajoso e desafiador Luiz Mott, ninguém mais no Brasil deu crédito a essa versão do Zumbi gay — nem a esquerda, nem a direita, nem os negros, nem os brancos. E isso se explica por uma razão muito simples: num país machista, homofóbico e patriarcal, em que a luta pela aceitação da diversidade de gênero ainda é uma utopia distante e em que homossexuais são atacados e assassinados nas ruas apenas pela sua orientação sexual, desnudar Zumbi de sua virilidade seria o mesmo que aniquilar por completo um herói ainda em gestação.

30. OURO! OURO! OURO!

EM 1695, ANO DA MORTE de Zumbi dos Palmares, o outrora grandioso, aventureiro e rico Império Colonial Português parecia estar com os dias contados. Sessenta anos de União Ibérica e quase um século de guerra contra os holandeses haviam dilapidado os recursos, aniquilado o comércio de especiarias no Oriente e reduzido substancialmente a vastidão dos territórios ultramarinos do reino. A economia do açúcar no Nordeste brasileiro estava em crise devido à concorrência dos novos engenhos ingleses, franceses e holandeses na região do Caribe. Os preços caíam em virtude do excesso de oferta. Havia também novos concorrentes no tráfico de escravos, atividade na qual Portugal tinha sido virtualmente monopolista até um século antes. Por toda a costa da África despontavam agora novas fortificações e feitorias de outros povos europeus, incluindo até mesmo suecos, dinamarqueses e alemães.

Com um imenso território virgem, escassamente povoado, o Brasil tinha cerca de 300 mil habitantes, população atualmente inferior à de cidades como Taubaté, em São Paulo; Uberaba, em Minas Gerais; Pelotas, no Rio Grande do Sul; ou Anápolis, em Goiás. De cada três brasileiros, um era escravo devido à fome insaciável das lavouras de cana-de-açúcar por mão de obra cativa. A cada ano, navios negreiros despejavam, em média, 10 mil novos africanos nos portos de Salvador, Recife e Rio de Janeiro.[1] Na arquidiocese da Bahia, com cerca de 90 mil habitantes, a população branca era ainda mais reduzida — representava um entre cinco moradores — e dependia totalmente do trabalho dos africanos. "Os brancos só servem para determinar aos escravos o que hão de fazer", segundo informava à Coroa, em Lisboa, o arcebispo de Salvador, dom Sebastião Monteiro da Vide.[2] O navegador William Dampier, depois de passar um mês na Bahia em 1699, ficou alarmado com o número de cativos negros nas ruas da cidade: "Salvo as pessoas de baixíssima qualidade, é raríssimo quem não tenha em casa escravos a seu serviço".[3]

Os índios, estimados em cerca de 2 milhões, estavam reduzidos no final do século XVII já à metade do número de duzentos anos antes, na época da chegada dos portugueses à Bahia, dizimados por guerras, doenças e a ocupação acelerada de suas terras. A mancha de povoamento ainda se concentrava no litoral. Frei Vicente do Salvador, considerado o primeiro historiador do Brasil, reclamava que os portugueses, embora fossem gente desbravadora de sertões, contentavam-se em viver ao longo do mar, "como caranguejos", sem se arriscar continente adentro:

> Da largura que a terra do Brasil tem para o sertão não trato, porque até agora não houve quem a andasse, por negligência dos portugueses, que sendo grandes conquistadores de terras não se aproveitam delas, mas contentam-se de as andar arranhando ao longo do mar, como caranguejos.[4]

Em São Paulo, na época um vilarejo de pouco mais de 2 mil habitantes, a maioria dos moradores ainda falava tupi-guarani, a

OURO! OURO! OURO

língua geral dos índios. O português só passaria a ser o idioma predominante em meados do século XVIII. Fundada em 1610, a vila de Itu, a cem quilômetros de distância, era chamada de a "Boca do Sertão", por ser o ponto de partida das canoas e dos batelões dos bandeirantes rumo à vastidão desconhecida do interior do Brasil. O embarque era realizado em Porto Feliz, depois de superadas as traiçoeiras quedas e corredeiras do rio Tietê entre Pirapora do Bom Jesus e Salto — todos hoje municípios emancipados de Itu. A partir dali, do ponto de vista dos colonizadores, o território não passava de um deserto verde, habitado por temidos índios bravios. O isolamento geográfico fazia de São Paulo um refúgio de delinquentes e foragidos da lei — "valhacouto de criminosos, vagabundos e delinquentes, [...] gente vaga e tumultuária, pela maior parte vil [...] levando uma vida licenciosa e nada cristã", segundo a descrição do governador-geral dom João de Lencastre.[5]

Os paulistas, responsáveis pela escravização de milhares e milhares de índios nos duzentos anos anteriores, voltavam suas atenções no finalzinho do século XVII para as regiões ermas e montanhosas situadas mais ao norte da capitania, até então denominadas de forma genérica em documentos, relatos e crônicas como "Minas". Ali, acreditava-se, estaria situado o mítico Eldorado que povoava a imaginação e as fantasias dos colonizadores, um lugar repleto de "ouro muito limpo", cujos pedaços se poderiam tirar com a mão, sem grande esforço, segundo escrevia frei Vicente de Salvador.[6]

E seria mesmo dessa região que o rei de Portugal, dom Pedro II, receberia a melhor e mais importante notícia de todo o período colonial: havia, sim, ouro no Brasil. Mais do que em qualquer outro lugar do mundo. A partir daquele momento, nada mais seria igual no até então modorrento Império Português. Iniciava-se ali uma das maiores corridas em busca de minerais e pedras preciosas de toda a história da humanidade. No século seguinte, cerca de 2 milhões de cativos chegariam ao Brasil, cuja população se multiplicaria por dez. Um novo país, de dimensões continentais, começava a se desenhar na América, tornando-se, dentre todos, o mais dependente da mão de obra cativa.

O agitado e rebelde século XVIII, a corrida do ouro em Minas Gerais e a gigantesca onda africana que a acompanhou serão os temas do próximo livro desta trilogia sobre a história da escravidão no Brasil.

AGRADECIMENTOS

No caminho que me levou a escrever estes três livros sobre a escravidão no Brasil fui acolhido por uma legião de seres humanos generosos, que me ajudaram de todas as formas possíveis — e, principalmente, torceram para que meu trabalho fosse bem-sucedido. São amigos e familiares, editores, colegas jornalistas e historiadores, bibliotecários e curadores de museus, guias locais, diplomatas e representantes consulares, ministros e autoridades de governos estrangeiros, pessoas já conhecidas ou até então estranhas para mim. Todas me ofereceram hospitalidade, apoio e conselhos com inigualável desprendimento. Desse modo, posso incorporar como se fosse também minha a frase do historiador norte-americano Joseph Miller, autor de obras seminais sobre a história da escravidão: "Um livro é resultado de um empreendimento coletivo, do qual seu autor é apenas parte".[1]

Minha primeira e maior gratidão é dirigida às centenas de outros escritores, historiadores e estudiosos que me precederam neste caminho e cujas descobertas e análises servem de balizas para estes livros. Relacionados na seção "Bibliografia" no final deste volume, são eles a fonte em que bebi para construir essa obra. Tenho particular dívida de reconhecimento com algumas pessoas que generosamente se dispuseram a ler e fazer críticas ou comentários a respeito do texto original desta obra ainda durante o processo de escrita e edição. Os primeiros desses meus especiais colaboradores foram os embaixadores Alberto da Costa e Silva e Irene Vida Gala, já citados na "Introdução" deste livro, que tiveram a generosidade de ler, comentar e corrigir os originais deste volume. Também leram partes do texto original o jornalista português Carlos Magno, meu antigo colaborador em terras lusitanas, e dois amigos baianos, que me apoiaram nas pesquisas em Salvador: o arquiteto Zulu Araújo e a jornalista e cineasta Urânia Munzanzu. As sugestões e observações de todos eles foram fundamentais para a conclusão desta obra.

Encabeçada por esses cinco leitores de primeira hora, minha lista de apoiadores é tão extensa que seria quase impossível citar todos os nomes sem correr o risco de cometer injustiças ou esquecimentos. Por essa razão, tomei a difícil decisão de relacionar neste primeiro volume apenas alguns deles, que julguei mais essenciais na etapa inicial deste trabalho. Outros pretendo reconhecer nos dois livros seguintes, a serem publicados em 2021 e 2022, conforme a participação que tiveram em cada etapa da jornada.

Viajar pela África exige planejamento, certos cuidados e muita paciência. As estradas são precárias e perigosas. As rotas aéreas, caras e complicadas. Os voos atrasam ou são cancelados sem aviso prévio ou explicação. Às vezes, para se locomover entre lugares relativamente próximos é preciso dar longas voltas. Minha amiga jornalista Fátima Turci e os empresários Mario Mendes e Silvana Saraiva ajudaram-me, em São Paulo, na organização dessas viagens, orientando-me na obtenção dos inúmeros vistos em consulados e embaixadas, além de me fornecerem

AGRADECIMENTOS

informações e contatos de pessoas de importância vital nos países que visitei.

Em Dacar, capital do Senegal, tive a companhia de Coumba Diatta, mestre e professora de Literatura Brasileira. Samuel Amegah Jr., Mogan Mensah, Beni Nazário, Feliz Afonso e Correia Francisco da Conceição foram meus guias em Gana, na República do Benim, na África do Sul e em Angola. Em Gana recebi ainda o apoio de Fábio Câmara, Emanuel Osei, Jorge Tavares de Almeida e Carlos Galla. Em Cabo Verde, foram meus anfitriões o professor Antônio Correia e Silva, o ministro da Cultura Abraão Vicente e o historiador Charles Akibode. Em Cotonou, sede do governo da República do Benim, o ministro Dossou Simplice Codjo cedeu-me transporte e apoio logístico para percorrer esse país com tantos laços e afinidades com o Brasil. No ministério brasileiro das Relações Exteriores sou especialmente grato à gentileza da acolhida dos embaixadores Mario Villalva (na época servindo em Portugal); José Carlos Leitão, em Cabo Verde; e Maria Elisa Teófilo de Luna, em Gana.

Em Portugal, tenho que registrar meus agradecimentos a Jorge Couto, João Pedro Marques, Richard Zimler, Alexandre Quintanilha, Carlos Magno e José Augusto Nunes Carneiro. Nos Estados Unidos, aos professores John Maddox, Susan Hodges, Maria Luci Di Biaji Moreira, Roquinaldo Ferreira e Mariana Candido. No Rio de Janeiro, a Reinaldo Tavares, Merced Guimarães, Vera Schroeder, Eva Doris Rosental e Helena Bomeny. Na Bahia, aos professores Edivaldo Boaventura (falecido enquanto este livro nascia) e João José Reis, que me indicaram fontes bibliográficas e novos caminhos a seguir, preciosas sugestões que me foram feitas também em São Paulo pelos professores Jean Marcel Carvalho França e Ricardo Alexandre Ferreira. Em Pernambuco, minha gratidão a Nadja Maria Tenório Pernambucano de Mello, Eduardo Queiroz Monteiro, Joana e Renato Rissato,

439

e dois queridos amigos de longa data, os escritores José Paulo Cavalcanti Filho e Maria Lecticia Monteiro Cavalcanti. Em Alagoas, a João Paulo Farias e Júlio Caio Vasconcelos respectivamente meus guias nas serras da Barriga, em União dos Palmares, e Dois Irmãos, em Viçosa, locais do martírio de Zumbi dos Palmares e seus guerreiros entre 1694 e 1695. Na Paraíba, ao jornalista e irmão de fé Eraldo Luiz Braz de Morais, ao padre José Floren (reitor do Santuário do Padre Ibiapina) e aos historiadores Ramalho Leite e Waldyr Porfírio. Em Minas Gerais, a Afonso Borges. No Paraná, aos meus colegas, confrades e confreiras da Academia Paranaense de Letras (APL).

Sou igualmente grato aos diretores e funcionários de diversas bibliotecas nas quais estudei e pesquisei nesses seis anos de trabalho. Carlos Olave e Talia Guzman Gonzalez, responsáveis pela Divisão Hispânica da Biblioteca do Congresso, em Washington, lá me acolheram em março de 2017, parte de uma viagem que me levou também às bibliotecas do College of Charleston, na Carolina do Sul, das universidades de Emory, em Atlanta (Geórgia), da Virgínia, em Charlottesville, e do Alabama, em Birmingham. Em Lisboa, passei dias inesquecíveis na Biblioteca Nacional de Portugal. Em Liverpool, na Inglaterra, trabalhei na biblioteca do Museu Internacional da Escravidão, instituição ligada ao Museu Marítimo de Merseyside.

Lembro-me com especial carinho de toda a equipe da Biblioteca Parque Estadual do Rio de Janeiro. Em 2016, no exato momento em que a instituição passava por momentos de incertezas, tive acesso a um precioso acervo, a Coleção Guanabarina. Situada na avenida Presidente Vargas, em frente à Praça da República, a Biblioteca Parque, antigo sonho do professor Darcy Ribeiro, abriu e fechou suas portas por diversas vezes, sobrevivendo precariamente e apenas graças à dedicação de seus funcionários, enquanto o estado e a prefeitura do Rio de Janeiro,

AGRADECIMENTOS

ambos falidos, mergulhavam num oceano cada vez mais tenebroso de denúncias de corrupção e desmandos.

Meus editores e colegas na Globo Livros, em especial Mauro Palermo, Amanda Orlando, Camila Stabel Hannoun e Luiz Antônio de Souza, me cercaram de todos os cuidados e recursos necessários para que a tarefa se concluísse de forma bem-sucedida. Agradeço também a Simone Costa, responsável pela checagem dos originais.

Por fim (mas nunca por último), meus agradecimentos e meu carinho à Carmen, minha mulher e agente literária, companheira de toda a jornada de viagens de pesquisas, primeira leitora dos originais do livro e cujo sorriso, como sempre, tornou o percurso mais leve, alegre e repleto de significado.

NOTAS

INTRODUÇÃO

1   A história de Francisco Félix de Souza será contada com mais detalhes no terceiro volume desta trilogia, que tratará da escravidão no Brasil no século XIX. Algumas fontes sustentam que teria nascido escravo, filho de um português com uma negra cativa, e comprado sua alforria aos dezessete anos. Alberto da Costa e Silva, seu melhor biógrafo e autor das notas de rodapé deste livro, diz que não há comprovação ou sequer evidências disso.

2   *The Trans-Atlantic Slave Trade Database* em *slavevoyages.org*, consultado em 07 de outubro de 2018.

3   João José Reis, *Rebelião escrava no Brasil: a história do levante do Malês em 1835.*

4   David Eltis; David Richardson (editores), *Extending the Frontiers,* pp. 1-2.

5   Nick Hazlewood, *The Queen's Slave Trader: John Hawkins, Elizabeth I, and the Trafficking in Human Souls.* Londres: Harper Perennial, 2005.

6   Hugh Thomas, *The Slave Trade,* pp. 13-14.

7   David Eltis; David Richardson, *Atlas of the Transatlantic Slave Trade,* p. 21.

8   Oficialmente, a abolição da escravidão na Mauritânia ocorreu em 1981, mas só em 2007 a prática passou a ser considerada crime, passível de punição. O que significa que, mesmo proibida legalmente, era até então tolerada pelas autoridades.

9   Arthur Ramos, *As culturas negras no Novo Mundo,* pp. 27-31.

10 Paul E. Lovejoy, *Transformations in Slavery,* p. XVII.

11 Citações em Célia Maria Marinho de Azevedo, *Onda negra, medo branco: o negro no imaginário das elites - Século XIX,* pp. 70-75.

12 Nina Rodrigues, *Os africanos no Brasil*, p. 24. Este livro foi escrito entre 1890 e 1905, mas publicado como obra póstuma em 1933.

13 IBGE, PNAD contínua 2016/2017.

14 Sara Fernandes, *Apesar de aumento expressivo, negros ainda são minoria entre os graduados no Brasil*, Rede Brasil Atual, 28/06/2012.

15 USP - Departamento de Recursos Humanos, 2015.

16 Instituto de Pesquisa Econômica Aplicada (IPEA).

17 Resultados eleitorais de 2018 divulgados pelo Tribunal Superior Eleitoral (TSE), segundo classificação de raças adotada pelo IBGE.

18 Ministério do Trabalho, RAIS 2016.

19 Levantamentos da Universidade de Brasília (UnB) e da Universidade do Estado do Rio de Janeiro (UERJ).

20 Ângela Alonso, *Joaquim Nabuco*, p. 132.

21 Hebe Maria Mattos de Castro, *Das cores do silêncio: os significados da liberdade no sudeste escravista, Brasil século XIX*, p. 160.

22 Em mais de quatro décadas de carreira jornalística, morei e trabalhei em Curitiba, Belém, Recife, Brasília e São Paulo, e tive a oportunidade de conhecer todos os 26 estados (além do Distrito Federal).

23 Alberto da Costa e Silva, *Um rio chamado Atlântico*, p. 240.

24 Alberto da Costa e Silva, *A manilha e o libambo*, p. 10.

CAPÍTULO 1: A GRANDE AGONIA

1 Joseph Miller, *Way of Death*, pp. 148-149.

2 Robert W. Slenes, "Africanos centrais", em *Dicionário da escravidão e liberdade* (org. Lilia M. Schwarcz e Flávio Gomes), p. 66.

3 Luiz Felipe de Alencastro, *O trato dos viventes*, pp. 85 e 184.

4 Joseph Miller, *Way of Death*, pp. 38-39.

5 Citado em Charles Boxer, *O império marítimo português*, p. 110.

6 Joseph Miller, *Way of Death*, pp. 391 e 440.

7 Alexandre Vieira Ribeiro, *The Transatlantic Slave Trade to Bahia, 1582-1851*, em David Ellis e David Richardson, *Extending Frontiers*, p. 146; Manolo Florentino, *Em costas negras*, p. 175.

8 Marcus Rediker, *The Slave Ship*, e-book Kindle, posições 703-727 e 730-733.

CAPÍTULO 2: O LEILÃO

1 Reis Brasil, nota introdutória de *Crônica do descobrimento e conquista da Guiné*, pp. 11-14.

NOTAS

2   Gomes Eanes de Azurara, *Crônica do descobrimento e conquista da Guiné*, pp. 95-100.

3   Hugh Thomas, *The Slave Trade*, p. 57; A. C. de C. M. Sauders, *A Social History of Black Slaves and Freedmen in Portugal*, p. 149.

4   Charles Boxer, *O império marítimo português*, p. 47.

5   John Russell-Wood, *Histórias do Atlântico português*, pp. 50-53.

6   A. C. de C. M. Saunders, *A Social History...*, pp. 62-63.

7   José Ramos Tinhorão, *Negros em Portugal*, pp. 84-86.

8   Gomes Eanes de Azurara, *Crônica...*, pp. 68-80.

9   Hugh Thomas, *The Slave Trade*, pp. 54-55.

10   Malyn Newitt, *A History of Portuguese Overseas Expansion*, p. 25.

11   Citado em Hugh Thomas, *The Slave Trade*, p. 56.

12   Costa e Silva, *A manilha e o libambo*, p. 154.

13   Nick Hazlewood, *The Queen's Slave Trader*, p. 32.

14   John Thornton, *Africa and Africans in the Making of the Atlantic World*, p. 38.

15   Arlindo Manuel Caldeira, *Escravos e traficantes*, p. 55.

CAPÍTULO 3: AS ORIGENS

1   David Eltis; Stanley Engerman, *The Cambridge World History of Slavery*, vol. 3, cap. 1, p. 11.

2   Orlando Patterson, *Slavery and Social Death*, p. XVIII.

3   B. W. Higman, *The Cambridge World History of Slavery*, vol. 3, cap. 19.

4   David Eltis; Stanley Engerman, *The Cambridge World History of Slavery*, vol. 3, cap. 1, p. 3.

5   William G. Clarence-Smith e David Eltis, *The Cambridge World History of Slavery* vol. 3, cap. 6, pp. 133 e 145.

6   David Brion Davis, *Inhuman Bondage*, pp. 30 e 49.

7   Paul E. Lovejoy, *Transformations in Slavery*, pp. 1-2.

8   Orlando Patterson, *Slavery and Social Death*, citações neste e nos próximos quatro parágrafos, pp. 105, 58-8, 56, 4 e 40.

9   Paul E. Lovejoy, *Transformations in Slavery*, p. 2.

10   Luiz Felipe de Alencastro, *O trato dos viventes*, p. 144.

11   Citado em Hugh Thomas, *The Slave Trade*, p. 28.

12   James Walvin, *A Short History of Slavery*, pp. 13-15.

13   Hugh Thomas, *The Slave Trade*, pp. 25-27; Alberto da Costa e Silva, *A manilha e o libambo*, pp. 20-25; Francisco Vidal Luna; Herbert Klein, *Escravismo no Brasil*, p. 14.

ESCRAVIDÃO VOL. I

14   David Brion Davis, *Inhuman Bondage*, pp. 43-45.

15   Alberto da Costa e Silva, *A manilha e o libambo*, p. 850.

16   *Gênesis* 9, 20-25.

17   Jorge Benci, *Economia cristã dos senhores no governo dos escravos*, pp. 47-48 e 64-65.

18   As citações a seguir foram extraídas de David Brion Davis, *Inhuman Bondage: The Rise and Fall of Slavery in the New World*, pp. 57, 75 e 79.

19   G. W. Friedrich Hegel, *Filosofia da História*. Brasília, pp. 83-86.

20   Eric Williams, *Capitalism and Slavery*, Kindle e-book, pp. 144-145.

CAPÍTULO 4: EM NOME DE ALÁ

1   David Brion Davis, *Inhuman Bondage*, p. 63.

2   Rudolph T. Ware III, *The Cambridge World History of Slavery*, vol. 3, cap. 3, pp. 51-52.

3   Ehud R. Toledano, *The Cambridge World History of Slavery*, vol. 3, cap. 2, p. 26.

4   Paul E. Lovejoy, *Transformations in Slavery*, pp. 24 e 33.

5   Paul E. Lovejoy, *Transformations in Slavery*, p. 94.

6   Alberto da Costa e Silva, *A manilha e o libambo*, pp. 39 e 53.

7   William G. Clarence-Smith e David Eltis, *The Cambridge World History of Slavery* vol. 3, cap. 6.

8   *Jeremias* 38, 7.

9   *Atos dos Apóstolos*, 8, 26-39.

10   Elikia M'Bokolo, *África negra: história e civilizações*, p. 226.

11   Orlando Patterson, *Slavery and Social Death*, pp. 315-316.

12   Hugh Thomas, *The Slave Trade*, pp. 39-47.

CAPÍTULO 5: O PATRONO

1   Malyn Newitt, *A History of Portuguese Overseas Expansion,* pp. 27-29.

2   Stephen R. Brown, *1494*, Kindle e-book, posição 956-958.

3   Peter Edward Russell, *Prince Henry, The Navigator*, pp. 8 e 27.

4   Charles Boxer, *O império marítimo português*, p. 52.

5   Sérgio Corrêa da Costa, *Brasil, segredo de Estado*, p. 87.

6   John Thornton, *Africa and Africans in the Making of the Atlantic World*, p. 24.

7   Jorge Caldeira, *História da riqueza no Brasil*, pp. 41-44.

NOTAS

CAPÍTULO 6: MAR INFINITO

1   As explicações sobre o funcionamento das correntes de ventos no Atlântico usadas aqui são de Luiz Felipe de Alencastro, *O trato dos viventes*, pp. 57-59.

2   Charles Corn, *The Scents of Eden: A History of the Spice Trade*, p. xxiv.

3   Sérgio Corrêa da Costa, *Brasil — segredo de Estado*, pp. 72-73.

4   John Thornton, *Africa and Africans in the Making of the Atlantic World*, p. 31.

5   Alberto da Costa e Silva, *A manilha e o libambo*, pp. 309-310.

6   Herbert Klein, *The Atlantic Slave Trade* p. 10.

7   Alberto da Costa e Silva, *A manilha e o libambo*, pp. 215, 9 e 321.

8   Hugh Thomas, *The Slave Trade*, pp. 10-11 e 84-86.

9   David Brion Davis, *Inhuman Bondage*, Kindle e-book, posição 1900.

10 Hugh Thomas, *The Slave Trade*, pp. 88-90, 92-100 e 105.

11 Júnia Ferreira Furtado, *Homens de negócio...*, p. 33.

12 Luiz Felipe de Alencastro, *O trato dos viventes*, p. 25.

13 Charles Boxer, *O império marítimo português*, pp. 66-69; John Russell-Wood, *Histórias do Atlântico português*, 50.

14 Charles Boxer, *O império marítimo português*, p. 217.

15 A. C. de C. M. Saunders, *A Social History of Black Slaves and Freedmen in Portugal*, pp 47-49.

CAPÍTULO 7: TERRA DOS PAPAGAIOS

1   José Ramos Tinhorão, *Os negros em Portugal: uma presença silenciosa*, p. 344.

2   Jean Marcel Carvalho França, *A construção do Brasil na literatura de viagem dos séculos xvi, xvii e xviii*, pp. 100-102.

CAPÍTULO 8: O MASSACRE

1   Segundo os cálculos do Programa das Nações Unidas para o Desenvolvimento (pndu), morreram 109,7 milhões de pessoas nos conflitos do século xx, o equivalente a 4,35% da população média do planeta no período. Os 40 milhões de indígenas mortos na América da chegada dos europeus a 1600 correspondiam a 8,9% da população mundial na época.

2   B. W. Higman, *Demography and Family Structures*, in *The Cambridge World History of Slavery*, vol. 3, cap. 19. pp. 482-484.

3   Dados do ibge (2010).

4   Luiz Felipe de Alencastro, *O trato dos viventes*, pp. 127.

5   Stuart B. Schwartz, *Sugar Plantations*, p. 44; Luiz Felipe de Alencastro, *O trato dos viventes*, p. 130.

ESCRAVIDÃO VOL. I

6   Adriana Lopez, Carlos Guilherme Mota, *História do Brasil*, pp. 31-37.

7   Hans Staden, *Duas viagens ao Brasil*, citado em Adriana Lopez, Carlos Guilherme Mota, *História do Brasil*, p. 39.

8   Hugh Thomas, *The Slave Trade*, p. 105.

9   Alexandre Marchant, *Do escambo à escravidão*, p. 59.

10   Luiz Felipe de Alencastro, *O trato dos viventes*, p. 47.

11   Citado em Ronaldo Vainfas, *Ideologia e escravidão*, esta e a citação seguinte, p. 70 a 78.

12   Stuart B. Schwartz, *Sugar Plantations*, p. 45.

13   Luiz Felipe de Alencastro, *O trato dos viventes*, pp. 194-196 e 121.

14   Boris Fausto, *História do Brasil*, p. 80.

15   Luiz Felipe de Alencastro, *O trato dos viventes*, p. 118.

16   Hugh Thomas, *The Slave Trade*, p. 98.

17   Citado em Jorge Caldeira, *História da riqueza no Brasil*, p. 77.

18   Luiz Felipe de Alencastro, *O trato dos viventes*, p. 119.

19   Citado em José Oscar Beozzo, *Escravidão negra e a história da Igreja na América Latina e no Caribe*, pp. 48-49.

20   Luiz Felipe de Alencastro, *O trato dos viventes*, p. 142.

CAPÍTULO 9: A ÁFRICA

1   Alberto da Costa e Silva, *A enxada e a lança*, pp. 328 e 329. A abertura deste capítulo é parte do texto do prefácio que, a convite do nosso maior africanista, tive a honra de escrever para uma nova edição do seu livro, em 2011.

2   Hugh Thomas, *The Slave Trade*, p. 44.

3   Robert Harms, *The Diligent*, pp. 16 e 114.

4   Arlindo Manuel Caldeira, *Escravos e traficantes*, p. 61.

5   Robert Harms, *The Diligent*, p. 125.

6   Alberto da Costa e Silva, *Um rio chamado Atlântico*, p. 58.

7   Alberto da Costa e Silva, *A manilha e o libambo*, pp. 175 e 413.

8   John Thornton, *Africa and Africans in the Making of the Atlantic World*, p. 75.

9   Joseph Inikori, *The Cambridge World History of Slavery*, vol. 3, cap. 25.

10   G. Ugo Nwokeji, *The Cambridge World History of Slavery*, vol. 3, cap. 4, p. 89.

11   Alberto da Costa e Silva, *A manilha e o libambo*, p. 193.

12   Sven Beckert, *Empire of Cotton*, e-book Kindle, posições 444-446.

13   Duarte Pachedo Pereira, *Esmeraldo de Situ Orbis*, citado em Alberto da Costa e Silva, *Um rio chamado Atlântico*, p. 58.

NOTAS

14 Alberto da Costa e Silva, *A África explicada aos meus filhos*, p. 31.

15 Alberto da Costa e Silva, *A manilha e o libambo*, pp. 153 e 310-311.

16 John Thornton, *Africa and Africans in the Making of the Atlantic World*, p. 18.

17 Joseph Inikori, *The Cambridge World History of Slavery*, vol. 3, cap. 25.

18 John Thornton, *Africa and Africans in the Making of the Atlantic World*, pp. 91 a 105.

CAPÍTULO 10: A CICATRIZ

1 Conforme verbete no Dicionário de Português licenciado para a Oxford University Press.

2 Charles Boxer, *O império marítimo português*, p. 41.

3 John Thornton, *Africa and Africans in the Making of the Atlantic World*, p. 94.

4 Paul E. Lovejoy, *Transformations in Slavery*, p. 53, com base nos estudos de Patrick Manning.

5 Alberto da Costa e Silva, *A manilha e o libambo*, pp. 83-84.

6 Herbert Klein, *The Atlantic Slave Trade*, pp. 130-131.

7 John Thornton, *Africa and Africans in the Making of the Atlantic World*, p. 74.

8 Alberto da Costa e Silva, *A manilha e o libambo*, pp. 91, 99-100, 104-107.

9 G. Ugo Nwokeji, *The Cambridge World History of Slavery*, vol. 3, cap. 4.

10 Alberto da Costa e Silva, *A manilha e o libambo*, pp. 111-112.

11 G. Ugo Nwokeji, *The Cambridge World History of Slavery*, vol. 3, cap. 4.

12 Olaudah Equiano, *The Interesting Narrative and Other Writings*, pp. 37 e 47.

13 Joseph Inikori, *The Cambridge World History of Slavery*, vol. 3, cap. 25.

14 Paul E. Lovejoy, *Transformations in Slavery*, p. 109.

15 Marcus Rediker, *The Slave Ship*, Kindle e-book, posições 1608-1612.

16 John Thornton, *Africa and Africans in the Making of the Atlantic World*, p. 119.

17 Joseph Miller, *Way of Death*, pp. 148-149 e 160.

18 João Pedro Marques, *Escravatura: perguntas e respostas*, p. 51.

19 Patrick Manning, *Slavery and African life: Occidental, Oriental, and African Slave Trades*, pp. 170-171.

20 Elikia M'Bokolo, *África negra*, p. 209.

CAPÍTULO 11: RECONCILIAÇÃO

1 *Brasil: DNA África*: <https://www.youtube.com/watch?reload=9&v=p8nHZZ-zXf5o>.

ESCRAVIDÃO VOL. I

2 Depoimento de Zulu Araújo ao jornalista João Fellet, correspondente da BBC Brasil em Washington, em 14 de janeiro de 2016, disponível em <https://www.bbc.com/portuguese/noticias/2016/01/160113_dna_africano_zulu_jf_cc>.

CAPÍTULO 12: O LABORATÓRIO

1 Entrevista pessoal com o autor realizada na cidade de Praia, Cabo Verde, em setembro de 2017.

2 Robert Harms, *The Diligent*, p. 112.

3 O estudo e as imagens da NASA que mostram o rastro de partículas do Saara sobre o Atlântico podem ser vistos neste link: <https://www.nasa.gov/content/goddard/nasa-satellite-reveals-how-much-saharan-dust-feeds-amazon-s-plants>.

4 Arlindo Manuel Caldeira, *Escravos e traficantes no Império Português*, p. 57.

5 Alberto da Costa e Silva, *A manilha e o libambo*, pp. 230-231.

6 Charles Boxer, *O império marítimo português*, p. 99.

7 David Brion Davis, *Inhuman Bondage*, pp. 85-86.

8 Judith A. Carney; Richard Nicholas Rosomoff, *In the Shadow of Slavery: Africa's Botanical Legacy in the Atlantic World*, pp. 65-71 e 177.

9 Luiz Felipe de Alencastro, *O trato dos viventes*, p. 251.

10 Alberto da Costa e Silva, *A manilha e o libambo*, pp. 328-329.

11 Luiz Felipe de Alencastro, *O trato dos viventes*, pp. 64-66, 180 e 429.

12 Arlindo Manuel Caldeira, *Escravos e traficantes...*, p. 55.

13 A. C. de C. M. Saunders, *A Social History of Black Slaves*, pp. 26-30.

14 Hugh Thomas, *The Slave Trade*, p. 103.

15 G. Ugo Nwokeji, *The Cambridge World History of Slavery*, vol. 3, cap. 4.

16 Arthur Ramos, *As culturas negras no Novo Mundo*, p. 207.

17 Hugh Thomas, *The Slave Trade*, pp. 164-165.

18 Luiz Felipe de Alencastro, *O trato dos viventes*, pp. 82-83.

19 Alberto da Costa e Silva, *A manilha e o libambo*, p. 255.

20 Arlindo Manuel Caldeira, *Escravos e traficantes...*, pp. 57-58.

21 As citações são de Arlindo Manuel Caldeira, *Escravos e traficantes...*, pp. 58-59.

22 José Ramos Tinhorão, *Negros em Portugal*, p. 61.

23 Alberto da Costa e Silva, *A manilha e o libambo*, p. 230.

24 Luiz Felipe de Alencastro, *O trato dos viventes*, pp. 48-49.

25 Alberto da Costa e Silva, *A manilha e o libambo*, pp. 245 e 252-253.

NOTAS

CAPÍTULO 13: RUÍNAS DE UM SONHO

1   Charles Boxer, *O império marítimo português*, p. 106.

2   John Russell-Wood, *Histórias do Atlântico português*, p. 35.

3   Paul E. Lovejoy, *Transformations in Slavery*, pp. 127-128.

4   A descrição a seguir é baseada em Alberto da Costa e Silva, *A manilha e o libambo*, pp. 360-364.

5   Os paralelos são aqui tomados de Alberto da Costa e Silva, *A manilha e o libambo*, pp. 365-366, que por sua vez se valem dos estudos de John Thornton.

6   Na internet, as cartas entre os reis do Congo e de Portugal podem ser acessadas em <http://archive.org/stream/historiadocongod00jorduoft/historiadocongod-00jorduoft_djvu.txt>.

7   Alberto da Costa e Silva, *A manilha e o libambo*, p. 371.

8   Alberto da Costa e Silva, *A manilha e o libambo*, pp. 379 e 435.

9   A identidade dos jagas, frequentemente confundidos com os ingambalas angolanos, tem sido alvo de infindáveis discussões entre os historiadores. Segundo a professora Mariana Candido, não representavam uma etnia ou povo específico. Em vez disso, a denominação teria sido criada pelos próprios portugueses para designar diferentes inimigos, ou seja, aqueles que resistiam à conquista, às propostas de aliança comercial e à conversão ao cristianismo. O soberano de Kissama, por exemplo, era frequentemente chamado de "jaga" nos documentos portugueses, até o momento em que, por volta de 1694, anunciou a disposição de aceitar "a luz da Igreja e o sagrado batismo". A partir daí, passou a ser chamado de "soba", a denominação dos chefes regionais aliados da Coroa portuguesa. Mariana Candido, *An African Slaving Port and the Atlantic World: Benguela and its Hinterland*, Kindle e-book, posições 1326-1332.

10   Alberto da Costa e Silva, *A manilha e o libambo*, p. 434.

11   Luiz Felipe de Alencastro, *O trato dos viventes*, p. 290.

12   Luiz Felipe de Alencastro, *O trato dos viventes*, pp. 285-298.

CAPÍTULO 14: ANGOLA

1   José Augusto Duarte Leitão, *A missão do padre Baltasar Barreira no Reino de Angola*, p. 67.

2   Hugh Thomas, *The Slave Trade*, p. 132.

3   José Augusto Duarte Leitão, *A missão do padre Baltasar Barreira no Reino de Angola*, pp. 71-74.

4   Roquinaldo Ferreira, *Cross-Cultural Exchange in the Atlantic World: Angola and Brazil During the Era of the Slave Trade*, p. 1.

5   Mariana Candido, *An African Slaving Port and the Atlantic World: Benguela and*

451

ESCRAVIDÃO VOL. I

its Hinterland e-book Kindle, posições 248-249; Luiz Felipe de Alencastro, *O trato dos viventes*, pp. 85 e 184.

6 Joseph Miller, *Way of Death*, pp. 8-9.

7 Mariana Candido, *An African Slaving Port and the Atlantic World...* pp. 1009-1019.

8 Charles Boxer, *O império marítimo português*, pp. 109-110.

9 Os números são de Alberto da Costa e Silva, *A manilha e o libambo*, p. 413.

10 José Augusto Duarte Leitão, *A missão do padre Baltasar Barreira no Reino de Angola*, p. 74.

11 Luiz Felipe de Alencastro, *O trato dos viventes*, p. 174.

12 Alberto da Costa e Silva, *A manilha e o libambo*, p. 413.

13 Luiz Felipe de Alencastro, *O trato dos viventes*, p. 63.

14 As descrições são baseadas em Joseph Miller, *Way of Death*, pp. 175 e 192, e Roquinaldo Ferreira, *Cross-Cultural Exchange in the Atlantic World*, p. 32.

15 Roquinaldo Ferreira, *Cross-Cultural Exchange in the Atlantic World*, pp. 33, 59-60 e 62.

16 Segundo o historiador Luiz Felipe de Alencastro, em *O trato dos viventes*, p. 83, ainda recentemente *libambo* designava, no Nordeste brasileiro, as levas de sertanejos que migram para o sul em busca de trabalho.

17 Roquinaldo Ferreira, *The Cambridge World History of Slavery*, vol. 3, cap. 5.

18 Roquinaldo Ferreira, *Cross-Cultural Exchange in the Atlantic World*, p. 42.

19 Luiz Felipe de Alencastro, *O trato dos viventes*, pp. 90 e 100-101.

20 Números de Magalhães Godinho, citados em Charles Boxer, *O império marítimo português*, p. 112.

21 Luiz Felipe de Alencastro, *O trato dos viventes*, p. 110.

CAPÍTULO 15: O NEGÓCIO

1 Herbert Klein, *The Atlantic Slave Trade*, pp. 75 e 100.

2 David Brion Davis, *Inhuman Bondage*, p. 101.

3 David Eltis e David Richardson, *Atlas of the Transatlantic Slave Trade*, p. 37.

4 Alberto da Costa e Silva, *Francisco Félix, mercador de escravos*, e-book Kindle posições 447-448.

5 Gilberto Freyre, *Casa-Grande & Senzala*, p. 333; Hugh Thomas, *The Slave Trade*, p. 117.

6 Carl N. Degler, *Nem preto nem branco*, p. 76.

7 Robin Law, *The Slave Coast of West Africa, 1550-1750*, p. 183.

8 Luiz Felipe de Alencastro, *O trato dos viventes*, p. 49.

NOTAS

9 Joseph Miller, *Way of Death*, pp. 74-77.

10 Manolo Florentino, *The Slave Trade, Colonial Markets, and Slave Families in Rio de Janeiro, Brazil, ca. 1790-ca. 1830*, em David Eltis e David Richardson, *Extending Frontiers*, p. 277.

11 Luiz Felipe de Alencastro, *O trato dos viventes*, pp. 312-326.

12 Joseph Miller, *Way of Death*, p. 83.

13 Luiz Vianna Filho, *O negro na Bahia*, p. 41.

14 John Russell-Wood, *Histórias do Atlântico português*, p. 43.

15 Paul E. Lovejoy, *Transformations in Slavery*, p. 110.

16 Manolo Florentino, *Em costas negras*, pp. 136-137 e 144.

17 Alberto da Costa e Silva, *A manilha e o libambo*, p. 336.

18 Roquinaldo Ferreira, *Cross-Cultural Exchange in the Atlantic World*, pp. 25-26.

19 André João Antonil, *Cultura e opulência do Brasil*, pp. 106-107.

20 Charles Boxer, *O império marítimo português*, p. 108.

21 Alberto da Costa e Silva, *A manilha e o libambo*, p. 101.

22 Frei Vicente do Salvador, *História do Brasil*, Livro II, cap. V, fls. 36.

23 Luiz Felipe de Alencastro, *O trato dos viventes*, p. 258.

24 Herbert Klein, *The Atlantic Slave Trade*, pp. 113-115.

25 Robin Law, *The Slave Coast,* pp. 52-55.

26 Robert Harms, *The Diligent*, p. 81.

27 Hugh Thomas, *The Slave Trade*, p. 153.

28 John Locke, *The Second Treatise of Government and a Letter Concerning Toleration*, citado em Hugh Thomas, *The Slave Trade*, pp. 198 a 206.

CAPÍTULO 16: OS LUCROS DO TRÁFICO

1 Walter Hawthorne, *From Africa to Brazil*, pp. 111 a 115.

2 Herbert Klein, *The Atlantic Slave Trade*, pp. 91-93.

3 Alberto da Costa e Silva, *Francisco Félix...*, e-book Kindle posições, 472-474.

4 Manolo Florentino, *Em costas negras*, pp. 147-150.

5 Robert Harms, *The Diligent,* E-book Kindle, posição 235.

6 Hugh Thomas, *The Slave Trade*, pp. 198 a 206.

7 Herbert Klein, *The Atlantic Slave Trade*, pp. 81-82.

8 Eric Williams, *Capitalism and Slavery*, 2015.

9 Manolo Florentino, *Em costas negras*, p. 175.

10 João Pedro Marques, *Escravatura, perguntas e respostas*, pp. 86-87.

11 Este parágrafo reproduz parte do texto do capítulo "A escravidão", do meu livro *1808*.

12 Marcus Rediker, *The Slave Ship*, e-book Kindle, posições 913 e 3230-3231.

13 Manolo Florentino, *Em costas negras*, p. 170.

14 Katia M. de Queirós Matoso, *Ser escravo no Brasil*, pp. 69-70.

15 Philip D. Curtin, *The Atlantic Slave Trade: a Census*, pp. 283-284.

16 James Walvin, *Atlas of Slavery*, p. 53.

17 Herbet Klein, *The Atlantic Slave Trade*, pp. 138-142; Luiz Felipe de Alencastro, *O trato dos viventes*, p. 253.

18 Robert Harms, *The Diligent*, p. 318.

19 Alexandre Vieira Ribeiro, *The Transatlantic Slave Trade to Bahia, 1582-1851*, em David Ellis e David Richardson, *Extending Frontiers*, p. 146.

20 Kátia Mattoso, *Ser escravo no Brasil*, p. 37.

21 Marcus Rediker, *The Slave Ship*, e-book Kindle, posições 1111-1120.

22 Paul E. Lovejoy, *Transformations in Slavery*, p. 52. O cálculo de Lovejoy é baseado no valor das mercadorias inglesas usadas no tráfico negreiro, e não no preço efetivamente pago pelos cativos na costa da África.

23 Joseph Miller, *Way of Death*, p. 477.

24 Luiz Felipe de Alencastro, *O trato dos viventes*, pp. 36 e 74-75.

CAPÍTULO 17: OS NÚMEROS

1 David Brion Davis, prefácio de *Atlas of the Transatlantic Slave Trade*, p. xxi.

2 Essas diferentes estimativas são citadas em Philip D. Curtin, *The Atlantic Slave Trade: a Census*, p. xv e Jean Marcel Carvalho França, *A construção do Brasil*, p. 19; Robert Edgar Conrad, *Tumbeiros*, pp. 34-35.

3 *The Transatlantic Slave Trade Database*, em slavevoyages.org, consultado em 7 de outubro de 2018.

4 Roquinaldo Ferreira, *África durante o comércio negreiro*, e Luiz Felipe de Alencastro, "África, números do trágico Atlântico" em *Dicionário da escravidão e liberdade* (org. Lilia M. Schwarcz e Flávio Gomes), pp. 54-55 e pp. 59-61.

5 Luis Viana Filho, em *O negro na Bahia* (p. 38), divide o tráfico de escravos na Bahia da seguinte forma: Ciclo da Guiné, século xvi; ciclo de Angola, século xvii; ciclo da Costa da Mina e Golfo do Benim, século xviii até 1815; última fase, a ilegalidade, de 1816 a 1851.

6 David Eltis; David Richardson (editores) *Extending the Frontiers: Essays on the New Transatlantic Slave Trade Database*, p. 9.

7 Antonio de Almeida Mendes, *The Foundations of the System: a Reassessment of the Slave Trade to the Spanish Americas in the Sixteenth and Seventeenth*

NOTAS

Centuries, em David Eltis; David Richardson (editores) *Extending the Frontiers: Essays on the New Transatlantic Slave Trade Database*, pp. 64 e 83.

8   David Eltis; David Richardson, *Atlas of the Transatlantic Slave Trade*, pp. 3, 23, 39 e 90.

9   Nos livros e estudos sobre a escravidão, a atual região de Angola, que na época incluía o antigo Reino do Congo, costuma ser identificada como África Central Ocidental (*West Central Africa*, em inglês).

10 David Eltis; David Richardson, *Atlas of the Transatlantic Slave Trade*, p. 203.

11 Boris Fausto, *História do Brasil*, p. 54.

12 George Reid Andrews, *Slavery and Race Relations in Brazil*, pp. 6-7. Estima-se que outros 300 mil escravos tenham sido transportados das ilhas do Caribe para os Estados Unidos, o que daria um total de cerca de 700 mil cativos desembarcados em solo norte-americano.

CAPÍTULO 18: O NAVIO NEGREIRO

1   Marcus Rediker, *The Slave Ship*, e-book Kindle, posições 223-228 e 3288.

2   Roquinaldo Ferreira, *Cross-Cultural Exchange in the Atlantic World...*, pp. 135-136.

3   Herbet Klein, *The Atlantic Slave Trade*, pp. 86-87.

4   Luiz Felipe de Alencastro, *O trato dos viventes*, pp. 146-147.

5   Charles Boxer, *Salvador de Sá*, p. 230.

6   Joseph Miller, *Way of Death*, pp. 390-391.

7   Roquinaldo Ferreira, *Cross-Cultural Exchange in the Atlantic World: Angola and Brazil During the Era of the Slave Trade*, p. 121.

8   Charles Boxer, *Salvador de Sá*, p. 230.

9   Joseph Miller, *Way of Death*, pp. 403-404.

10 João Pedro Marques, *Escravatura, perguntas e respostas*, p. 64.

11 Roquinaldo Ferreira, *Cross-Cultural Exchange in the Atlantic World...*, p. 122.

12 Robert Harms, *The Diligent*, pp. 249-250.

13 Mariana Candido, *An African Slaving Port and the Atlantic World: Benguela and its Hinterland*, e-book Kindle, posições 1186-1191.

14 Robert Harms, *The Diligent*, p. 352.

15 Walter Hawthorne, *From Africa to Brazil*, p. 109.

16 Robert Harms, *The Diligent*, p. 83.

17 John Thornton, *Africa and Africans in the Making of the Atlantic World*, p. 38.

18 Clóvis Moura, *Dicionário da escravidão negra no Brasil*, p. 44 e 59.

19 Marcus Rediker, *The Slave Ship*, e-book Kindle, posições 1271-1274.

20 David Eltis; David Richardson, *Atlas of the Transatlantic Slave Trade*, p. 161.

21 Robert Harms, *The Diligent*, p. 272.

22 Eric Williams, *Capitalism and Slavery*, e-book Kindle, posição 875.

23 Arlindo Caldeira, *Escravos e traficantes no Império Português*, pp. 139-140.

24 Robert Harms, *The Diligent*, p. 312.

25 Arlindo Caldeira, *Escravos e traficantes no Império Português*, p. 144.

26 John Thornton, *Africa and Africans in the Making of the Atlantic World*, pp. 154-155.

27 Arlindo Caldeira, *Escravos e traficantes no Império Português*, p. 145.

28 Joseph Miller, *Way of Death*, pp. 411-412.

29 Luiz Felipe de Alencastro, *O trato dos viventes*, p. 252.

30 Joseph Miller, *Way of Death*, p. 421.

31 Charles Boxer, *Salvador de Sá*, p. 252.

32 Luiz Vianna Filho, *O negro na Bahia*, pp. 48-50.

CAPÍTULO 19: A CHEGADA

1 Marcus Rediker, *The Slave Ship*, e-book Kindle, posições 4071-4078.

2 André João Antonil, *Cultura e opulência do Brasil*, p. 230.

3 Herbert Klein, *The Atlantic Slave Trade*, p. 97.

4 Katia M. de Queirós Matoso, *Ser escravo no Brasil*, pp. 69-70.

5 Joseph Miller, *Way of Death*, p. 474.

6 Robert Harms, *The Diligent*, p. 248.

7 Henry Chamberlain, *Views and Costumes...*, capítulo "The Slave Market", sem numeração de páginas.

8 A estimativa é de Chamberlain; Mary Karasch, em *A vida dos escravos no Rio de Janeiro*, catalogou 225.047 desembarcados entre 1800 e 1816, o que daria uma média anual de 14 mil.

9 Maria Graham, *Diário de uma viagem ao Brasil*, p. 254.

10 James Henderson, *A History of Brazil...*, p. 74.

11 Fernando Henrique Cardoso, prefácio da 51ª edição de Gilberto Freyre, *Casa--Grande & Senzala* (2006), p. 21.

12 Clóvis Moura, *Dicionário da escravidão negra no Brasil*, p. 375.

13 Sheila de Castro Faria, *Dicionário do Brasil Colonial* (org. Ronaldo Vainfas), p. 527.

14 Manuel Ribeiro Rocha, *Etíope resgatado*, p. 136.

15 Jean Marcel Carvalho França, *A construção do Brasil na literatura de viagem...*, p. 257.

NOTAS

16   Jorge Benci, *Economia cristã dos senhores no tratado dos escravos*, p. 156.

17   Stuart B. Schwartz, *Sugar Plantations*, p. 134.

18   Stuart B. Schwartz, *Sugar Plantations*, pp. 134-135.

19   Jorge Benci, *Economia cristã...*, p. 165.

20   Silvia Hunold Lara, *Campos da violência*, pp. 73-77.

21   Jorge Benci, *Economia cristã...*, pp. 156-157.

22   Manuel Ribeiro Rocha, *Etíope resgatado*, pp. 132 e 140.

23   André João Antonil, *Cultura e opulência do Brasil*, pp. 98-110.

24   Roger Bastide, *The African Religions of Brazil*, p. 67.

25   Mariana Candido, *An African Slaving Port and the Atlantic World: Benguela and Its Hinterland*, e-book Kindle, posições 3030-3042.

26   Robert Harms, *The Diligent*, p. 350.

27   Luiz Felipe de Alencastro, *O trato dos viventes*, p. 313.

CAPÍTULO 20: O BRASIL

1   Peter L. Eisenberg, *The Sugar Industry in Pernambuco*, p. 5; Boris Fausto, *História do Brasil*, p. 82.

2   André João Antonil, *Cultura e opulência do Brasil por suas drogas e minas*, p. 83.

3   Boris Fausto, *História do Brasil*, p. 192.

4   Alberto da Costa e Silva, *A manilha e libambo*, pp. 135-137.

5   Elizabeth Abbott, *Sugar: A Bittersweet History*, p. 22.

6   Elizabeth Abbott, *Sugar...*, p. 63.

7   Stuart B. Schwartz, *Sugar Plantations in the Formation of Brazilian Society*, pp. 3-4, 9 e 15-23.

8   Maurício Goulart, *Escravidão africana no Brasil*, pp. 56-57.

9   Arthur Ramos, *As culturas negras no Novo Mundo*, p. 217; e Luis Vianna Filho, *O negro na Bahia*, p. 68, com notas adicionais de Luiz Henrique Dias Tavares sobre o tema na p. 75.

10   Ambrósio Fernandes Brandão, *Diálogos das grandezas do Brasil*, citado por Jacob Gorender, *Escravismo colonial*, p. 133.

11   Luiz Felipe de Alencastro, *O trato dos viventes*, p. 247.

12   André João Antonil, *Cultura e opulência do Brasil...*, p. 106.

13   C.R. Boxer, *Salvador de Sá and the Struggle for Brazil and Angola*, p. 255.

14   Stuart B., Schwartz, *Sugar Plantations*, pp. 215 e 227.

15   Elizabeth Abbott, *Sugar...*, p. 43.

16   Stuart B. Schwartz, *Sugar Plantations...*, pp. 23 e 107.

ESCRAVIDÃO VOL. I

17 Jorge Caldeira, *História da riqueza no Brasil*, pp. 78, 102-103.

18 Stuart B. Schwartz, *Sugar Plantations...*, p. 122.

19 Luiz Felipe de Alencastro, *O trato dos viventes*, pp. 16, 24 e 32.

20 C. R. Boxer, *O império marítimo português*, pp. 112-113.

21 Stuart B. Schwartz, *Sugar Plantations...*, pp. 266-272.

22 Stuart B. Schwartz, *Slaves, Peasants, and Rebels...*, p. 41.

23 Jacob Gorender, *O escravismo colonial*, p. 104.

24 Stuart B. Schwartz, *Sugar Plantations...*, pp. 140-141.

25 Stuart B. Schwartz, *Slaves, Peasants, and Rebels...*, pp. 40-49.

26 André João Antonil, *Cultura e opulência do Brasil...*, p. 138.

27 Stuart B. Schwartz, *Sugar Plantations...*, p. 143.

28 Peter L. Eisenberg, *The Sugar Industry in Pernambuco*, p. 151.

29 Stuart B. Schwartz, *Slaves, Peasants, and Rebels...*, p. 41.

CAPÍTULO 21: VISÃO DO INFERNO

1 André João Antonil, *Cultura e opulência do Brasil por suas drogas e minas*, pp. 143-145.

CAPÍTULO 22: A CRUZ E O CHICOTE

1 Clóvis Moura, *Dicionário da escravidão negra no Brasil*, pp. 196-198.

2 Luiz Felipe de Alencastro, *O trato dos viventes*, p. 183.

3 *Sermão XIV, na Bahia, à Irmandade dos Pretos de um engenho no dia de São João Evangelista, no ano de 1633*, em Ronaldo Vainfas, *Ideologia e escravidão*, p. 101.

4 David Brion Davis, *The Problem of Slavery in the Age of Revolution*, 1975.

5 José Oscar Beozzo, *As Américas negras e a história da Igreja*, p. 44.

6 Ronaldo Vainfas, *Ideologia e escravidão: os letrados e a sociedade escravista no Brasil colonial*, p. 72.

7 Alexandre Marchant, *Do escambo à escravidão*, p. 84.

8 Ronaldo Vainfas, *Ideologia e escravidão...*, p. 156.

9 Jorge Benci, *Economia cristã dos senhores no governo dos escravos*, pp. 47-48, 64-65, 84, 125-128, 165 e 178.

10 William G. Clarence-Smith e David Eltis, *The Cambridge World History of Slavery*, vol. 3, cap. 6.

11 Luiz Felipe de Alencastro, *O trato dos viventes*, p. 53.

12 Charles Boxer, *O império marítimo português*, pp. 38-39; José Ramos Tinhorão, *Negros em Portugal*, p. 56.

NOTAS

13 Luiz Felipe de Alencastro, *O trato dos viventes*, p. 63.

14 Arlindo Manuel Caldeira, *Escravos e traficantes no Império Português*, pp. 204-205.

15 Roquinaldo Ferreira, *Cross-Cultural Exchange in the Atlantic World...*, pp. 93-94.

16 José Augusto Duarte Leitão, *A missão do padre Baltasar Barreira no Reino de Angola*, pp. 71-74.

17 Luiz Felipe de Alencastro, *O trato dos viventes*, p. 175.

18 Ronaldo Vainfas, *Ideologia e escravidão*, p. 81.

19 Luiz Felipe de Alencastro, *O trato dos viventes*, p. 58.

20 Larissa Viana, *O idioma da mestiçagem*, pp. 61-64.

21 Charles Boxer, *O império marítimo português*, pp. 255 e 285.

22 As informações sobre a Irmandade de São Pedro Claver em São Sebastião do Caí são de Renato Klein, no blog *Histórias do Vale do Caí*, em <historiasvalecai.blogspot.com>.

CAPÍTULO 23: O ATLÂNTICO HOLANDÊS

1 Evaldo Cabral de Mello, *O negócio do Brasil*, pp. 225 a 251. Em 1998, data da publicação de seu livro, Cabral de Mello calculou em 650 milhões de dólares norte-americanos o valor atualizado da negociação entre Portugal e as Províncias Unidas. Os novos números aqui apresentados levam em conta a inflação do dólar, de 55% em vinte anos, e o preço do ouro em outubro de 2018.

2 Luiz Felipe de Alencastro, *O trato dos viventes*, p. 211.

3 Charles Boxer, *O império marítimo português*, pp. 351-352.

4 Euclides da Cunha, *Os sertões*, em *Obra completa, vol. II*, p. 220.

5 Charles Boxer, *O império marítimo português*, p. 115.

6 A descrição da estrutura institucional, burocrática e mercantil das Províncias Unidas aqui utilizada é de Evaldo Cabral de Mello, *O negócio do Brasil*, pp. 45-52.

7 Thales Guaracy, *A criação do Brasil*, p. 183.

8 Resumo da guerra com base em Charles Boxer, *O império marítimo português*, pp. 116-122.

9 Luiz Vianna Filho, *O negro na Bahia*, p. 80.

10 Charles Boxer, *O império marítimo português*, p. 220.

CAPÍTULO 24: A GUERRA PELOS CATIVOS

1 Luiz Felipe de Alencastro, *O trato dos viventes*, p. 210.

2 Luiz Felipe de Alencastro, *O trato dos viventes*, pp. 222-226.

ESCRAVIDÃO VOL. I

3   Alberto da Costa e Silva, *A manilha e o libambo*, p. 470.

4   Luiz Felipe de Alencastro, *O trato dos viventes*, p. 191.

5   Evaldo Cabral de Mello, *O negócio do Brasil*, pp. 68-69.

6   Charles Boxer, *O império marítimo português*, p. 122.

7   Evaldo Cabral de Mello, *O negócio do Brasil*, p. 251.

8   Luiz Felipe de Alencastro, *O trato dos viventes*, pp. 215-218.

9   Jorge Caldeira, *História da riqueza no Brasil*, p. 99.

CAPÍTULO 25: O PADRE ETERNO

1   Luiz Felipe de Alencastro, *O trato dos viventes*, p. 197.

2   John Russell-Wood, *Histórias do Atlântico português*, p. 139.

3   Adriana Romeiro, *Corrupção e poder no Brasil: uma história*, pp. 192-196.

4   Luiz Felipe de Alencastro, *O trato dos* viventes, p. 201.

5   Luiz Felipe de Alencastro, *O trato dos* viventes, p. 236.

6   João Fragoso e Ana Rios, *Slavery and Politics in Colonial Portuguese America: The Sixteenth to Eighteenth Centuries*, em *The Cambridge World History of Slavery*, e-book Kindle, posição 358.

7   Charles Boxer, *O império marítimo português*, p. 280.

8   Luiz Felipe de Alencastro, *O trato dos* viventes, p. 263.

9   Roquinaldo Ferreira, *Cross-Cultural Exchange in the Atlantic World*, pp. 8-9.

10   Mariana Candido, *An African Slaving Port and the Atlantic World: Benguela and its Hinterland*, e-book Kindle, posições 1731-1742.

11   Luiz Felipe de Alencastro, *O trato dos* viventes, p. 302.

12   João Fragoso e Ana Rios, *Slavery and Politics in Colonial Portuguese America...* e-book Kindle, posição 359.

CAPÍTULO 26: O DESTINO DE CATARINA

1   Meus agradecimentos ao jornalista e professor Carlos Magno, amigo e veterano parceiro e orientador de minhas pesquisas em Portugal, que pela primeira vez me chamou a atenção para essa história.

2   Diversas imagens da estátua de Catarina de Bragança no Parque das Nações estão disponíveis em <https://www.guiadacidade.pt/pt/poi-estatua-da-rainha-d-catarina-de-braganca-281574>.

3   Uma reprodução da maquete do projeto original da estátua de Catarina de Bragança no Queens pode ser vista em <https://omantodorei.files.wordpress.com/2014/11/35.jpg>.

460

NOTAS

4 *The New York Times*, "The Statue that Never Was", 9 de novembro de 2017.

5 Charles Boxer, *O império marítimo português*, pp. 121-122.

6 Evaldo Cabral de Mello, *O negócio do Brasil*, pp. 228-238.

7 "O que a tradição de beber chá diz sobre os britânicos", artigo no site da BBC Brasil, 22 de junho de 2016.

8 Gilberto Freyre, *Casa-Grande & Senzala*, p. 333; Hugh Thomas, *The Slave Trade*, p. 117.

9 Hugh Thomas, *The Slave Trade*, pp. 198 a 206.

10 Luiz Felipe Thomaz, "Por um Museu dos Descobrimentos", *O Observador*, 6 de agosto de 2018.

CAPÍTULO 27: O DESTINO DE JINGA

1 Nome também grafado como Ginga, Zinga ou Nzinga, segundo algumas fontes.

2 Paul E. Lovejoy, *Transformations in Slavery*, p. 96.

3 Marina de Mello e Souza, *Reis negros no Brasil escravista*, p. 104.

4 Os relatos de Antonio de Gaeta e Olfert Dapper estão em *A rainha Jinga*, blog de Arlindo Correa, <http://arlindo-correia.com/060208.html>.

5 Marina de Mello e Souza, *Reis negros no Brasil escravista*, p. 112.

6 Luiz Felipe de Alencastro, *O trato dos viventes*, pp. 278-279.

7 Há divergência a respeito do ano de nascimento de Jinga. Algumas fontes sugerem que ela teria nascido em 1580, em vez de 1582. Teria, portanto, 83 anos ao morrer.

8 Marina de Mello e Souza, *Reis negros no Brasil escravista*, p. 107.

CAPÍTULO 28: PALMARES

1 Edison Carneiro, *O quilombo dos Palmares*, pp. 19-63.

2 "Diário da viagem do capitão João Blaer a Palmares em 1645", *Revista do Instituto Arqueológico, Histórico e Geográfico Pernambucano*, nº 56, 1902, (tradução de Alfredo de Carvalho), citado em Flávio dos Santos Gomes, *Mocambos e quilombos: uma história do campesinato negro no Brasil*, pp. 87-89.

3 Edison Carneiro, *O quilombo dos Palmares*, pp. 34-35.

4 Roger Bastide, *The African Religions of Brazil*, pp. 84-85 e 89-90.

5 Citado em Jean Marcel Carvalho França e Ricardo Alexandre Ferreira, *Três vezes Zumbi: a construção de um herói brasileiro*, p. 62.

6 R. K. Kent, *Palmares: An African State in Brazil*, p. 167.

7 Edison Carneiro cita uma décima oitava expedição, de 1671, sobre a qual, segundo ele, não há provas ou certezas. *O quilombo dos Palmares*, p. 16.

ESCRAVIDÃO VOL. I

8   R. K. Kent, *Palmares: An African State in Brazil*, p. 163.

9   Ronaldo Vainfas (org.), *Dicionário do Brasil colonial*, p. 468.

10   Luiz Felipe de Alencastro, *O trato dos viventes*, p. 343.

11   Citado em José Oscar Beozzo, *As Américas negras e a história da Igreja*, p. 63.

12   Edison Carneiro, *O quilombo dos Palmares*, pp. 84-85.

13   R. K. Kent, *Palmares: An African State in Brazil*, p. 172.

14   As descrições e frases a respeito dos paulistas são de Charles Boxer, em *A idade de ouro do Brasil*, p. 48.

15   Luiz Felipe de Alencastro, *O trato dos viventes*, p. 243.

16   Edison Carneiro, *O quilombo dos Palmares*, pp. 27 e 106-108.

17   Luiz Felipe de Alencastro, *O trato dos viventes*, p. 239.

CAPÍTULO 29: ZUMBI

1   Jean Marcel Carvalho França; Ricardo Alexandre Ferreira, *Três vezes Zumbi: a construção de um herói brasileiro*, prefácio de Manolo Florentino.

2   Citado em Jean Marcel Carvalho França; Ricardo Alexandre Ferreira, *Três vezes Zumbi...*, p. 96.

3   Décio Freitas, *Palmares: a guerra dos escravos*, pp. 47 e 104.

4   Manolo Florentino e Márcia Amantino, *Runways and Quilombolas in the Americas*, *The Cambridge History of Slavery*, vol. 3, cap. 27.

5   "Em todos os mocambos [...] realizavam-se assembleias populares pedindo a deposição de Ganga Zumba", conforme citação em Clóvis Moura, *Dicionário da escravidão negra no Brasil*, p. 426.

6   R. K. Kent, *Palmares: An African State in Brazil*, p. 162.

7   Luiz Felipe de Alencastro, *O trato dos viventes*, p. 146.

8   Citado em Jean Marcel Carvalho França; Ricardo Alexandre Ferreira, *Três vezes Zumbi...*, p. 62.

9   Décio Freitas, *Palmares: a guerra dos escravos*, p. 125.

10   Citado em Jean Marcel Carvalho França; Ricardo Alexandre Ferreira, *Três vezes Zumbi...*, p. 137.

11   Edison Carneiro, *O quilombo dos Palmares*, p. 42.

12   Décio Freitas, *Palmares: a guerra dos escravos*, p. 127.

CAPÍTULO 30: OURO! OURO! OURO!

1   David Eltis; David Richardson, *Atlas of the Transatlantic Slave Trade*, p. 203.

2   Charles Boxer, *A idade de ouro do Brasil*, p. 22.

NOTAS

3   Jean Marcel Carvalho França, *A construção do Brasil na literatura de viagem dos séculos XVI, XVII e XVIII*, p. 274.

4   Frei Vicente de Salvador, *História do Brasil*, cap. III, fl. 6v.

5   Charles Boxer, *A idade de ouro do Brasil*, pp. 46 e 53.

6   Frei Vicente de Salvador, *História do Brasil*, cap. V, fl. 10.

AGRADECIMENTOS

1   Joseph Miller, *Way of Death: Merchant Capitalism and the Angolan Slave Trade, 1730-1830*, p. xxv.

BIBLIOGRAFIA

Fontes citadas ou utilizadas neste primeiro volume da trilogia:

ABBOTT, Elizabeth. *Sugar: a Bittersweet History*. Londres: Duckworth Publishers, 2008.

ALENCASTRO, Luiz Felipe de. *O trato dos viventes: formação do Brasil no Atlântico Sul*. São Paulo: Companhia das Letras, 2000.

ALENCASTRO, Luiz Felipe de (organização); NOVAIS, Fernando A. (coordenação geral). *História da vida privada no Brasil, vol. 2 — Império: a corte e a modernidade nacional*. São Paulo: Companhia das Letras, 1997.

ALONSO, Ângela. *Joaquim Nabuco*. São Paulo: Companhia das Letras, 2007.

ANDREWS, George Reid. *Slavery and Race Relations in Brazil*. Albuquerque: The University of New Mexico, 1997.

ANTONIL, André João (João Antônio Andreoni). *Cultura e opulência no Brasil por suas drogas e minas*. Brasília: Senado Federal, 2011.

AZEVEDO, Célia Maria Marinho de. *Onda negra, medo branco: o negro no imaginário das elites — século XIX*. Rio de Janeiro: Paz e Terra, 1987.

AZURARA (ZURARA), Gomes Eanes de. *Crónica do descobrimento e da conquista da Guiné* (introdução, atualização de texto e notas de Reis Brasil). Lisboa: Publicações Europa-América, 1989.

BASTIDE, Roger. *The African Religion of Brasil: Toward a Sociology of the Interpenetration of Civilizations*. Baltimore: The Johns Hopkins University Press, 2007.

BECKERT, Sven. *Empire of Cotton: a Global History*. Nova York: Alfred A. Knopf, 2014.

BENCI, Jorge. *Economia cristã dos senhores no governo dos escravos*. São Paulo: Editorial Grijaldo, 1977.

BEOZZO, José Oscar. "As Américas negras e a história da Igreja: questões metodológicas", em *Escravidão negra e a história da Igreja na América Latina e no Caribe*. Petrópolis: Editora Vozes, 1987.

BOTELHO, André; SCHWARCZ, Lilia Moritz. *Um enigma chamado Brasil: 29 intérpretes e um país*. São Paulo: Companhia das Letras, 2009.

BOXER, C. R. *A idade de ouro do Brasil: dores do crescimento de uma sociedade colonial*. São Paulo: Companhia Editora Nacional, 1963.

BOXER, C. R. *O império marítimo português 1415-1825*, Lisboa: Edições 70, 1969.

BOXER, C. R. *Salvador de Sá and the Struggle for Brazil and Angola, 1602-1686*. Londres: The University of London/The Athlone Press, 1952.

(Opção: *Salvador de Sá e a luta pelo Brasil e Angola, 1602-1686*. São Paulo: Companhia Editora Nacional/Editora da Universidade de São Paulo, 1973 [na Brasiliana digital].)

BROWN, Stephen R. *1494: How a Family Feud in Medieval Spain Divided the World in Half*. Nova York: Thomas Dunne Books, 2012.

BURNE, Jerome (editor); LEGRAND, Jacques (idealizador e coordenador). *Chronicle of the World — The Ultimate Record of World History*. London: Dorling Kindersley Limited, 1996.

CALDEIRA, Arlindo Manuel. *Escravos e traficantes no Império Português: o comércio negreiro português no Atlântico durante os séculos xv a xix*. Lisboa: Esfera dos Livros, 2013.

CALDEIRA, Jorge. *História da riqueza no Brasil: cinco séculos de pessoas, costumes e governos*. Rio de Janeiro: Estação Brasil, 2017.

CANDIDO, Mariana P. *An African Slaving Port and the Atlantic World: Benguela and its Hinterland*. Nova York: Cambridge University Press, 2013.

CARNEIRO, Edison. *O quilombo dos Palmares*. São Paulo: Editora WMF Martins Fontes, 2011.

CARNEY, Judith A; ROSOMOFF, Richard Nicholas. *In the Shadow of Slavery: Africa's Botanical Legacy in the Atlantic World*. Berkeley: University of California Press, 2009.

CASTRO, Hebe Maria Mattos de. *Das cores do silêncio: os significados a liberdade no sudeste escravista, Brasil Século xix*. Rio de Janeiro: Arquivo Nacional, 1995.

CASTRO, Yeda Pessoa de. *Falares africanos na Bahia: um vocabulário afro-brasileiro*. Rio de Janeiro: Topbooks, 2001.

CHAMBERLAIN, Sir Henry. *Views and Costumes of the City and Neighbourhood of Rio de Janeiro, Brazil from Drawings Taken by Leitenant Chamberlain, of the Royal Artillary During the Years of 1819 and 1820*. Londres: Columbia Press, 1822.

CHRISTOPHER, Emma. *Slave Ship Sailors and Their Captive Cargoes, 1730-1807*. Nova York: Cambridge University Press, 2006.

CONRAD, Robert Edgar. *Children of God's Fire: a Documentary History of Black Slavery in Brazil*. University Park: The Pennsylvania State University Press, 2006.

BIBLIOGRAFIA

CONRAD, Robert Edgar. *Tumbeiros: o tráfico de escravos para o Brasil*. São Paulo: Brasiliense, 1985.

CORN, Charles. *The Scents of Eden: a History of the Spice Trade*. Nova York: Kodansha America, 1998.

COSTA, Sérgio Corrêa da. *Brasil, segredo de Estado — incursão descontraída pela história do país*. Rio de Janeiro: Editora Record, 2001.

CUNHA, Euclides da. *Os sertões*, em *Euclides da Cunha: Obra completa, vol. II*. Rio de Janeiro: Editora Nova Aguilar, 1995.

CURTIN, Philip D. *The Atlantic Slave Trade: a Census*. Madison: The University of Wisconsin Press, 1969.

DALZEL, Archibald. *The History of Dahomey, an Inland Kingdom of Africa; Compiled From Authentic Memoirs; With an Introduction and Notes. By Archibald Dalzel, esq. Governor at Cape-Coast Castle*. Reprodução da British Library. Londres: impresso pelo autor, 1793.

DAVIS, David Brion. *Inhuman Bondage: the Rise and Fall of Slavery in the New World*. Nova York: Oxford University Press, 2006.

DAVIS, David Brion. *The Problem of Slavery in the Age of Revolution, 1770-1823*. Ithaca (NY) e Londres: Cornell University Press, 1975.

DEAN, Warren. *Rio Claro: um sistema brasileiro de grande lavoura, 1820-1920*. Rio de Janeiro: Paz e Terra, 1977.

DEGLER, Carl N. *Nem preto nem branco: escravidão e relações raciais no Brasil e nos EUA*. Rio de Janeiro: Editorial Labor do Brasil, 1976.

DRESCHER, Seymour. *Econocide: British Slavery in the Era of Abolition*. Pittsburgh: University of Pittsburgh Press, 1977.

EISENBERG Peter L. *The Sugar Industry in Pernambuco: Modernization Without Change, 1840-1910*. Berkeley, California: University of California Press, 1974.

ELTIS, David. *Economic Growth and the Ending of the Transatlantic Slave Trade*. Nova York: Oxford University Press, 1987.

ELTIS, David; RICHARDSON, David (editores). *Extending the Frontiers: Essays on the New Transatlantic Slave Trade Database*. New Haven: Yale University Press, 2008.

ELTIS, David; ENGERMAN, Stanley I (editores). *The Cambridge World History of Slavery, volume 3, AD 1420-AD 1804*. Nova York: Cambridge University Press, 2011.

ELTIS, David. *The Rise of African Slavery in the Americas*. Cambridge: Cambridge University Press, 2000.

EQUIANO, Olaudah. *The Interesting Narrative and Other Writings*. Nova York: Penguin Books, 1995.

FALCONBRIDGE, Alexander. *An Account of the Slave Trade on the Coast of Africa* (fac-símile da primeira edição de 1788, Londres). Nova York: AMS Press, 1973.

FAUSTO, Boris. *História do Brasil*. São Paulo: Edusp/FDE, 1995.

FERREIRA, Roquinaldo. *Cross-Cultural Exchange in the Atlantic World: Angola and Brazil During the Era of the Slave Trade*. Nova York: Cambridge University Press, 2012.

FLORENTINO, Manolo Garcia. *Em costas negras: uma história do tráfico atlântico de escravos entre a África e o Rio de Janeiro (Séculos xviii e xix)*. Rio de Janeiro: Arquivo Nacional, 1995.

FLORENTINO, Manolo Garcia; MACHADO, Cecilia (organizadores). *Ensaios sobre a escravidão (1)*. Belo Horizonte: Editora UFMG, 2003.

FONSECA, Luís Adão. *Os descobrimentos e a formação do Oceano Atlântico: século xiv-século xvi*. Lisboa: Comissão Nacional para as comemorações dos Descobrimentos Portugueses, 1999.

FRANÇA, Jean Marcel Carvalho. *A construção do Brasil na literatura de viagem dos séculos xvi, xvii e xviii, antologia de textos (1591-1808)*. Rio de Janeiro: EdUERJ; José Olympio, 1999.

FRANÇA, Jean Marcel Carvalho. *Visões do Rio de Janeiro colonial (1531-1800)*. Rio de Janeiro: EdUERJ; José Olympio, 1999.

FRANÇA, Jean Marcel Carvalho. *Outras visões do Rio de Janeiro colonial (1582-1808)*. Rio de Janeiro: José Olympio, 2000.

FRANÇA, Jean Marcel Carvalho; FERREIRA, Ricardo Alexandre. *Três vezes Zumbi: a construção de um herói brasileiro* (prefácio de Manolo Florentino). São Paulo: Três Estrelas, 2012.

FREITAS, Décio. *Palmares, a guerra do escravos*. Rio de Janeiro: Edições Graal, 1982.

FREYRE, Gilberto. *Casa-Grande & Senzala: a formação da família brasileira sob o regime da economia patriarcal*. Apresentação de Fernando Henrique Cardoso. São Paulo: Global, 2006.

FURTADO, Júnia Ferreira. *Homens de negócio: a interiorização da metrópole e do comércio nas minas setecentistas*. São Paulo: Editora Hucitec, 2006.

GENOVESE, Eugene D. *Roll, Jordan, Roll: The World the Slaves Made*. Nova York: Vintage Books, 1976.

GOMES, Flávio dos Santos. *Mocambos e quilombos: uma história do campesinato negro no Brasil*. São Paulo: Claro Enigma, 2015.

GORENDER, Jacob. *O escravismo colonial* (série Ensaios, 29). São Paulo: Editora Ática, 1978.

GOULART, Maurício. *Escravidão africana no Brasil (das origens à extinção do tráfico)*. São Paulo: Martins Fontes, 1949.

GRAHAM, Maria. *Diário de uma viagem ao Brasil*. São Paulo: Brasiliana, 1956.

GUARACY, Thales. *A criação do Brasil: 1600-1700*. São Paulo: Planeta do Brasil, 2018.

GURAN, Milton. *Agudás: os "brasileiros" do Benim*. Rio de Janeiro: Nova Fronteira, 2000.

HARMS, Robert. *The Diligent: a Voyage Through the Worlds of the Slave Trade*. Nova York: Basic Books, 2002.

BIBLIOGRAFIA

HAZLEWOOD, Nick. *The Queen's Slave Trader: John Hawkins, Elizabeth I, and the Trafficking in Human Souls*. Londres: Harper Perennial, 2005.

HAWKINS, Joseph. *A History of a Voyage to the Coast of Africa and Travels Into the Interior of That Country Containing Particular Descriptions of the Climate and Inhabitants, and Interesting Particulars Concerning the Slave Trade by Joseph Hawkins* (edição fac-símile). Londres: Frank Cass & Co. Ltd., 1970.

HAWTHORNE, Walter. *From Africa to Brazil: Culture, Identity, and an Atlantic Slave trade, 1600-1830*. Cambridge: Cambridge University Press, 2010.

HEGEL, G. W. Friedrich. *Filosofia da História*. Brasília: Editora da UnB, 1999.

HENDERSON, James. *A History of Brazil Comprising its Geography, Commerce, Colonization, Aboriginal Inhabitants*. Londres: Longman, 1821.

HOLANDA, Sérgio Buarque de. *Raízes do Brasil*. Rio de Janeiro: José Olympio, 1987.

ISERT, Paul Erdmann. *Letters on West Africa and the Slave Trade. Paul Erdmann Insert's Journey to Guinea and the Caribbean Islands in Columbia (1788). Translated from the German and edited by Selena Axelrod Winsness*. Oxford: Oxford University Press/The British Academy, 1992.

KARASCH, Mary C. *A vida dos escravos no Rio de Janeiro, 1808-1850*. São Paulo: Companhia das Letras, 2000.

KENT, R. K. *Palmares: An African State in Brazil*. Cambridge: Cambridge University Press The Journal of African History, Vol. 6, No. 2 (1965), pp. 161-175.

KLEIN, Herbert S. *Escravidão africana — América Latina e Caribe*. São Paulo: Editora Brasiliense, 1987.

KLEIN, Herbert S. *The Atlantic Slave Trade*. Nova York: Cambridge University Press, 2010.

LARA, Silvia Hunold. *Campos da violência: escravos e senhores na capitania do Rio de Janeiro, 1750-1808*. Rio de Janeiro: Paz e Terra, 1988.

LARA, Silvia Hunold. *Fragmentos setecentistas: escravidão, cultura e poder na América Portuguesa*. São Paulo: Companhia das Letras, 2007.

LAW, Robin. *The Slave Coast of West Africa, 1550-1750. The Impact of the Atlantic Slave Trade on the African Society*. Oxford: Clarendon Press, 1991.

LEITÃO, José Augusto Duarte, "A missão do padre Baltasar Barreira no Reino de Angola", revista *Lusitânia Sacra*, série 5, 1993, Universidade Católica Portuguesa, em <https://repositorio.ucp.pt/bitstream/10400.14/4910/1/LS_S2_05_JoseADLeitao.pdf>.

LOPEZ, Adriana; MOTA, Carlos Guilherme. *História do Brasil: uma interpretação*. São Paulo: Editora Senac, 2008.

LOVEJOY, Paul E. *Transformations in Slavery: a History of Slavery in Africa, Second Edition*. Nova York: Cambridge University Press, 2000.

LUNA, Francisco Vidal; KLEIN, Herbert S. *Escravismo no Brasil*. São Paulo: Edusp/ Imprensa Oficial do Estado de São Paulo, 2010.

M'BOKOLO, Elikia. *África negra: história e civilizações, tomo I (até o século XVIII)*. Salvador: Edufba; São Paulo: Casa das Áfricas, 2008.

MALHEIROS, Perdigão. *A escravidão Africana no Brasil*. São Paulo: Obelisco, 1964.

MANNING, Patrick. *Slavery and African Life: Occidental, Oriental, and African Slave Trades*. Nova York: Cambridge University Press, 1990.

MARCHANT, Alexander. *Do escambo à escravidão: as relações econômicas de portugueses e índios na colonização do Brasil, 1500-1580*. São Paulo: Companhia Editora Nacional, 1980.

MARQUES, João Pedro. *Escravatura — perguntas e respostas*. Lisboa: Guerra & Paz, 2017.

MARQUES, João Pedro. *Portugal e a escravatura dos africanos*. Lisboa: Imprensa de Ciências Sociais, 2004.

MARQUES, João Pedro. *Revoltas escravas: mistificações e mal-entendidos*. Lisboa: Guerra & Paz, 2006.

MARQUESE, Rafael de Bivar. *Feitores do corpo, missionários da mente: senhores, letrados e o controle dos escravos nas Américas, 1660-1860*. São Paulo: Companhia das Letras, 2004.

MATTOSO, Katia M. de Queirós. *Ser escravo no Brasil*. Rio de Janeiro: Editora Brasiliense, 1988.

MELLO, Evaldo Cabral de. *Nassau: governador do Brasil holandês*. Série Perfis Brasileiros. São Paulo: Companhia das Letras, 2006.

MELLO, Evaldo Cabral de. *O negócio do Brasil: Portugal, os Países Baixos e o Nordeste, 1641-1669*. São Paulo: Companhia das Letras, 2011.

MILLER, Joseph. *Way of Death: Merchant Capitalism and the Angolan Slave Trade, 1730-1830*. Madison: The University of Wisconsin Press, 1988.

MORGAN, Kenneth. *Slavery, Atlantic Trade and the British Economy, 1660-1800*. Nova York: Cambridge University Press, 2000.

MOURA, Clóvis. *Dicionário da escravidão negra no Brasil*. São Paulo: Editora da Universidade de São Paulo, 2013.

NABUCO, Joaquim. *Joaquim Nabuco essencial*. Organização e introdução de Evaldo Cabral de Melo. São Paulo: Penguin Classics/Companhia das Letras, 2010.

NEWITT, Malyn. *A History of Portuguese Overseas Expansion, 1400-1668*. Nova York: Routledge, 2005.

NEWITT, Malyn. *Portugal na história da Europa e do mundo*. Lisboa: Texto Editores, 2015.

OGOT, Bethwell Allen (editor). *A história geral da África, V: África do século XVI ao XVIII*. Brasília: Unesco, 2010.

OLIVEIRA, Maria Lêda. *A história do Brasil de frei Vicente de Salvador: história e política no Império Português do Século XVII*. Rio de Janeiro: Versal; São Paulo: Odebrecht, 2008.

BIBLIOGRAFIA

PATTERSON, Orlando. *Slavery and Social Death. A Comparative Study*. Cambridge (MA): Harvard University Press, 1982.

PEREIRA, Júlio César da Silva. *À flor da terra: o cemitério dos pretos novos no Rio de Janeiro*. Rio de Janeiro: Garamond, 2014.

PRICE, Richard (editor). *Maroon Societies: Rebel Slave Communities in the Americas*. Baltimore: The Johns Hopkins University Press, 1996.

QUIRINO, Manuel. *A raça africana e seus costumes*. Salvador: Livraria Progresso Editora, 1955.

RAMOS, Arthur. *As culturas negras no Novo Mundo*. Maceió: Edufal, 2013.

REDIKER, Marcus. *The Slave Ship: a Human History*. Nova York: Viking Penguin, 2007.

REIS, João José; Gomes, Flávio dos Santos. *Liberdade por um fio: história dos quilombos no Brasil*. São Paulo: Companhia das Letras, 1996.

REIS, João José. *Rebelião escrava no Brasil: a história do levante do Malês em 1835*, edição revista e ampliada. São Paulo: Companhia das Letras, 2003.

ROCHA, Manuel Ribeiro. *Ethiope resgatado, empenhado, sustentado, corrigido, instruído*. São Paulo: Editora da Unesp, 2017.

RODRIGUES, Nina. *Os africanos no Brasil*. São Paulo: Madras, 2008.

ROMEIRO, Adriana. *Corrupção e poder no Brasil: uma história, séculos xvi a xviii*. Belo Horizonte: Autêntica, 2018.

RUSSELL, Peter Edward. *Prince Henry, The Navigator (Canning House Seventh Annual Lecture, 4 May 1960)*. Londres: The Hispanic & Luso-Brazilian Councils, 1960.

RUSSELL-WOOD, Anthony John R. *Histórias do Atlântico português*. São Paulo: Editora Unesp, 2014.

SAUNDERS, A. C. de C. M. *A Social History of Black Slaves and Freedmen in Portugal, 1441-1555*. Nova York: Cambridge University Press, 1982.

SCHAMA, Simon. *Rough Crossings: Britain, the Slaves and the American Revolution*. Londres: BBC Books, 2005.

SCHAUMALOEFFEL, Marco Aurelio. *Tabom: the Afro-Brazilian Community in Ghana*. Bridgetowen: Schaumaloeffel Editor, 2016.

SCHWARCZ, Lilia Moritz; STARLING, Heloisa Murgel. *Brasil: uma biografia*. São Paulo: Companhia das Letras, 2015.

SCHWARCZ, Lilia Moritz; GOMES, Flávio. *Dicionário da escravidão e liberdade*. São Paulo: Companhia das Letras, 2018.

SCHWARTZ, Stuart B. *Slaves, Peasants, and Rebels: Reconsidering Brazilian Slavery*. Chicago: University of Illinois Press, 1996.

SCHWARTZ, Stuart B. *Sugar Plantations in the Formation of Brazilian Society: Bahia, 1550-1835*. Cambridge: Cambridge University Press, 1985.

SILVA, Alberto da Costa e. *A enxada e a lança: a África antes dos portugueses*. Rio de Janeiro: Nova Fronteira, 2011.

SILVA, Alberto da Costa e. *A manilha e o libambo: a África e a escravidão, de 1500 a 1700*. Rio de Janeiro: Nova Fronteira, 2002.

SILVA, Alberto da Costa e. *Um rio chamado Atlântico: a África no Brasil e o Brasil na África*. Rio de Janeiro: Nova Fronteira/Editora da UFRJ, 2003.

SLENES, Robert W. *Na senzala uma flor: esperanças e recordações na formação da família escrava*. Campinas: Editora da Unicamp, 2011.

SMALLWOOD, Stephanie E. *Saltwater Slavery: a Middle Passage from Africa to American Diaspora*. Londres: Harvard University Press, 2007.

SOARES, Mariza de Carvalho. *Devotos da cor: identidade étnica, religiosidade e escravidão no Rio de Janeiro, Século XVIII*. Rio de Janeiro: Civilização Brasileira, 2000.

SOUZA, Marina de Mello e. *Reis negros no Brasil escravista: história da festa de coroação de rei congo*. Belo Horizonte: Editora UFMG, 2002.

ST CLAIRE, William. *The Grand Slave Emporium: Cape Coast Castle and the British Slave Trade*. Londres: Profile Books, 2006.

STEIN, Stanley J. *Vassouras: um município brasileiro do café, 1850-1900*. Rio de Janeiro: Nova Fronteira, 1990.

TANNENBAUM, Frank. *Slave and Citizen: the Negro in the Americas*. Nova York: Vintage Books, 1946.

TINHORÃO, José Ramos. *Festa de negro em devoção de branco: do carnaval na procissão ao teatro no círio*. São Paulo: Editora Unesp, 2012.

TINHORÃO, José Ramos. *Os negros em Portugal: uma presença silenciosa*. Lisboa: Editorial Caminho, 1988.

The Trans Atlantic Slave Trade Database, em *slavevoyages.org*.

THOMAS, Hugh. *The Slave Trade: the History of the Atlantic Slave Trade 1440-1870*. Londres: Phoenix, 2006.

THORNTON, John. *Africa and Africans in the Making of the Atlantic World, 1400-1800*. Nova York: Cambridge University Press, 1992.

VAINFAS, Ronaldo (organizador). *Dicionário do Brasil Colonial (1500-1808)*. Rio de Janeiro: Objetiva, 2000.

VAINFAS, Ronaldo. *Ideologia e escravidão: os letrados e a sociedade escravista no Brasil colonial*. Petrópolis: Editora Vozes, 1986.

VENÂNCIO, José Carlos. *A economia de Luanda e hinterland no século XVIII: um estudo de sociologia histórica*. Lisboa: Editorial Estampa, 1996.

VERGER, Pierre. *Fluxo e Refluxo: do tráfico de escravos entre o Golfo do Benim e a Bahia de Todos os Santos, dos séculos XVII a XIX*. São Paulo: Editora Corrupio, 1987.

VERGER, Pierre. "Le Culte des vodoun d'Abomey aurait-il été apporté à St.-Louis de Maranhon para la mère du roi Ghezo". *Etudes Dahomeennes*, 8, 1952, p. 18-24.

VESPÚCIO, Américo. *Novo Mundo: as cartas que batizaram a América*. Brasília: UNB/Fundação Darcy Ribeiro, livro digital disponível em www.fundar.org.br.

BIBLIOGRAFIA

VIANA FILHO, Luiz. *O negro na Bahia (um ensaio clássico sobre a escravidão)*, edição comemorativa ao centenário de nascimento do autor. Salvador: EDUFBA, 2008.

VIANA, Larissa. *O idioma da mestiçagem: as irmandades de pardos na América Portuguesa*. Campinas: Editora da Unicamp, 2007.

WALVIN, James. *A Short History of Slavery*. Londres: Penguin Books, 2007.

WALVIN, James. *The Trader, the Owner, the Slave: Parallel Lives in the Age of Slavery*. Londres: Vintage Books, 2007.

WILLIAMS, Eric. *Capitalism and Slavery*. Philadelphia: The Great Library Collection by R. P. Pryne, 2015.

ÍNDICE ONOMÁSTICO

Abul-Misk Kafur, 81
Acquaviva, Cláudio, 141
Afonso v, rei, 57-60, 88, 181
Aguiar, Cristóvão de, 319
Ajan, rei, 24
Akibodé, Charles, 177, 439
Albuquerque, Jerônimo de, 317
Alencastro, Luiz Felipe de, historiador, 119, 123, 128-129, 187, 220, 227, 312, 347, 369-376, 400
Alexandre, o Grande, 429
Al-Muqtadir, califa, 81
al-Nasir, Al-Malik, 136
Alves, Castro, 31
al-Zaaiyati, Al-Hasan Ibn Mohammed al-Wazzan , 83
Amantino, Márcia, 425
Anchieta, José de, 123
Andongo, Pungo, 140
Andreoni, João Antônio, vide Antonil, 331
Aníbal, o conquistador de Roma, 429
Anti-Slavery International, 29
Antonil, André João, 331-332
Aragão, Garcia D'Ávila Pereira, 306
Araújo, Zulu, 171-172, 438
Aristóteles, filósofo, 63-64, 70
Atkins, John, 50
Aveiro, João Afonso de, 102

Azurara, Gomes Eanes de, 318
Bandarra, Gonçalo Eanes, 357
Barbalho, Jerônimo, 381
Barbarigo, Agostinho, 113
Barbot, Jean, 191, 230, 286-287, 289
Baro, Rodolfo, 409
Barreira, Baltasar, 208-209, 213, 345
Barreto, Henrique Moniz, 323
Barros, Antônio Cardoso de, 319
Barros, Francisco da Costa, 381
Bastide, Roger, 311
Battell, Andrew , 160, 211
Battuta, Ibn, 79, 148
Beckman, Manuel, 133
Benci, Jorge, 74, 307-308, 340-342
Benevides, Salvador de Sá e, 367, 375
Benjor, Jorge, 428
Bixorda, Jorge Lopes, 318
Blaer, João, capitão, 403-407, 423
Bonaparte, Napoleão, 343, 429
Borja, Francisco de, 345
Botticelli, pintor, 104
Boxer, Charles, 359, 369-370
Bragança, Catarina de, 14, 237-238, 321, 383-391
Brandão, Ambrósio Fernandes, 319
Brandão, Luís, 335, 346
British Anti-Slavery Society, 30

ESCRAVIDÃO VOL. I

Cabral, Pedro Álvares, 12, 27, 89, 92, 99, 103-104, 109, 111, 113, 118, 136, 155, 221, 256, 316, 318, 355

Cadamosto, Alvise, 59, 141, 149, 180, 284

Caldeira, Jorge, 94-95

Calmon, Pedro, 254

Calógeras, Pandiá, 254

Camarão, Felipe, 352

Cambini, família, 104

Caminha, Pero Vaz de, 111, 117, 121

Candido, Mariana, 257, 282, 311, 379, 439

Cão, Diogo, 89, 177, 195-196

Cardoso, Bento Banha, 396

Cardoso, Fernando Henrique, 302

Carli, Dionigi, 277, 288

Carlos II, 387

Carlos V, 131, 185

Carrilho, Fernando, 413-414

Carvalhosa, Fernão de Mattos de, 367

Casas , Bartolomeu de las, 130-131

Castro, Caetano de Melo e, 416

Castro, Hebe Maria Mattos de, historiadora, 36

Cavalcanti, Dona Ana de, 304

Cavazzi, Giovanni Antônio, frei, 284, 399-400

Cervantes, Miguel de, 13

Chamberlain, Henry, 299

Charles II, REI, 14, 237, 321, 384, 388-389

Ciro, rei da Pérsia, 429

Clarence-Smith, William Gervase, 65, 80

Clarkson, Thomas, 247, 287

Claver, Pedro, 335-337

Clemente V, PAPA, 95

Codornega, Antônio de Oliveira, 219

Coelho, Duarte, 317-318

Collingwood, Luke, 244

Colombo, Cristóvão, 11, 105, 117, 177, 316, 390

Companhia das Índias Ocidentais, 13, 248, 291, 351, 354, 366

Companhia das Índias Orientais, 361

Companhia de Jesus, 12, 129, 133, 142, 208-209, 331-332, 345-347

Companhia Geral de Comércio de Pernambuco e Paraíba, 243

Companhia Geral do Comércio do Grão-Pará Maranhão, 239, 241, 243

Companhia Holandesas das Índias Ocidentais, 240-241

Conde da Galveas, 293

Cordeiro, João Lucas, 283

Costa, João Baptista da, 22

Crético, Matteo, 112-113

Crow, Hugh, 50

Cruz, Ângelo da, 379

Cuneo, Michele, 105

Curtin, Philip, 256-257

Curto, José, 226

D. Afonso I, REI, 199-203

D'Elvas, Duarte Pinto, 186

d'Evreux, Joana, 314

Dabues, Juan Miguel, 105

Dapper, Olfert, 147, 398

Davis, David Brion, 67, 76, 104, 339

Delisle, Guillaume, 137

Dellon, Gabriel, 410

Dias, Bartolomeu, 11, 89, 208

Dias, Henrique, 352

Diegues, Cacá, 427

dom Afonso do Congo, 199

dom Afonso Henriques, 199

dom Álvaro III, (Mbiki a Mpanzu), 204, 233

dom Antônio I Afonso, 205-206

dom Dinis, rei, 95

dom Fernando, 57

dom Francisco de Lima, bispo de Olinda, 416

dom Garcia, 206, 378

dom Henrique de Sousa Tavares, Conde de Miranda do Corvo, 351

dom Henrique, 90, 93, 95, 104, 190, 343

dom Henrique, cardeal, 357

dom João de Lencastre, 305, 417, 435

dom João I, 52, 87, 118

dom João II, 57, 104

dom João III, 201-202, 252, 317, 355-357

dom João IV, 14, 133, 224, 319, 321, 351, 358, 381, 386, 389

dom Jorge de Portugal, 258

dom José I, REI, 242

dom Luís, 252, 376

dom Manuel I, 89-90, 104, 107, 111, 113, 200-201, 318, 320, 357

dom Pedro I, 24, 300, 358

dom Pedro II, 63, 292, 305, 358, 381, 389, 417, 435

ÍNDICE ONOMÁSTICO

dom Rodrigo Dias, bispo do Algarve, 54
dom Sebastião I, 355-357, 371
dom Sebastião Monteiro da Vide, 434
Dopson, Betty, 385
Dourado, Feliciano, 373, 380
Drake, Francis, 13, 100, 178
Dunbar, Edward E., 254
Dussen, Adrian van der, 351, 354
Eanes, Gil, capitão, 54, 89
Ebede-Meleque, 81
Elizabeth I, rainha, 28, 236, 320, 323
Eltis, David, historiador, 29, 42, 65, 80, 256
Elvas, Antônio Fernandes, 186
Encarnação, Antônio da, 327
Encoge, José de, 140
Equiano, Olaudah, 162-163
Esteves, Álvaro, 138
Falconbridge, Alexandre, 49, 288
Faria, Sheila de Castro, 302
Farnese, Alessandro, Duque de Parma, 320
Felipe I (Felipe II de Espanha), 358
Felipe II (III em Espanha), 131, 186, 358
Felipe III (IV de Espanha), 187, 358
Fernandes, Martim, 138
Fernandes, Valentim, 78
Fernando, rei da Espanha, 28
Ferreira, Felipe Justiniano Costa, 249
Ferreira, Gonçalo, 319
Ferreira, João, 190
Ferreira, Martim, 318
Ferreira, Pedro Gomes, 249
Ferreira, Ricardo Alexandre, 423, 426, 439
Ferreira, Roquinaldo, 42, 209, 216-217, 231,
    257, 279, 345, 379, 439
Flack, Audrey, 385-386
Florentino, Manolo, 42, 226, 230, 243-244,
    425
Forne, Domingo de, 258
Forne, Tomas de, 258
França, Jean Marcel Carvalho, 423, 426, 439
Freire, Brito, 412
Freitas, Décio, 424-425, 428-429, 431
Freyre, Gilberto, 38, 158
Fundação Palmares, 174, 429
Fundação Pedro Calmon, 174
Gama, Vasco da, 12, 89, 92, 99-101, 103, 108,
    177, 355, 383

Gandavo, Pero de Magalhães, 124
Garrone, Raimundo, 171
Ghirlandaio, Domênico, 104
Gil, Gilberto, 428
Giniour, Joaquim Pedro, 283
Góis, Pedro de, 318
Gomes, Diogo, 60, 180
Gomes, Fernão, 107
Gonçalves, Antão, 58-59, 190
Gorender, Jacob, 324
Gouveia, Francisco de, 212
Gouvenod, Lourenzo de, conde de Bresa,
    258
Gradisca, Antonio Zucchelli da, 289
Gregson, James, 244
Guezo, rei, 18
Gusmão, Luísa de, 351, 387
Harms, Robert, 284, 312
Hawkins, John, 236
Henderson, James, 295, 300
Henrique VIII, REI, 320
Holanda, Sérgio Buarque de, 255
Holmes, Robert, 242
Hume, David, 75
Inikori, Joseph, 148, 164
Inocêncio X, PAPA, 206
Jaguaribe, Domingos José Nogueira, 32
Jefferson, Thomas, 64
Jinga, (rainha africana), 13, 378, 394-401,
    403, 405, 410, 424
João Manuel, príncipe, 355,
João, Gonçalo, padre jesuíta, 367
João, Preste, 90
Kant, Immanuel, 75
Kati, Mahmud, 142
Kiefer, Estêvão, 349-350
Klein, Herbert, historiador, 103, 158, 234,
    279, 297
Koelle, Sigmund, 162
Kuczynski, R. R., 254
Lainez, Diego, 340
Lançarote, capitão, 54
Law, Robin, 235
Leão X, PAPA, 83
Leão XIII, 336, 344
Leão, o Africano, 83, Veja tamb̃em Al-Hasan
    Ibn Mohammed al-Wazzan al-Zaaiyati

477

ESCRAVIDÃO VOL. I

Lencastre, Felipa de, 87
Leopoldina, Imperatriz, 300
Lobo, Edu, 428
Locke, John, 64, 238, 338
Lopes, Álvaro, 201
lord Shackleton, 77
Lovejoy, Paul E., historiador, 31, 67, 70, 78, 157, 164, 229, 250
Loyola, Inácio de, 12, 345
Lutero, Martinho, 359
M'Bokolo, Elikia, 168
Macedo, Joaquim Manuel de, 427
Machado, Pedro Pais, 306
Maior, Francisco de Souto, 377
Mandela, Nelson, 21
Manning, Patrick, 167
Mar, dona Maria, 191
Marchionni, Bartolomeu, 103-105, 123
Marees, Pieter de, 160
marquês de Pombal, 242
Marques, João Pedro, 167, 439
Martins, Joaquim Pedro de Oliveira, 254
Martius, Karl Friedrich Phillip von, 297
Mbandi, Jinga, 394
Médici, família, 104-105, 113, 343
Meiman, Ahude, 190
Mello, Evaldo Cabral de, 353, 369
Melo e Castro, Caetano de, governador, 409, 416, 419-420
Melo, Antônio, padre, 428
Melo, Bernardo Vieira de, capitão-mor, 419
Mendes, Luís Antônio de Oliveira, 48
Mendonça, André Furtado de, 420
Mendonça, Renato, 255
Meneses, João de Argolo e, 305
Menezes, Diogo de, 412
Michelangelo, pintor, 12, 104
Miller, Joseph, 43, 45-46, 211, 226, 251, 281, 437
Molay, Jacques de, 95
Monari, Giuseppe, 289
Montabert, Jacques-Nicolas Paillot de, 76
Montecúccolo, Giovanni Antonio Cavazzi de, 284
Monteiro, Eusébio de Oliveira, 418
Montejo, Francisco de, 185
Morais, Vinícius de, 428

Mortamer, Peter, 291-292
Mott, Luiz, 430-431
Moura, Clóvis, 302-303
Mpanzu a Kitima, vide Dom Afonso I, 199
Münzer, Jerônimo, 57, 61
Nassau-Siegen, João Maurício de, 365-366, 368, 397
Negreiros, André Vidal de, 204-206, 353, 403
Newitt, Malyn, 86
Newton, Isaac, 14
Newton, John, 64, 288
Nicolau v, PAPA, 11, 343
Nkuwa, Nzinga a, rei, 195
Nóbrega, Manuel da, padre, 131, 339-340
Nojosa, Manoel de, 379
Novais, Paulo Dias, 13, 208-209, 212-213
Nwokeji, G. Ugo, 162
Nzinga, Mbemba, 199
Orange-Nassau, Guilherme de, 360
Ordem Terceira de São Francisco, 348-349
Osenwede, rei, 24
Palmares, Zumbi dos, 15, 401, 417, 421, 430, 433, 440
Paris, François de, 191
Park, Mungo, 79
Parreiras, Antônio, 427
Patterson, Orlando, 65, 68, 81, 311
Pemberton, John, 148
Pereira, Astrojildo, 424
Pereira, Duarte Pacheco, 146
Pererê, Sérgio, 172
Peres, Simão Soares, 186
Piacenza, frei, 288
Pigafetta, Felippo, 204
Pimentel, Sebastião, 418
Pires, Antônio, 319
Pizarro, Francisco, 185
Portinari, Tommaso, 104
Porto, João Luiz, 293
Prado, Almeida, 297
Quiluanje, Ari, 396
Raems, Abram, 160
Ramos, Arthur, 30-31
Rediker, Marcus, historiador, 49, 164, 245, 277
Reijimbach, Jurgens, 405
Richardson, David, historiador, 29, 42, 256
Rocha, Brás da, 428

ÍNDICE ONOMÁSTICO

Rocha, Manuel Ribeiro da, 303, 309

Rodrigues, Ana, 323

Rodrigues, Raymundo Nina, 32-33

Romero, Silvio, 32

Royal African Company, 237, 389

Ruffin, Edmund, 224

Ruiters, Dierick, 147, 304

Russell, Ana Maria, duquesa de Bedford, 388

Russell, Peter Edward, 88

Russel-Wood, John, 195, 229

Sá, Estácio de, 376

Sá, João Correia de, 380

Sá, Manuel Roiz de, 418

Sá, Martim de, 376

Sá, Mem de, 376

Sandoval, Alonso de, 346

Santos, João Felício dos, 427

Santos, Joel Rufino dos, 428-429

Schwartz, Stuart B., 316-317, 320, 322-323

Science, Chico, 428

Secundus, Pedanius, 72

Sepúlveda, Gonçalo Nunes de, 186

Shakespeare, William, 28, 320

Silva, Alberto da Costa e, historiador, 17, 39, 73, 139, 157, 159, 162, 201, 203, 438

Silva, João da, 196, 227

Silva, João Proença e, 245, 298

Silva, Luís Inácio Lula da, 21, 25

Silveira e Albuquerque, Álvaro da, 128

Simões, Garcia, 207-208, 211, 213

Simonsen, Roberto, 255

Siqueira, Domingos Lopes, 377

Snelgrave, William, 161, 286

Soares, Manuel Batista, 233

Solís, Elena Rodrigues de, 186

Sorrento, frei, 288

Sousa, Diogo Henriques de, 190

Sousa, Gonçalo de, 196

Sousa, João Correia de, 395

Sousa, Marcelo Rebelo de, 21

Sousa, Martim Afonso de, 12, 123, 317-318

Souza Castro, Aires de, governador, 414-415

Souza, Francisco Félix de, 18

Souza, Honoré Feliciano Julião Francisco de, 19

Souza, Isidore de, arcebispo, 19

Souza, Marcelin Norberto de, 17-20

Souza, Rui de, 196

Spielberg, Steven, 285

Staden, Hans, 122

Taunay, Afonso d'Escragnole, 255, 318

Tavares, Raposo, 13, 126-127

Temer, Michel, 25

Thomas, Dalby, 242

Thomas, Hugh, 235

Thomaz, Luiz Filipe, 391

Thornton, John, 93, 101, 142, 150, 157-158, 168

Tinhorão, José Ramos, 190

Tollenare, Louis-François de, 327

Tristão, Nuno, 58, 60

Usodimare, Antoniotto, 104

Vainfas, Ronaldo, 340

Vansina, Jan, 45

Vasconcelos, Luís Mendes de, governador, 346-347, 394

Vasques, Tomas Correia, 381

Vasquez, Fernando, 258

Velasco, Catalina de, 376

Velasco, Juan de, 376

Velho, Domingos Jorge, 14, 415-419, 426

Venturino, Giambattista, 224, 389

Vespúcio, Américo, 104-105, 113

Vianna Filho, Luis, 227

Vicente do Salvador, frei, 13, 434-435

Vieira, Antônio, padre, 13, 133, 178, 207, 210, 214, 331, 337, 347, 370, 390, 412

Vieira, João Fernandes, 204-205, 345, 352

Vinci, Leonardo da, 12,

Vivaldo, Augustin de, 258

Vogado, Jeronimo, 347

William, rei de Bonny, 230

Williams, Eric, 76, 243, 287

Witt, Johan de, 351

ESTE LIVRO, COMPOSTO NA FONTE MERCURY TEXT,
foi impresso em papel Ivory Slim 65g/m², na Coan.
Tubarão, fevereiro de 2025.